中国知识产权评论

第三卷

刘春田　主　编
杨雄文　执行编辑

商务印书馆
2008年·北京

图书在版编目(CIP)数据

中国知识产权评论(第三卷)/刘春田主编. —北京:
商务印书馆,2008
ISBN 978 – 7 – 100 – 05805 – 6

Ⅰ. 中… Ⅱ. 刘… Ⅲ. 知识产权法 – 研究 – 中国
Ⅳ. D923. 404

中国版本图书馆 CIP 数据核字(2005)第 093615 号

所有权利保留。
未经许可,不得以任何方式使用。

ZHŌNGGUÓ ZHĪSHICHǍNQUÁN PÍNGLÙN
中国知识产权评论
第 三 卷
刘春田 主 编
杨雄文 执行编辑

商 务 印 书 馆 出 版
(北京王府井大街36号 邮政编码100710)
商 务 印 书 馆 发 行
北 京 民 族 印 刷 厂 印 刷
ISBN 978 – 7 – 100 – 05805 – 6

2008 年 12 月第 1 版　　开本 880×1230 1/32
2008 年 12 月北京第 1 次印刷　印张 $14\tfrac{3}{8}$

定价:28.00元

目 录

余俊　知识产权称谓考 …………………………………………… 1

杨雄文　知识产权熵论重述 ……………………………………… 30

蒋万来　信息产权抑或是知识产权？ …………………………… 81

何炼红　信息生态学视野下知识产权保护的观念创新与
　　机制重组 …………………………………………………… 105

卡拉·A. 赫茜　知识产权的兴起：一个前途未卜的观念
　　（金海军译）……………………………………………… 120

叶坦　宋代的印刷事业与版权保护 …………………………… 151

保罗·L. C. 托尔门斯　作为一项人权的著作权（肖尤丹译）
　　……………………………………………………………… 165

诺特　随风飘逝：改写作品与合理使用（冯晓青、易艳娟译）
　　……………………………………………………………… 191

王迁　论链接提供者的帮助侵权责任 ………………………… 223

尹新天　美国专利政策的新近发展动向 ……………………… 251

王太平　商标本质的结构功能分析 …………………………… 303

谢晓尧　论商誉 ………………………………………………… 327

田村善之　传统知识、遗传资源保护的根据和知识产权
　　制度（李扬译）…………………………………………… 418

大卫·维沃　知识产权的最新状况（李雨峰译）……………… 435

知识产权称谓*考**

余 俊***

如果对现有的知识产权理论作一番检视,我们会惊讶地发现,一方面我们不免自满地听到知识产权法学日益被称为"显学";另一方面,却不得不尴尬地接受"知识产权"称谓[1]起源这一最基本的问题尚未

---

* 谈及"称谓",还有两个名词不得不提——"概念"和"定义"。"称谓,是指人们由于亲属或其他方面的相互关系,以及身份、职业等而得来的名称,如父亲、师傅、厂长等。""概念,是指思维的基本形式之一,反映客观事物的一般的、本质的特征。人类在认识过程中,把所感觉到的事物的共同特点抽出来,加以概括,就成为概念。比如从白雪、白马、白纸等事物里抽出它们的共同特点,就得出'白'的概念。""定义,是指对于一种事物的本质特征或一个概念的内涵和外延的确切而简要的说明;或者指下定义。"以上解释分别参见中国社会科学院语言研究所词典编辑室编:《现代汉语词典》,商务印书馆,2005年,第170页、第438页、第323页。由此不难看出,称谓主要涉及事物的"名",而概念和定义均既包括"名",亦包括"实"。囿于篇幅,本文只讨论知识产权的"名",因此,取其名曰"知识产权称谓"。

** 考,即考证虚实,寻究追源,剖判隐微。其实,本文已不仅仅局限于"考",也间或涉及了"辨",即辨析异同,酌情察理,折中一是。关于考辨的意义及考辨与专论的关系,参见王尔敏著:《史学方法》,广西师范大学出版社,2005年,第251—256页。

*** 作者系中国人民大学法学院博士研究生。感谢所有使本文成为"可能"的人们!

[1] 本文收集了世界范围内"知识产权"这一术语的下列表述:"Intellectual property(英语)"、"Geistiges Eigentum(德语)"、"Propriété intellectuelle(法语)"、"Proprieta intellettuale(意大利语)"、"Propiedad Intelectual(西班牙语)"、"智力产权(香港回归前)"、"智慧财产权、智力财产权或者智慧所有权(中国台湾)"、"知识(知的)所有权(日语)"。日本深受德国法影响,起初将知识产权称为无体财产权。后世学者才改之为"知识(知的)所有权",但不能就此否认无体财产权的用

弄清的客观事实,有说德国,或说法国,或说瑞士,谁也说服不了谁,俨然已呈三足鼎立之势,雾里看花,难辨真伪。因此,笔者不揣浅陋,欲对此进行考证,希图探源索隐,钩沉辑佚,考异正讹,纠谬质疑,使其本源大白,讹误自明,异说并陈,是非自见。[2]

一、"知识产权"称谓的源流

(一)国内现存的三种观点及述评

1. 德国说

这种观点以郑成思先生为国内最早的倡导者,他认为:"'知识产权'这个术语,最早在18世纪中叶出现在西方活字印刷术的诞生地德国。[3]在当时,它主要是指文化领域中作者的创作成果所享有的专有

法。日本著名学者纹谷畅男1999年第8版的知识产权专著依然沿袭了旧有称谓:"无体财产法概论"。参见郑友德主编:《知识产权法》,高等教育出版社,2004年,第20页。此外,名和小太郎认为:"一般惯称为'知的所有权'之用语中,所有权含有对于物支配的意义,在作为智慧财产权客体信息(情报)得自由流动之意见愈来愈强的情形下,逐渐采用知的财产权这个用语。"(《知的财产权——ハイテクとビジネスに摇れる制度》第15页)转引自赖文智:《智慧财产权与民法的互动——以专利授权契约为主》,台大法律学研究所硕士论文,第8页。

〔2〕 必须预先声明的是,由于现存资料的匮乏、笔者语言能力的限制,文中有些内容考虑未必周全、论证未必准确。但正如胡适先生在《清代学者的治学方法》一文所写的:"清代学者用的方法,总括起来,只是两点:(1)大胆的假设,(2)小心的求证。假设不大胆,不能有新发明。证据不充足,不能使人信仰。"参见郑大华整理:《胡适全集》(第1卷)(《胡适文存一集》),安徽教育出版社,2003年,第387—388页。因此,本文不妨借用这一方法,有证据可考的,力求穷尽;证据不明的,不如作一"大胆的假设"。当然,文责自负,错谬之处,敬请方家不吝教正。

〔3〕 据查,德国人约翰内斯·古腾堡(Johannes Gutenberg〈Gensfleisch zur Lad-

权,亦即我们称为'版权'或'著作权'的这种无形产权(现在仍有个别国家如西班牙、菲律宾等沿用'知识产权'仅表示版权)。"[4]郑先生在最早提出此观点时并未标明出处,但他在后续出版的另一本著作中,加上了这一观点的原始出处,即 Geller 主编:《国际版权的法律与实践》,1996 年,瑞士篇(英文)。[5]根据上述观点,本文对相关文献进行了梳理和对比。

首先,我们不妨看看这一观点的出处。根据郑先生著作的记载,可知其观点来源于 Geller 主编的《国际版权的法律与实践》(1996 年)(瑞士篇)。[6]本文查到了该书[7],并找到了观点的源出之地[8],经过仔

---

en zum〉,又译作"谷登堡"、"古登堡"、"古滕贝格")(约 1400 年出生于德国美因茨,1468 年 2 月 3 日逝世于美因茨)是西方活字印刷术的发明人,他的发明导致了一次媒介革命,迅速地推动了西方科学和社会的发展。谷登堡印刷的第一本书是《圣经》(1453 年印制),使用拉丁文,每页 42 行,所以也被称为《42 行圣经》或《谷登堡圣经》,第一次印了 200 套,轰动一时。这部《圣经》是西方现存的第一部完整的书籍,也是世界上现存的最早的活字印刷品。见中文维基网:zh. wikipedia. org/wiki/约翰内斯·古腾堡。

[4] 参见郑成思著:《世界贸易组织与贸易有关的知识产权》,中国人民大学出版社,1996 年,第 5 页。参见 Geller 主编:《国际版权的法律与实践》,1996 年,瑞士篇(英文)。笔者对郑成思先生的众多著作按照时间先后进行了纵向比较,基本可以确定这是郑先生第一次提出这一观点,也是整个学界第一次提出这一观点。在郑先生先前的作品当中,例如其第一本专著《知识产权法若干问题》(甘肃人民出版社,1985 年),以及早期的其他独著:《知识产权法通论》(法律出版社,1986 年)、《信息、新型技术与知识产权》(中国人民大学出版社,1986 年)、《知识产权法》(四川人民出版社,1988 年)、《知识产权与国际贸易》(人民出版社,1995 年)和主编的《知识产权法教程》(法律出版社,1993 年)等作品中,郑先生都未曾表达此观点。

[5] 郑成思著:《知识产权法》("九五"法学教材),法律出版社,1997 年,第 1 页。

[6] 上注教材出第二版时,郑先生对引注也作了更新,即改为"Geller 主编:《国际版权的法律与实践》,Mattew Bender 出版社,旧金山 2002 年版,瑞士篇(英文)"。参见郑成思著:《知识产权法》(第二版),法律出版社,2003 年,第 3 页,脚注③。

[7] See Melville B. Nimmer and Paul Edward Geller, *International Copyright Law*

细阅读,大致厘清了文中的含义,书中介绍说:

> 1463年,瑞士巴塞尔出现了第一位印刷商。在15世纪和16世纪之交,巴塞尔的印刷商首次被授予特权。1531年10月28日,德语区的市政当局(German-speaking municipalities)公布了一项防止盗版印刷的禁令,矛头直指发生在巴塞尔的未经授权的复制行为。该项禁令在书籍出版后三年内有效。违者受罚100莱茵金币(Rhine florins)[9]。两个世纪以后[10],Johann Rudolf Thurneysen[11]提交的博士论文(doctorate thesis)中向世人介绍了"intellec-

---

and Practice. Matthew Bender. 1988. 必须声明的是,笔者手头的这个版本是1988年出版的,而郑先生最先引用的是1996年版(后期又改为2002年版,见上注)。由于该书逐年更新,主要分析国际版权的法律与实务,虽然参编的各位作者也经常变化,但瑞士篇迄今为止始终由 Francois Dessemonter 教授撰写,并且,该书之于本文的价值主要涉及史实,因此无论哪个版本都不会对本文的判断造成影响,所以本文主要以该书的1988年版为依据,如有异见,请指正。有关该书的详细介绍,可参见:http://bookstore.lexis.com/bookstore/product/10440.html。有关该书编者之一 Paul Edward Geller(该书后期系列的唯一编者)的介绍可参见其个人主页:http://www–bcf.usc.edu/~pgeller/。

[8] See Melville B. Nimmer and Paul Edward Geller, *International Copyright Law and Practice*. Matthew Bender. 1988. Francois Dessemonter【瑞士洛桑大学(University of Lausanne)和弗里堡大学(University of Fribourg)的法学教授】撰写的 Switzerland 部分,第7—8页。

[9] See Ernst Hefti, "*Die geschichtliche Entwicklung des Urheberrechts und die Entwicklung des Urheberrechtsgesetzes von 1883*" (*The Historical Development of Copyright Law of 1883*), in 100 Jahre Urg (100 years of Copyright Law), 2 (Berne, 1983) [hereinafter cited as "100 Jahre Urg"]. See, for the text of this law, Alois Troller, *Immaterialguterrecht* (*Intellectual Property Rights*), vol. I (3rd ed.), p. 39, fn 82 with further citation (Basel and Stuttgart, 1983 [vol. I, 3rd ed.], 1971 [vol. II, 2nd ed.], and 1985 [vol. II, 3rd ed.]) (hereinafter cited as "Troller")。转引自 Melville B. Nimmer and Paul Edward Geller, *International Copyright Law and Practice*. Matthew Bender. 1988,第7页。

[10] 即18世纪。

[11] 必须注意的是:Johann Rudolf Thurneysen 是瑞士人,而非德国人。有些学者在书中写道:"Intellectual Property"(知识产权)一词于18世纪由德国人 Johann Rudolf Thurneysen 提出。参见齐爱民主编:《现代知识产权法学》,苏州大学出版社,2005年,第3页。

tual property"这一概念,即"property in intellectual creations"。他还呼吁在国家间互惠的基础上对文学财产(literary property)提供国际保护,并倡导订立国际条约(比《伯尔尼公约》正式订立的时间早了约150年)。[12]

以上这段话系移译自 Melville B. Nimmer 和 Paul Edward Geller 主编的《International Copyright Law and Practice》一书中 Francois Dessemonter 教授撰写的瑞士部分第7—8页。通览全文,笔者找不出这段话和德国有何关联。如果强拉硬扯,似乎只有"语言"这一突破口。因为巴塞尔城属于瑞士北部的德语区,和德国使用同一种语言。具体到原文,便是原文中的两个脚注(即本文的注9和注12)。因为这两个脚注均引自两本德文著作:Ernst Hefti 的《Die geschichtliche Entwicklung des Urheberrechts und die Entwicklung des Urheberrechtsgesetzes von 1883》(大致意思是:1883年版权法的历史演进),另一位是 Alois Troller 的《Immaterialguterrecht》(大致意思是:无体财产权)。但需要提醒的是,这两位学者都是瑞士人,而非德国籍,两位学者笔下描述的也是当时发生在瑞士巴塞尔城的情景。另外,由于 Francois Dessemonter 教授撰写的瑞士篇所用语言为英文,而非德文,为了便于读者的认知,在引用德文著作时,文中在德文著作的标题之后加上了英文释义,例如 Ernst Hefti 的著作《Die geschichtliche Entwicklung des Urheberrechts und die Entwicklung des Urheberrechtsgesetzes von 1883》,用英文解释是"The Historical Development of Copyright Law of 1883",Alois Troller 的著作《Immaterialguterrecht》,用英文解释是"Intellectual Property Rights"。这一解释给不懂德语的读者带来了极大的便利,但看似这"好意"且"不经意"的翻译,笔

---

[12] Troller, N. 2 supra, at vol. I (3rd ed.), p. 21. 转引自 Melville B. Nimmer and Paul Edward Geller, *International Copyright Law and Practice*. Matthew Bender, 1988, 第8页。

者却从中窥出了一线蛛丝马迹。

Francois Dessemonter 教授在书中将 Alois Troller 的著作《*Immaterialguterrecht*》翻译成英文是"Intellectual Property Rights",易言之,"Immaterialguterrecht = Intellectual Property Rights"。那么,Johann Rudolf Thurneysen 提交的博士论文中向世人介绍的"intellectual property"[13]这一概念反译成德文就应当是"Immaterialguterrecht"。但问题也随之而至。众所周知,德文中的"知识产权"表述应当是"Geistiges Eigentum",而非"Immaterialguterrecht"。在目前的学术界,"Immaterialguterrecht"一词翻译成中文都是"无体财产权"(也有译作"无形财产权"),这已达成共识[14],而"Intellectual Property Rights"一词无论如何也翻译不出"无体财产权"或者"无形财产权"的含义。可见,"Immaterialguterrecht"和"Intellectual Property Rights"并不是互相对应的关系。在Francois Dessemonter 教授的理解中,"Immaterialguterrecht"等同于"Intellectual Property Rights",但这并不同当下学界的通识相一致。所以,Francois Dessemonter 的观点和我们大多数人的认识是有出入的。要之,如果以"知识产权"="Geistiges Eigentum"="Intellectual Property(Rights)"为前提,是无法从《*International Copyright Law and Practice*》一书中得出"知识产权一语产生于18世纪的德国学者"这一论断的。

其次,从查阅的其他资料来看,德国学者只把"知识产权"视为外来语(知识产权的德文表述为 Geistiges Eigentum)。[15] 根据德国学者

---

[13] 由于"Intellectual Property"和"Intellectual Property Rights"这两组词语在我国基本上不做区分,事实上《成立世界知识产权组织公约》中也是不做区分的,所以本文也不再区分这两个概念。参见郭寿康主编:《知识产权法》,中共中央党校出版社,2002年,第2页。

[14] 见[德]M. 雷炳德著,张恩民译:《著作权法》(*URHEBERRECHT*)(2004年第13版),法律出版社,2005年,第25—26页。

[15] See Hubmann/Goetting/Forkel,Gewerblicher Rechtsschutz. Muenchen:C. H.

迪茨(Adolf Dietz)教授的解释,"知识产权的概念在德国法律语言中一直被认为是所谓的非物质财产权或者工业产权加著作权的总称,但是通常很少用。正如德国期刊'工业产权与著作权'(*GRUR*)表明的,直到不久前这种双重表述还备受欢迎。"[16] 这种观点也得到了另外一位学者的印证,他在文中认为:"德国法学中并没有'知识产权法'这一上位概念,而是使用'工商权利保护法与著作权法'这一组合概念来表示知识产权法。其中,'工商权利保护'(Gewerblicher Rechtsschutz)相当于其他国家法律以及国际公约中通用的'工业产权'(英文 Industry Property;法文 propriété industrielle;德文 Gewerblicher Rechtsschutz)。"[17]

最后,德国著名学者约瑟夫·科勒(Josef Kohler)从 1874 年起,开始构建以著作权(Urheberrecht)为核心的无形财产权(Immaterialguterrechts;UnkoeperlichsRecht)学说。[18] 该学说对奥地利、瑞士等国家的

BECK'SCHE,1998,S. 1 f. 这一观点在我国也不乏支持者,例如有学者在文中写道:"在国内有关著述中还可以看到一种观点,即认为知识产权这一术语产生于 18 世纪的德国。不过,从作者所查阅的德文资料来看,德国学者却把其视为外来语。"参见韩赤风主编,王莲峰副主编:《知识产权法》,清华大学出版社,2005 年,第 2 页。

〔16〕 见郑成思主编:《知识产权研究》(第一卷),中国方正出版社,1996 年,第 6 页。

〔17〕 参见邵建东著:《德国反不正当竞争法研究》,中国人民大学出版社,2001 年,第 28—29 页。

〔18〕 See Vgl Rehbinder,*Urheberrecht*,Muechen:C. H. Beck,2002,12. Auflage,S. 18. 转引自:郑友德主编:《知识产权法》,高等教育出版社,2004 年,第 20 页。还可以参见 UFITA,第 123 期,1993 年,第 81 页;这一理论的综合阐述参见《文字作品的著作权与出版权》,见[德]M. 雷炳德著,张恩民译:《著作权法》(*URHEBERRECHT*)(2004 年第 13 版),法律出版社,2005 年,第 25 页。此外,还可参见刘德宽著:《民法诸问题与新展望》,中国政法大学出版社,2002 年,第 314 页。李琛著:《知识产权片论》,中国方正出版社,2004 年,第 32 页。科勒的"无体财产权理论"对"知识产权"(intellectual property)这一概念的整合做出了重大的贡献。See J. H. Reichman,"Charting the Collapse of the Patent-Copyright Dichotomy:Premises for a Restructured International Intellectual Property System",13 Cardozo Arts & Ent. L. J. 475,480(1995),citing among others,1 Stephen P. Ladas,*The International Protection of Literary and Artistic Property* 9 – 10(1938).

无形财产权理论的发展产生了深远影响。然而,此后德国学者将无形财产权大多称为工商业权利保护和著作者权(Gewerblicher Rechtsschutz Urheberrecht)。直到1978年,德国宪法法院才首先使用与"Intellectual property"有等同意义的"Geistiges Eigentum"(精神或智力所有权)概念。[19] 尽管Eigentum在德国法中专指有体物的所有权,但上述两种概念作为知识产权的代名词,在德国法学界至今频繁交替使用,并行不悖。[20] 而原创于德国的无形财产权一词,则"墙内花开墙外香",目前在瑞士倒十分流行。瑞士知识产权法学者阿洛伊斯·特罗莱尔(Alois Troller)及其子卡门·特罗莱尔(Kamen Troller)著名的知识产权专著通称为无形财产权。[21]

2. 法国说

国内的这一观点最早由郭寿康先生提出来,他认为:"知识产权一词源于17世纪中叶的法国,主要倡导者是卡普佐夫(Carpzov)。"[22] 吴

---

[19] See vgl. Bverfg, 25, 10, 1978, GRUR 1980, 44 (46) – Kirchenmusik. 转引自:郑友德主编:《知识产权法》,高等教育出版社,2004年,第20页。

[20] 即使是认为"知识产权"一语产生于德国的学者,也曾在书中写道:在18世纪产生出"知识产权"这一术语的德国,从20世纪初开始,反倒不大用"知识产权"了,主要原因是"Eigentum"(Property)这一用法容易使局外人将知识产权与有形"财产"相混淆。所以德国开始更多地使用"无形产权"来覆盖原有"知识产权"所覆盖的范围。参见郑成思著:《知识产权论》,法律出版社,1998年,第3页。

[21] See Vgl Troller Alois, *Immaterialguterrecht*, Basel: 3 ueberarb. Aufl. 1983; Troller Kamen, Grundzuege des Schweizer-ischen Immaterialguterrechts, Basel. Genf, Muechen:Helbings & Lichtenhahn,2001. 转引自:郑友德主编:《知识产权法》,高等教育出版社,2004年,第20页。

[22] 参见佟柔主编,金平、赵中孚副主编:《民法原理》,法律出版社,1983年,第383页,脚注1。根据郭寿康先生在另外一篇文章中的介绍,该书第四编"智力成果权"系由其撰写,并认为这本书的出版标志着国内首部知识产权法教材的问世。参见郭寿康:《改革开放以来知识产权的教学研究——学海片段追忆》,载于刘春田主编:《中国知识产权二十年(1978—1998)》,专利文献出版社,1998年,第

汉东先生则换了一种表述,他认为:"将一切来自知识活动领域的权利概括为'知识产权',最早见之于 17 世纪中叶的法国学者卡普佐夫的著作。后来,这一概念被 19 世纪比利时法学家皮卡弟[23]所发展。皮卡弟认为,知识产权是一种特殊的权利范畴,它根本不同于对物的所有权:'所有权原则上是永恒的,随着物的产生与毁灭而发生与终止;但知识产权却有时间限制。一定对象的产权在每一瞬息时间内只能属于一个(或一定范围的人——共有财产),使用知识产品的权利则不限人数,因为它可以无限地再生。'"[24]唐德华先生主编的著作中只是认为:

---

203 页。根据笔者对众多采"法国说"教材专著的比较分析,基本可以确定这是国内第一本提出此学说的著作,不过郭先生在提出此观点时并未标明出处。以后的观点,或原分不动地照搬,或略加修饰地沿袭,但实质内容保持不变。

[23] 国内学者一般翻译为"埃德蒙·皮卡尔"(Edmond Picard)(1836—1924),他是比利时的法学家和作家,也是赫赫有名的大律师。主要用法语写作。曾在不同时期担任比利时律师协会的会长和最高法院的法官。写过两本专著探讨法律与艺术的相似之处,分别是:Paradox sur l'avocat (1881) 和 Le Juré (1887)。他的很多小说都是自传体的,叙述他作为水手和探险家的经历,其中最著名的一本当属 L'Amiral (1884)。皮卡尔还写过七部剧本。有关皮卡尔的生平可以参阅百科在线全文检索网:http://www.dbk2008.com/cp/。皮卡尔对于法学的一大贡献是首次提出了"知识权利理论",他制定了法律关系的一般分类法,把著作权连同发明、工业外观设计和商标列在一个特殊的和独立的新类别——知识权利之中,以此来与物权这个传统类别相抗衡。参阅 E. 皮卡尔的《非应用法律学》,巴黎,弗拉马里翁出版社,1908 年,第 45、53、54 页。转引自德利娅·利普希克著:《著作权和邻接权》,联合国教科文组织和中国对外翻译出版公司,2000 年,第 13 页。皮卡尔的"知识权利理论"对"知识产权"(intellectual property)这一概念的整合也做出了重大的贡献。See J. H. Reichman, "Charting the Collapse of the Patent - Copyright Dichotomy:Premises for a Restructured International Intellectual Property System", 13 Cardozo Arts & Ent. L. J. 475, 480 (1995), citing among others, 1 Stephen P. Ladas, *The International Protection of Literary and Artistic Property* 9 – 10 (1938).

[24] 参见 E. A. 鲍加特赫、B. H. 列夫琴柯(第二作者系本文添加)著:《资本主义国家和发展中国家的专利法》(法律文献出版社 1978 年出版——本文注),载《国外专利法介绍》(第一册)(册数系本文添加),知识出版社,1981 年(原文误作 1980 年,本文予以修正),第 11—12 页(原文误作第 2 页,本文予以修正)。转引自吴汉东主编:《知识产权法学》,北京大学出版社,2000 年,第 1 页。笔者经过确认,有关皮卡弟的这段话系引用了两位前苏联作者在文中所表达的含义,并非原文。

"知识产权一语,起源于17世纪中叶的法国。"[25] 具体何人,无从得知。

上述观点在提出"知识产权"这一称谓最早见于卡普佐夫的著作时,均没有指出原文的出处,这给本文的考证带来了极大的困难。为此,笔者向郭先生当面求证。据先生回忆,这一说法源自日本的一本法学词典,可由于年久时长,已经无法找到原出之典,甚为遗憾。但如果结合下文"瑞士说"也是郭先生最早提出的这一事实,我们便不难感受到郭先生观点的转变,即以新的"瑞士说"否定了旧的"法国说"。一般来说,两种观点出自同一人,当采纳最新观点。因为,新观点的提出,要么是对旧观点的否定,要么是对旧观点的否定之否定,否则,不易找出一个合理的理由来解释这种转变。那么,"法国说"的最早提出者既已公开摒弃自己的旧有观点,为何还有那么多人乐此不疲地转载引用,甚至是不加注解地照抄照搬?

此外,本文经过查找了解到,Carpzov(拉丁语为 Carpzovius)是一个德国家族的姓。[26] 17—18世纪,这一家族的很多成员都声名显赫,有

原文应该是:著名的比利时法学家皮卡弟(Urbaneta Mariano Uzcateqrci, Op. cit. 第四十八页——转引自原文)制定的知识权利理论也强调发明人权利的特殊性。依照此项理论,对于文学、艺术、发明创造等成果的权利,其产生是由于这些成果创立的事实本身,而不是由于法律关系所诞生。这是一种特殊的权利范畴。此范畴不像已知的罗马法那样,将民法关系分成物权、债权和人身权。按照皮卡弟的意见,对于发明、外观设计、实用新型、商标、厂商名称等等的财产权利构成"知识产权",其产权根本不同于对物的所有权。所以,所有权原则上是永恒的,随着物的产生与毁灭而发生与终止;但知识产权却有时间限制。一定对象的产权在每一瞬息时间内只能属于一个(或一定范围的人——共有财产),使用知识产品的权利则不限人数,因为它可以无限地再生。现在知识产权的概念已广为传播,甚至反映到了从事发明、科学、文学、艺术领域的作者权问题的国际组织——"世界知识产权组织"(WIPO)的名称内。

[25] 参见唐德华主编:《民法教程》,法律出版社,1987年,第337页。
[26] 确切地说,Carpzov 只是德语中的姓氏,法语中并无 Carpzov 这一姓氏,只有相对应的 Carpzow,而 Carpzow 同时也属于德语姓氏。See *Grand Larousse encyclopédique*(法国《拉鲁斯百科全书》), de son nom complet Grand Larousse encyclopédique en dix volumes, tome deuxiéme, −2, LIBRAIRIE LAROUSSE and

法学家、神学家以及政治家。该家族的源头可追溯至 Simon Carpzov，他曾于 16 世纪中期担任德国勃兰登堡州（Brandenburg，著名的勃兰登堡门 Brandenburg Gate 即位于该城）的州长，他生有两个儿子：一位名叫 Joachim Carpzov（卒于 1628 年）——曾任丹麦国王克里斯蒂安四世（Christian IV）(1588—1648 年）的军需处大将军（Master-General of Ordnance），另一位名叫 Benedikt Carpzov（1565—1624 年），是著名的法学家。[27] 1595 年 5 月 27 日他的第二个儿子出生：贝内迪克特·卡普佐夫（Benedikt Carpzov）(1595—1666 年），他是德国普通刑法学最著名的代表人物，其理论在其后的一个世纪支配了德意志刑法学。1612 年 6 月 4 日 Benedikt Carpzov 的第五个儿子降生，即 August Carpzov（1612—1683 年），同祖先不同，他是一位外交家。[28]

3. 瑞士说

此观点也由郭寿康先生最早提出，他认为："历史上，知识产权这一术语首先是在西欧国家产生和使用的，我国在实行改革开放政策以后才将知识产权这一用语移置过来。知识产权这一用语，具体由何国何人第一次提出来，说法不一。从作者掌握的资料来看，历史上第一次提出知识产权的，是瑞士人杜尔奈森（Johann Rudolf Thuineisen）。他在

Brockhaus Enzyklopädie（德国《布洛克豪斯大百科全书》）in zwanzig Bänden. Siebzehnte (3.) völlig neu bea. Aufl. des Großen Brockhaus. Dritter Band：BLIT – CHOC. Wiesbaden，Brockhaus Verlag，1967，Halbleder 17. Auflage1. Auflage.

〔27〕 参见 Answers 搜索：http：//www. answers. com/topic/carpzov，最后访问日期：2006 年 8 月 3 日。

〔28〕 参见 Jrank 搜索：http：//www. jrank. org/jrankweb/servlet/jrankweb/template/Index. vm? css = http%3A%2F%2Fencyclopedia. jrank. org%2Fstylesheets%2Fsearch. css&s = 0&l = 10&ci = 280&q = carpzov，最后访问日期：2006 年 8 月 3 日。

1738 年[29]于巴塞尔城提出的一篇博士学位论文中就探讨了知识产权,称之为'智力创造的财产'。"[30]郭先生在文中紧接着写道,"有人认为'知识产权'产生于18世纪的德国,虽然也间接引用了 Fran ois Dessemontet 的著作,但实际上是误解"。[31]李琛老师的观点与此基本相同,她认为:"'Intellectual property'一词,最初是指作者对作品享有的权利。当前可考的最早使用 intellectual property 的文献,是瑞士人 Johann Rudolf Thurneysen 在 1738 年发表的博士论文 International copyright law and practice,该文中的'知识产权'仅指版权。"[32]据本文考证,这两种表述均有微疵。

首先,正如上文在分析"德国说"时提到的,Francois Dessemonter 教授将"Immaterialguterrecht"等同于"Intellectual Property Rights",这和我们当下的认识存在误差。

此外,本文在一位德国学者的著作中也发现了有关瑞士教授的介绍。该文中写道:

在德国和瑞士,关于知识产权的理论也在各种文献中进行了激烈的讨论。对这一理论进行过深入探讨的是巴塞尔教授约翰·鲁道夫·托乃森(Prof. Johann Rudolf Thurneisen)的博士论文:Dissertatio juridica inaugrualis de recusione librorum furtiva,德语的意思

---

[29] 在 *International Copyright Law and Practice* 一书中,并没有标明这一日期,但这一日期确真无误,详见下文。

[30] 见 Alois Troller,*Immaterial Guterrecht*(《无体财产权》),德文第 3 版(1983年)第一卷,第 21 页;《国际版权法律与实务》(瑞士篇)Fran ois Dessemontet 著,2001 年英文版,第二卷,瑞士篇第 10 页。巴塞尔城早在 1501 年即加入瑞士邦联,现在属于瑞士北部德语区。参见郭寿康主编:《知识产权法》,中共中央党校出版社,2002 年,第 1 页。

[31] 参见郭寿康主编:《知识产权法》,中共中央党校出版社,2002 年,第 1 页。

[32] 参见李琛著:《知识产权法关键词》,法律出版社,2006 年,第 2 页。

是未经许可之图书翻印(1738年于巴塞尔,德文译文被收录于《伯尔尼公约100周年纪念文集》,1986年,伯尔尼)。在该论文中,在伯尔尼公约联盟体制建立之前150年,作者就提出了制定一个相关的国际条约的要求,按照对等原则在不同的国家提供法律保护。按照自然法理论,托乃森把知识产权理解为永久权利。[33]

从语义的角度看,"International copyright law and practice"所表述的意思和"Dissertatio juridica inaugrualis de recusione librorum furtive"不尽相同;从语言的角度看,瑞士一共有四种官方语言:德语、法语、意大利语和拉丁曼罗语,并没有英语。所以,本文认为,瑞士教授用英语写作博士论文的可能性微乎其微。另外,Thurneisen于1738年在瑞士首先提出的是"对作者的保护"(Thurneisen forderte 1738 in der Schweiz einen Schutz von Autoren. Erst)。[34]

(二)"Intellectual Property"的首次使用

本文认为,世界是一个多语系的世界,探讨知识产权称谓的起源,必须置之于特定的语境之下。"intellectual property"这一术语,它必然首先出现在英语国家。毫无疑问,"英国"和"美国"的"嫌疑"最大。《牛津英语大词典》(*The Oxford English Dictionary*)介绍说:现存可考的

---

[33] 参见[德]M.雷炳德著,张恩民译:《著作权法》(*URHEBERRECHT*)(2004年第13版),法律出版社,2005年,第21页。

[34] See Urheberrechts-Schutz in der Schweiz, Thurneisen forderte 1738 in der Schweiz einen Schutz von Autoren. Erst, einzelne Privilegien für musikalische Kompositionen, technische Neuerungen (Vermischung mit Patentrecht),参见:http://72.14. 221.104/searchq = cache: i5HTgBSXF9cJ: elsaunisg. ch/zusammenfassungen/ mitschriften/Immaterialgueterrecht/Immaterialgueterrecht. pdf + der + Begriff + Geistiges + Eigentum + 1738&hl = de&gl = de&ct = clnk&cd = 2,最后访问日期:2006年8月3日。

史料表明,"intellectual property"这一术语首次使用是在 1845 年的美国。该词典对"intellectual property"这一词条的解释是:"法律概念。某类财产(例如专利、商标和版权)的统称,它是发明和创造的产物,不可感知,亦没有物质实体。"(英文是:intellectual property [law], a general name for property (such as patents, trademarks, and copyright material) which is the product of invention or creativity, and which does not exit in a tangible, physical form.)它最早出现于 1845 年,法官在判决书中认为:"只有通过这一有效的方法,我们才能保护知识财产[35](intellectual property),智力劳动成果,产品和一人所享有的利益,……一如他种植的小麦或者他饲养的羊群。[WOODBURY & MINOT Rep. Cases Circuit Court of U.S.(1847)Ⅰ.57]"[36] 本文根据这一线索,找到了判决书的原文。1845 年 10 月,美国马萨诸塞州巡回法庭法官 Charles L. Woodbury 担任一起专利纠纷(*Davoll et al. v. Brown*)的主审,他在判决书[37]

---

〔35〕 此处将"intellectual property"译成"知识财产",以便使之同"智力劳动成果"、"产品"、"利益"、"小麦"、"羊群"等概念对应。

〔36〕 See *The Oxford English Dictionary*, second edition, prepared by J. A. Simpson and E. S. C. Weiner, Volume Ⅶ, Clarendon Press, Oxford, 1989, p. 1068.《牛津英语大词典》(*Oxford English Dictionary*)通常简称为 OED,是一部公认的权威历史性英语语文词典。第一任主编詹姆斯·默雷(James A. H. Murray)是著名的语言学家,所以又称"默雷词典"(*Murray's Dictionary*),原书名是《新英语词典》(年代顺序版)(*New English Dictionary on Historical Principle*),故又称 NED。NED 是在 1858 年由英国语文学会组织筹备编写,1884 - 1928 年出版。《牛津英语大词典》(12 卷)自 1928 年出版发行以来是世界公认的有史以来最伟大的英文辞典,赢得了"辞典中的圣经"的美誉。《牛津英语大词典》目前最新版本为 20 卷本第二版,收词超过 50 万条,引证例句 250 万条,全部发音使用国际音标标注,词条及例句涵盖了所有英语国家的地方英语,包括北美、南非、澳大利亚、新西兰和加勒比等等,并且给出了词源分析以及不同地方英语的拼写差异。该词典几乎囊括了 1150 年以来见于文献的所有语词。如乔叟、高沃尔和莎士比亚等著名作家只是用过一次的罕见词,OED 也如数照收,卷帙浩繁,编写原则谨严,全书浑然一体,是一部追溯词源,查考历史词汇,具有极高学术价值和实用价值的语文词典。

〔37〕 See 7 F. Cas. 197;1845 U. S. App. LEXIS 340;3 W. L. J. 151.

中写道:"只有通过这一有效的方法,独创性和持久性才能作为一个整体加以实施,并且,只有通过此方法我们才能保护知识财产、智力劳动成果、产品和一人所享有的利益,以及它诚实经营的成果,一如他种植的小麦或者他饲养的羊群。"(and only in this way can we protect intellectual property, the labors of the mind, productions and interests as much a man's own, and as much the fruit of his honest industry, as the wheat he cultivates, or the flocks he rears.)[38]《韦氏大学词典(第11版)》(Merriam-Webster Collegiate Dictionary, 11th edition)在"intellectual property"一词的起源时间上与《牛津英语大词典》见解相同,该词典对词条的解释是:"源自脑力或智力的财产(作为一种思想、发明或过程),也指:与此相关的程序、权利或登记。"(property (as an idea, invention, or process) that derives from the work of the mind or intellect; also: an application, right, or registration relating to this.)

不过,《牛津英语大词典》固然历史悠久、内容浩瀚,但也绝非滴水不漏、固若金汤。至少在"Intellectual Property"这一词源的历史考察上,本文就找到了和该词典相左之见。布拉德·谢尔曼(Brad Sherman)和莱昂内尔·本特利(Lionel Bently)合著的《现代知识产权法的演进:1760—1911 英国的历程》(The Making of Modern Intellectual Property Law: The British Experience, 1760 - 1911)[39]一书中曾提到:托马斯(Thomson)1840 年《致罗伯特·皮尔爵士阁下的一封信》(A Letter to

---

[38] 美国还有几位学者也都持这一见解。See http://www.godseye.com/wiki/index.php/Intellectual_property#History and http://www.speedace.info/intellectual_property_bluebird_designs_and_trademark.htm,最后访问日期:2006 年 8 月 3 日。

[39] Brad Sherman, Lionel Bently, *The Making of Modern Intellectual Property Law: The British Experience*, 1760 - 1911, Cambridge: Cambridge University Press, 1999, First Edition. 中译本参见金海军译:《现代知识产权法的演进:1760—1911 英国的历程》,北京大学出版社,2006 年。

the Right Honourable Sir Robert Peel)附录1的标题是"英格兰受到法律保护的知识产权"(Intellectual Property Protected by Law in England)。[40] 按照这一说法,"Intellectual Property"一语至少早在1840年就已为人所用,比《牛津英语大词典》的解释又往前追溯了5年。不过,上述两位作者在引用《致罗伯特·皮尔爵士阁下的一封信》这一文献时,对该书的作者和出版年份可能存在"笔误"。本文检索到的该书作者是Torrens R.和Robert Peel,出版年份是1843年。[41] 不管怎样,纵然该书出版于1843年,还是比1845年早了2年。

而另一本享誉世界的词典——《兰登书屋简明未删减词典》(Random House Compact Unabridged Dictionary)对"intellectual property"这一词条的解释是:"法律概念。是指智力独创的财产,例如专利、版权和商标。"(英文是:intellectual property, law, property that results from original creative thought, as patents, copyright material and trademarks.)该词典对"intellectual property"的解释并不如《牛津英语大词典》那么肯定,它解释说:"intellectual property 一词大概起源于1840年至1845年的美国。"[42]

"intellectual property"起源于美国的观点,台湾学者赖文智先生[43]曾在论文中隐约提过,他认为:"而就智能财产权这个用语而言,早期是由美国开始使用,国际间第一次在正式的场合使用这个用语是于一

---

〔40〕 参见英文本第95页,注1;中译本第113页,注1。

〔41〕 See Torrens, R., and Robert Peel. 1843. *A letter to the Right Honourable Sir Robert Peel*, Bart. M. P on the condition of England and on the means of removing the causes of distress. London:Smith, Elder, and Co. 参见世界最大的书目数据库 WorldCat 对该书的介绍:http://www.worldcatlibraries.org/oclc/19249829。

〔42〕 参见词典网站 Dictionary.com:http://dictionary.reference.com/browse/intellectual%20property,最后访问日期:2007年9月14日。

〔43〕 台湾益思科技法律事务所所长,其个人介绍参阅 http://www.is-law.com/staff/staff-LA.htm。

九六七年《成立世界智能财产权组织公约》,其后世界贸易组织有关智能财产权的 TRIPS 协议,亦沿用此一用语,目前已成为国际间贸易谈判的常用语。"[44][45]

此外,法国作者 A. Nion 曾在其著作 *Droits civils des auteurs, artistes et inventeurs*(1846 年出版)中提到了"*propriété intellectuelle*"一词,但可能在此之前就已经有人提出了这一术语。[46] 按照欧洲大陆的旧有习惯,"Intellectual property"原本仅涉及著作权作品的保护,几乎与商标和类似的市场营销策略无关。[47] 在美国,尽管近年来,人们使用该词来描述这些法定权利的次数显著增多,但是直到 1980 年《拜杜法案》(*Bayh-Dole Act*)[48] 通过之后才开始大量使用和引用。该词在世界范围内的大规模使用始于 1967 年世界知识产权组织(WIPO)成立后的积极传播。

知识产权的第一次法典编纂可以追溯至《犹太法典》(*Talmud*)中的《犹太人法则》(*Jewish laws*),它明确禁止"Gnevat ha data"(逐字盗

---

〔44〕 参见赖文智:《智慧财产权与民法的互动——以专利授权契约为主》,台大法律学研究所硕士论文,第 8 页。

〔45〕 此外,美国学者 Carla Hesse 教授(加州伯克利大学历史系教授,个人介绍参阅 http://history.berkeley.edu/faculty/Hesse/)曾在文章中提及这一点,她在文中写道:"知识产权"(intellectual property)这一英语词汇出现于 1845 年并非偶然。当时,大多数人都认为,"版权"应该在知识产权所有者利益和公众利益之间建立平衡:即作者和发明者应该从他们的作品和思想受益,但是这仅限于一定的时间范围内。See Carla Hesse, *The Rise of Intellectual Property*, 700 B. C. -A. D. 2000: *An Idea in the Balance*, *Daedalus*(Spring 2002), p. 39。颇为巧合,此文中译稿已由金海军译出,并一同收入本卷,诸君明鉴。

〔46〕 See http://www.speedace.info/intellectual_property_bluebird_designs_and_trademark.htm,最后访问日期:2007 年 4 月 3 日。

〔47〕 See Cornish W. R., *Intellectual Property: Patens, Copyright, Trade Marks and Allied Rights*, London: Sweet & Maxwell, 1999, 4th Edition. p. 3。

〔48〕 See Paper by Mark A. Lemley, *Property, Intellectual Property, and Free Riding*; see Table 1, pp. 4 - 5。

用思想)。这种盗用思想的行为及其深入解释可以在《犹太法律代码》(*Shulkhan Arukh*)中找到。这两部法典均早于几百年后(1710年)制定的《安妮法》。[49] 除了引用法案名称时在脚注中特别注明外,"知识产权"一词并未出现在《美国版权法》中。该词在美国法令和联邦宪法中被表述为"排他权"(exclusive rights)[50]。

二、"知识产权"称谓的首次正式使用

(一)国际上的首次正式使用

"知识产权"一词在国际上的首次正式使用,始于1893年《巴黎公约》国际局和《伯尔尼公约》国际局合并为"保护知识产权联合国际局(BIRPI)"。

不过,本文经过分析认为,在国际上首次正式使用的并不是"知识产权"的英文表述——intellectual property,而是其法文表述——Propriété intellectuelle。为什么会有这样的区分,必须得从世界知识产

---

[49] 通常认为,1710年的《安妮法》为世界历史上的第一部版权法,理由是该法首次在文字上确认了作者的权利。严格而言,似有不妥。首先,《安妮法》并不是第一部版权法,因为先于《安妮法》所颁布的许多图书印刷出版许可令大多已经确认了出版商的版权。其次,作者的权利并非由于《安妮法》的颁布才得以确认。因此在已有的图书贸易中,作者的财产权利和某些非财产权利已经得到了承认。最后《安妮法》颁布的目的,并不是真正为了确保作者的权益,而是在当时政治条件下再一次以立法的形式间接确认了图书贸易中出版商的版权。参见黄海峰:《知识产权的表达与实践:版权、专利与商标的历史考察》,中国人民大学2007届博士学位论文,第21页。

[50] See "History of the term", "INTELLECTUAL PROPERTY RIGHTS", http://www.speedace.info/intellectual_property_bluebird_designs_and_trademark.htm,最后访问日期:2006年7月3日。

权组织的发展历史说起。

世界知识产权组织的根源可追溯到1883年3月20日《保护工业产权的巴黎公约》[51]的诞生,这是第一部旨在使一国国民的智力创造能在他国得到保护的重要国际条约。这些智力创造的表现形式是工业产权,即发明专利、商标、工业品外观设计。《巴黎公约》于1884年7月6日生效,当时有14个成员国[52],成立了国际局来执行行政管理任务,诸如举办成员国会议等。1886年9月9日,《保护文学和艺术作品伯尔尼公约》[53]通过,原始签字国有英国、法国、德国、意大利、瑞士、比利时、西班牙、利比里亚、海地和突尼斯10国,1887年9月5日签字国互换批准书(利比里亚没有批准),公约3个月后[54]生效,这就是世界上第一个国际著作权公约。该公约的宗旨是使其成员国国民的权利能在国际上得到保护,以对其创作作品的使用进行控制并收取报酬。这些创作作品的形式有:小说、诗歌、戏剧、音乐作品、绘画、雕塑、建筑作品等。同《巴黎公约》一样,《伯尔尼公约》也成立了国际局来执行行政管理任务。

1893年,《巴黎公约》国际局和《伯尔尼公约》国际局正式合并,成立了被称之为"保护知识产权联合国际局(BIRPI)"的国际组织。而"BIRPI"是法语的缩写,全称为"Bureaux internationaux réunis pour la protection de la propriété intellectuelle",并不是英文的缩写。所以说,

---

[51] 即 *Paris Convention for The Protection of Industrial Property*,简称《巴黎公约》。

[52] 11个国家在连同附加的最后议定书上签字:比利时、巴西、法国、危地马拉、意大利、荷兰、葡萄牙、萨尔瓦多、塞尔维亚、西班牙和瑞士,3个国家交存了加入书:厄瓜多尔、突尼斯和英国。

[53] 即 *Berne Convention for the Protection of Literary and Artistic Works*,简称《伯尔尼公约》。

[54] 即1887年12月。

"知识产权"在国际上的首次正式使用,是其法文表述——Propriété intellectuelle,而非英文表述——intellectual property。

起初,保护知识产权联合国际局是一个规模很小的组织,设在瑞士伯尔尼,当时只有7名工作人员,即今天的世界知识产权组织(WIPO)的前身。而随着知识产权变得日益重要,这一组织的结构和形式也发生了变化。1960年,保护知识产权联合国际局从伯尔尼搬到日内瓦。由于该局置于瑞士政府的监管之下,难以起到应有的作用,遂在联合国国际局的提议下,31个国家的代表于1967年7月14日在瑞典斯德哥尔摩召开会议,修订了上述两个公约,并签署了《成立世界知识产权组织公约》,该公约于1970年5月26日生效,经历了机构和行政改革并成立了对成员国负责的秘书处之后,至此,保护知识产权联合国际局变成了世界知识产权组织。

同时,由于《成立世界知识产权组织公约》的全称使用的是英文,即"*Convention Establishing the World Intellectual Property Organization*"。所以,它成了"知识产权"的英文表述"intellectual property"在国际上首次正式使用的渊源。

(二)中国的首次正式使用

1. 小心求证:"知识产权"中文称谓的首次正式使用

郭寿康先生指出:"在我国,无论是在解放以前的旧中国,还是1949年以后的新中国,人们几乎没有遇到过知识产权这一术语。就作者所知,1973年我国一个代表团第一次应邀访问联合国世界知识产权组织,国家传播媒体首次将该国际组织的 intellectual property 译成'知识产权',一直沿用到现在。"[55]在另一篇文章中,郭先生说得就更加明确了:"1973年11月,经周恩来总理批准,由任建新率领的中国代表团以观察员身份应邀参加了世界知识产权组织(WIPO)领导机构会议。新华社报道中第一次出现了'知识产权'这个词汇。"[56]

　　本文根据这一线索,查阅了《人民日报》上起创刊号(1946年5月15日)[57],下迄2007年3月31日的所有版面,确定了第一次在《人民日报》上出现"知识产权"这一术语是在1973年11月19日的第3版,当时该条新闻的标题是:"出席世界知识产权组织全体会议第二届会议,我国际贸易促进委员会观察小组离京赴日内瓦",其正文参见下图:

　　从1973年11月19日这一天起,"知识产权"一语在《人民日报》上频频亮相。据本文统计,到2007年3月31日为止,《人民日报》上出现"知识产权"这一术语的总次数约5796次。[58]

---

〔55〕 参见郭寿康主编:《知识产权法》,中共中央党校出版社,2002年,第2—3页。有关该次会议的详细情况,可以阅读任建新:《回顾中国知识产权制度的建立》,载于刘春田主编:《中国知识产权二十年(1978—1998)》,专利文献出版社,1998年,第18—26页。

〔56〕 参见郭寿康:《改革开放以来知识产权的教学研究——学海片段追忆》,载于刘春田主编:《中国知识产权二十年(1978—1998)》,专利文献出版社,1998年,第200页。

〔57〕 此处所指《人民日报》,非今日之《人民日报》,乃晋冀鲁豫《人民日报》。它于1946年5月15日在河北省邯郸市的邯郸中学礼堂举行创刊发行大会,刘伯承、邓小平等同志出席了会议,邓小平为之题写了创刊题词"为人民服务",该题词手迹可参见邓小平纪念馆:http://cyc7.cycnet.com:8091/leaders/dxp/content.jsp?id=2196&s_code=0404。关于晋冀鲁豫《人民日报》创刊的相关史实,可以参阅飞龙在天598的BLOG:http://blog.sina.com.cn/u/4b074ba0010008ay。今日之《人民日报》,乃是1948年6月15日由《晋察冀日报》和晋冀鲁豫《人民日报》合并而成,系中共华北局机关报,创刊于河北省平山县里庄。有关这一历史,可参阅人民网:http://www.people.com.cn/GB/1018/22259/2220957.html。

〔58〕 参见人民日报图文数据库:http://202.112.118.21:900/web/101.htm。

> **出席世界知识产权组织全体会议第二届会议**
>
> **我国际贸易促进委员会观察小组离京赴日内瓦**
>
> 新华社一九七三年十一月十七日讯 以任建新为组长的中国国际贸易促进委员会观察小组,应邀出席世界知识产权组织全体会议第二届会议,今天乘飞机离开北京前往日内瓦。有关方面负责人许乃炯、黄超选、刘绍山等到机场送行。

但是,关于"知识产权"中文称谓的首次正式使用也并不是没有不同的声音,郑成思先生就在书中认为:"1973年,以任建新为团长的中国国际贸易促进会代表团首次出席了世界知识产权组织的领导机构会议,回国后任建新在写给周总理的报告中,首次使用了'知识产权'这一术语。"[59] 如果采纳郑先生的观点,"知识产权"称谓在国内的首次使用最早也是1973年12月12日,因为这一天,正是代表我国参加世界知识产权组织会议的国际贸易促进委员会观察小组回京的时间。[60] 但根据上文的分析,"知识产权"一语出现在1973年11月19日《人民日报》的第三版已是言之凿凿、不容更改。

2. 大胆假设:"知识产权"中文翻译的"自由心证"[61]

"在中国使用知识产权这一术语后不久,就有一些专家,包括外语

---

[59] 郑成思著:《世界贸易组织与贸易有关的知识产权》,中国人民大学出版社,1996年,第6页。

[60] 据查,《人民日报》1973年12月12日第4版刊登了参加世界知识产权组织全体会议第二届会议的我国代表团回京的消息,新闻标题是"参加世界知识产权组织会议后,我国际贸易促进委员会观察小组回京"。

[61] 自由心证是诉讼法上的制度,是指法官根据审理中出现的资料及状况,基于自由的判断形成心证,从而认定案件事实的原则。本文用在此处,意在"借喻",即为了表明下文的分析是笔者在掌握一定资料基础上的"心证"。

翻译方面的专家,提出将'intellectual property'译成'知识产权'并不确切,值得进一步推敲。20世纪80年代初,联合国日内瓦办事处中文翻译科的一位精通英语翻译的负责人就曾经发表意见说,中文的'知识'相当于英语中的'knowledge',英语中的'intellectual'不应译为'知识',而应译为'智慧'或'智力'。'property'也非'产权'之意,而应译为'财产'。所以,他认为这一用语译为'智慧财产'意思更贴近原义。还有一些专家也提出过类似意见。"[62]

可见,从"知识产权"一词在中国诞生之初,争议就从未平息。现在"知识产权"这一术语已经在我国深入人心,要想矫正这一翻译已经不太现实,或者说没有必要。因为所有的名称都是人的创造,在为万物命名时,何以这样命名,其实都是强加给它们的。称之为"狗"的动物,本来也可以称之为"猫",但等到一个名字被大众所接受之后,这个名和实的关系便约定俗成了。这便是荀子在《正名》篇所说的"名无固宜,约之以命,约定俗成谓之宜"。[63] 郭寿康先生也认为:"一个法律用语得到公众承认和广泛使用,却往往是约定俗成,不单单决定于定义推敲和逻辑推理。"[64]

但本文既然名曰"知识产权称谓考",就不能对这一现象置若罔闻,仍准备对这一现象做出自己的理解。因为"知识产权"一词既然可以称为"智力成果权"或"智慧财产权",那为何不叫"智力成果权"或"智慧财产权",而非要叫"知识产权"？恐怕不可以以一句"第一个翻

---

[62] 参见郭寿康主编:《知识产权法》,中共中央党校出版社,2002年,第3页。

[63] 冯友兰著,赵复三译:《中国哲学简史》,新世界出版社,2004年,第113页。转引自蒋万来:《知识产权与民法关系之研究》,中国人民大学2005届博士学位论文,第46页。

[64] 参见郭寿康主编:《知识产权法》,中共中央党校出版社,2002年,第3页。

译的人英语水平不过关"搪塞而过。本文推测,这其中必然蕴涵可以挖掘的道理。带着这些疑问,本文再一次进行了考证。

从语言学的角度看,要想充分理解"intellectual property"这一组合词语的确切含义,必须首先对其组成部分"intellectual"和"property"的含义进行把握。根据英文词典的解释,"intellectual"一词有两种词性,既可作形容词,亦可作名词。作形容词时,"intellectual"主要有两种含义:第一种含义为"智力的,思维力的;用智力的";第二种含义为"知性的,理智的;聪明的"。作名词时,"intellectual"的含义主要有"知识阶层,知识分子"[65]。而"property"只作名词使用,其含义主要有五种:第一种含义是"财产,资产";第二种含义是"所有地,地产;不动产";第三种含义是"所有物;所有(权);著作权";第四种含义是"(物体的)特性,特质,特征";第五种含义是"(戏剧的)小道具"[66]。

因此,根据前述"intellectual"和"property"的各自释义可以看出,"intellectual property"这一词组不论从字面或者含义上进行翻译都不能翻译成"知识产权",因为"intellectual"一词根本没有"知识"或者"知识的"的意思,它与"知识"是两个不同的概念。作为名词,"intellectual"指"知识阶层,知识分子",但是在"intellectual property"词组中,"intellectual"显然是形容词而不是名词,何况"知识分子"与"知识"并不能画等号,即使采用对号入座的生硬直译,也只能译成"知识分子产权"而不能译成"知识产权"。当然,译成"知识分子产权"则更是不恰当的。

所以,当"intellectual"与"property"放在一起使用时,我国有些学者

---

[65] 参见《英汉多功能词典》,外语教学与研究出版社、建宏出版社(台湾),1997年,第785页。

[66] 参见《英汉多功能词典》,外语教学与研究出版社、建宏出版社(台湾),1997年,第1175页。

便依据其各自的英文含义,将"intellectual property"译作"智力成果权",在台湾,学者们译作"智慧财产权"、"智力财产权"或者"智慧所有权";在香港回归前,"intellectual property"则译为"智力产权"。从翻译的准确性看,这几种译法都是既符合词语的本身内涵,又同该种权利的本质相吻合的,因此,都更加合理。所以,本文据此认为,既然"intellectual property"很难翻译出"知识产权"这一含义,我们就完全有理由怀疑"知识产权"一词译自英文"intellectual property"这种观点的可信度。

上文分析"知识产权"这一称谓在国际上首次正式使用时曾经指出,该称谓在国际上的首次正式使用始于其法文表述"Propriété intellectuelle",它来自"保护知识产权联合国际局"的法文全称,即"Bureaux internationaux réunis pour la protection de la propriété intellectuelle"。根据法文词典的解释,"propriété"只作名词使用,其含义主要有五种,第一种含义是"所有;所有权;所有制;所有物,财产,产业";第二种含义是"(乡间的)大宅第";第三种含义是"特性,属性,性能,性质";第四种含义是"(用词的)确切,贴切,适当";第五种含义是"(农业中的)大[小]地产;地产主[总称]"[67]。而"intellectuelle"则有两种词性,分别是形容词和名词,作为形容词时,它的含义是指"智力的;理智的;精神的;知识的;需用智力的;需动脑力的;用脑力的;爱用脑的;爱动脑子的";作为名词时,它的含义是"知识分子;爱动脑子的人"[68]。既然"propriété"有"财产"、"所有权"的意思,而"intellectuelle"有"知识的"的意思,因此,法文词组"propriété intellectuelle"可以翻译成中文"知识

---

[67] 参见《拉鲁斯法汉双解词典》,外语教学与研究出版社,2001年,第1557页。

[68] 参见《拉鲁斯法汉双解词典》,外语教学与研究出版社,2001年,第1037—1038页。

产权",把"Bureaux internationaux réunis pour la protection de la propriété intellectuelle"翻译成"保护知识产权联合国际局"也是符合其法文原义的。而保护知识产权联合国际局正是世界知识产权组织的前身。据此,本文推断,我国政府在翻译英文"intellectual property"时,可能考虑到了"保护知识产权联合国际局"与"世界知识产权组织"之间的亲缘关系,所以才将其译为"知识产权",而不是简单地依照英文词组的字面含义去翻译。显然,这样的翻译同世界知识产权组织的中文表述也是相吻合的。基于此,本文认为,"知识产权"一词的中文称谓应当来源于法文词组"propriété intellectuelle",而非英文"intellectual property"。[69]

3. "知识产权"一语在中国正式成为法律概念的历程

我国民法学界对知识产权的概念曾有过一段排斥的历史,认为用"智力成果权"比用"知识产权"更适合我国社会公有制性质的实际。这是因为当时深受前苏联民法的影响。前苏联民法学界认为,"知识产权"的概念是表示私人占有脑力劳动成果的意思,属于资产阶级私法的范畴。而在社会主义生产资料公有制条件下,人的脑力劳动的成果必须与生产资料公有制相联系,同整个社会的共同劳动联系起来,因而否认智力成果为私人所有。所以,在前苏联民法中只承认智力成果权而不承认知识产权。这种情况持续很长时期,直至1973年加入了《世界版权公约》,前苏联才开始承认知识产权的概念。根据前苏联学者的介绍,前苏联民法上没有规定对创作成果本身的工业产权、科学产

---

[69] 这种观点在另一位学者的文章中也有论述,见王晨雁:"对知识产权概念的质疑与反思",载《福建论坛·人文社会科学版》2005年第9期。

权、文学产权、知识产权或精神产权等制度。在前苏联的法学著作和法律实践中所以使用其中的某些概念，只是因为这些概念在前苏联参加的国际关系中使用，例如在关于保护工业产权的巴黎公约中，以及在创立世界知识产权组织的国际公约中使用。[70]

在1979年起第三次起草民法典过程中，多数学人也仍持此主张。1980年我国成为世界知识产权组织的正式成员国后[71]，民法学界的这种观点开始发生转变，随着对外开放过程中与其他国家在知识产品交流方面的活动日益增加，国内商品经济因素的扩大而使技术市场不断扩大，都要求对知识产品的人身权利和财产权利给以法律上的充分确认和保护，这样，知识产权才逐渐取代智力成果权而为民法学界所普遍接受。[72]

1986年4月12日通过的《民法通则》中以"知识产权"作为第五章"民事权利"第三节的标题，并第一次把知识产权列为民事权利的重要组成部分，从立法的角度对知识支配权的商品化问题作了肯定回答，明确规定公民、法人的著作权受法律保护，从而为我国的著作权立法奠定了坚实的基础，也使"知识产权"取代"智力成果权"的提法普遍为社会所采用。[73]

---

[70] 参见 B.Ⅱ.格里巴诺夫、C.M.科尔涅耶夫主编，中国社会科学院法学研究所民法经济法研究室译：《苏联民法》（下册），法律出版社，1986年，第448页。

[71] 中国于1980年6月3日加入该组织，成为它的第90个成员国。

[72] 参见龙斯荣、尹佐保著：《知识产权法论》，吉林大学出版社，1992年，第3—4页。

[73] 一个最直观的反映是，以《民法通则》的通过时间为分界点，通过之前的民法教材中涉及知识产权的部分一般统称为"智力成果权"，例如：(1)西北政法学院民法教研室编：《民法原理讲义》，西北政法学院科研处，1982年，第五编"智力成果权"，第289页；(2)王作堂、魏振瀛、李志敏、朱启超等编：《民法教程》，北京大学出版社，1983年，第六编"智力成果权"，第389页；(3)佟柔主编，金平、赵中孚副主编：《民法原理》，法律出版社，1983年，第四编"智力成果权"，第383页；(4)陈国柱主编，王忠、龙斯荣副主编：《民法学》，吉林大学出版社，1984年，第四编

三、不是结论的结语

"知识产权"作为当下一常用名词,频频游走于笔端,相传于口舌。可要还这名词一段清晰的历史,却殊非易事。作者们坚持己见,旁人则误解丛生。其实,归根结底,还在于人们开展对话的平台大相径庭,导致"自说自话",令人费解。正如上文所说的,世界是一个多语系的世界。不可否认,语言给世界增添了更多的色彩,但也阻滞了人们的交流。"东是东,西是西,东西永古不相期"(East is East, and West is West, and never the twain shall meet.)[74]的年代早已一去不复还。因此,我们必须突破语言的樊篱,回归共同的语境展开对话,如此,才能消弭很多不必要的误解。

"智力成果权",第277页。《民法通则》通过之后的民法教材中涉及知识产权的部分绝大多数都统称为"知识产权",例如:(1)郑立、刘春田、李长业著:《民法通则概论》,红旗出版社,1986年,第191页;(2)凌相权主编:《中华人民共和国民法概论》,山东人民出版社,1986年,第263页;(3)唐德华主编,王利明副主编:《民法教程》,法律出版社,1987年,第五编"知识产权",第337页。当然,这种划分并非绝对,在《民法通则》通过之前,已有教材开始采用"知识产权"一语作为统称,例如:简明法学教材之《民法讲义》(试用本)(法律出版社,1983年)一书中,第十五讲的题目即是"知识产权"。该书解释了这一做法:"知识产权是目前国际上通行的用语。但在我们社会主义国家,知识并不是物质财产,也不应该属于私有。从我国的国情出发,有人主张这个用语应该改为'智力成果的专有权'。但考虑到'知识产权'一词的国际性,这里仍予沿用",第206页。这是我国法学教材中首次以"知识产权"作为著作权、专利权和商标权的统称。此外,李威忠编著、方立校订,新疆维吾尔自治区政法干部学校科研处发行的《民法原理》(1983年)第四编(第506页)和安徽大学法律系民法教研室编的《中国民法讲义》(安徽大学法律系,1984年)的第五编(第267页)也都以"知识产权"命名。在《民法通则》通过之后,也有教材并未采用"知识产权"一语作为统称,例如江平、张佩霖编著的《民法教程》(中国政法大学出版社,1986年)一书中,涉及知识产权的内容甚至只有一章,即该书第二十三章"作品权(著作权)"。

〔74〕 诗人吉卜林语。吉卜林(Rudyard Kipling, 1865—1936),英国小说家、诗人。

当然,要彻底弄清知识产权称谓的来龙去脉,殊为不易,现在还远不到盖棺定论的时候,本文只不过是一次尝试,以期抛砖引玉。在写作过程中,笔者时常会陷入一种无法排遣的知识困境,因为本文的很多考证,并没有那么多言之凿凿的"客观",也没有那么多盖棺论定的"不变";即使有些事物是以"客观"或"不变"的形态出现,但其内涵却包容了许许多多、各式各样的变数,这使笔者在落笔时很难遽下断语。

最后,不妨借用王泽鉴先生的一句话权当自勉——"伟大法学上的发现,尚且如此,吾人所从事之法解释学上零碎的研究,终必掩盖尘埃,成为废纸,企望片刻的拍手,亦不可得,其可自我慰藉者,乃是尽其些微心力,共同参与追求真理的漫长行列而已!"[75]

---

[75] 参见王泽鉴著:《民法学说判例研究》(第四册),中国政法大学出版社,2005年,第1页。

知识产权熵论重述[*]

杨雄文[**]

现代科学的迅猛发展深刻地变革了人们的世界图景和思维方式，也深深地变革了人们的价值规范和生活方式。特别是划时代的物理学的发现，促使人类整个自然科学的改观，并为其他学科提供着世界观和方法论。熵理论也是如此。熵已经从单纯描述微观世界的热力学物理概念，被推广到几乎所有科学领域，包括社会学范畴，逐渐演变为一个与自然和社会相统一的动态开放的概念。利科等人在《哲学主要趋向》[1]中认为"当代的讨论特别围绕着有向性和熵增减之间的关系进行"[2]。爱丁顿从认识论和方法论的角度，将熵增定律誉为"宇宙至高无上的哲学规律"。

诺贝尔奖获得者 Frederick Soddy 曾说过，热力学第二定律最终支配着政治系统的盛衰、国家的自由乃至专制、商业和产业活动的动向、贫富的产生，它是物理学对于人类做出的贡献[3]。熵表征序，而人为

---

[*] 拙文《知识产权熵论》在《知识产权》2006 年第 5 期刊发以后，先后有十数位学者同仁提出了一些意见和看法。本文写作的目的一是基于感谢和回应，二是将自己的进一步思考所得供大家雅正。

[**] 中国人民大学法学院博士研究生，高级工程师。

[1]《哲学主要趋向》是由联合国教科文组织筹编的一套大型的《社会科学和人文科学研究主要趋向》丛书的哲学卷。

[2] P. 利科著，李幼蒸、徐奕春译：《哲学主要趋向》，商务印书馆，1988 年，第 130 页。

[3] 王维："熵理论的哲学意义"，《熵与交叉学科》，气象出版社，1998 年，第 8 页。

有序表现为一种连续的创造链条;信息即是负熵,而知识产权对象的价值在于反映信息……等等这一切,昭示着熵理论和知识产权之间天然的血亲关系。

知识产权熵论是用熵理论来指导知识产权研究,而知识产权法乃至其他法学部门的体系化需要基于系统的非线性理论(复杂性理论)[4]的思考。熵的变动既是一种复杂的信息活动,又是一种普遍的社会现象,也与复杂性理论的构建鱼水相融,因此,从熵理论这一个新视角出发,对知识产权进行系统化的思考,揭示知识产权的内在机制,分析论战与争鸣的一些相关问题,有助于实现知识产权的体系化。

一、熵及某些涉熵理论:熵论知识产权的准备工作

近代许多科学家、人文学者和哲学家等对熵作了深入的形而上学的演绎及判断,进而将这种形而上学看作是我们这个时代的各个知识领域的一种新的综合。它是诸多学科交叉、分化和综合的结果。认识和理解熵的发展沿革及某些涉熵理论的内涵,对于我们从熵的视角来展开对知识产权的研究,是十分必要的。

(一)序——熵理论的根本

1865年,克劳修斯找到一个普遍的热力学函数——熵,来定量说明自发过程的方向和限度。"熵"的概念首先是和"能量"的概念相关

---

[4] 复杂性理论是在20世纪下半叶西方各国兴起并不断发展起来的一个科学群,对工农业生产、各行各业的管理、各门科学的研究以及整个社会的发展产生了巨大的影响,至今方兴未艾。

联的。要把能量转换为功,一个系统的不同部分之间就必须有能量集中程度的差异(即温差)。当该能量做了功之后,这种能量集中程度的差异就必然减小,最后达到平衡态,此时也就不能再做功了。物理学家用"熵"(S)这个物理概念来代表能量不可用程度的度量。后来,玻尔兹曼在研究分子运动统计现象的基础上提出来了公式 $S = k\ln\Omega$(其中,Ω 为系统分子的状态数,k 为玻尔兹曼常数)。这个公式反映了熵函数的统计学意义,将系统的宏观物理量 S 与微观物理量 Ω 联系起来,成为联系宏观与微观的重要桥梁之一。因而,从微观角度来看,熵是系统混乱程度的表征。对熵概念的这一诠释不仅阐明了熵的微观本质,而且为熵从热力学进入其他学科领域开辟了道路,使熵概念获得了广泛的应用。

在热力学系统中,当系统处于平衡态时,内部分子的分布具有最完美的对称性,当然它同时也被当作是完全混乱无序的状态;而随着这种对称性的破缺,系统的有序程度或组织程度却被认为是增加了。很多人觉得对此不好理解。其实,对熵、对称性和序之间关系的理解混乱的原因,首先是由于人们根本没有注意到熵的统计特征,不自觉地把日常生活中对有序等概念的一些宽泛的甚至是模糊的理解带入到了科学的讨论之中。其次是由于人们对熵和序的层次性不够理解而产生的。"热力学系统处于平衡态时,它所满足的对称性其实是针对系统整体的,属于宏观层次;而此时我们说系统的熵最大因而包含的微观态的数目最多并且最混乱,主要是指微观层次上分子运动的无规则性。微观分子运动的这种混乱与系统整体的规则性有一定联系,但它们处于两个层次,两者并不构成直接的对立。"[5]

---

[5] 董春雨、姜璐:"试论熵概念的层次性",载《自然辩证法研究》,1995年第8期。

由是,系统的熵值直接反映了该系统所处状态的均匀程度或有序程度。所谓有序,"是指系统内部的各要素(或子系统)之间以及系统与系统(环境)之间的有规则的联系或系统的规则性。"[6]其表现是事物按照一定的客观秩序进行有规则的排列、组合和运动,反之则称为无序。系统的熵值越小,它所处的状态越是有序、越不均匀;反之,系统的熵值越大,它所处的状态越是无序、越均匀。

(二)熵变——正熵、负熵的引入

热力学第一定律就是能量守恒与转换定律,但是它并未涉及能量转换的过程能否自发地进行以及可进行到何种程度。热力学第二定律就是判断自发过程进行的方向和限度的定律,可表述为:热量不可能自发地从低温物体传到高温物体。热力学第二定律是人类经验的总结,它不能从其他更普遍的定律推导出来,但是迄今为止没有一个实验事实与之相违背,它是基本的自然法则之一。"应该强调指出,正是各种不可逆过程的内在联系,使得热力学第二定律的应用远远超出热功转换的范围,成为整个自然科学中的一条基本规律。"[7]

引入熵概念以后,热力学第二定律可以表述为"熵增定律":在一个孤立系统中,自发的能量转换总是指向熵值增大(无序)方向发展,而不是相反(即熵值减小、有序)。或者说,在孤立体系中,系统总是向混乱度增加的方向运动。代表守恒学说的热力学第一定律并不能解释资源耗竭、生态环境蜕变的现象,利用热力学第二定律才能指出蜕变的原因及解决途径。比如我们燃烧一块煤,煤的能量虽然没有被消灭

---

[6] 杨博文、谭祖雪:《自然辩证法新编——复杂性科学理论及其哲学》,石油工业出版社,2004年,第186页。
[7] 冯端、冯少彤:《熵的世界》,科学出版社,2005年,第25页。

（热力学第一定律），但是经过转化的能量随二氧化碳和其他气体一起散发到空中去了。我们再也不能把同样的一块煤重新燃烧一次来做同样的功——这就是说，时光之矢不可逆。熵增定律对热力学第一定律所反映的自然流程施加了一种额外的方向性约束。恩格斯在《自然辩证法》中说过，我们不要过分陶醉对自然征服的胜利，因为每一次的胜利，大自然都报复了我们。

但是对于非孤立系统来说，它能够通过从外界取得负熵的办法来抵偿系统内部的熵增，使系统总的熵变为零甚至为负值，从而使该系统的有序化程度越来越高——生物体就是其中的典型。这种必须依靠与外界不断交换物质和能量来维持新的有序的稳定结构，称之为耗散结构。霍金指出："人类理解的宇宙的进步，是在一个无序度增加的宇宙中建立了一个很小的有序的角落。"[8] 耗散结构理论在一定程度上消减了预测未来宇宙必将能量耗尽（熵值极大）的"热寂说"[9]所带来的悲观和消极。

（三）由热力熵到信息熵——熵泛化的开始

在对麦克斯韦这一难题的解释中[10]，科学家发现"信息即负熵"。正是由于信息的作用，才使系统的熵减小。这一发现揭示了信息与熵

---

[8] 史蒂芬·霍金著，许明贤、吴忠超译：《时间简史》，湖南科学技术出版社，2006年，第85页。

[9] "热寂说"认为，整个宇宙的能源正在渐渐失去原来的秩序，最后将达到极限状态的熵，即热寂这一最终热平衡状态。那时一切能量差别均趋向于零，所有有用能量已消耗一空，到处是永恒的死寂。参见冯端、冯少彤：《熵的世界》，科学出版社，2005年，第155—160页。

[10] 1867年，麦克斯韦设想一个"精灵"，它无须做功就可以使系统的熵值降低。参阅赵凯华、罗蔚茵：《热学》，高等教育出版社，2004年，第208页。

之间存在的密切关系,开创了现代信息论的先河。信息论的创始人香农(C. Shannon)把熵作为一个随机事件的不确定性或信息量的量度,从而奠定了现代信息论的科学基础。他舍弃了通讯系统中信息的具体含义和信息对信宿的使用价值,只保留信源所发出信息中的抽象语法表达所需的单位符号的数量。信息论这门学科回避信息内容这一重大问题,而单就信息量的问题下工夫,乃是迫不得已。"因为信息的价值和意义是相对的,对它的认定是随着信息接受者的条件和状态不同而改变的,实际上牵涉到对价值的评估,显然超出了自然科学的能力。"[11]

在自然科学和社会科学的各个领域中,存在大量的不同层次和类别的随机事件的集合,每一种随机事件的集合都具有相同的不确定性或无序度,都可以用信息熵这个统一的概念来描述。"在信息论中,熵起了非常重要的作用,它提供了一个信息的度量法,因而能够进入人类思想的各个分支。"[12]热力学负熵表现为能量流,然而我们所说的社会科学上的信息,不是热力学负熵,但与热力学负熵有着密切的联系。信息熵的出现,可视为熵泛化开始的标志。

后来,人们继续在不同的领域把熵的概念加以引申,出现了很多与系统复杂程度、无序度、有效能转换效率等有关的熵概念,如社会熵、经济熵、环境熵等,形成了不断蓬勃发展的熵理论体系。20世纪80年代以来,几乎每一本新的哲学著作特别是现代哲学家的著作,都有与"熵"有关的内容或至低限度包含了与熵增原理有关的关于系统论、信息论或控制论的内容的文字。虽然这些喻义熵已是热力熵含义的一种转化,但它们反映了人们对客观世界认识上的深化和提高,具有重要的

---

[11] 冯端、冯少彤:《熵的世界》,科学出版社,2005年,第243页。
[12] M. 达塔著,陈锡培译:"熵的一百年",上海外国自然科学哲学著作编译组编:《外国自然科学哲学摘译》第一期,上海人民出版社,1976年,第111页。

意义。

(四)新陈代谢——物质负熵、能量负熵和信息负熵的"三国鼎立"

生物有机体是一种典型的耗散系统,它与环境所交换的不是简单的物质和能量,而是一种更宝贵的东西——负熵。薛定谔认为:"有机体就是靠负熵为生"[13],"一个有机体使它自身稳定在一个高度有序水平上(等于相当低的熵的水平上)所用的办法,确定是在于从周围环境中不断地汲取秩序……因为被它们作为食物的、不同复杂程度的有机物中,物质的状态是极为有序的。"[14]薛定谔界定的"负熵"是由物质、能量和信息综合转化成的人工或非人工自然物,已经超出了热力学负熵的范畴。生物体得不到新的信息是无法维持有序化的,不能光靠物质和能量[15]。

热力学负熵表现为能量流,物理学之所以认为能量流是负熵,是因为能量流能导致体系出现差异,差异可以认为是能量结构。这就是说,物理学上的负熵可以导致能量结构形成。然而我们所说的社会科学上的信息,是指能催化确定性行为和质量性结构形成的信息。规律就是信息,因为它能指导人的行为,使人类的行为确定化;催化剂是信息,因为它能指导化学分子的形成;遗传信息也是属于社会科学上所定义的

---

[13] 埃尔温·薛定谔著,罗来鸥、罗辽复译:《生命是什么》,湖南科学技术出版社,2003年,第70页。
[14] 埃尔温·薛定谔著,罗来鸥、罗辽复译:《生命是什么》,湖南科学技术出版社,2003年,第72页。
[15] 例如维生素就是一种人体必需的信息负熵。大多数维生素不能由我们身体自己制造,只能从外界获得;它的主要功能是参与活性物质(酶或激素)的合成,没有供能和结构作用。

信息。它们都不是物理学上说的负熵这样的信息。社会得不到新的信息是无法维持有序化的,不能光靠物质能量形态的负熵。维纳(N. Wiener)也认为,"信息就是信息,不是物质也不是能量。不承认这一点的唯物论在今天就不能存在下去。"[16] G.贡泰尔在《机器的意识、控制论的形而上学》一书也认为:在物质和意识之外,应设定第三种根本的东西,即信息;它既不能完全还原为单纯的客观事物,也不能还原为单纯的主观事物。[17] 显然,信息是与物质、能量一起构成生物体存在的三大要素之一。

负熵的界定,最终是以人类作为主体来考察的。很明显,仅仅是因为我们的存在以及我们的需求,能量和物质才被认为是能源或者原材料,所以可以在认识上将它们定义为"可转换的供人类役使的工质"。"转换"意味着序的转变,意味着它们对人来说都是一种负熵。由此,从交换(流动)的角度出发,可以相对应地划分为物质熵、能量熵、信息熵;再从要素相对于主体的是否有用(是否导致熵增)来分类,还可以细分为负熵和正熵。任何有机主体需求的或者交换的三大要素可以相对应地划分为物质负熵、能量负熵、信息负熵。其中,除信息负熵之外的负熵可以统称为"负物熵"[18]。

---

[16] N.维纳著,郝季仁译:《控制论》,科学出版社,1963年,第133页。
[17] 克劳斯著,梁志学译:《从哲学看控制论》,中国社会科学出版社,1981年,第63—64页。
[18] 张锡纯:《二熵——源事理》,北京航空航天大学出版社,2000年,第159页。顺便介绍处于当今自然科学最前沿的超弦理论,该理论认为,自然界中所发生的一切相互作用,所有的物质和能量,都可以用弦的分裂和结合来解释。如果该理论假说得以证实,那么物质与能量将得以统一,能量也不再是物权法对象的特殊"物"了。

二、熵论知识产权的合理性：
科学原理交叉渗透

对于用熵理论来研究知识产权的做法,有人怀疑说,"知识产权的语言一旦还原为热力学语言,就会变成物理问题,一旦变成物理问题,知识产权的特点就被抹杀了。"其实,熵这个概念虽然来自物理学,但人们对它的理解,早已不限于物理学概念的范畴,尤其是在普里高津的耗散理论提出后,熵作为系统论基本概念的地位已经超过其作为物理学概念的地位。申农的信息熵用熵来解释信息的特点,阿罗的信息经济学也是用熵的概念进行经济学解释……"我们应当把小型的科学单位作为出发点,分析那些成功的具体科学研究和考察那些通过系统化手段而建立更为综合的科学实体的企图。我看不出我们有何理由去反对科学原理的交叉渗透性。"[19]

(一)具有划时代意义的熵划入哲学领域符合辩证法的发展,也是熵理论得以进入知识产权领域的哲学前提

"每一时代的理论思维,从而我们时代的理论思维,都是一种历史的产物,在不同的时代具有非常不同的形式,并因而具有非常不同的内容。"[20]"哲学对科学研究成果的反思,具有特别重大意义的,是对划时

---

[19] 奥托·纽拉特著,杨富斌译:《社会科学基础》,华夏出版社,2000年,第140页。
[20] 《马克思恩格斯选集》第3卷,人民出版社,1972年,第465页。

代的科学发现的反思。"[21]熵被公认为是当代物理前沿的五个重要概念之一。它是关于概率分布函数的函数,因而所有这些不确定性和无序度都可以不受各个学科内容的限制,用熵这个统一的概念来描述,这就是熵概念能够广泛使用的实践与理论基础。熵的发现,突出了人类用以理解和把握世界的某种"认识成分"。它的璀璨夺目的光芒,使得其他的"认识成分"在特定的时期内相形见绌、黯然失色。由此引发的连锁反应,首先是它以其璀璨夺目的光芒吸引着各学科都运用"熵"来研究自己的对象。20世纪40年代以来,熵在信息论、系统论、协同学、自组织理论、模糊理论、混沌理论、宇宙黑洞、生命科学等学科中起了重要的作用。爱因斯坦将熵理论在科学中的地位概ží为:熵理论对于整个科学来说是第一大法则。其次是随着自然辩证法和其他有关科学技术哲学以及具体科学的发展,哲学家们也以这种被科学家普遍运用的"熵"去重构关于理论思维前提的哲学理论,把熵既作为对认识现象又作为对社会现象研究的指导理论。在对熵的批判性的考察、探索和反省的过程中,哲学概括出以熵为基点的科学成果中所蕴涵的对人和世界相互关系的新的研究方法、解释原则和价值观念,从而通过自己时代所具有的"世界观理论"的总结而变革人们的思维方式和价值观念,使整个人类对人与世界相互关系的理解发生重大改变。

　　虽然社会学体系和热力学体系是两种完全不同的物质运动体系,存在不同的运动形式,但是社会学体系中却存在着与热力学体系中产生熵的相似条件:时空上或结构功能上的有序正是生命世界的一个基本特性——生物有序,同时也深刻反映了生物界和人类社会各种导致生存、发展和进化活动的结构根本机制,所以熵也是一种研究事理的基本理论。在形而上的意义上,"生与死,热与冷,集中与分散,可得与不

---

[21] 孙正聿:《哲学修养十五讲》,北京大学出版社,2004年,第60页。

可得,价值与垃圾,秩序与混乱,开始与结束,这些有关客观世界如何展开的概念象征着熵定律。"[22] 普里高津认为,耗散结构理论既适用于自然界,也适用于人类社会,比如一座城市的运作。[23] 哲学意义上的熵,当然可以而且必须指导着知识产权法学的发展。

(二)源于熵的有序理念是突破学科分野、指导知识产权研究的方法论

列宁在 1914 年就指出,自然科学奔向社会科学的强大潮流,不仅在配第时代存在,在马克思时代也是存在的。在 20 世纪,这个潮流是同样强大,甚至可以说更加强大了。对热力学的微观思考折射着混乱与秩序这一对古老的概念。"整部科学史正是对事件不是以任意方式发生,而是反映了一定内在秩序的逐步的意识。"[24] 在早期一些希腊哲学家们争论究竟什么是无定形的本原时,以毕达哥拉斯学派和艾利亚学派为代表的哲学家们认为本原必须是"有定形"的,他们崇尚的是秩序,即 cosmos。正是他们扭转了哲学的方向,奠定了西方哲学的基础。[25] 毕达哥拉斯将宇宙秩序归结到数的形式之中,因而就有了对宇宙秩序的目的论的陈述了,同时,这也意味着一种最初的、纯粹的秩序观念诞生了。王夫之在《张子正蒙注·诚明》中也提出:"气化有序而恒古不息,唯实有此理也。"从柏拉图的《理想国》到洛克、卢梭,再到现

---

[22] J. 里夫金等著,吕明、袁舟译:《熵:一种新的世界观》,上海译文出版社,1987 年,第 242 页。

[23] 张锡纯:《二熵——源事理》,北京航空航天大学出版社,2000 年,第 17 页。

[24] 蒂芬·霍金著,许明贤、吴忠超译:《时间简史》,湖南科学技术出版社,2006 年,第 71 页。

[25] 张志伟:《西方哲学十五讲》,北京大学出版社,2004 年,第 37 页。

代的 J. 罗尔斯等人所构造的社会契约论,以及达尔文时代的社会达尔文主义理论等等;在中国,从孔孟的纲常伦理思想,到程朱理学,再到康梁的社会改良思想等等,都可以看到思想家们都在努力地要把人文科学纳入一个严谨的、充分有序的秩序系统的意图。以达尔文的进化论为理论依据,强调自然必然由无序逐步演化到有序状态。

热力学在本质上是揭示一种"结构破坏"的理论,而耗散理论却是一种"结构产生"的理论。有学者将负熵对人类整体的用途,即人从自然界中获得的负熵流向进行了定性分析后分为五种:生命生理过程、劳动、教育、科学研究、公共活动[26]。可见,在整个人类的全部活动中,包括与知识产权密切联系的劳动、科学研究、公共活动中,都徘徊着一个负熵的幽灵——当下存在的且有同一系统的逻辑结构元素。以熵为中介,构成我们这个社会得以存在、发展和联系的统一的世界图景。有序与秩序之间存在相通之处,但仅仅是秩序感或者仅仅认为我们的世界以至我们自身充满了各种形形色色的秩序因素或形式并不能使我们完全描画这个世界或自身。虽然序的理念在一般情况下是不证自明的,但如果我们从熵理论的角度去理解,会有更深的含义和感受。

要实现知识产权的目标,关涉有序的研究方法是一个极为重要的问题,它揭示了自然科学与社会科学本质的某种内在联系。从物理上讲,热力熵是物理学中的一个态函数,信息熵是信息的完整特性,与社会科学不能扯在一起。但是客观世界是统一的,事物的规律离不开有序和无序。广义负熵或有序的概念提供了表示的一般性原则,并且将这种表示方法与知识产权中出现的形形色色的概念和理论的内涵联系起来,使这许多驳杂的概念和研究结论之间的联系和区别变得清晰。

---

[26] 张明:《负熵与货币经济学的重构》,浙江大学出版社,2002年,第92—93页。

这就便于人们对知识产权的不同研究结论进行比较,并因此建立熵理论与知识产权之间的准确关系。可以说,有序概念满足了当代知识产权乃至民法及其他法学研究的要求,有助于在知识产权不同观点学说中建立一套共同的背景,促进它们的相互渗透和相互丰富,从而实现知识产权研究的广义有序化(实际上就是广义进化)的大统一的目标。

(三)熵理论和知识产权的天然血亲关系是熵理论得以进入知识产权研究的坚实基础

"我们必须无条件地或不以认识论上的那种独断方式为条件去寻求对科学语言、艺术语言、宗教语言等每一种语言的独特性予以理解。我们必须寻求确定每一种语言究竟能对一'共有世界'的建构做出何种贡献的途径。有关自然物的知识构成了这种类型的每一构造的基础和根基,这是确定无疑的。"[27]

"知识产权对象的价值确实在于反映信息"[28],而信息即负熵。我们之所以能进入新的能源环境,创造新的技术模式,产生新的社会、经济和政治结构,靠的是科学技术的发展和人们思想意识的改变。作为知识产权的杠杆的荣誉、地位等,都是一种寄存在人们头脑中的主观信息熵。而这些,正是信息熵发展的结果。因此,不了解作为知识产权研究的基础和根基的信息的相关科学知识,我们是不可以利用信息来研究知识产权的。我们必须重视负熵在当代知识产权研究中的基础和根基作用,否则,我们的研究将极有可能出现方向感的丧失和定位的偏差。

---

[27] 卡西尔:《文化哲学·哲学问题》,吉林大学出版社、吉林音像出版社,2005年,第86页。
[28] 李琛:《论知识产权法的体系化》,北京大学出版社,2005年,第127页。

熵是序的表征,耗散结构是一种"结构产生"的理论。时空上或结构功能上的有序正是生命世界的一个基本特性——生物有序,同时也深刻反映了生物界和人类社会各种导致生存、发展和进化活动的结构根本机制。人类今天取得的成就总体来说是人类社会体现出来的一种高度秩序化的体系,这个体系除了为人类发展生存拓展了广阔的空间之外,还确实表现出了一种纯粹的属于人类自为的创造,表现了一种连续的创造链条,这条链条所指向的目标从本质上说就是有序。于是,有序感就是人类的智慧活动的本质显现。

当前正处于科学技术革命的时代,现代科学技术发展的速度日益加快,知识产权研究的框架也不断突破,进入了一个崭新的百家争鸣的时代。这种急剧变革向我们提出了一系列亟待解决的有关知识产权发展的哲学问题和社会学问题。熵理论是适应现代科学技术发展而产生的并向着多元的、多极的而又一体的系统构成演进的新理论。因此,为了认识和掌握现代知识产权发展的规律和趋势,了解知识产权发展的一般辩证途径,积极推进知识产权研究工作的实际进展,就必须面对现代科学技术革命中提出的熵理论这一世界观,做出知识产权哲学的分析,从而认识知识产权的本质特征、发展的内在机制和普遍规律、社会作用等等。

实际上,前人对熵理论的描述已经在各自对自然的以及社会的见解及对这些见解的大量的后诠释里得到了充分的展示。而笔者现在想做的,就是试图在熵理论和知识产权两者之间实现跨越,协助知识产权的体系化和具体化。在这一方面,笔者认为前人的工作已为本文的立论和展开搭起了"脚手架"。

总之,本文的目的是构建一个用熵理论来研究关于知识产权的一般理论。当然,如果怀疑的本意是说,知识产权法学是研究知识产权的,不要用物理学代替法学,那么笔者对此不但不会反对,而且也是赞成的。在此基础上,本文除了用熵的语言对已有的知识产权研究成果做出"翻译"以供理解熵的意义外,还致力于通过熵为知识产权提供一个系统化的基点,重新反思知识产权发展的规律和理论。

就本文而言,熵论的展开是从两个方面入手的:其一,从知识(信息)与熵的关系论述知识产权对象的本质属性;其二,以有序的观念并(或)结合知识产权对象的本质属性,作为一种科学理性追求,对知识产权现今的一些观点做出评述。

三、知识产权法的制度作用和概念:以负熵为基础的进化观

负熵的力量是生物进化的动力。生命存在的意义就在于实现这个熵减的过程,向更有序、更高级的方向发展。动物与人类的生存进化均是凭借耗散系统摄取负熵来进行的,自然进化在人这里到达终点。与动物不同,人类实现熵减过程的方式不是自然进化,而是通过"人+劳动手段耗散系统"[29]来完成的。人通过劳动摄入外界负熵的同时,劳动本身输出人的负熵。由此可知,不同的劳动手段对于负熵的进出之比值必然有影响。于是,人类便有了推动劳动手段不断进步的动力机制——以较少量的负熵付出获得较大量的负熵摄入——这在现今的高熵社会特别明显。对人类来说,该动力机制的运行过程是通过创造来完成的。社会发展越来越快的过程,是一个靠创造来完成加速的过程,也是人类知识积聚爆炸的过程。

---

[29] 张明:《负熵与货币经济学的重构》,浙江大学出版社,2002年,第51页。

（一）知识产权制度的作用——兼论其正义性

有序和无序的转化不仅贯穿于自然界一切变化过程之中，也贯穿于人类社会发展变化的过程之中。这对整个自然界的演化和社会的发展以及和谐社会建设有着特别重要的意义。

1. 知识产权制度的作用

人和人类社会都是一种耗散系统，要依靠负熵为生。在原始社会，人类的生存和发展主要依靠发现和摄入自然界天然存在的负熵，如太阳的光、树上的果实等。原始人类存在着种族之间的最原始的抗斥状态，这种状态最初表现为一种宗族的争夺自然界天然负熵的生存竞争。同时，原始人类通过一些简单的劳动创造负熵。而此时原始社会中存在的天然负熵相对人类数量而言极为丰富，并且由于当时的知识水平极为低下，因此人类在这个时候创造负熵便相对容易，每个人都可以成为"麦克斯韦妖"，促使环境日益有序。这个时候，人和自然都相得益彰。

随着人类的壮大、社会的发展和需求的提升，自然界的负熵逐渐变得稀缺和枯竭起来，财产权的观念出现了，商品经济开始发展了。而且，人作为一种负熵消耗的主体，其在使环境变得日益有序（仅在人的观念下）的同时，也使自然和社会的某些秩序遭到破坏。人类的生存和发展需要依靠信息负熵对遭受破坏的自然秩序做出修补。但是，随着科学技术的发展到了较高阶段，个人扮演的"麦克斯韦妖"角色开始蜕化——如果不付出创造性的努力，是不可能输出信息负熵产品的。这样，在"鼓励创造"这一伦理旗帜下，知识产权制度应运而生了。

按照熵理论，生产力就是把潜在的负熵变为现实的负熵的能力。

信息负熵的凝集对生产力三要素起着主导作用,这与"科学技术是第一生产力"是契合的。为了发展生命,人类必须要获得更多的负熵和扩大负熵的种类,从而必须要提高获取负熵的条件和能力。同时也正是这个动机,激励了人的创造精神,这是一种族类的、群体性的精神。据信息熵原理,人是知识的创造者,尊重知识和人才是熵减所要求的。知识产权制度,激励人们创造层出不穷的科学技术与文学艺术的智慧结晶,始终引导着人类追求与探索有序之路。

当然,在这条路上,知识产权制度不是万能的。智慧结晶与生产方式是有机关联的,智慧结晶要成为产品或者可以消费的信息负熵,必须经过一定方式的生产过程。"生产方式"是最基本的历史唯物主义范畴之一,包括生产力和生产关系两个方面。智慧结晶的生产方式也是诸多具体生产方式中的一种,相应的包括智慧结晶生产力和智慧结晶生产关系两个方面。例如,伊格尔顿认为,"文学生产方式"是文学生产力和社会关系在特定社会组合形态中的统一。就像一般生产方式的矛盾运动一样,文学生产力的状况决定着文学生产关系的形式及其变革,而且文学生产方式也受到一般生产方式的发展状况的制约,另外,文学生产方式中的社会关系也是一个历史的发展的过程[30]。总之,生产力与生产关系就是决定与反作用的关系,这种关系是对立统一关系的进一步展开和具体化。这些方面都影响或关涉着知识产权制度的作用及作用大小。按照自组织理论,我们也可以这么说,信息及信息创生系统的整体有序结构的稳定持存,都必然一方面依赖于系统内部多层级的、复杂的信息反馈环路所结成的整体信息网络构架;另一方面又依赖于此信息网络构架与适宜开放的外部环境条件之间所结成的多重而

---

[30] Terry Eagleton. *Criticism and Ideology: a study in Marxist literary theory*. Verso,1976. p.45-49.

复杂的系统外的反馈回路及相关信息网络的支持。

在熵看来,物权的对象不过是作为人所需的现实意义上的物化了的负熵而已,不能重复利用;而知识产权的对象,不但能够被重复利用,而且创造了人类尚未有或者部分尚未有的新的使用价值,引导我们开源节流以获取新的负熵。授之鱼不如授之以渔,意义完全不一样。知识主要依赖智力资源而不是稀缺的物质资源,具有无限的再生性、积累性、共享性和增殖性。在知识经济时代人类不再大规模地消耗外部能源,而是直接创造性地对它进行重组。"知识经济为经济增长提供了一种'负熵模式',它绝不等同于工业经济社会中单向的'熵增模式'。"[31] 总之,"人能够做创造(创作)的具体行为,通过这些具体的行为显示出自然存在最终的有序化的巨大可能性。"[32]

2. 知识产权制度的正义性

有学者对知识产权制度的正义性提出质疑,理由大体在于:其一,大多数知识产品的创造和传播无须激励。很多人在从事创造性活动是主要是受到内在兴趣的牵引,而不是受到物质报偿的驱动。如萨特认为:"当我从事写作时,在我获得的钱和写作的著作之间,两者绝对没有任何关系。"[33] 其二,即使法律不提供知识产权保护,竞争也会激发知识产品的创造和传播。

就熵思维模式而言,对知识产权制度的正义性是如此看待的:其一,熵思维要求结论的得出必须有全局性考虑。知识产权法并不仅仅

---

[31] 吴洁、刘思峰:"基于熵理论的知识创造机理研究",载《工业技术经济》,2006年第7期,第69页。

[32] 冯令沂:《熵:一种可能的形而上学》,花城出版社,1997年,第381页。

[33] 萨特著,秦裕、潘旭镭译:《人生问答》,引自《精品中的精品——诺贝尔文学奖得主英文100篇》(之二),作家出版社,1996年,第388页。

局限于物质激励,试想如果没有著作权法保护萨特的署名,他难免不会暴跳如雷;而且在娱乐产业化的今天——尽管可以批评它们"媚俗"——多少人必须借助知识产权的保护才会有饭吃。其二,竞争固然会激发知识产品的创造和传播,但这种创造和传播将会是混乱和无序的,如盗取、重复开发、"不完全信息制约"[34]等等,带来不必要的熵增。其三,当知识产权人不能利用其表达或发明的行为收取费时,他将采取商业秘密的方式对其知识产品进行使用。这时,知识产品不但不可能以尽可能快的速度和尽可能大的范围得到有效的价值实现,而且也会抽走社会公众在个人学习中所需要的牛顿曾经站过的"巨人的肩膀"——这将限制社会公众所能吸取的信息负熵的数量和质量。

从上述观点看,知识产权制度的"正义"与"非正义"之间的对立就失去了辩证法意义上的全部尖锐性。"当我们以比较研究,即询问'正义'与何种其他因素相关联作为出发点时,可能会产生许多困难。这一词的应用在同一社区或许是不稳定的,因而除了这一术语的应用、在一个社区内的应用以外,我们还需要另一种检验标准。"[35]如果我们能成功地使这一问题由形而上学移置于信息论的基础之上,并且从一纯粹的信息负熵的观点去探讨和把握这一问题,这一对立将被消减。至少,"制度通过设定一系列规则能够减少环境的不确定性,提高人们认识环境的能力。"[36]而且,"恰当的制度能在一个复杂的不确定的世界中引导个人决策者,并能帮助我们减少对信息的需要"。[37]

---

[34] 杨雄文:"反思与完善:信息不完全下的知识产权利益平衡",载《电子知识产权》,2007年第2期。

[35] 奥托·纽拉特著,杨富斌译:《社会科学基础》,华夏出版社,2000年,第88页。

[36] 卢现祥:《西方新制度经济学》,中国发展出版社,1996年,第44页。

[37] 柯武刚、史漫飞:《制度经济——社会秩序与公共政策》,商务印书馆,2000年,第62页。

(二)知识产权法的概念

古往今来,人类所谓的创造成果,无论是科学技术还是文学艺术,都是人类在认识世界和改造世界的过程中产生的种种思想认识和情绪感受。把这些思想或情感传达给别人,无不表征为信息。各个领域所呈现的不同序列化信息贡献出来的特殊的"能量",具有强大的有序动因,促使着秩序的形成。当然,善与恶是相互依存的。在信息的提供和选择上,也有好坏之分,由此造成有序和无序的不同后果。

在熵看来,知识产权是基于创造性信息负熵产品依法产生的权利的统称。与"知识产权是基于创造性智力成果和工商业标记依法产生的权利的统称"的传统的定义相比,这一定义用"创造性信息负熵产品"代替"创造性智力成果和工商业标记"。

对"创造性"一词的理解,首先要注意到它在知识产权制度中有着不同的表述,如独创性、非显而易见性等。"创造性"只是一个用来定性的词语,其本身不能用定量的方式来进行分析。有没有是一回事,多与少是另一回事。就知识产权范畴而言,对不同的知识产权对象的创造性进行定量分析的依据是由此具体化后的各种判断基准,如对发明专利而言的"实质性的特点和显著的进步"、对实用新型专利而言的"实质性的特点和进步"、对作品而言的"由作者独立创作完成"等等。以剽窃为例,"它不仅需要体力,更需要智力。剽窃也是创造,因为你要进行取舍与选择。只不过你选择的东西是被著作权法保护的东西,使用非法,就成了剽窃。"[38]而商标本身是一种创造性信息负熵产品,

---

[38] 李冰青、潘佳奇、杨雄文整理:"'一个馒头引发的血案'学术研讨会观点纪要",载博客网 http://column.bokee.com/130549.html,2006年3月24日登录。

但在知识产权制度上更重要的表现是创造了某种标志与某种品质的商品或服务来源之间的对应关系。这种对应关系具有创造性：商标建立了一种新的对应关系，并区别于其他标记与商品或者服务之间的已有的对应关系，对商品或服务起到有序化作用，由此减少了商家、消费者在琳琅满目的市场中为达到区别、品质保证、广告及竞争目的需要所产生的熵增。在竞争日益激烈的今天，商标更是企业保持企业低熵运行的法宝。企业应注意自身形象的建立和保持，商标应突出有序使命，通过商标促声誉，通过声誉树商标。至于说外观设计，正如其在不同国家获得保护的法律形式的不同，它主要是具有著作权法上的作品和商标权法上的标记这两个意义上的信息负熵性。

让我们来看看对处于知识产权领域的基因重组产品的保护。基因重组产品大体可分为三类："翻译"发明、"分子修整"发明、"合成"发明。后两者可以分别参照传统领域的化学化合物和与机械装置有关的专利审查规定——有创造性要求。对于"翻译"发明的专利保护处理，美国最高法院在 Graham v. John Deere Co. 案[39]中、联邦巡回法院在 In re Deuel 案[40]中，均采用"客观因素"（objective consideration）标准——以降低专利法要求的非显而易见性标准的方法处理。这一例子说明，对新型的知识产权对象进行授权的审查中，创造性仍是必须考虑的重点之一。反过来，就网络游戏中的"虚拟财产"来说，虚拟财产虽然作为一种"电磁记录"的数据资料属于信息范畴，但由于这种电磁记录是玩家依据网络游戏既定规则所进行的机械劳动的结果，根本不具有创造性。因此，尽管虚拟财产具有作为财产应具有的基本属性，但根本不可能使不同玩家在同类游戏中对各自所取得的虚拟财产形成知识产权

---

[39] 48 USPQ 459(1996).

[40] 34 USPQ 2d 1210 (Fed,Cir,1995).

的法律关系。

放弃"创造性"的要求,将会导致两种不良后果:其一,社会生活中将会充斥着无用的信息产品,徒增熵耗。在当今的信息化社会中,信息以多种多样载体和形式发布着,例如,图书、杂志、报纸、技术报告、会议资料、学术论文、广告目录、专利资料、政府出版物、标准、视听资料、计算机软件、磁盘、光盘以及网上信息资源等等。这些信息资源生产不确定,数量巨大,质量不定,内容分散零乱、交叉重复,使整个社会的信息系统处于混乱无序的无组织状态,从而加大信息无序的程度。如果这种信息熵在系统内得不到有效控制,熵值就会自发增大,社会所能提供的信息量就会因此而减小,其功能也就会因此而降低。其二,表现为人才竞争的现代竞争将倒退到产业资本和金融资本竞争的年代。发达国家的货币资本大棒将挥舞得更加有力,他们可以仅仅依靠雄厚的货币资本垄断知识产权,始终保持着自己经济发达的地位。值得警惕,"阳光下任何人造的东西都应该在专利保护之列"可能成为知识霸权者冠冕堂皇的理由。

"利之所至,序之所至,亦理之所至。"[41] 从空喊创造伦理的务虚研究走向重视分配伦理的务实研究以激发信息负熵产品的创造、传播和利用的热情是必要的和紧迫的,应当关注知识产权的分配机制是否在事实上增进了人类的福祉,但不能由此否定创造性的核心价值。虽然知识产权不再神秘,但它仍应高举"鼓励创造"这面折射人类高贵品质的旗帜。

---

[41] 张锡纯:《二熵——源事理》,北京航空航天大学出版社,2000年,第188页。

四、知识产权的对象及其相关学说的评析：以信息负熵的特性为支撑

论述知识产权的对象,首先面对的是客体与对象的关系问题,其次就是以无体(无形)、智力成果、知识说和符号论等为代表的知识产权对象观,虽然从不同的侧面和历史进程上揭示了知识产权对象的某些存在属性,但是对"知识产权对象是什么"仍未能做出一个根本性的解答,有关知识产权对象的研究仍然处于认同危机之中,而且也给相关研究带来了混乱。之所以这样,是因为我们还没有找到一种方法来掌握和组织现今已经积累的而且仍在不断增长的大量具体的知识产权所保护的东西,从而在一大堆材料中迷失了方向。因此,当务之急就是要成功地找到引导我们走出迷宫的指路明灯,从而达到对知识产权对象全面而又深刻的把握。

(一)对象与客体的关系

在对知识产权对象作进一步分析之前,不容回避的一个问题就是权利的客体与对象的关系问题,这是民法上一个争论已久但尚未统一的问题——表现出一种混乱、无序的研究状态。现在主流观点认为客体即对象。但是,在从哲学到具体学科应当一以贯之的理念下,权利客体乃权利主体之对称,前者立于支配之地位,后者处于受支配之地位。而众所周知,知识产品作为一种非物质的信息,一经创生并公开出来之后便不具有稀缺性,人人均可得而享之,稀缺的最多只是对知识产品的使用权。因此,知识产权法只能借助于对行为进行调整的方式来实现对知识产品的保护,权利人是无法支配其已经公开的知识产品的。

另外,鉴于传统民法对支配权界定为"直接支配客体(对象)",那么知识产权就应不是支配权,因为权利人无法直接支配知识产品。比如,专利作为技术方案,也不是"幼儿思维"所得到的最广泛意义上"物",而是一种行为的方式。换句话说,主张对专利技术的支配也就意味着传统民法将债权的"客体"指向为行为的定位值得再商榷。还有,哲学上主体客体相互依存,其中并无"内容"的存在,民法理论何来"主体、客体、内容"相并列?还有,民事法律关系的主体、客体、内容与权利的主体、客体、内容是一回事吗?

总之,鉴于知识的特性,如果将知识作为知识产权的客体,主体活动也就变得漫无目的,权利义务也就根本无法体现、无法落实。在此意义上,将知识界定为知识产权的客体是毫无意义的。由此,本文赞同并使用"知识产权对象"的概念。

(二)知识产权的对象

人获得信息等于吸收负熵。人的大脑被这种信息熵流所注入,在知识的深度、体系化及思维方式、价值伦理等等多个方面都形成了一个较之以前的"我"不同的"我"。劳动创造和利用工具,这是应用人头脑中储存的信息负熵与物质负熵和能量负熵相结合的产物。寻根溯源,劳动和生产都与熵的结合或转换有关。知识产权的保护对象是人们思维和实践相结合的产物。人类社会在社会生活及生产中不断地交流、传递、利用及创造着信息。这一复杂过程的产物便是信息产品,突出体现为以信息负熵的凝集为主题的人类财富。

知识产权的对象就是创造性信息负熵产品。为了论述的方便,在本文范围内,创造性负熵产品与知识产品两个用语属于同义互换。信息负熵产品的特征在于:

1. 知识产权的对象是一种产品

这里的产品是专指人类劳动所得到的成果,区别于动物所进行的一些简单的、直至人类看起来是复杂的甚至是不可想象的工作所得到的"物品"。

2. 知识产权的对象具有负熵性

它能够通过被利用而有效减少或降低世界的熵增,使其他事物走向相对于主体(人)而言的新的有序状态。

在传统的知识产权的三分法中,专利中的发明和实用新型作为利用自然规律解决人类生产、生活中某一特定技术问题的构思成果,显而易见是一种信息负熵产品。作为有序符号组合表现的著作权对象,文学和艺术作品与人的内心情感和对时间节律的感受密切相关,这种感受对人类有着重要性。它们宣泄了人的情绪(信息),引起欣赏者的共鸣而引发同一种感受秩序。如《达·芬奇密码》就是一个经典范例,作者丹·布朗巧妙地将女性主义运动和新时代运动(New Age)的反主流观念和思想主张作为文化资本,从而使作品赢得西方发达社会中广泛的共鸣。商标本身以及其本身与某种品质的商品或服务来源之间的对应关系,都是一种信息负熵。商标权人通过信息渠道(信道)将商标信息传播到目标客户,即向目标客户输出了负熵,而目标客户得到负熵。这一负熵使目标客户的认知系统的熵值减少,即增加了负熵。

传统知识产权的三分法之外的其他新对象,如基因技术、布图设计乃至商业方法等等,虽然是不同特点的拥有者,但它们之所以都被纳入知识产权的保护范畴,是因为它们都和传统的知识产权对象一样具有同一个基础——信息负熵产品,而且最终的信息负熵产品的创造性价值都与知识产权法选择保护对象的价值取向趋于同质——尽管是否保护以及如何保护这些新生事物取决于立法者基于利益平衡等法律政策所进行的抉择。

3. 知识产权对象的负熵特性是指信息的负熵特性

信息负熵产品因为在被利用的同时并没有自身的熵增,因此能够被反复利用。对于物来说这是不可想象的,虽然负物熵也可以通过被利用的方式来降低世界的熵增,但被利用的同时意味着自身的熵增,因此不能够被反复利用。在熵看来,权利对象负熵性特征的不同是导致法律关系不同的决定因素。

债权的对象是"行为"。不论行为是否使其他事物走向新的有序状态,其本身必然导致熵增,而且不能够反复——时间不可逆。所以,债权与知识产权的区别是非常明显的。

而物权对象和知识产权对象具有相生相克的矛盾关系。物质熵、能量熵、信息熵这三熵的确立,说明了民法体系中物权与知识产权的分立。在负物熵和信息负熵这一对矛盾中,物权对象表征为一种熵增的自发倾向,只有依靠知识产权对象的负熵流的注入,才能有效扭转物权对象被利用后的无序化(熵增)结果;同时,信息和物质是互为倚靠的,因此信息的产生、传播和利用必然以物权对象的熵增为代价,故表现出知识产权对象对物权对象的相克作用。但如果没有物权对象的熵增,也就没有必要追求更多的信息负熵,故此时物权对象对知识产权对象有相生作用。由现今民法体系的构建来看,在广义上,能量熵和物质熵(统称为负物熵)属于物权法的对象,而信息负熵属于知识产权的对象。这里应当注意的是,负物熵与物权的物存在实质与表征的对应关系,因为任何质量、能量的传递和交换都必然会伴随着信息的传递和交换,只不过物权的物中所蕴涵的信息不受知识产权的保护而已。

4. 信息负熵产品应当具有创造性

除了已在本文前面做出说明外，我们还应注意到信息负熵产品的创造性不是指信息量的创造性，而是对信息质的要求。由前文介绍可知，信息量是信息论的中心语词，信息论这门学科回避了信息内容（信息质）这一重大问题。但在现实生活中，信息既有量上的区别，又有质的不同。一段文章的字数多少反映了量的差别，而其蕴涵的内容则反映了质的不同。比如对于热力学第二定律的说法有很多种，字数差别很大（信息量不同），但它们蕴涵的意义（质）并无差别；反过来，同样字数的一段话，就信息的量而言并无区别，而其含义或价值却有着天壤之别。因此，香农信息论的工作仅局限在技术界。"信息论（狭义的）的基本结果，都是针对某些非常特殊的问题的。它们未必切合像心理学、经济学以及其他一些社会科学领域。"[42]

信息质反映在知识产权制度上，主要表现为知识产权对象的创造性。在知识爆炸的今天，我们对于信息质的要求远远高于对信息量的要求。知识产权确定保护对象时，理所当然要考虑创造成果的质量。专利审批、产品发明和方法发明的权利效力范围不同即是典型例子；著作权要求作品应当具有独创性，排斥纯粹的临摹作品，亦是对质的要求。数据库的保护，实际上也是缘于对信息质的保护，因为数据库并非其内容的杂乱无章的集合，而是根据一定的目的和要求，按照一定的方式，经过系统地筛选、编排而形成的一个有规则的排列和组合的有机整体，提升了某类信息的有序集中程度，能够大大减少在浩瀚如海的数据中收集数据所引发的熵增。用信息熵的语言来说，信宿本身由此信源得到的有助于自身有序化的条件和手段也越多。

---

[42] 迈克尔·海姆著，金吾伦、刘钢译：《从界面到网络空间——虚拟实在的形而上学》，上海科技教育出版社，2000年，第8页。

虽然知识产权制度对不同的对象有着不同的对信息质的要求,这是完全可以理解的:法律只要确定对保护的对象的质的最低要求即可,至于性能价格比的确定在原则上交由市场处理就可以了。

(三)对信息说、符号说的评析

目前,对知识产权对象的解释有很多,本文仅选取其中与信息负熵特性相连最为紧密的信息说、符号说做出一些简要评析,而暂时对那些主要与产品(对象)本身特性关联性不强的学说弃而不论。需要指出的是,弃而不论并不意味着不能论。譬如,前面对以"创造性信息负熵产品"代替"创造性智力成果和工商业标记"所作的论证,其实也就隐含着对"智力成果说"的评析。

1. 信息说

知识产权对象的信息说与信息负熵产品说之间是有原则差异的。

(1)知识产权对象不包括所有的信息

"信息既有物质的信息,也有精神的信息。"[43] 蕴涵在物质中的客观信息作为事物的运动状态和存在方式,是客观存在的,与人是否认识到毫不相干。精神信息靠人脑或生物体的中枢神经系统感受外界信息经过认知过程(通过实践)而获得。在这个意义上,可以将知识理解为蕴涵在符号表达中的精神(主观)信息[44]。换句话说,信息可能是第一

---

[43] 倪波:《信息传播原理》,书目文献出版社,1996年,第22页。
[44] 精神(主观)信息一经符号表达,便成为蕴涵在物质中的客观信息。前苏联学者茹科夫认为"社会以外的信息总是客观的、物质的",而在社会内部用自然语言和人工语言表达的信息,"严格地说,这样的信息也是客观的,而且符号也是物质的。但是通常认为,单词中所含的语义信息是观念的"。参见茹科夫著,徐世京译:《控制论的哲学原理》,上海译文出版社,1981年,第139页。

性的,而知识必然是第二性的。

根据英国科学哲学家波普(K. Popper)的"三个世界"理论,信息可分为三大类。第一类"自在信息",是有关客观物理世界的信息,即本体论意义上的信息,它反映事物运动的状态及其变化的方式。第二类"自为信息",是有关人类主观精神世界的信息,即主体论或认识论意义上的隐性信息,它反映人类所感受的事物运动状态及其变化方式,处于意识、思维状态。第三类"再生信息",是有关客观意义上概念世界的信息,即主体论或认识论意义上的显性信息,它反映人类所表述的事物运动状态及其变化方式,用语言、文字、图像、影视、数据等各种载体来表示,汇成一个实在的自主的"信息世界"。"这三类信息都需要经过不同程度的加工才能成为知识。但有时第二类和第三类信息也可能直接表现为知识。所以,一些世界著名的字典如《韦氏大字典》等往往把知识视作数据、新闻一样包括在信息的释义中。"[45]

除此之外,还有一个民法体系的问题值得注意。归属于人格权中的名誉、隐私、姓名等,其实质都是一种信息。知识产权对象信息说对此如何处理？总之,如果简单认为知识产权的对象为信息的话,范围明显过大[46]。

---

[45] 乌家培:"信息·知识及相关问题",《科学决策》,1999年第4期。

[46] 由此我们也可以体会到将客体与对象等同的弊端。持客体与对象等同论的学者认为,无论是民事权利还是民事义务都必须指向一定的客体,必须在一定的客体之上才能形成某种法律关系,进而在当事人之间分配权利义务。所以,如果没有法律关系的客体,主体活动也就变得漫无目的,权利义务也就无法体现、无法落实。这一看法也就意味着客体具有指示、稳定和约束的功能——通过客体的定性指示法律的适用,就特定的立法和司法问题提供经得起考验的答案和解决思路,减轻法学理论和实践工作者的负担。

但在法学中将客体等同于对象的简单做法,极大地削弱了客体这一概念在法学(至少在权利义务判断)中的指示作用。比如,对于一个手机,作为物应当受物权法的调整,而该手机的外观、软件等应当受知识产权法调整。这样,作为等同论所定位的特定客体的手机本身是无法确定如何适用法律的定性问题。

当然,从不同的目的出发,权利类型存在不同的界定,因此将所有的信息作为一个整体性的权利对象,在法学家那里进行综合研究——如构建一个信息权利或者信息产权的概念或者研究领域等——完全是可以的,但是学术上界定的权利类型并不必然与特定的部门法相联系,更不用说与特定的部门法的特定组分相联系。可以说,如果试图再进一步建立整体性的"信息产权"成为民法的独立组成部分,与物权、债权等相并列,那将是民法"不能承受的生命之重"。[47]民法乃至法学,都是建立在系统理念上的体系,是一个人为的非线性系统,应当考虑复杂性理论的问题。"在非线性复杂系统中,系统与组成要素或子系统之间的许多关系甚至是一些看似微不足道的因素,都不能简单地将其忽略不计。因为在远离平衡态时它们都可能具有'初始条件的敏感性'并被放大出来。"[48]这对于任何复杂的、多变量的系统的研究而言都是至关重要的。民法这一系统与其组成要素或子系统之间的大多数变动关系和变量关系不是一种按均匀比例变化的关系,而是一种不规则、不均匀、不成比例的关系,触一发而动全身。

(2)并非所有的信息都具有负熵性

在前文介绍对"麦克斯韦妖"的质疑解释时,我们说信息被视为系

因此,只有将客体与对象分离之后,才能了解民事法律制度内部的评价体系,才能让人们在总体上把握具体规则之间的联系,增强具体规范之间的联系、顺序和依赖关系,有利于权利分立的体系化构造。以上例为例,作为手机(对象)中所具有的物的利益(客体)受到物权法的调整,而作为手机(对象)中的知识产权的利益(客体)受到知识产权法的调整。从实践理性的角度,这样的划分显得有序,更值得称道。

〔47〕 在国外研究(主要指英美法系国家)中的 Information Law 并非一个严格意义上的法律部门(Law Branch),而是一种理论理解和制度建构的法律方式(Law Approach)。国内外信息法的研究范围不一,有的十分宽泛,包括各种与信息有关的法律制度,例如邮政法、知识产权法、商业秘密和计算机犯罪等;有的比较有限,仅包括网络知识产权、网络隐私、新闻自由和知情权等(参见李晓辉:《信息权利研究》,知识产权出版社 2006 年,第 32 页)。

〔48〕 赵凯荣:《复杂性哲学》,中国社会科学出版社,2001 年,第 11—12 页。

统的负熵。其实这一结论隐含着一个前提,即"麦克斯韦妖"得到信息所产生的结果是使系统走向有序。省略这一前提是为了满足论述的简洁和理解的方便。现在单独论述信息的作用,自然不能再以信息输入必然使系统走向有序作为当然前提了。

笔者在前面阐述三熵鼎立时已经指出,负熵的界定最终是以人类作为主体来考察的。因此,信息作用的结果如果能够符合人类发展的要求,那么该信息具有负熵性;否则不具有负熵性。违反社会公德或者妨碍公共利益的发明创造即是不具有负熵性的信息产品的典型代表。

2. 符号说

符号说认为,知识产权的对象是符号组合。由于智力成果与商业标记的存在形态都表现为符号组合,因而能够以类似的方式予以支配,这些行为可以共用相同的规则,这就是知识产权在逻辑上统一的依据[49]。符号说在扬弃以前各种学说的基础之上,以知识产权对象自身的形态为出发点构建知识产权规范类型,创出了一条新路。然而,符号说对知识产权对象的解释仍存在几个不能逻辑自足的方面:

(1)符号说尚停留在对知识产权对象的表象的归纳的阶段

符号学家索绪尔深刻地揭示出语言符号的结构特征:语言符号具有"能指"和"所指"两大属性。在建构主义心理学看来,能指与所指即符号与其意义并不是一一对应关系,换言之,符号的意义并不是确定性的,它取决于具体的语境和人们的理解或解读[50]。可见,符号是信息的载体,负载于各种符号的信息不管是在传者的"把关"上,还是在受众的"选择"上,都在不同程度上受到不同语言内在结构的根本制约。

---

[49] 李琛:《论知识产权法的体系化》,北京大学出版社,2005年,第116页。
[50] 李炳全:"符号、意义与心理学的文化取向——兼以符号及其意义为中心比较当代三种心理学取向",《心理学探新》,2006年第4期。

而且还有一个符号泛化所引发的问题值得注意——汽车、动作和苹果等常见和不常见的事物都是符号,这无助于对人的信息创生活动的层次性描述和研究。符号说缺失对知识产权对象内涵的分析,因此在方法论上决定了其不能揭示知识产权对象统一性的真正基础。

(2)符号说没有统一知识产权的对象

符号说能够说明区分智力成果权与工商业标记权的规范意义,这不能被认为是优点。在知识产权定义中对智力成果权与工商业标记权做出迫不得已的区分,是知识产权学者未能统一知识产权对象所致。统一知识产权对象也正是学者们推陈出新追求对知识产权对象解释的目的所在。当自然科学开始关心自身特有的形式的问题的时候,人文科学也应当开始探究自身的形式和结构的完善。我们所追求的是普遍的概念,但概念的研究并没有与事实的研究保持同步。

(3)符号说未能包括现有的知识产权对象

尽管大量的信息是用符号序列的形式表达的,但毕竟存在着单个的符号形态。"用符号组合来概括知识产权的对象,并非天衣无缝,它不能解释所有的商业标记。只要能发挥记号功能,单个符号也可以用作商业标记。"[51]这一缺陷不是由商业标记与智力成果的功能差异造成的,而是未能概括知识产权对象的统一内涵这一不足所致。

在上述情况下,笔者试图返回到更为原始的不同知识的根源上去。总的来看,卡西尔符号哲学的内在理路可以表达为:"人—运用符号—创造文化"[52],而本文提出创造性信息负熵产品说,是试图在理论上对符号的内涵意义做出进一步的挖掘,提出"人—运用符号—创造文化—人致有序"的理路,这一理路更为关注信息负熵的深层作用和意

---

[51] 李琛:《论知识产权法的体系化》,北京大学出版社,2005年,第138页。
[52] 恩斯特·卡西尔著,甘阳译:《人论》,上海译文出版社,1985年,译序。

义。作为人的最高认识能力集中体现的抽象思维活动,正是通过符号的逻辑推演创造新的信息负熵的过程。从知识产权各个具体对象均具有的信息负熵性这个统一内涵出发,能够将创造性智力成果权和工商业标记权统一起来,这不但为现今的知识产权对象的规范类型提供了归类的理由,也为将来可能出现的新型的知识产权对象提供了空间。它为三大财产权的划分提供了基础,并且不会对现今的知识产权体系伤筋动骨,避免了推倒重来的做法。

五、对传统知识产权法哲学的反思：以熵理论为世界观

人获得信息等于吸收负熵。人的大脑被这种信息熵流所注入,在知识的深度、体系化及思维方式、价值伦理等等多个方面都形成了一个与以前的"我"不相同的"我"。熵已经通过哲学的世界观层次的理论总结而变革了人们的思维方式和价值观念,使整个人类对人与世界相互关系的理解发生了重大改变。

传统的知识产权法哲学研究,一般是借助自然法中的财产权劳动学说、源于德国古典哲学的人格理论以及较晚的激励论为知识产权制度提供正当性。但一旦将这三种理论置于熵理论的视野中,我们将发现仍有一些值得思考和完善的地方。

(一)财产权劳动学说

以洛克的劳动学说为核心的自然法原则已经成为确认知识产权的最重要的原则之一。在与知识产权有关的层面上,该自然法原则是建立在这样一个根本的理念之上:一个人通过自己的努力创造的东西,属

于他自己。洛克指出:"在货币被发明之后,我可以在我的使用和消费能力的范围内积累财产。"[53]亚当·斯密与洛克一样,坚信人类的活动的基本点就是物质的私益,社会不应该妨碍他们追求物质利益,谴责他们的自私自利——因为人们满足自大的或生活需要的个人"低俗"愿望,其实是一种能使他人得益的美德:只有通过个人的自私自利,才能化贫乏为富庶。从很早的时候起,经济增长就一直是绝大多数官员、经济学家追求的目标。一些经济模式因带来了显著的经济增长而备受他们赞誉,经济的增长和发展也被他们视为人类进步的同义词。熵定律的提出,无疑向亚当·斯密、洛克及其承继者的传统理论提出了挑战。

其一,虽然在洛克的财产权获得模式中存在着先决条件的限制——"至少应当在公有中为他人留下足够而良好的部分"[54],但是,洛克的先决条件是建立在一个基本错觉或者说历史局限之上,就是人们的劳动是在生产(而不是找到)能源和物资。洛克的先决条件在试图为财产权利的取得提供正当性证明时存在着困难,Virginia Held 指出,在当代,人口过多、资源短缺,先决条件从来不会被满足[55]。类似地,洛克说:"野蛮的印第安人……必须把养活他的鹿肉或果实变为己有,即变为他的一部分,而别人不能再对它享有任何权利,才能对维持他的生命有任何好处。"[56]

1968 年罗马俱乐部提出《增长的极限》的报告,对当代西方增长癖文化进行了批判。报告指出,由于地球的能源、物资和容积有限,人类社会的发展和增长有一定的限度。用倍增的速度去求得经济和社会的

---

[53] Locke, bk. Ⅱ. § 45~50,341,34,27,39.

[54] Locke, bk. Ⅱ. § 45~50,341,34,27,39.

[55] Virginia Held, *Rights and Goods* (Glencoe, IL: The Free Press, 1984), p. 172.

[56] 洛克著,叶启芳、瞿菊农译:《政府论》(下编),商务印书馆,1964 年,第 19 页。

发展注定会使社会在物质和能源方面达到极限,给人类带来毁灭性的灾难。事实上能源和物资是地球所赋予的、不可代替的有限的资源。由于经济的快速增长以及人们对科学技术的崇拜和放纵,世界非再生的能源和物质材料的耗散实际上在加速增大,两者的熵增已经到了一个非常危险的水平。虽然后人可以绕开洛克的错觉对其学说的先决条件做出符合现实经济生活的解读,但此种解读已经是"修正主义"了。

财产权劳动理论将自然和人类分开的思维模式,应当接受时代的修正。而一种从整体上来把握事物之间相互关系的熵思维模式会得到确立,人类同其他生物以及整个自然界将建立起一种崭新的伦理学观念:人类同整个自然界协调发展,终止目前这种对自然界的贪婪掠夺行径,最大限度肩负起保护自然的责任。

其二,在洛克那里,"劳动"是指负物熵生产中的劳动,而不是泛指所有劳动,并不包括信息负熵产品的劳动。他们并没有意识到知识产品被人为地赋予了稀缺性的情形。尽管从广义上来说,创造活动是一种劳动;但在财产权劳动学说上,仅从知识产品这一层面来说,或者说在仅仅得出某项信息负熵这一特定产业环节上,创造行为不属于财产权劳动学说中的劳动,而创造成果(信息负熵产品)只有在其成果被产业工人消化运用到商品的生产之后,才能被看做生产劳动。

由于历史的局限,这一问题在马克思的劳动价值理论中也有着前后相承的错觉。尽管马克思深刻指出了在社会生产的发展过程中"一般科学劳动"日益代替人的直接劳动的趋势,但是我们不可忽略马克思论述科学劳动所隐含的内容是:科学劳动的成果不是商品,因此科学劳动得出的发明、发现是无所谓价值的;它只有在发明、发现被直接或间接地被利用于生产过程,才能成为社会总生产劳动的一部分,从而创造出价值。这一规定性在马克思以下论述中更是表现得更加明显,"资本主义生产方式的特点,恰恰在于它把各种不同的劳动,因而也把脑力劳动和体力劳动,或者说,把以脑力劳动为主或者以体力劳动为主的各种劳动分离出来,分配给不同的人。但是,这一点并不妨碍物质产品是所有这些人的共同劳动的产品,或者说,并不妨碍他们的共同劳动的产品体现在物质财富中。"[57] 在《直接生产过程的结果中》,马克思更明确地指出了在总体劳动中脑力劳动者的具体职能是在"直接商品形成过程"中得以实现的。信息负熵的财产权出现,将推动马恩经典学说的与时俱进。

其三,现代学者在解读前人关于劳动与劳动价值的有关论述时,虽然并没有明确意识到前人所谓的"劳动"并不包括"创造",但他们在发展马克思的劳动价值理论时,还是不自觉地将两者进行了区分。如有学者指出,劳动分为重复性劳动和创新性劳动。所谓创新劳动,就是创造人类尚未有或部分尚未有的新使用价值的劳动;而重复劳动则不创造人类尚未有的新使用价值,也不创造部分尚未有的新使用价值[58]。

在此定义基础上,从人类的最终追求来看,在现今的高熵社会中,重复劳动并不是人本身的需要,而只是为了谋取个人生存的一种手段。所以,在高熵的社会结构中是排斥人类重复劳动的,只是在考虑整个生产过程的合理性时,才有重复劳动的介入。正是因为在熵意义上考虑重复性劳动与创新性劳动的区别,所以在某种意义上,重复性劳动在高熵社会中就成了"坏"的东西,只有创新性劳动才是高熵社会所首要的。

---

[57]《马克思恩格斯全集》第 26 卷第 1 册,中共中央马克思恩格斯列宁斯大林著作编译局译,人民出版社,1972 年,第 444 页。

[58] 赵培兴:《论创新劳动及其价值定位》,中央文献出版社,2002 年,第 24、15 页。

(二)人格理论

解释财产权的另一个传统的法哲学思想是关于财产和财产权的人格理论。该理论是建立在为发展人格而有必要确立财产权的理念的基础之上。在该理论中,人格是作为自我表达而被赋予正当性的。人格包括生命、健康、自由、名誉、肖像、姓名等内容。人格权的保护日益得到重视,这清楚地表明,伴随着社会、历史的进步,人类的物质生活和精神生活不断得到满足和提高的同时,人类个体愈加珍惜、关爱其自身存在的价值和尊严。

值得追问的是,没有(或否定)人格意味着无论是在思想上还是行为上的整齐划一。在社会的层面上文化主干清晰,等级层次分明,道德条理森严——这是一种典型的有规则的状态,即一种有序、低熵的状态。在古代的中国,"礼"作为仪式的背后隐藏着殷周人心目中一个根深蒂固的深层意识:"即以中央为核心,众星拱北辰,四方环中国的'天地差序格局'。"[59]这样的礼仪系统把当时的中国社会变得有序化。而追求(或肯定)人格是基于个性主义思维,强调个人的至上尊严和一切私有的神圣。每个个人可以得到极大的自由空间,可以按照自己的想法任意地取向——这种状态是一种均匀的、紊乱的无序状态,即无序、高熵的状态。在古人的眼中,礼仪是一种制度,更象征着一种秩序,对礼仪的破坏,就是对社会秩序的破坏。令人诧异,从森严的等级到"人人平等"的社会,我们观察到熵增的趋势。

其实,我们在这里首先要避免一个思维盲区:以负熵增加为价值提高,以熵增为价值降低。正确认识负熵与价值的内涵差异,是价值理论

---

[59] 葛兆光:《中国思想史》第一卷,复旦大学出版社,1998年,第130页。

中的关键性难题。负熵的内涵与价值的内涵既有联系也有区别,熵增和熵减都可能具有价值,所以不能简单地在有序和价值之间画等号。具体说来:

1. 文化的多元化虽然具有熵增特征,但在物质生产过剩的条件下,具有正面的福利效应,可以增进人民的幸福。文化理所当然应当尊重自然的法则,不能把建立物质世界的有序、平衡、和谐作为我们的最终目的,因为我们所有的物质财富在熵变中将变成不可用的,只有精神的升华才是持久的,人类的进步就是日益以精神的直接享受来代替通过物质的媒介来享受快乐的过程;在人们的物质生活达到小康后,对精神生活的渴望必然远胜于对于物质条件的追求,精神的享受也超越物质消费过程的快乐。

2. 现实的事物或系统都是有序和无序的对立统一,有序和无序是紧密相连的,并在一定条件下可以相互转化。合理的个人主义,并不一定通向个性化,完全有可能帮助实现一个熵减的过程。对人类来说,从昨天"有序的划一"进入现在"无序的创新"是必要的,因为混乱和无序的发生是允许组织拓宽自己知识创造能力的一个条件,只有在"熵增"的环境下,才有可能出现更大的机会,进入到新的更高层次的有序状态。任何创造性的过程不仅仅是混乱的结果,它本身就是一种混乱,在这个意义上,混乱和无序改变了组织的状态,产生出一个与以往截然不同的新的有序状态。人类社会的发展实际上就是一个有序和无序不断相互转化、螺旋式上升的过程。我们应该看到在人格的演化中也遵循熵的法则,一个开放的人格系统,通过对精神产品的享受,通过吸收外面世界的信息负熵,其人格元素的自组织非线性作用将有可能使人格系统达到一种有序的状态,人类文明的最终追求应该是人格上的有序、平衡与和谐。

3. 人类作为物竞天择的胜利者,有权享受超出其作为动物所只能获得的待遇。同时,人类内部成员间要求平等分配这种超常待遇,其理由也是人格平等。

(三)激励论

在激励论的视野中,赋予人们通过自己的劳动所产生的智力产品的某些权利,通过增加社会智力产品的总量而促进社会进步。动物生命的意义是进化——实现熵减过程,人类生命的意义也是如此,只不过对人类来说,实现熵减过程的方式有所不同。人与动物最大的不同在于人有智慧,这个不同根本地改变了人类和整个世界。

1.激励与熵变

科学技术是人类摆脱愚昧、野蛮和贫穷落后,跨入文明社会、实现富裕梦想的重要手段,它使人类从自然的奴隶变成了自然的主人。但是,科学技术应用在给人类发展产生重大推动作用的同时,也产生了许多负面后果:人口爆炸、资源匮乏、物种消失、各种"文明病"的蔓延、环境的全面恶化、核武器威胁等。社会发展的过程是复杂的、不平衡的,个人、民族、国家为了各自的利益相互冲突,发生战争、流血和破坏。争夺负熵成为社会发展的主旋律。人们为获得负熵的努力必然导致环境的熵增,要求得到负熵越多,速度越快,熵增也越多越快,损失和浪费将更加令人心痛。

激励还存在知识熵的问题。知识熵是知识系统内部状态的复杂程度以及某个知识系统内部或内部与外部在知识传递过程中传递效率与阻力损失的度量,也是知识的不确定程度和混乱程度的一种度量。在知识系统内部,各知识门类子系统通过相互作用、自发组织可使整个系统从无序走向有序,从而产生新的知识。但同时也存在着知识熵增,即意味着"知识效能"不断减少、不断消耗,造成信息污染、知识老化、传播渠道的延长等,这些要素都从不同层面使知识创新效率逐渐递减,从而在功能上表现出某种程度的紊乱、有序性减弱、无序性增加。这种状态即为知识系统的熵值增加效应,"剽窃"可以说是其中的一种典型表现。

爱因斯坦曾说过,科学技术是一种强有力的工具,怎样用它,究竟是给人类带来幸福还是灾难,全取决于人类自己,而不取决于工具。刀子在人类生活中是有用的,但它也能用来杀人。这就是说,我们应当在激励理论基础之上的平衡论中添加熵减价值的考量。在当下高熵社会,应该把系统与环境匹配(相当于可持续发展概念)作为激励的价值出发点和激励程度的价值尺度。以匹配为中点,如果熵增趋近中点,熵增的价值就高于熵减的价值(有序低,价值高);如果熵减趋近中点,则熵减的价值高于熵增的价值(有序高,价值高)。

2. 激励论与分配伦理

激励论存在一个局限,仅仅只考虑到通过增加社会智力产品的总量而促进社会进步。其实,学者们的一个普遍的、比较直观的结论是,知识产权法是商品经济和科学技术发展到一定阶段后对知识产品资源进行最佳市场配置的制度。从人类获取生存负熵的整个过程来看,非创作者的劳动是创作者劳动价值得以实现的必要条件和前提——这是人类不同于动物的摄取负熵的方式所决定的。因此,相对于现代知识产权制度所要起到的改善知识共享和刺激知识产权共享的深层次的作用和目标而言,仅仅是促进社会智力产品总量的增加是远远不够的。

而且,激励理论的局限反映在传统的知识产权利益平衡理论上,就是局限于在知识产品的创造者、所有者和社会公众的利益之间进行平衡。其实,信息负熵产品的作用和意义在于减缓自然界的破损程度和速度、降低物熵的增加,让人类社会和自然界协调发展。由此,和传统商品不同的是,知识产品是通过对知识的使用即"知识的产出"而体现其价值,并通过知识被使用后所产生的效益来计算它的价值量的,与创造知识过程中附带投入的物质财富的消耗无关。该投入价值是固定的,而知识的效益是一个未知数。"知识产权作为财产,其价值并非知识的价值,而是利用知识所能带来的价值。"[60]所以,这一理解为建立科学的知识管理构架,进行知识的创造、融合、转移、应用等提供了重要依据。

虽然知识产权主体从单一主体发展到多元主体,并不能说明应当完全抛弃创造伦理而转向分配伦理,但是完整的激励理论应当贯穿于创造、传播、管理、保护和利用的整个过程,通过协同和突变使知识供应链整体实现负熵值来促使知识创新效率的提高。这就把对创造者、传播者、利用者和管理者的不同激励有机地联系起来,而不仅仅是知识产品创造这一个环节。

知识产权制度是实现国家经济技术社会发展战略的制度保障之一,是提高国家竞争力的手段和措施。作为知识产权基本理论的利益平衡的建构,也应当反映这一要求。"改善共享和刺激共享,应是知识产权利益平衡理念的两个核心内容。"[61]"只有当人们有意识地朝着促进符号生产的方向分配利益时,知识产权制度才有可能鼓励创造。"[62]

---

[60] 刘春田:"司法对《反不正当竞争法》的整合",载《法律适用》,2005年第4期。

[61] 杨雄文:"反思与完善:信息不完全下的知识产权利益平衡",载《电子知识产权》,2007年第2期。

[62] 李琛:《论知识产权法的体系化》,北京大学出版社,2005年,第149页。

六、对两个知识产权问题的辨析：
以熵思维为工具

哲学的发展确实把一个新因素"熵"引到知识产权法学的研究领域中来了，除了上述宏观思考之外，信息负熵的引入也应当在知识产权领域的具体问题上发表自己的看法和体现自己的作用。下面，笔者就此对民间文艺和思想与表达二分法两个知识产权热点问题做出阐述。

（一）民间文艺

"符号域思想是洛特曼文化符号学的一个重要组成部分。符号域是指符号存在和运作的空间，是同一个民族文化中各种符号和文本存在与活动的空间。"[63]一种民间文艺是一个区域的文艺持续运动并不断转化的系统，即符号域，也是人类文化系统中的一个子系统。作为文化多样性的某一个民间文艺，在文化体系内部与其他不同的符号域一起，直观外在表现为文化运动状态的混乱和无序，但在不同的符号域之间，因信息熵在传递与转化的过程中，或者出现负熵流而致使某一符号域基于变异性而与时俱进，或者出现正熵流而致使熵增并累积致使该符号域日渐式微。在文化传承方面，虽然当代全球文化受经济一体化的影响而呈现融合的势头，但其发展的目标应是多元化而非一元化。当今的文化远远没有达到最终的文明，一元化的结局必然是思想认识的僵化，其恶果将是思维保守和创新停滞。在文化领域放纵多元符号

---

[63] 郑文东："符号域：民族文化的载体——洛特曼符号域概念的解读"，载《中国俄语教学》，2005年第4期。

域的消失,是对人类自身文明和发展的不负责任。

1. 熵与民间文艺

民间文艺资源在文化体系内运动,会产生熵流。在文化体系内部,根据不同环境和因素,不同符号域之间的信息流动像热流体一样会形成多种形态的传递方式,产生相应的信息熵。若各种民间文艺在各自的符号域范围内严格按照自己的运行方式有序地流动,就将促使该民间文艺适应当代社会需要而继续发展自己的表现形式;若某个符号域中所接收的信息不按其运行范围和方式无序地流动,就形成信息正熵,此时,该符号域的民间文艺将因社会的巨大变革或者其赖以生存的环境完全破坏而走向没落。

更为重要的是,几乎所有的民间文艺体系都存在抵御现代文明的能力不足的问题,而这导致了其自身的不稳定性及易受攻击性。类似于物理世界中偶然事件的出现,如不规则的粒子碰撞(布朗运动)、非持续性的运动(量子论),以及其他无法预先知道的混乱等等,都会对物理系统形成冲击,并有可能使该物理系统走向无序并陷入混乱。同样,对于符号域这样一个复杂的局部文化系统,来自于外界的文化冲击可能带来正熵流,损害符号域的现有运行秩序,并产生资源耗损,从而造成符号域的耗损。文化传播可以通过不同族群、社会和地区之间人们的交流和接触而自然、和平地进行,有时也可以通过战争、入侵和征服来强行注入。尤其是在经济全球化加速进行的信息网络化时代,不同文化间的传播和影响的速度正在加快,范围正在扩大,以至于在当今的世界经济文化环境中,已很难有完全封闭且自我演化的文化了。现代文明在符号域内流动并传递信息熵的过程中,由于信息熵的流向混乱、流动层次无序以及与符号域环境摩擦而产生的耗损就形成信息正熵。信息正熵会逐渐累积,以致符号域的脆弱性程度越来越大,发生危机。如果不能解决符号域的熵增问题,那么符号域最终很可能达到"热寂"状态。

另外,将文化域人为封闭孤立起来也是极端错误的。这种企图不但是不现实的,而且就算能够实现,也会导致该符号域成为一个孤立系统,最终会因本符号域内部的熵增而导致消亡。

2. 熵论民间文艺的保护和利用

从以上分析可知,某符号域的脆弱性是由其内部熵增引起的,或者说是因为正熵变大于负熵变的结果。所以对民间文艺脆弱性的保护和利用就是要从引起熵变的要素着手,强化负熵变要素的作用,弱化正熵变的影响。目前符号域日益成为科技文化创新的信息负熵之源,因此对于民间文艺这一宝贵负熵资源的保护,应由过去以"技术性"保存为主的方式转化为"开采与利用"及"可持续发展"并重的方式。

(1) 充分发挥符号域的自组织功能

就自组织功能而言,系统能够不断地存储和积累从外部环境中输入的物资、能量、信息等,其内部熵的产生可以被有序地控制,有可能降低到零水平,如果内部的运转机制和组织系统被不断地、有效地改进和优化,则可能实现整个系统内部的熵减。系统之所以具有自组织性,就在于系统本身能自主决策、选择、控制和运作,不受其他因素左右。而我国民间文艺受国家多重目标影响,背负过多的国家干预,已变为一种他组织系统而非自组织系统,部分地失去了自我创新、自我发展的机制。所以,民间文艺保护方式的改革势在必行。

通过改革,使各民间文艺的要素处于积极主动状态,充分流动、充分合理竞争,让符号域充分发挥自己的自组织功能。改革要遵循熵增最小化原则,以边际性和营利性为目标,以自发性和强制性的结合为手段,确保符号域的高度有序化。通过民间文艺要素整合,完善相关制度,促使符号域系统内民间文艺资源的信息熵流严格遵循自己的运行方式流动,减少符号域内脱离了应有文化底蕴的"伪民俗"等所产生的耗损,增强符号域系统的自我修复和自我完善功能,培育信息负熵的有效释放功能,提高符号域系统对环境的适应能力。

(2)稳健引进负熵流

根据耗散结构理论,开放是系统有序化的前提,是耗散结构得以形成、维护和发展的首要条件。有生命力的文化应该是开放的、包容的、进步的文化,不断吸收世界先进文化是建设中国特色社会主义文化的客观需要,世界先进文化是人类社会发展的宝贵财富。而我国的民间文艺符号域在某些方面已显露出自我约束的端倪,所以要通过开放从外界引入负熵流,使系统完成从低级有序到高级有序的转变,以求达到与外界文化大系统相互协调、相互补充的目的。

我国符号域体系将是一个与全球文化体系"亲密接触"的子系统。要利用好这个机会,使我国置身于国际文化系统之中,而不至于形成自我封闭的孤立系统,其根本目的在于通过制度的融合,有效地从全球文化大系统中吸收负熵,抵制并降低我国符号子域的熵增,从而使我国民间文艺向高度有序化、组织化发展,弱化熵增引起的符号域脆弱性。但是,如何在有效地从外界引入负熵流的同时有效地防止正熵的输入,是一个重要的课题。这需要我们构建有效措施,来过滤流入的信息熵,吸纳负熵,屏蔽正熵增。尽快将我国符号域系统建成一个自由、开放、安全、高效的体系,做到在开放下寻求稳定,在稳定中寻求发展。

(3)大力输出符号域的信息负熵

除了合理吸收符号域外的信息负熵,保持文化的独立,维护民族自尊和自信心外,民间文艺还有一个重要且直接面对的职责:民间文艺所包含的似乎无穷无尽的资源里蕴涵着巨大的信息负熵,这些负熵对于决定一个国家和地区的经济发展实力和潜力蕴藏着巨大的作用。如何输出符号域中民间文艺的信息负熵,提高其影响力,将是我们必须面对并解决的问题。

(二)对"思想与表达二分法"的反思

"思想与表达二分法"是一项关于著作权保护范围的基础理论。其基本含义是:著作权不保护思想,而只保护思想的表达。这一学说被认为体现了著作权保护的根本性质,获得了国际性的认同。但是,学者对这一学说的批评一直没有停止。主要看法在于:一是该学说过于含糊,思想与表达两个概念的边界不清;二是带来专利法上的"思想悖论",即专利法既保护思想又不保护思想;三是哲学上的后现代运动——其主旨在于批评自柏拉图以来构成西方哲学之基础和中心的二元对立——通过解构言语中心主义之思/写/读的关系,否定了作品/文本的确定性,从而颠覆了对作品加以保护的现代版权的基础[64]。对此,笔者的看法如下:

1. 作品/文本确定性的批评

解构言语中心主义的核心是消解"主体"。能指无穷链接,所指永远滑落,这就是后现代运动描述语言符号的运动情况。作者只是符号组合网上的一个节点,文本中的一个交叉路口,读者通过它可走向四面八方,但设计、实现和控制作品的传统意义上的作者已经死亡。这种用语境化的感性分解超验的理性虽然并非毫无价值,但在伊格尔顿看来,

---

[64] 有关思想与表达二分法的批评,可参见寿步:《计算机软件著作权保护》,清华大学出版社,1997年,第25—29页;王春燕:"作品中的表达与作品之间的实质相似",载《中国人民大学复印报刊资料·民商法学》,2001年第1期;李雨峰:"版权制度的困境",载《比较法研究》,2006年第3期。

已经滑向了极端,"表现出十足的非理性、盲目性、情绪化、幻象性特点。"[65]人是符号的动物,符号是社会的产物,人最终仍归属于社会的产物。恰如学者指出"鸡的智慧"是一种体系化思维[66],这其实就是一种维护总体性的态度,而"维护'总体性',必然要同时维护'主体',因为这两个范畴是互为依存的"[67]。

前文已经指出,熵思维要求确立一种从整体上来把握事物之间相互关系的模式,而负熵的界定最终是以人类作为主体来考察的。当然,这里的主体应定位于穿越后现代主义之后的"主体",不是那种自我封闭的漂浮于物质时间之上的超验主体,其界定应当是为人类建立什么样的生活环境的问题。"人类的存在之旅无论如何应该是'主体'完满实现其自然属性的过程,从目前来看,人类的出路不是像后现代主义指点的那样,拆除'主体',恰恰相反,应当力拨'主体'于迷失,充分张扬人的主体性,恢复'主体'的应有尊严。"[68]

2. 边界不清与思想悖论的批评

确实,这两个批评是有力的。思想与表达这两个概念,从西文翻译成中文的过程中本来存在文化误差,而且在文化的视野中概念的内涵与外延极为模糊。这一特点决定了这两个概念不能满足法律严谨的需要,也就因此引发了对二分法的质疑和批评。但是我们不能停留在仅仅指出二分法存在的问题,更重要的工作是分析问题存在的根源,以及

---

[65] 马海良:《文化政治美学——伊格尔顿批评理论研究》,中国社会科学出版社,2004年,第191页。
[66] 李琛:《论知识产权法的体系化》,北京大学出版社,2005年,前言。
[67] 马海良:《文化政治美学——伊格尔顿批评理论研究》,中国社会科学出版社,2004年,第219页。
[68] 马海良:《文化政治美学——伊格尔顿批评理论研究》,中国社会科学出版社,2004年,第224页。

提出如何修正的建议——这仍然需要系统化的思维,需要从整个信息的加工处理过程以及基于利益平衡选择实用的保护手段两个方面来考量。千思万虑,归结为知识产权保护什么?如何保护?

(1)知识产权保护的是创造性信息负熵产品中的创造性建构

根据信息系统的一般模型,信息创生系统作为一种多重信息加工功能的复合系统,包括接收、储存、选择、编码、阐释、监控、评价、建构、输出九个子系统。其中信息建构子系统的工作处于信息创生系统的核心地位,在其他子系统所提供的一般背景和协同支持的条件下,各类创造性的新颖信息正是通过这一信息建构活动而被创生出来[69]。由此可见,建构最能体现信息的创造力,人的思维的创造力集中体现在对新的信息结构的建构上,通过对所把握信息的分析综合和加工改造,创造出新的符号的再生信息。我们因此也就可以说,知识产权保护的是创造性信息负熵产品中的创造性建构——前一"创造性"是在知识产品的整体意义上而言,后一"创造性"针对该知识产品的构成部分。人脑中的主观(自为)信息与外界客观(自在)信息通过相互作用进行同化和异化,从而引发原有信息结构的改变,这种结构的改变便是新结构的建构。新结构的建构就它在外化中作为一种思维创造的结果(再生信息)而言,在它生产出来的时候,并不存在一个现实的认识对象与它直接对应。这个新建构如果符合人类对有序的要求,即可称之为信息负熵产品。如果因此体现出整体的创造性,便可成为知识产权保护的对象。

(2)建构的层次性和复合性

类似于逻辑上的种属关系,信息建构也有着不同的层次,在不同层次之间存在着复杂的相互作用,在这些相互作用下,不同层次的信息构

---

[69] 邬焜:《信息哲学——理论、体系、方法》,商务印书馆,2005年,第78页。

建相互过渡、转化、规定和控制。就某个信息说来,其建构层次间复杂的相互作用可区分为三种相互关联的关系:一是由低到高的层次递进建构关系;二是高层次对低层次的全息制约和控制关系;三是信息构建的层次的复合关系。理解和掌握信息建构活动层次间三种相互作用的关系,可以更准确地理解、设计和适用对信息建构活动所引出的结果的法律保护方式。

其一,由低到高的层次递进建构关系。对任一信息负熵产品而言,它的不同层次的信息构建是在其下一层次的信息构建基础上依次建构和产生出来的,即低层次的信息构建不但可以是独立于高层次的信息构件,而且为高层次的信息构建的产生和展开提供了基础性的条件和支撑。比如专利《审查指南》对于独立权利要求和从属权利要求的划分和格式要求。

其二,高层次对低层次的全息制控关系。高层次的信息建构一旦产生出来,便对其下属的信息建构的内容起到表征作用,并对其他下层的信息建构赋予了新质、新内容。这便构成了高层信息构建对低层信息构建的全息制控关系,包括两个相反相成的关系:导向和抑制。导向的作用在于把低层次的信息建构纳入自身的建构轨道,而抑制的作用在于对低层次信息建构中与自身不相一致的方面予以限制和纠正。比如商标本身虽然是作品,但对商标的保护不能离开其与某种品质的商品或服务来源之间的对应关系。

其三,信息构建的层次复合关系。人的信息建构活动并不是上述两种简单的单线条过程,而是两向的同时的综合参与过程。具体表现为两个方面:一是所有层次的信息构建都为任一层次的信息构建提供参照背景;二是所有层次的信息构建都直接或间接地渗透或交织到任一层次的信息构建之中。这一复合关系最常见的表现就是权利冲突问题。

应当指出的是,上述三个层次的分析仅局限于信息建构而言,但某一信息建构具有创造性并不意味着其下一层次的作为基础和支撑的信息建构一定具有创造性。换句话说,没有创新性的自在信息的排列组合也可构成创造性的信息建构,比如著作权法判断实质相似所用的"部分比较法"——排除了对不受保护的元素所做出的具有独创性的选择和安排——的不合理性,而整体比较法更符合信息建构的创造性本质。

(3)保护建构的手段选择

前面笔者已经指出,知识产权对知识产品的保护只能通过调整行为的方式来实现,权利人是无法支配其已经公开的知识产品的。因此,知识产权法律规制的重点,根本不在于对各种各样的知识产品——更准确地说是独创性的信息建构——的控制,而在于规制对创造性信息建构的建构行为。而"信息的建构功能并不仅仅针对信息结构之建构,而且也是针对物质结构的建构的,并且,物质结构的建构又是通过信息结构的建构,以及相应的信息同化和异化的活动来实现的"[70]。不完全归纳说来,有以下几种情形:

其一,信息建构向物之结构的转化行为。比如说未经专利权人许可擅自利用其专利进行生产的行为。

其二,信息建构的信息建构行为。如著作权中的剽窃行为——这种行为也说明了同一信息负熵产品中可能存在多个信息建构。

其三,改变已有的信息建构的行为。如在同一种商品或者类似商品上使用与注册商标相近似的商标的行为,改变了商标与某种品质的商品或服务来源之间的对应关系的信息建构。

---

[70] 邬焜:《信息哲学——理论、体系、方法》,商务印书馆,2005年,第72—73页。

七、结语

英国作家斯诺认为,人文知识分子不懂热力学第二定律,就好像科学家未读过莎士比亚一样令人遗憾[71]。熵的概念对于一些法学学者来说可能略显晦涩,但是法学上的一些概念,比如说"物",何尝不是同样如此?社会科学与自然科学相结合是当代科学发展的重要特点和新的趋势,具有重要意义。确实,"借助一般科学理论是有裨益的,只是条件为,这有利于去发现表达或解决法学的本来问题"[72]。借助熵理论作为知识产权的分析工具和指导理念,其实包含着一种转变,即一种"人文的科学理性主义"的转变,面向主体和科学。这种转变,是将人对自身存在的体会以及对这种体会的行为阐释,摆在同一个复杂性系统内进行思考作为前提,也就将自然界的系统和人的社会系统两者作为一个大系统,结合复杂性理论,进而讨论这个系统的子系统之间的熵流过程所导致的转换。

本文试图在谨守"人文的科学理性主义"的基础上,协调自然科学知识和人文科学精神的同构与投射作用来建构关于知识产权法的开放的有序体系,而不是滑向"科学主义"。另外笔者也注意到,由于熵概念的泛化,产生了许多有争论的问题。这些问题说明,熵理论是需要发展和完善的,熵论知识产权也必然如此。虽然本文已经走到一个新的边界上,但在对边界那一边的地形更加熟悉一些之前,笔者必须尊重边界这一边已经取得的成果。

---

[71] C. P. 斯诺著,纪树立译:《两种文化》,三联书店,1994年,第14、69页。
[72] 阿图尔·考夫曼、温弗里德·哈斯默尔著,郑永流译:《当代法哲学和法学理论导论》,法律出版社,2002年,第448页。

信息产权抑或是知识产权?

蒋万来[*]

现在,人们对知识产权属于私权基本上已无疑义,知识产权一词也被国际社会普遍接受。但是,这并不意味着人们就知识产权概念的本质内涵已经达成共识。专利、商标、作品等所谓知识产权对象共同的属性是否就是知识呢?如果是,它与一般意义上的知识或认识论上的知识是什么关系?如果不是,那么它又是什么?目前有人主张知识产权的对象就是信息,知识产权也即信息产权。应该说这些观念的流播不只是关乎理论的完美,于实践也非空中楼阁,而是直接与知识产权基础命题和理论体系的建立有关。从英国1624年的垄断法案算起,知识产权的历史也不过四百年而已,世界知识产权公约组织正式建立更只是短短的几十年时间,所以指望其能与民法一样能有恢弘体系结构恐非易事。但是事功之非易,绝非阻止人们探索的理由。鉴于对知识产权即是信息产权的观念的不同见解,本文就以下的问题做初步的论述。

一、知识产权概念的方法论基础——社会关系的裁剪和抽象

通常,法理和法律的一般原则是人类对法律现象理性化的结晶,但

---

[*] 宁波大学法学院副教授,中国社会科学院法学所博士后研究人员。

是,作为一个国家或地区特定阶层利益的反映,知识产权受到了国家功利主义的制约和实用主义的影响,这一点似乎明显不同于传统的财产权利。也正因如此,仍不乏有人声称知识产权只是国家的政策性工具,对其作为私权的本质属性视而不见。同时,有关立法也因轻取径裁而偏离了科学理性的目标,这更使得学术界对知识产权概念的理解容易产生歧义。

最近20年来,国际上对计算机软件和集成电路的法律保护采取了截然不同的态度,就是典型的表现。20世纪80年代,美国计算机软件在国际市场上占据主导地位,美国就竭力推行以著作权法加以保护,因为它可以利用当时已有的国际著作权公约实现软件的国际保护;然而对集成电路设计和制造方面因与日本等国旗鼓相当,于是就不主张以著作权法保护而率先采取单独立法方式予以保护[1]。这充分说明了知识产权发展中的非理性因素对其自身理论严谨性的破坏作用,同时也显示了知识产权法律规范的取舍更多的是强调实定法上的实际操作功能。

从某种意义上看,近现代知识产权法律规则的建立似乎远远谈不上是人类理性的胜利,各国在科学技术和文化产业领域等市场竞争过程中所奉行法律规则,几乎并未跳出自然状态下的"丛林法则"的翻版。可以说,各国知识产权立法上的便宜行事,直接搅乱了人们对知识产权本质的认识。

尽管如此,本质毕竟深藏在现象的背后,应该可以被人的理性检阅和审视。有学者对目前相互竞争的知识产权概念进行了统计和分析,并提出了一些建设性的见解:1. 知识产权是人们对其智力劳动成果所享有的权利;2. 是基于创造性智力成果和工商业标记依法产生的权

---

[1] 参见郭禾:《知识产权法选论》,人民交通出版社,2002年,第7页。

利;3. 是基于信息产生的权利;4. 是直接支配智慧产品并享受其利益的权利;5. 是基于无形财产享有的权利;6. 是对形式进行支配的权利[2]。这些学者认为,上述概念的分歧不是出于表达的角度差异,而是它们之间有实质的竞争与冲突,所以知识产权的体系基础极度模糊,人们无从知晓将知识产权诸分支连结为整体的逻辑依据何在。但是,这里应该有一个认识的起点,这就是法学论域之内的知识产权概念是个法权概念,其最终都是为了引导法律规范的设计。只有让概念设计的目的和意义来统辖我们的争论,才有可能得出结论。只有结合法的第二性,在逻辑评价中融入功能考量,才能评说知识产权概念诸学说的高下[3]。这种所谓法的第二性原理,似乎不是经济基础和作为上层建筑的法律之间宏观上的关系问题,而是应该落实到具体的实际的层面,从作为第一性的社会现实关系中,划定一定的范围作为法律调整的对象问题。这也就是裁剪或取舍。

法的第二性导出两个结论:一、法不能无视第一性的社会现实,法的调整技术不能从根本上与社会现实形成冲突。比如,著作权保护表达而非思想,不仅是因为在法律技术上思想无法被保护,也因为作为审美对象的作品在第一性上的本质本来就已经是表达,人们欣赏的对象不是抽象的思想,而是"思想如何被展现"。二、法是根据人的需要来构建的,法只选择它能够调整的事物、采用它能够实现的手段进行调整,而不是对社会现实简单描摹。它们以法的第二性原理检视财产权和知识化产权的概念,强调具有规范意义的财产权概念必须突现财产的具体形态和权利行使方式。而在知识产权中,比较有影响力的无体(无形)财产说和智力成果说都有严重的缺陷。无体(无形)财产说中

---

[2] 转引自李琛:《知识产权片论》,中国方正出版社,2004年,第3—4页。
[3] 李琛:《知识产权片论》,中国方正出版社,2004年,第5页。

"无体"的归类过于粗略,所谓的"无体财产权法"不能形成总论,也无法形成统一的规则,故仅"无体"的共性不足以担当构成体系的基础。智力成果说也未揭示知识产权统一的内在依据和真正的基础,它只是简单地重复了第一性的财产来源,未考虑这种来源描述有无规范价值[4]。

国外也有人认为,将"intellectual property"的标签贴于这个庞大的权利群体领域不很完全准确。其理由是无体性(intangible)和智力性(intellectual)都不足以统一其概念[5]。所以这些学说注定要被超越,人类的抽象思维能力必然要经历从粗线条到深刻的过程[6]。这种超越将在何处实现,以及抽象思维将深化到何种程度目前并不明朗,但是用法的第二性原理把握知识产权概念和对象,在方法论上却应该说有相当的启发意义,值得我们注意。

本文之所以支持法的第二性观点并引为立论的论据,是因为它道明了一个关键问题:法学论域之内的知识产权概念是个法权概念,其最终是为了引导法律规范的设计。

以此来验证我们法律上一些已经成熟的概念,同样也能够得出牢靠而可信的结论。比如,物权中的对象——物的内涵比物理上(甚至一般经济意义上的物)的物的内涵要丰富,物权中的物只是在物理中的物的范围之内由法律自身的能力决定其取舍的界限;债权中的对象——行为,也不可能是一般宽泛意义上做出某种动作的意思,而是指具有财产意义上的一种特定的作为或不作为的给付行为。权利对象的

---

〔4〕 李琛:《知识产权片论》,中国方正出版社,2004年,第5—15页。
〔5〕 WENDY J. GORDON, *Intellectual Property*, Chapter 28 of The Handbook Of Legal Studies, Oxford University Press, edited by Peter Can and Mark Tushnet (October 2003), p. 618. http://ssrn.com./abstaract id =413001.
〔6〕 参见李琛:《知识产权片论》,中国方正出版社,2004年,第15页。

一般形态的合理界定,实际上是在逻辑上提取其所有具体对象的公因式,所以,裁剪的同时也需要抽象。

在物权的理论和立法中,少不了总则;债权法也莫不如此。在它们的上层,民法的总则同样不可或缺。以讲究逻辑和体系完整著称的《德国民法典》为例,其总则部分针对一些确定的法律基本制度,即法律职业者无论是在债法或物权法、继承法、家庭法,甚至在整个私法领域中都要加以运用的法律制度。正像古斯塔夫·博莫尔所说,提纲挈领以一般化形式对其先行规定,就仿佛是"提取公因式"(vor die Klammer zu ziehen)。人们以为,用这种方法可以提高法律的逻辑完整性和内涵经济性,从而避免冗赘的重复。法典的总则部分规定的法律制度并非法典编撰者本身的发明,而是他们从19世纪的学说汇纂学派那里承袭而来,并且在令人生厌和非常艰辛的理论一般化过程中将其由实际的法律材料提炼升华[7]。当然,作为整个民法理论而不仅是德国的民法,可以说这种理论一般化的过程将会溯及更为以往的历史。

对1804年的《法国民法典》的编纂者来说,他们就已经回头追溯法律基本原则,这些原则在旧王朝的判例中已经逐渐成熟并经受验证,又在17、18世纪的法律文献中得到了精心的整理和加工[8]。而恰好是在这个时期,构成后世被统称为知识产权的一些基本法律元素,如专利、商标和著作权在欧洲开始得到发展。它们并没有搭上民法体系化的快车而迅速融入民法的理论和法典的构筑中去,甚至它们自身在知识产权这个层次都尚未形成一个总则性的概念。这虽然是一个需要另行研究的问题,但是,在承认法的第二性的前提条件下,传统民法所谓

---

[7] K.茨威格特、H.克茨著,潘汉典、米健、高鸿均、贺卫方译:《比较法总论》,法律出版社,2003年,第221页。

[8] K.茨威格特、H.克茨著,潘汉典、米健、高鸿均、贺卫方译:《比较法总论》,法律出版社,2003年,第152页。

"提取公因式"的抽象思维模式对我们认识知识产权的概念和对象可能会有极大的裨益。

已如前述,知识产权一词已被国际社会普遍接受,且在法律上无被任何其他术语代替之可能,那么其对象当属"知识"本身无疑。按法的第二性原理,知识产权法所调整的"知识"必然不能无视作为客观现实状况的第一性的知识,也不能与之冲突;同时其概念也必须根据人的需要来构建,只选择它能够调整的知识范畴、采用它能够实现的手段进行调整,而不是一般意义上知识本身的简单描摹。

为此,我们有必要考察一下知识在第一性上的含义和知识产权法上的含义,这第一性意义上的知识,也就是尚未被法律所规范的在本来意义上的知识,它又不像物在物理世界里确定的存在,而只能在哲学中确定它自身的存在。

二、尚待裁剪的第一性意义上的"知识"——哲学上的解读

对任何事物的认识,视角和方法不同,结论自然不同。同样,关于知识,也无疑有许多理解和分类。前述知识产权法上的知识,自是一种法权意义上的规范性概念,但是抽取这个概念之前的所谓知识历来是人们争论不休的问题。虽然现在的学术界也从其他多重角度对知识进行研究,但是,一般而言,对知识本体的认识,可从哲学的源头开始探索。

不过,这也同时产生一个问题:既然在民法的范畴里,人们通常将知识产权和物权相提并论,物权同样是个法权概念,其判然有别于第一性意义上的物。此处第一性意义上的物,显然就客观世界中物的物理意义而言,绝少有人在哲学上对物的本质玄思忽忽,而为什么论及知识

时则非得从哲学上开始呢?

  本文作者认为,物权法上的物主要从物理世界的有体物中抽象而来,而知识是无体物,不存在于物理世界,它的表现形式虽然也是客观的,但却是从人的认识中产生,故不免同哲学上的认识论有关。同时,在该第一性的知识被抽象为第二性的法权概念时,它还同信息发生了某些关系,也导致了人们视线的混淆,于此也有必要澄清。

  荀子提出:"凡以知,人之性也;可以知,物之理也。"(《荀子·解蔽》)他认为人有认识客观事物之理的能力。后期墨家认为知识在于人能正确反映所见的客观之物,并对知识作了分类:"知:闻、说、亲"(《墨经·经说上》),这就是指权威的传闻、逻辑的推理和亲身观察得来的三类知识。墨家还按认识对象将知识分为名的知识、实的知识、相合的知识和行为的知识。借用西方逻辑学术语,名是命题的客词,实是命题的主词,相合是名实相符,行为的知识是如何做一件具体事的知识,相当英语的"know how"[9]。北宋张载将知识分为"见闻之知"和"德行之知",承认一般的感性知识来源于"物交",但否认"见闻"为"理性"(德行)知识的基础。南宋朱熹把知识作为对事物"所当然"的道理或规律的认识:"知,谓说其事之所当然。"(《四书章句集注》)明王守仁认为是主观自生的东西:"心之灵明是知。"(《传习录上》)近代魏源则提出"及之而后知",对知识的性质和来源作了唯物主义的理解[10]。

  西方哲学在探讨知识问题时,康德的哲学思想则最为值得关注。康德从英国经验派洛克那里接受了"一切知识来自经验"的观点。洛

---

[9] 冯友兰著,赵复三译:《中国哲学简史》,新世界出版社,2004年,第106页。

[10] 夏征农主编:《辞海·哲学分册》,上海辞书出版社,1986年,第186—187页。

克的这一唯物主义的观点,由于把事物的属性分为第一性质与第二性质两种,认为第二性质不属于事物的客观性质,而表现为极大的不彻底性。康德发展了这种不彻底性。他把洛克与亚里士多德对比,亚里士多德认为感官穷尽了知识;洛克认为知识只是感官受作用的时候发生。并由此得出"一切知识自经验开始",但并"不自经验发生"。康德从洛克出发导向唯心论,同他受柏拉图和莱布尼茨的影响是分不开的,特别是受了休谟的巨大影响。莱布尼茨承认有两种真理:事实的真理和永恒的真理。前者是经验的,允许与其相反的东西存在,而后者则不允许有相反的。康德在他的体系中所谓先天的和经验的区分即来源于此,其关于从经验得不出普遍性和必然性的观点则直接从休谟承袭过来[11]。

辩证唯物主义认为,知识是人类认识的成果或结晶,包括经验知识和理论知识,它通常以概念、判断、推理、假说、预见等思维形式和范畴体系表现自身的存在。他们批评唯心主义者主张知识是先天存在或头脑主观自生的观念,认为社会实践作为一切知识的基础和检验知识的标准。知识(精神性的东西)借助于一定的语言形式,或物化为某种劳动产品的形式,可以交流和传递给下一代,成为人类共同的精神财富,一般分为自然科学、社会科学和思维科学知识[12]。

可见,从中外哲学发展的历史来看,对知识的本质含义历来充满争议,可谓众说纷纭。不过,现当代关于知识哲学又有了一些新的观念出现。

我国现代著名的哲学家和逻辑学家金岳霖先生的名著《知识论》以实在主义立场的姿态,力图证明客观事物的独立存在和知识的客观

---

[11] 参见杨一之:《康德黑格尔哲学讲稿》,商务印书馆,1996年,第3—4页。
[12] 夏征农主编:《辞海·哲学分册》,上海辞书出版社,1986年,第82—83页。

性,认为"被知的不随知识的存在而存在"[13],"正觉(正常官能所能得到的外物)的呈现是客观的"[14],正觉是可以沟通主客观的桥梁。该书又提出"摹状与规律"一说,认为抽象概念具有摹状(摹写)和规律(规范)双重功能,两者不可分离[15],但作者一开始并不急于回答什么是知识,此后也似无明确的定义。其在导言中说:"最重要的问题当然是知识究竟是什么,可是对这一问题现在我们无从答复。"而只是提及,"知识底对象大致说来有两种,一是普遍的,一是特殊的;前者是普通所谓理,后者是普通所谓'事实'。""知识底内容也有两种,一是普遍的理,一是特殊的事实;但是因为对象与内容不同,也许我们要称普遍的理为理念或念理,特殊的为意事或事意……在普遍的方面有得实即普通所谓明理,在特殊方面有得实即普通所谓知事。"同时举例说某人研究中国建筑学,达而所得的建筑学原理是理,假如仅知道某地存在有某特殊的建筑物则是知事[16]。综观其全文要旨,他认为"理"是静止的、超越时空的抽象物,似乎理仅指通常人们所理解的自然科学上的原理或理论。他强调事中求理,也可以理中求事,前者是归纳,后者是分析。但是,他又说"意念和意念的图案或结构都是思想者在思想活动中的内容。就对象说,它们所表示的是理"[17]。这也就为我们开拓了关于知识外延的另一种视野:既然非科学的宗教、文化、艺术等人们思想感情活动中意念和意念的图案或结构都是知识的对象,则这些对象在人们的思想活动中的图案或结构被外显地描述出来之后均可构成知识。

20世纪西方另一位著名的物理化学家和哲学家迈克尔·波兰尼,

---

[13] 金岳霖:《知识论》,商务印书馆,1996年,第99页。
[14] 金岳霖:《知识论》,商务印书馆,1996年,第123页。
[15] 金岳霖:《知识论》,商务印书馆,1996年,第354—385页。
[16] 金岳霖:《知识论》,商务印书馆,1996年,第1—2页。
[17] 金岳霖:《知识论》,商务印书馆,1996年,第778—779页。

于1958年完成了全面体现其哲学思想的著作《个人知识》一书。人们常说真正的知识是与个人无关的"公共的"和"客观的",而且必须经得起经验的检验。波兰尼认为这种客观主义的知识观可以追溯到洛克和休谟身上,并以其大规模的"现代荒唐性"几乎统治了20世纪的科学思维;这种见解实际上是一种错觉和虚假的理想。根据他的观点,识知(knowing,即知识的获得)是对被知事物的能动领会,是一项负责任的、具有普遍效力的行为。知识是一种求知寄托[18]。他还认为知识具有默会的成分,在一定程度上是不可言传的,从这个意义上说,知识也是具有个人性的。技能是知识的一种,其不可言传性不言而喻。他还举了以下形象的例子予以说明:比如,游泳者不知道自己如何能在水中浮起来;学会自行车的不知道自己如何最终使自己骑在车上不致摔倒等等[19]。这和墨家学说中行为的知识即如何做一件具体事的知识十分接近。

可见,在波兰尼看来,知识的这种"个人性"显然具有主观主义的强烈色彩。那么知识到底是主观的还是客观的?它和思想有什么区别?这可能是一个永远可以争论下去的复杂问题。如果借用金岳霖先生的正觉理论,我认为波兰尼的所谓知识的默会也就是个人正觉的体现。

不管怎样,总之,冯友兰先生所说的可能很对。他说"知识"的概念和"人生"、"生命"或"宇宙"的概念一样,都是反思的产物。当我们思知识或谈知识的时候,这个思或谈本身就是知识。他用亚里士多德的话说,知识是"思想思想",思想思想的思想是反思的思想。冯友兰

---

[18] 迈克尔·波兰尼著,许泽民译:《个人知识——迈向后批判哲学》,贵州人民出版社,2000年,中译者序第5页。

[19] 迈克尔·波兰尼著,许泽民译:《个人知识——迈向后批判哲学》,贵州人民出版社,2000年,中译者序第6页;正文第73—74页。

先生认为哲学是对于人生有系统的反思的思想,之所以谓之反思的,是因为它以人生为对象。对于不同的人,哲学和宗教一样有不同的含义,对其功用的理解也有很大不同,按中国哲学的传统它主要在于提升人类心灵的境界——达到超乎现实的境界,获得高于道德价值的价值[20]。

所以,我们在把握"知识"本身在哲学上或其第一性上的含义或功用时,确实不同的人将会有不同的理解,它是否真的有助于提升人类心灵的境界暂且不论,一般来说,它的价值并非直接指导现实的工作,当属无疑。但是,反观实定的法律制度,以法的第二性原理衡量时,"知识"的概念在知识产权法上必将具有与在哲学视角上不同的内涵。认识论或哲学上的"知识"欲进入知识产权法的领域,正如物理中的物进入物权法的领域一样,须经法的第二性原理的裁剪,而被导入规范的功能。

不幸的是,在导入的过程中,它又被人为地与信息的概念混淆了,从而使得它们之间本应分明的畛域一时难以消弭,但是,也正是对知识的含义在哲学上的追溯可以使它最终还是能同信息分离。不过,厘清此两者关系之前,知识产权法中的对象"知识",其"名"(名称,概念)之所称与其"实"(内容,实际)之所指的关系先需要明确。

三、知识产权法上的对象——"知识"的"名"和"实"问题

所有的名称都是人的创造,在为万物命名时,何以这样命名?其实

---

[20] 冯友兰著,赵复三译:《中国哲学简史》,新世界出版社,2004年,第3—5页。

都是强加给它们的。称之为"狗"的动物,本来也可以称之为"猫",但等到一个名字被大众接受之后,这个名和实的关系便约定俗成了。这便是荀子在《正名》篇所说的"名无固宜,约之以命,约定俗成谓之宜"[21]。

"名"与"实"的关系,在我国春秋时代起即有许多争论,孔子针对当时"名""实"不符的现实提出了"必也正乎名"(《论语·子路》)的主张,但是当时主要还是着眼于一些具体事物的"名实"关系。到战国时期,则进一步发展到对概念的规定和分类、判断和推理等逻辑问题的研究了。其中主要代表是名家惠施和公孙龙,后期墨家也参与了这一辩论。"名实"问题于哲学上固然重要,但于后世其他各学科如法学也不无指导意义。有趣的是,以"辩者"闻名的名家在某种程度上正是与当时的法律活动有关。如较早的邓析,本身就是个讼师,《吕氏春秋·审应览·离谓》就有他重名轻实、"苟察缴绕,使人不得反其意"的许多记载。后来,公孙龙超乎形象之外的共相论,强调"名"的绝对性,惠施的相对论则强调"实"的不确定性。《韩非子·问辩》中说:"坚白、无厚之辞章,而宪令之法息。""坚白"是公孙龙的学说,"无厚"则是惠施的学说。然而荀子批评惠施"蔽于辞而不知实"(《荀子·解蔽》),同时又指责另外的诸如"山与泽平"之类的观点是"惑于用实而乱名"(《荀子·正名》)。

荀子的观点启示我们,既不能在概念上搞诡辩,而不管客观实际情况,也不能根据个别事物而混淆了概念的确定含义。"名"在初时虽是约定俗成的,但是其获得了特定含义后而用以说明另一"实"时,应该是"以名举实"或"制名以指实",从而"名闻而实喻",古代名学即逻辑

---

[21] 冯友兰著,赵复三译:《中国哲学简史》,新世界出版社,2004年,第113页。

学正是基于这些观念而建立的,法家韩非(实际上法家不是法律家而是政治家,法律不过其治国之道)"循名责实",注重综核名实、推引法论,即与此很有关系。

现代法学注重概念逻辑自足,如名实不符必将导致基本概念歧义迭出,从而学科体系难以合理建立,于立法、司法实践也极为不利。物权法上的物、物权,或者人格权法上的人格要素、人格权等概念,基本上没有重大的争议,但是知识产权的"名实"问题,学术界却争议迭起,似乎不易确定。国际通行的"intellectual property"一词,译为"智慧财产权"确实可能更符合字面的意思。但这种情形的荒谬性几可与将 milky way(银河)译为"牛奶路"相似。稍有不同的是,前者是法律上的"名实"问题,后者则是物理上的问题。但是,物理上的"实"本身是以物质形态客观存在的,故而是确定的,而在法律上,如知识产权,其"名"几成定论,学界将 intellectual property 称为知识产权,固可无太多争议,但其"实"即其本体或对象确实值得深思。

有学者指出,联系各国内国法的规定和国家间诸如成立世界知识产权组织规约以及世界贸易组织知识产权条约(与贸易有关的知识产权协定)的规定,无论是文学艺术作品,还是技术发明,或是工商业标记,都不是"intellectual",即"某种能力"或"智力",而是指各种"知识"。事实上,该法律制度设计的初衷,所涉及的规范对象也非智力、智慧、才智或理智,恰恰是与汉语"知识"一词对应的"knowledge"。故有学者认为,用"知识"一词概括知识产权的对象,是一种更为恰当的选择,英文当初选择用语使用"intellectual"本来就不恰当,不如用"knowledge"合适。他们认为知识是人类对认识的描述,其普遍的存在方式或本体是形式[22]。

---

[22] 刘春田:"知识产权解析",《中国社会科学》2003 年第 4 期,第 110 页。

这些所谓知识即是对认识的描述以及其本体是形式的观点，实际上与金岳霖先生的知识论关于知识的观点基本一致。因为后者也认为作为知识对象的普遍的理是意念和意念的图案或结构，从而知识的内容之一的"明理"也只能是对这些图案或结构的描述了，同时对知识的另一内容即"知事"也是只能通过对图案或结构的描述表达出来。此所谓描述实际上等同于摹状。否则，这些"理"和"事实"永远只是自在自为的客观的知识对象，如不被正觉、不被摹状将无以成为知识。这种观点在知识产权法对知识的定义中有很实际的操作意义，也有较强的理论依据。但是，在作为第二性的法的规范中，知识产权的对象——知识必须脱去哲学上的神秘面纱，它不是形而上的思辨过程，而应该是形而下的人为的法的规范结果。

凡法的规范对象都应该是客观的和可控制的，所以它也必须不能因哲学上关于知识是客观的还是主观的争论而蒙蔽了双眼。很明显，在知识产权法的语境中，其对象——知识的表现形式（或者说是思想如何被展现）也只能是客观的。并且这种客观的"知识"明显呈现出法的规范所特有的痕迹，宣示了它与哲学上的"知识"不同的含义：

1. 强调知识是对认识的描述，但认识不一定就是对客观世界的认识，也应该包括主观想象。依此解释，在知识产权领域，表达思想感情的文学、艺术作品和科学作品一样都是知识，标示识别商品的商标是知识，应用于工业的技术发明更是知识。同样，诸如植物新品种、集成电路布图等也是知识。但是作为知识产权保护的对象，它们不是全部的普通的公共领域的知识，而是一定范围的专有知识，故其内涵应该更丰富而外延应该更小。比如，作品需要独创性；商标需要显著性；专利需要新颖性、创造性和实用性等。

2. 即使暂不论主观想象的描述问题，仅就在对客观世界的认识方面而言，金岳霖先生所谓的"明理"常指对事实本质或原理、规律的正确把握。在专利法上,这些抽象原理不可能与利用科学原理产生的技术发明相提并论。

3. 与此有关的是智力成果问题,严格来说,智力成果应该是具有创造性的思想感情活动的结果,比如专利、作品等。但是商标等工商业标记的设计活动,虽然也有可能由设计者投入智力劳动,从而具有相当的创造性,但就其本质言,其功能主要是识别,故其是以显著性而非创造性为本质内涵。商标纯粹是商品和服务的标志,在符合其法律的构成要素时既可选用甲商标,也可选用乙商标,并不能说甲或乙作为知识就是某认识主体对客观事物认识反映的必然。在作品中既有反映客观事实的,也有纯属主观想象的,如志怪灵异小说等。

"一门学科之为独立,最主要的依据在于其具有独立的研究对象,次而存在独立的研究方法。"[23] 所以,物权法的研究对象是物权,物权的对象又无疑是物,私法上物的概念基石在此应该是牢固的。但是,相对而言,知识产权却一直以来就显得有些诡谲莫测。正如有些学者的疑问:知识产权法学的研究对象是知识产权,知识产权的对象又是什么呢? 如果这样一个最基本的概念都经不起追问,或者都不能明确建树的话,那么建立其上的其他概念与理论不是更值得怀疑了吗?[24] 的确,可以毫不夸张地说,假如连知识产权的对象都不确定,那么,对知识产权的研究岂不是无的放矢了?

根据上文的分析,知识产权的对象——知识的"实",无疑当是法的第二性原理上的知识,它来源于第一性却又不完全同于第一性意义上的知识。然而在这个问题上,最易使人认识产生混淆的是知识产权

---

[23] 刘春田、金海军:"2003年知识产权法学学术研究回顾",《法学家》,2004年,第75页。

[24] 刘春田、金海军:"2003年知识产权法学学术研究回顾",《法学家》,2004年,第75页。

的对象是信息的说法。

我国已故的著名学者郑成思教授曾说,在当代,知识产权已经被扩大,而扩大出来的部分,实际上应该被称为"信息产权"。又由于原有的知识产权的各项内容,如果被列为"信息产权"也说得通,故可把传统的及扩大后的知识产权统称为信息产权。例如,专利无非是新发明新技术的"技术信息",商标则是"指示商品来源"的信息。他还引证传统知识产权也属于"信息产权"的观点是澳大利亚学者彭道敦的理论成果。彭道敦在他的专著中说,受版权保护的客体,包括了"一切信息的固定形式"。对此,郑成思教授不无赞赏地认为,这可以说是版权和信息产权的总的关系[25]。郑成思教授在其生前主持起草的中国民法典知识产权编专家建议稿中仍然持此种观点,其原文表述在知识产权编第一章第5条:"知识产权的客体表现为一定的信息,一般不能作为占有的标的,故不适用与占有相关的制度,如取得时效等。"[26]

在国外,尤其是近年来,受到一些新技术因素的影响,其中许多人有类似的观点。他们把"信息法律"作为广阔的可能框架来评估,以此理解和掌握由社会经济信息占优势作用而触发的法律问题,并提议采用"信息产权"的概念代替日益过时的重商主义时代的知识产权形式[27]。

国内外的观点遥相呼应,既有旧染,更具新潮,一时渐成风气,但本文认为这种观点应有商榷的余地。

---

[25] 郑成思:"信息产权与版权法",中国版权研究会编:《版权研究文选》,商务印书馆,第89—90页。

[26] 郑成思:"民法草案与知识产权篇的专家建议稿",《政法论坛》第21卷第1期,2003年,第42页。

[27] See Assafa Endeshaw, *Reconfiguring Intellectual Property for the Information Age:Towards Information Property*? p. 3 and pp. 33 – 53. http://ssrn.com/abstract = 461180.

四、"信息"——先验于知识产权对象之前的事物

虽然前面说过,称之为"狗"的动物,本来也可以称之为"猫";但同时我们也应该记得,一个名字被大众接受之后,这个名和实的关系便约定俗成了。将信息作为知识产权的对象,可能会将一些已经约定俗成的名实关系再次打乱。

科学史上,在牛顿时代,自然科学主要把物质世界作为质量来研究,认识了物质的质料方面的特征。19世纪,关于能量方面的研究有很大发展,发现了能量守恒定律;20世纪初,又研究确定了质能间的守恒关系。但20世纪中叶以后,系统科学则侧重研究了物质的另一属性——信息。而在法学上,其发展步骤也有异曲同工之妙:私法的财产关系最初调整有体物,后来,电热等能量也被归于物权法上的物的范畴。最后,信息也被提出来了,并且与知识产权发生了关系。但是问题也似影随形地出现了:信息被想当然地认为是知识产权的对象。

"信息"是信息论中最主要、最基本的概念,学术界对信息的定义林林总总不下十数种,但信息作为物质世界的属性已是共识。信息论的权威维纳说:"信息就是信息,不是物质也不是能量。"[28]这种表述说明三者并列且无法脱离的关系。同时他也认为信息是分布在时间上的可量化事件的离散或连续序列。信息是事物过程变化的显示,并且是系统有序性的显示。

从信息论的角度看,信息的这种有序性和组织性与热力学中"熵"的含义正相反,也是基于此,有人认为信息消除不确定性,带有知识的

---

[28] N. 维纳:《控制论》(第二版),科学出版社,1963年,第133页。

性质[29]。但是，在哲学观念上，既然信息是物质属性，无序混乱的过程显示本身也是一种物质运动状态，如熵增，它无疑也是信息，显示的就是"熵增"自己的状态，又如噪音显示有东西发生噪音这一事实，而乱码也显示有人曾经打出这些乱码等。由此看，信息确实是一种客观存在。它就是金岳霖先生所谓的知识的对象之一的"事实"。物质是无限的、不断变化的，而任何物质无不包含信息，信息因此也自然是无限的、不断变化的。它只是物质质料和能量的天然的描述者，是抽象的存在。它与知识有关，但绝不等同于知识。

物质是不灭的，能量是守恒的。然而，信息只能是可被认知的，基于这种客观事物的认知产生的却是知识，但已如前述，这并不是知识的全部。除此，还有人们基于对主观的思想感情的意念的图案或结构即"理"产生的知识。知识产权所保护的知识只是基于对"信息"（即事实）和"理"的认识而被表达出来的某些知识的其中一部分。人们不可能像对物和能量一样直接在物理上控制利用信息，而只可在认识信息，使之变为认识者的知识后，再对其掌握的知识予以利用。这也就是为何对同一事物，不同的人有不同的认识，即所谓"智者见智，仁者见仁"之所在。同时也只有符合客观事实的正确认识才有价值。

所以说，信息作为物质属性，与物质质料和能量不可分离，是客观的物质世界的实在，而认识是属于主观的精神世界的思想。诚然，认识变为知识后也是一种客观存在，但这种知识之存在显然不能等同于作为被认识对象的客观事物存在本身。在这种意义上，信息固然可以理解为能被共享，是因为任何一个人都不可能阻止另一个人认识某事物，但基于这种认识产生的有创造性的知识在被表达出来后则有可能被知

---

[29] 李继宗、戚进勤主编：《自然科学基础》，复旦大学出版社，1987年，第271—272页。

识产权保护。

由此,有些学者提出的"信息共享与知识产权专有"[30]的命题,应该值得赞许。但是遗憾的是,他们在具体论述时,却将知识产权的客体锁定在"智力成果这种信息"上[31],并将客体和客体上的利益分开,即所谓"客体共享,利益排他"[32]。我们认为,且不论智力成果对工商业标记不周延,仅就已为智力成果而言,则其应非属于信息,而是属于经过人的认识产生的知识的范畴了。同时,在民事法律关系中,通说都认为客体是主体享有的受法律保护的特定利益对象,故此处将知识产权客体和客体上的利益人为地分离,也甚为不妥。导致这些概念的游离飘忽,原因可能还是在于未从本源上厘清知识和信息的关系。

虽然,关于第一性意义上的知识本体有不同的观念,但是,已如前述,基本上可认为它是反思的产物,或者思想的思想。而信息是与物质和能量并列的客观实在物,它是先验的存在。

所以,有学者在论述知识和信息的关系时,认为这两者毫无共同之处,是根本不同的事物。具体而言:1. 信息是客观实在,知识是人的创造"物"。2. 信息无限,知识有限。3. 信息是客观实在的,无真伪之分,不能造假;知识是认识的产物,有正误之别,可以造假。4. 信息不具有传递性,知识则可以传递[33]。这些观点虽然正确,但似乎不被人理解。按本文的逻辑,前述前两个观点,应该不再存有疑问,然而后两个观点,

---

[30] 朱谢群:"信息共享与知识产权专有",《中国社会科学》,2003 年,第 134—143 页。

[31] 朱谢群:"信息共享与知识产权专有",《中国社会科学》,2003 年,第 138 页。

[32] 朱谢群:"信息共享与知识产权专有",《中国社会科学》,2003 年,第 139 页。

[33] 刘春田:"知识产权解析",《中国社会科学》,2003 年,第 115—116 页。

有人专门批驳[34]。不同观念之激荡，润及已身，故对信息的不可传递性和不可伪性略作评析：

（一）信息的不可传递性问题

信息可否"传递"？这个问题其实很耐人寻味。物质世界中，能量的传递几乎任何人都可以理解：势能、动能、电能、热能等均可互为传递转化。然而，说到信息的不可传递性，质疑者斥之为"十分荒谬"，并举例反驳：客观世界有一株绿色的树，这"绿色"作为信息，确实不可能离开树而存在。这"绿色"并非人创造的知识，它若不能传递，你是怎么看到的？它明明"传递"到了你的眼里。笔者对这一"反驳"很疑惑：假如是色盲，这树"传递"到他眼里也许可能是红色，到另一个眼里也许可能是黄色。那么到底是什么"传递"过来了呢？事实上，"绿色"作为自在物的信息并没有传递，只是你对它产生了认识，这种认识即是知识。如果对于一个没有认知能力的人，这"绿色"的传递就丧失了任何意义。如果说"绿色"作为信息传递，则其可能会对一部分人传递，对一部分人错误传递，对另一部分则干脆不传递，所以矛盾不言自明。人有视、听、嗅、味、触五官感知世界，但是要再加上思维才有认识上的意义。辩证唯物主义认为感觉还有运动觉、肌体觉和平衡觉等，知觉在感觉的基础上进一步加工为思维准备条件，其仍属于感性认识阶段，感性认识上升到理性认识阶段才有判断、推理等。不过，对外界事物的认识也有非感官所能直接认识的，例如时间。朴素的实在论的《墨经·经说下》中也说，"知而不以五路（五官），说在久（时间）。"上列关于绿树

---

[34] 郑成思："对《知识产权解析》一文中有关'信息'概念的意见"，《中国社会科学》，2004年，第79页。

的例子将这种需有主观意识活动参与的认识过程与自为自在的物质运动和能量传递相提并论,得出错误结论在所难免。

认识的过程,也即信息被认知主体符号化的过程,人类之所以能认识客观世界,是因为人类能够将世间万物和自己的思维活动符号化,从某种意义上说人类就是符号动物,系统的能被用于人际沟通交流的符号即是知识。自然科学中的导弹精确制导,卫星定位系统技术应用也无不是人们利用这种符号识辨的结果,只不过它们是根据人们事前软件编程由计算机自动识别而已,但说到底还是人的符号识辨的工具延伸。人作为客观实在必然同时拥有其天然属性,自身也包含无数信息,如身高、体重、家庭、教育、经历及隐私等,但都是通过符号表达变为知识而被传递。

所以说,知识是人们对客观事物信息认识的符号化的描述和主观精神活动符号化的描述,被传递的是始终是知识——信号或符号,而不是信息,这是一种可堪赞同的观点。

(二)信息的不可伪性问题

信息既然是一种客观实在,它表明的是一种状态的存在与否,属于事实判断的范畴,而不是真假优劣的价值判断的范畴。于是有人认为"信息无真伪、不能造假"。而反对者对此质疑道,"假,永远只属于认识范畴"等命题谬误显而易见,客观世界中肯定存在虚假信息,否则人们只能简单接受即可,无须"去伪存真"了。并举例反驳说:人们每天呼吁着要打击市场上的"假货",难道不是客观地摆在货架上,反倒仅仅是人们"认识"中主观想象中有假货而已?事实上,"文抄公"的"作品"或长篇谬论本身,一旦发表在杂志或书上,这本来属于"认识"领域的"假",也就转化成客观存在的"假"了。对这样的质疑,笔者认为需要认真地分析。

众所周知,"真假"本是一对辩证的概念。老子说:"天下皆知美之为美,斯恶已;皆知善之为善,斯不善已。故有无相生,难易相成,长短相形,高下相倾,音声相和,前后相随。"(《道德经·二章》)庄子也说:"以道观之,物无贵贱,以物观之,自贵而相贱。"(《庄子·秋水》)某一信息对其所依赖的某一物质而言,必定是真实的,但对于另一个物质和能量而言,它自然不能反映该另一事物的属性。上述质疑者所举的反驳例子,第一是将"假冒伪劣商品"本身的物质质料和作为其属性的信息混淆在一起;第二是将作为"假冒伪劣商品"的信息当作和它相对的被"假冒伪劣"的正品的"假信息"。无疑,这在概念运用和推理及观察等方法论上都有错误,这是一种混淆和移接。由于这种错误,他们既承认信息是物质属性,是客观的和无限的,但又说"人们对其认识有不完全性,可人为地制造虚伪信息并以它迷惑和诱惑其他对象,从而为某种目的提供可能性"。实际上,伪造者制造了一件假货,是相对正品而言的,他可能冒用了正品的品牌,但假货的物质质料所包含的信息是反映了该货物"本身"真实的客观属性的,任何一个人不可能因造了一个假信息而造了假货,而是因为造了假货而不可避免地使得假货本身蕴藏了真实的关于这假货本身的信息,这正如身不正了影子才歪,而非影子歪了才使身不正。这个冒用的品牌是造假者故意使用符号错误诱导别人认识错误,而不是人为地制造虚伪信息并以它迷惑和诱惑其他对象。我敢说,连上帝都没有办法造出一个抽象的信息来,更别说假信息了。

由此可见,就信息和它所依附的事物而言确实是不能造假的,将"假,永远只属于认识范畴"和布克莱的"存在就是被感知"的主观唯心主义相提并论,错误十分明显。布克莱认为,根本不存在任何独立于感觉观念的事物,而前者却承认事物的客观性和实在性,真假只是这些客观的不同事物之间的比较在人们中的认识问题而已。

五、结论——知识产权，而非信息产权

现代物权法虽然也将电、热力等能源视为物的范畴并予以有效规范，表面上也突破了传统有体物的框架，但是，它们仍被归在物权法的物的概念之下，因其具有稀缺性、物理上可控制性和蕴涵经济利益等本质特征。作为客观的物质属性的信息是抽象的，人们无法直接控制利用，知识作为主观精神活动的产物更不能被人们在物理上予以控制利用。然而对被表达描述出来的变为客观实在的专有知识，因其在私法领域中蕴涵利益关系和不同于公有知识的稀缺性，人们又可以通过法律的手段予以控制利用，实际上获得了法律上意义上的财产的一切属性。

知识产权本身是作为社会规范工具的法律人为界定的产物，随着科技发展，经济关系日益复杂化，知识产权的规范对象已日益膨胀，如基因专利、商业方法专利、网络环境中的知识产权等不断出现。知识产权的"实"尽管不以物质形态方式存在且又动态地发展着，但终究脱离不了上述本质特征。在传统的文学产权和工业产权之外，诸如植物新品种、集成电路布图等类型权利都可纳入知识产权的名下。

在作为上位概念的财产的统率下，知识与物唯一不同的特征在于它是通过法律措施控制，而物则可在物理上控制。因而专有知识能被当作知识产权的对象。如专利和商标被登记公示确定保护的范围，作品虽不一定登记公示，但也因作者的署名可获得初步的权属证明，而商业秘密则可由持有者确定密级自我保护。这些对象一旦被表达出来，虽由主观精神范围变为客观实在，但显然不同于其本原的信息的客观实在。TRIPs 协议中规定的"未公开的信息"按照上文的理解，实际上指的应该是对信息产生的知识，其中包括数据方面的知识。如果以此

证明知识产权对象是信息，正如同以"intellectual property"证明"智慧财产权"一样，可谓是"蔽于辞而不知实"。

至于知识和物的其他的某些不同特征虽然也大量存在，但都不在作为法律意义上的财产的基本要求之一的可控制性这一范围内讨论。前面已有论述，在物权上也有公示，如动产为占有，不动产为登记。但是这两者的区别也十分明显：物权的公示是为交易安全设计，公示方有公信力，如不涉及第三人，无公示时于当事人内部也有债上的效力。而知识产权公示则因为其对象的无体性，从权利来源和范围确定开始时即须有法律拟制的公示的措施予以解决，否则此后事宜必成无本之木，故设计公示制度不仅是为动态的交易安全，更首先在于静态的权属确定。

总之，知识产权对象就是知识，它是一种形式或结构，不过这种知识的含义应该以法的第二性原理解读。唯有如此，它才能建立在第一性意义或哲学意义知识的观念之上，而又与之有所区别，同时也能有效排除其他一些因为认识基础问题导致的干扰。知识产权对象裁剪和抽象化的认识过程中，关于信息的问题枝节横生，既使人疑惑，也促人思考辨析，辨析虽难以让所有的人都能一时洞若观火，但应该也能使相当的疑惑涣然冰释。

信息生态学视野下知识产权保护的观念创新与机制重组

何炼红[*]

一、知识产权保护与信息生态的关系

(一)信息生态的含义和基本特征

信息生态是指信息—人—环境之间的均衡状态,是用生态学的视野考察人所生活的信息环境而形成的概念,也被用来表达生态观念与日益变得重要和复杂的信息环境之间的关系,意在利用"生态"这一比喻培育新的思想和讨论。信息是人及其活动中不可缺少的要素,人是在创造与使用信息中显示和完成自己的。信息构成与人这种生命主体的一种相互关系,作为一种特殊的"生态环境"与人关联。与人物质性生存需要自然的生态环境一样,人的信息性精神生存也必定需要一个相对应的信息生态环境。不过,信息生态不同于自然生态,那就是它具有非自然性和非物质性。它既不是自然现象,也不是物质现象,而是人

---

[*] 湖南师范大学法学院副教授、硕士生导师。

为的"客观精神"现象,或者说是人的一种精神氛围和人文环境[1]。信息生态的提出及其所形成的视野——信息生态学,就是要将人所生活的信息环境作为一种普遍存在的生态现象来研究。

通过理解自然生态和信息生态之间的联系,使我们可以从自然生态的某些特征来关照信息生态,以避免信息生态的失衡与恶化。当改变了的生态与人的自然需要有冲突时,我们就说自然生态"出了问题";同样,当人从总体上表现出对自己所创造的信息环境"不适"时,就是信息生态出了问题。自然界的生态失衡导致生态灾难,危及人的物质性生存,而信息生态的失衡导致的是信息生态灾难,危及的是人的精神生活,当然,反过来又会危及人的物质性生存。由于生态学视野最初形成于自然生态领域的研究,因此,信息生态的研究可以看作是一种方法的移植或视野的融合。由此也产生了类似的目标追求:我们要防止信息生态环境的恶化,像爱护自然生态一样爱护信息生态,对其加以合理的开发、利用和管理。一般而言,信息生态具有以下基本特征:

1. 信息生态的系统性

一个信息生态中的各个不同组成部分之间,存在着强大的相互联系和相互依赖。虽然信息生态组成要素间的区别也会像森林生态中的树木、阳光、土壤、动物等的区别一样明显,但它们却被紧密地联结在一起。信息生态中的变化都是系统性的,一个生态要素所发生的变化会影响整个系统。

2. 信息生态的多样性

在信息生态中,不同的"物种"占据不同的生态位置,这些生态位置为它们提供了自然的生存和发展机会。生态的复杂性保证了许多不同类型的角色和功能有自己的适当位置,它们以互补的方式共同运作,

---

[1] 肖峰:"信息生态的哲学维度",《河北学刊》,2005年第1期。

就能形成一个健全的信息生态。多样性对于生态的健全、对于系统的持续生存和混沌变化来说,都是非常重要的。

3. 信息生态的协同演化

信息生态为不同形式的"物种"提供了生存场所,当整个系统面临新的变化和可能性时,"物种"就会凭借良好的记性和活力,不断迁移和变化,以发现和填充可获得的适当位置,这些适应会导致进一步的变化。一个健全的信息生态即使在已经达到平衡时,也不会是静态的。

4. 信息生态的关键性"物种"

一个信息生态系统中必须有某几个关键性的"物种"存在,它们的存在对于生态自身的生存至关重要。

5. 信息生态的地域性

地域性是信息生态一个特别重要的特点,我们都拥有有关自己本地生态的专门知识,并能对其施加影响,这些是生态之外的人所无法办到的。

(二)知识产权保护失衡与信息生态环境恶化

当今社会,知识信息日益成为重要的生产要素和消费物品。由于创设知识产权制度的根本目的在于促进知识信息的创造和传播,因而知识产权对经济增长的作用日益重要。然而,如果知识产权保护失衡,也将容易导致信息生态环境的恶化。近年来,知识产权的绝对保护趋势已经引起了人们的关注。事实上,在知识的传播、扩散与共享使用过程中,知识产权制度因其涉及的巨大商业价值,成为横亘其中的利益鸿沟。一些发达国家开始异化知识产权制度,不断修改知识产权条文以扩展保护范围,提高保护水平,使其跨国公司得以把知识产权作为自身持有的大棒,来攫取在全球的经济利益。一些学者警告我们,类似于当年英国把公共耕地资源转化为私人财产,我们现在面临"第二次圈地运动"[2]。在这场运动中,信息日渐被私有化,即使对于消费者不利,强保护态势仍然逆流而上。

其实,通过回顾知识产权制度产生和发展的历史,我们不难发现,它的生命力在于它是一种创新者、社会公众以及政府三赢的科学利益分配机制,它不仅是一种财产权利,而且是一种制度设计,处处体现了政府引导经济主体行为的宏观政策理念。Boyle 教授认为,当前的知识产权保护状况体现了一种新的"知识产权政治学",对此,他是这样解释的:"一场成功的政治运动需要一套(普及的)能揭示公共利益的分析工具,并以此为核心能够建立起政治联合。在传统的分析结构中,由于过分强调私有财产权利主张、过分单纯化的'因果'科学以及以负外部性为特征的市场,我们已逐步丧失'环境'这样一种观念。同样,在一个围绕权利人和社会公众的利益而建立的知识产权体系中,无论是从理性还是感性层面,都有太多的公共领域正在消失。在一个非常真实的意义上,是环境运动创造了环境,于是农民、猎人、鸟类观察者、消费者都会把自己当成一个环境保护主义者。或许我们也需要创造一场捍卫信息公共领域的运动,以产生保护信息公共领域的联合机制。"[3]之所以把环境运动作为参照物,把知识产权保护体系与我们正在耗竭的自然资源相比较,是因为 Boyle 教授相信:"创造一种'环境'观念可以把一系列离散的问题整合在一起,使我们能洞析在先思维模式中所存在的盲目性,察知我们以前没有重视的公共利益。像环境一样,信息公共领域必须在被拯救之前就被'创造'出来;像环境一样,像自然界

---

[2] Yochai Benkler, *Free as the Air to Common Use: First Amendment Constraints on Enclosure of the Public Domain*, 74 N. Y. U. L. REV. 354 (1999).

[3] James Boyle, *A Politics of Intellectual Property: Environmentalism for the Net*, 47 DUKE L. J. 87, 113 (1997).

一样,信息公共领域应成为一种比我们所认知的更为复杂的观念;像环境一样,信息公共领域不仅是有益的,甚至可能是必要的。"[4]

不可否认,当今的信息生态系统正面临着衰竭的危险。由于发达国家不断采取各种措施维护其知识产权强势地位,以巩固和扩大在全球商业价值链上游的领军地位和高额利润率,技术、信息和公共领域资源已经成为新的濒临灭绝的物种。我国作为一个发展中国家不得不面临这样一个问题:如何加强知识产权保护,但是又不会深受保护之害?确立怎样的知识产权制度,才能既确保创新者获得足够的激励,又有利于社会知识信息存量的增长和发展、有利于经济增长目标的实现?看来,如果我们要拯救信息环境,不仅需要一种新的政治学,也需要一种新的理念来重审知识产权保护框架。

二、信息生态学视野下知识产权保护观念的创新

当人们谈论知识产权法律和政策的时候,往往习惯于采用一种二元分类模式,区分生产者和消费者之间的利益、发达国家和发展中国家之间的利益、私人物品和公共物品之间的属性。政策制定者和学者们则往往落入强保护主义或者弱保护主义这样两个对抗阵容之一:弱保护主义者强调,需要维护一个富有的公共领域,以确保自由地接触、分配有价值的信息和资料;强保护主义者则怀疑这个立场不切实际,强调需要对发明创造者予以有效地激励,才能促进知识信息的生产。两大阵容之间通常是互相对抗甚至充满敌意,而不是妥善协商以寻求双赢。他们没有认识到,这些二分法其实是一种误导,离开了知识产权政策的

---

[4] 同注3,at 52。

立场,便难以发挥作用。他们的立场实际上体现了同一事物的两个方面,由于没有互相协商,他们不能共同创造一场积极的对话,以有益于知识产权政策的制定和知识产权体系的重整。信息生态观的引入,将有助于我们澄清当前知识产权保护二元分类的误区。

(一)基于信息生态的多样性关注知识产权多重利益的分享

由于知识产权不同于有体财产,本质上具有非排他性和非竞争性,因而在知识产权领域,不存在简单的二元选择。我们在传统意义上往往认为,公共领域是知识产权的对立物,而事实上,二者之间存在着一种复杂的动态平衡关系,有一些内容就不是非常适合知识产权或者公共领域的简单分类。Copyleft模式下的自由软件、Creative Commons许可协议下的共享资源,就是很好的范例。尽管它们的保护依赖于现存的版权体系,却为他人无须支付许可费而利用资料提供了很大的灵活性。这些信息资源"理论上是属于私有领域,但是却体现了公共资源的效应[5]"。因此,仅仅作为知识产权概念上的对立物,不能反映出公共领域信息资源丰富的多样性。"公共领域由各种各样的信息内容所组成,在不同的国家、不同的时间,有不同的类别[6]。"

信息生态系统的多样性,提醒政策的制定者要关注在知识产权立法和政策制定过程中所存在的多重利益需求,意识到在知识产权体系中存在着不同的保护内容,不同的保护内容之间又存在着一种相互作用。毕竟,信息革命已经事实上把每个人转变为全球信息社会的一个利益分享者。公共资源作为信息生态系统中的关键性"物种",对于信

---

[5] Pamela Samuelson, *Mapping the Digital Public Domain: Threats and Opportunities*, LAW & CONTEMP. PROBS. Winter/Spring 2003, at 149.

[6] 同注5,at 148.

息生态自身的生存至关重要。然而,由于知识产权的权利人与使用者之间存在明显的不对等关系,使用者的弱势地位往往决定他们只能受制于权利人更强的知识产权保护。正如英国知识产权委员会所评述的:"在知识产权政策的发展过程中,通常是生产者的利益占支配地位,最终消费者的利益往往被忽略。因而政策也倾向于更多地偏袒商业性使用者的利益,而不是运用一个更为公平的观念来保护更为广义的公共利益。在发达和发展中国家知识产权的讨论中,存在一个类似的不均衡。发达国家的贸易部门主要受生产者利益的影响,在他们的出口市场中,获益于更强知识产权保护。而消费国家,主要是发展中国家,针对那些发达国家,基本不能承认和代表它们自己的利益[7]。"由此可见,在全球经济和技术发展的背景下,如何确保知识产权多重利益主体的分享和参与,是一个很现实的问题。在发达国家,对于滥用知识产权的做法,有一系列复杂和周全的法律制度来制衡保证公众利益不受侵害,如竞争法、反垄断法等。但是,在中国尚缺乏一个整体的知识产权战略系统,这也是我国企业在国际竞争中特别容易受到冲击和伤害的原因。因此,作为一个审慎的决策者,应有一种全局的观念来寻求相应的对策,为了实现知识产权体系下的信息生态平衡,需要兼顾公共政策目标和多重参与者的利益。

(二)运用信息生态的协调演化规律指导知识产权保护水平的调适

知识产权保护水平对于一个国家的经济增长至关重要,但是,生态

---

[7] INTEGRATING INTELLECTUAL PROPERTY RIGHTS AND DEVELOPMENT POLICY: REPORT OF THE COMMISSION ON INTELLECTUAL PROPERTY RIGHTS 7 (2003).

的协调演化规律告诉我们,知识产权保护影响经济增长的机制也是复杂的,它依赖于许多变量,知识产权保护对于经济增长有正的影响,也有负的影响,进一步而言,这些影响所起的作用因各国不同的经济环境而产生差异。因此,政策制定者不考虑具体的国情,不考虑所涉及的具体的经济部门,而采取强保护或者弱保护措施是不明智的,知识产权保护水平应是一个不断调适的过程。

以需要引进新技术的发展中国家为例,人们往往认为,不宜采取较高的知识产权保护水平。实际上,这种分析是静态的,有着很大的局限性,没有在一个动态的框架下,考察知识产权保护对于世界经济的长期增长所起的促进作用。当然,知识产权实行起来也会有很多成本,会在发展中国家造成太高的垄断价格,在短期内,对一国的经济增长可能是不利的。这一点也可以解释为什么发展中国家不愿意加强其知识产权保护制度。但更重要的是,我们要将这些成本与知识产权保护对于贸易、技术转让所带来的激励以及由此造成的对经济增长的促进作用进行比较。已有的研究表明,对于发展中国家来说,在鼓励跨国投资这一政策问题上,不同的部门,知识产权的保护程度有不同的重要性。一般而言,其产品或者技术仿效起来成本很低的投资者,相对较少关注所在地的知识产权保护程度;那些产品或技术很容易被仿效的公司,例如化学或软件企业,投资者相对而言会比较关注投资所在地知识产权保护体系阻止仿效的能力;而那些决定在当地投资于研发活动的企业,则会特别关注当地的知识产权保护。强知识产权保护可以鼓励发达国家向发达国家进行技术转让,几乎很少有企业会将其技术以许可证的方式转让给那些知识产权保护比较弱的国家,因为弱保护将直接影响到企业对于其利润的预期。从这个角度而言,加强知识产权保护其实对于一个发展中国家也会有很多潜在的收益。因此,对于发展中国家来说,问题的关键应在于采取怎样的知识产权保护政策才最有利于发达国家对自己进行技术转让,从而提高自己的经济增长率,同时又尽可能地不至于损害到本国居民的福利水平。

发展中国家可以战略性地采取知识产权保护政策,或者说采取最有利于自己经济增长的政策,这种战略性的政策与自己的经济发展水平和社会状况密切相关。加强知识产权保护虽然在短期内会造成一定的损失,但在更长的一段时间内,由于强的知识产权保护,所吸引到的发达国家的技术转让,或者直接投资所产生的技术溢出,这对于发展中国家的经济增长是有利的,如果长期的经济增长收益可以弥补或者超过短期由于价格提高所造成的损失,那么强的知识产权保护无疑是值得的。进一步而言,如果将世界经济作为一个整体来看,如 EdwinL. -C Lai 在一篇文章中所证明的那样,如果南方国家将其知识产权保护水平增加到纳什均衡水平之上,则作为一个整体的世界福利水平可以得到改进,北方的所得会大于南方受到的损失[8]。在这样的情况下,如果南北方进行某种形式的谈判,南方国家按照 TRIPS 协议的要求采用北方国家的知识产权保护标准,作为交换条件北方国家可以降低其进口关税,则无疑双方都可以从中受益。即使不考虑世界福利,只是站在发展中国家立场考虑问题,为了获得更多的发达国家先进技术,现实的可能性是南方国家不必将其知识产权保护水平一次性地达到 TRIPS 协定所设定的标准,而是随着其国内经济的发展而逐步加强对本国知识产权的保护。

中国作为一个经济增长较快的发展中国家,由于 TRIPS 协议的要求以及自身研发水平的不断提高,知识产权保护逐渐由松到紧是一个必然的趋势。但是,一方面,这是一个比较缓慢的过程,另一方面,对不

---

[8] Edwin L. -C Lai, *International intellectual property rights protection and the rate of product innovation*, Journal of Development Economics, 1998, Vol. 55, 133 – 153.

同的产业也必须区别对待。知识产权保护对于不同产业所起的效果存在较大的差别,知识产权制度对于不同产业吸收跨国公司直接投资的影响也不同。许多实证研究表明,在医药、化工、机电设备等产业,跨国公司更多地依赖于当地的知识产权保护的有效性。对于这些产业,如果更强的知识产权保护能够吸引那些跨国公司来中国投资,或者吸引其采取知识产权许可的方式进行技术转让,则适当地加强保护是合适的。相反,如果所涉及的行业加强保护会增加跨国企业的垄断势力,抬高其价格水平;或者涉及公共健康问题,会对本国的福利水平产生消极影响时,则不必要加强保护。

(三)立足信息生态的地域性参与知识产权国际规则的制定

当今世界,一国知识产权制度的制定,往往取决于该国已经承诺奉行的国际准则和标准。而在国际知识产权舞台,由于TRIPS协议具有"强制性"和"帝国主义"本质,致使发展中国家缺乏平等的利益分享。尤其是最近一些国家通过缔结双边和多边自由贸易协议,不断实验新的规则和经济政策确立新的垄断标准,以发展法律体系,使其知识产权政策更加符合本国的需要、利益和目标。如果从国家的层面说来,现有国际规则维护的是发达国家发达技术的利益。对于中国来说,正处于发展中国家的上升阶段,在WTO的框架下,如何最大限度维护本国的利益就是一个值得研究的问题。

信息生态的地域性特点提醒我们,尽管我们难以对国际知识产权制度产生决定性作用,但是我们要了解国际规则,结合中国国情参与国际规则的制定,通过实施本土化的知识产权保护战略而对国际环境施加影响。例如,在地理标志的保护问题上,TRIPS协议虽然规定了相关的保护内容,然而,关于地理标志保护模式与保护标准,各国仍存在较大的分歧。以美国为代表的"新世界"与欧盟代表的"旧世界"在这两个问题上各不相让,国际上期望在短期内达成一致意见是不太可能的。但是,WTO组织正在积极推动谈判的进行,并提出以设定一个完成谈判的最后期限的方式来促使谈判早日结束。因此,作为一个地理标志的资源大国,在地理标志保护的利益博弈过程中,我国就必须根据自己的实际情况,尽快确定谈判立场,积极开展有效的工作,以在新一轮的国际谈判中,为中国经济的发展争取较为有利的国际环境。

三、信息生态学视野下知识产权保护框架的重组

更好地理解信息生态系统,将促使政策制定者和学者们采取一个整体的视角评价知识产权法律和政策,使他们意识到这些法律和政策在一个更为宏观的层面而言,只是信息生态体系内众多内容中的一个有效组成部分。近年来,学者们已经在环境法领域应用了复杂性理论,[9]认为在一系列仅仅是顺理成章的科学类推之外肯定还有更多的东西存在。这一新思想的运用使他们得以从过去无人知晓的角度和深度来认识这个自发、自组的动力世界。然而,复杂性理论很大程度上还没有进入知识产权学者的视野。在解决知识产权保护所面临的困境时,引入这一理论,毫无疑问将有着重要的价值。正如 J. B. Ruhl 教授所言:"动态系统理论对于法律改革所带来的有益启示即在于:这是一

---

〔9〕 到目前为止,还没有一个公认的非常科学确切的复杂性定义,但是绝大多数各种关于复杂性的概念,都表达了这样的共识:复杂性表现为一种众多因素相互作用的状态;复杂性即"交织在一起的东西";复杂性表达了一种不可还原的特征。复杂性思维因此是一种将区分和关联相结合的思维。参见吴彤:"复杂性范式的兴起",《科学技术与辩证法》,2001年第6期。

个需要考虑众多规则的体系,我们不能因为改变的仅仅是综合体系中的一个变量,而期待其他方面保持静态。不存在其他条件均相同的情形。然而,我们的法律制度,仅仅是提供了大量的行为规则,我们的法律理论则在极大的程度上关注于如何对这些规则进行推测,为这些规则作出解释。事实上,我们需要在结构性层面对体系进行足够的关注。"[10]知识产权领域运用复杂性理论,将有助于我们从以下三个方面重组知识产权保护框架。

(一)综合采用各种措施,为知识产权保护提供一个广泛全面的体制框架

复杂性理论提醒我们,一个完整的体系中各个组成部分之间是以复杂的方式互相作用。"复杂出现的原因就在于……组成要素以无数可能的方式在相互发生作用[11]。"正因为各个要素间相互作用的存在,所以才有整体不等于局部之和的问题存在,我们不能把一个体系分割成更小的部分单独来看待。因此,采取系统的整体视角对于我们来说很重要,它要求我们关注不同内容之间的相互作用,对于法律和社会相互作用过程中的力量有一个更为宏观的正确评价[12]。具体到知识产权问题上,也就是要求我们综合采用各种措施,为知识产权保护提供一个广泛全面的体制框架。例如,通过竞争政策和强制许可证等手段,提高知识产权的管理能力;通过资助开展专利信息服务,提高各大学的技

---

〔10〕 J. B. Ruhl, *Complexity Theory as a Paradigm for the Dynamical Law-and-Society System: A Wake-Up Call for Legal Reductionism and the Modern Administrative State*, 45 DUKE L. J. 849,916 – 17 (1996).

〔11〕 米歇尔·沃尔德罗普:《复杂——诞生于秩序与混沌边缘的科学》,生活·读书·新知三联书店,1997 年,第 111 页。

〔12〕 同注 10, at 853.

术转让能力;通过加强研究和教育机构的投入,提高国家的技术创新能力。在国内知识产权问题处理中,应当在容易引发产权纠纷的领域强化行业协会或企业联盟的作用,强化企业联合的知识产权保护对策,避免国内企业的自相消耗。同时,政府应该加大教育培训力度,让企业知道知识产权在市场经济中的角色和作用,了解国际贸易规则中的知识产权政策。通过上述种种途径,以使我们的知识产权保护能获益于整体的体制框架。

(二)把握知识产权的平衡点,实现知识产权体系的自我修正与自我完善

复杂性理论要求我们关注体系内部的自我修正机制,研究体系从秩序到混沌的关键点。复杂系统中,由于许许多多独立的因素在无穷无尽的相互作用,使得每个系统作为一个整体产生了自发性的自组织。也就是说,这些复杂的、具有自组织性的系统是可以自我调整的。每一个这样自组织的、自我调整的复杂系统都具有某种动力。但复杂性系统却具有将秩序和混沌融入某种特殊的平衡的能力。它的平衡点——即常被称为混沌的边缘——便是一个系统中的各种因素从没真正静止在某一个状态中,但也没有动荡至解体的那个地方。在秩序和混沌的边界建立的平衡,是通过变异和选择而适应的最佳方式。那样的平衡体系能够最佳协调复杂、灵活的行为,能最好地回应出它们环境的变化[13]。因此,信息时代最关键的问题,不是我们是否应有知识产权体系,而是我们怎样才能实现知识产权的可持续发展,怎样既满足我们当前的需要,同时也保存潜能以满足我们子孙后代的需要。在一定的程

---

[13] 同注10,at 891–892.

度上,知识产权保护体系的功能像一个水力系统,在一个系统中的某种改变,可能被一个相反方向的同样改变所抵消[14]。以版权法为例,它授予了权利人排他性的权利,以复制、改编、发行、表演、展览版权作品;然而,它也设定了许多权利限制的内容,诸如独创性条件、合理使用规则、思想与表达二分法原理、有限的保护期限等,以预防公共资源的枯竭。因此,把握好知识产权的平衡点,才能实现知识产权体系的自我修正与自我完善。一个整体的知识产权战略方针,必定是权利的保护与权利的限制并重的产物。

(三)从生态学的立场,关注知识产权政策可能产生的溢出效应

复杂性理论点明了体系中不同内容之间的相互作用,告之我们世界的万物变化充满着随机性和偶然性,由此决定了事物变化的不确定性。未来并非过去的继续,而是一系列的不连续事件。只有承认这种不连续性并设法适应它,我们才有机会在21世纪生存下来并获得成功。将这种不确定性原理应用于知识产权领域,将使我们关注到知识产权政策可能会产生的溢出效应和意想不到的结果。例如,数字网络环境就对传统的版权保护提出了挑战。以网络短片《一个馒头引发的血案》为例,其带来的法律后果,就值得我们深思。该短片由于截取了电影《无极》中的画面,通过重新组合和再次配音,以搞笑的方式制作而成。对于这类网络作品,是如陈凯歌一样要将该短片的作者胡戈告上法庭,还是以一种开放的心态支持网络新生事物的发展?显然,网络

---

[14] Peter K. Yu, *Intellectual Property and Information Ecosystem*, Spring, 2005 Mich. St. L. Rev. p.17.

意义就在于它的开放性与互动性,但由此也带来了不确定性。如果我们过于严格地执行版权政策,可能就有其溢出的负效应存在,也就是说,可能会窒息信息自由,阻碍网络文化的发展。毕竟,网络极大地拓展了我们的自由,为多元文化的传播和交流提供了便利条件。从生态系统管理的立场而言,我们需要采用新的思维和新的方法来适应这个瞬息万变的信息环境。压制网络发展的任何措施,从长期来看都是得不偿失的。

四、小结

今天,知识产权体系影响的已不只是技术创新活动,它还涉及农业、健康、教育、文化、竞争、贸易乃至民主政治等许多领域。作为一个继续发展的体系,它将不断扩张,也会变得更为复杂。信息生态观的引入,将有助于我们关注知识产权体系内各个组成部分之间的相互关系及其共同目标,从二元或者对立的方法转变为系统的方法,以审视和改进现有的知识产权制度。一个结构完整的法律文本,一套可以与国际最新、最高标准接轨的知识产权制度,并不足以成为衡量一国知识产权制度有效实施的标准,只有促进了信息的可持续发展,形成了一个良好的信息生态环境,才能实现真正意义上的知识产权保护。

知识产权的兴起:一个
前途未卜的观念[*]

卡拉·A. 赫茜[**]著

金海军[***]译

知识产权的概念——关于某种思想可以为人所有的观念——是欧洲启蒙运动的产物。只有当人们开始相信知识来自于运用感觉的人类头脑——而不是借助阅读古老的篇章,从神祇那里获得知识——时,才可能把人当作新思想的创造者,并因而成为其所有人,而不只是作为永恒真理的传播者。

除了具有明显的现代性,知识产权还是一个浓缩的概念,它至少由三个复杂的法律范畴交织而成——著作权、专利和商标,其中每一个范畴都有其自身的前现代的习惯和法律渊源,并且在我们今天的时代中

---

[*] 本文原名"The Rise of Intellectual Property, 700 B.C.—A.D. 2000: An Idea in the Balance",载 Daedalus 杂志 2002 年春季卷第 26—45 页。译者感谢麻省理工学院出版社的慷慨授权;感谢赫茜(Carla A. Hesse)教授的热忱帮助,以及由她委托的伯克利加州大学博士候选人叶斌对本译文初稿的审读。

[**] 伯克利加利福尼亚大学历史学教授。她目前的学术兴趣在于政治暴力的法律和文化研究,尤其是法国 1793—1794 年的恐怖时期。她也是《革命时期巴黎的出版和文化政治》(Publishing and Cultural Politics in Revolutionary Paris,1991)、《另一种启蒙:法国妇女是如何摩登起来的》(The Other Enlightenment: How French Woman Became Modern,2001)两书的作者。作者感谢北卡罗来纳州研究三角区的国家人文中心(National Humanities Center)对此项研究和本文写作的支持,也要感谢 Thomas Laqueur 和 Robert Post 的评论和批评。

[***] 中国人民大学法学院副教授。

各具发展轨迹。

当然,著作权,以及当代大陆法系的作者权和文学财产权——作为本文的关注焦点——是现代知识产权概念的核心。正是在这个概念里,在18世纪,"思想"与"财产权"这样的用语才首度联系在一起,并且两者第一次在法律上被结合起来了。也正是在这里,有关思想财产权的观念受到激烈争辩,自始如此,而今亦然。

一

"让我们从赫利孔山的缪斯(Heliconian Muses)开始歌唱吧……"赫西奥德(Hesiod)的《神谱》(*Theogony*)这样开头,古希腊世界的许多其他篇章也是如此。诗人所唱颂的,是神的语言,而非其自身之创造。知识,以及将之呈现给人类的能力,都被认为是由缪斯赋予诗人的一件礼物。或者正如柏拉图所说,所有理念均与生俱来存于人脑之中,由先辈的灵魂迁移至此。古希腊人并不认为知识是某种可以为人所有或者出卖的东西。抄写员可以因其劳动而获得报酬,作者也可因其所做出的成就而获颁奖励。但是,神的礼物却是免费给予的。因此,古代学院的图书馆不兴出卖,而是作为礼物转交给杏坛传人。苏格拉底就因为诡辩派用学问换钱而对之蔑视有加。

考察一下前现代世界其他伟大的文明——中国、伊斯兰教、犹太教和基督教,就会发现它们对于思想或者其表达都明显地缺乏所有权观念。中国在公元前5世纪汇编而成的《论语》中,就记载大哲学家孔子曾经说过这样的话——"述而不作,信而好古"。衡量一位中国学者如何伟大,不是看他怎样创新,而是看他如何以超乎同侪的能力,完整确切地表述或者解释古人的并且最终是神的智慧。智慧来自于过往,学问家的任务就是对之加以发掘、保存和转述。儒家思想轻视商业,并且告诫作者：写作是为了自我完善或道德自新而不是为了谋利。声誉,特别是后世的尊崇,就是对它的奖赏,即便偶尔也会由资助人给予作者一些世俗的礼金[1]。

但这并不意味着在中国就不存在任何图书贸易。这个发明了活字印刷术的国度,早在11世纪就形成了繁荣的图书行业。但是,中国的作者对于他们已经发表的文字却不享有任何财产权。书籍的内容是不能为人所有的。甚至某一作者所采用的特定表达,也不可能声称这就是他的。人们认为汉字源于自然,因此,没有人能够对之主张权利,并排除他人的使用。只有那些微不足道的部分——手稿的纸张和油墨,以及承载了思想和表达的印刷书籍——才可以进行买卖[2]。

在整个伊斯兰世界,许多世纪以来也不存在任何知识产权的概念。所有的知识都被认为来自于神。《古兰经》是唯一的伟大经文,所有其他知识都由此派生。在文本中所体现的是真主安拉的话,它不属于任何个人。诚然,有人守护其确切的含义——大阿訇们在那些最主要的清真寺周围开设学校。但是,传授古兰经知识的主要方法却是口头进行的——由老师对学生口耳相传,穆罕默德传给他的门徒,再由这些门徒代代相传,形成一个连绵不断的谱系。"古兰"(Koran)一词本身就是"口述"之意,用活生生的语言进行口头表达,总是胜于书面记载。书籍只是一种工具,一种方便准确记忆的低级工具,它们总是要一遍又一遍地接受口头记忆的检验,以确保它们的准确性和谱系的权威性。伊斯兰信仰认为,最好地保存了神的话语,并且经年历代保持其纯洁性的,是口述之功而非书面记载。这就意味着,印刷术渗透到伊斯兰世界进展缓慢,直到19世纪出现大众化报业,它才在整个中东地区受到广

---

[1] William P. Alford, *To Steal a Book is an Elegant Offense: Intellectual Property Law and Chinese Civilization* (斯坦福大学出版社,1995),特别参见第25—29页。

[2] 同上注。

泛接纳[3]。

诚然,某种法律上的"作者"概念确实产生自伊斯兰的抄写实践。但是从中并未产生知识产权概念。伊斯兰法(Sharia law)关于反对"盗名"或者"欺诈"的规定,用于禁止那种通过在书面文本上虚假署名盗用某位名师之声望或权威的行为[4]。但这位老师并不拥有表达于其书籍中的思想。窃贼若偷盗的是一册图书,他不会因此受到盗窃罪的惩罚——剁掉一只手。伊斯兰法认为,该窃贼之目的不在于盗走作为纸墨的图书,而是书中的思想——跟纸墨不同,这些思想不属于有体财产[5]。

犹太教和基督教传统也阐明了一种类似的知识观。摩西从耶和华那里接受了法律,并且将之无偿地传输给选定的子民,供其聆听。《新约全书》在《马太福音》一节中,崇奉知识观念系上帝的礼物,耶稣这样告诫门徒:"你们白白地得来,也要白白地舍去。"(10:8)中世纪神学家们把这段话篡改为教会法的一项规定:"Scientia Donum Dei Est, Unde Vendi Non Potest(知识是得自上帝的礼物,因此不能将之出卖)。"

出卖属于上帝的东西,构成买卖圣物罪(sin of simony)。大学教授、律师、法官和医生因此就受到告诫,勿因其服务而收取费用,尽管他们可以收受他人为感谢其付出之智慧所给予的礼物[6]。

---

[3] Johannes Pedersen, The Arabic Book, Geoffrey 译自法文版(普林斯顿大学出版社,1984;原版:哥本哈根,1946);William A. Graham, "Traditionalism in Islam: An Essay", *Journal of Interdisciplinary History* XXIII (3) (1993 年冬季号):495 – 522;Francis Robinson, "Technology and Religious Change: Islam and the Impact of Print," *Modern Asian Studies* 27 (1) (1993):229 – 251。

[4] Sayed Hassan Amin, *Law of Intellectual Property in the Middle East*(格拉斯哥: Royston, 1991), 3.

[5] *Hedaya* 92 (1795),转引自 Steven D. Jamar, "The Protection of Intellectual Property under Islamic Law", *Capital university Law Review* 21 (1992):1085。

[6] Gaines Post 等, "The Medieval Heritage of a Humanistic Ideal: 'Scientia Donum Dei Est, Unde Vendi Non Potest'," *Traditio* 11 (1955):195 – 234。

事实上,有关赠礼之说弥漫于前现代各种形式的知识交换中,最常见者当数书籍之献词性序言。在此类序言中,作者通过象征性地贡献其作品而寻求资助人的支持。因此,即使在15世纪的欧洲,随着印刷术的出现,图书交易日益增多,并且作家们开始将其手稿出售给出版商以获取利益,但是图书中仍有一部分,即其精神遗产(spiritual legacy),依然保留在市场关系所触及的范围之外。[7] 作者可以对其创作之手稿主张权利,出版商也可以对其印制的图书主张权利,但他们谁都不能主张占有其中所包含的内容。文艺复兴运动将诗人、发明人和艺术家的地位提升到前所未有的社会高度,但他们的"天才创造"还是被理解为神的启示,而不纯粹是其智力技巧或者世俗劳动的产物。

16世纪,马丁·路德就可以在《警告出版商》(Warning to Printers)中这样自信地宣扬:"无偿取之,吾亦无偿予之,不求回报。"进入18世纪,作家是上帝的侍女这一观念开始出现摇摆。亚历山大·蒲柏(Alexander Pope)在1711年时仍然坚信,诗人是传统真理的复者者,而不是新真理的发明人,而歌德可以这样清楚地描写18世纪早期的德国诗人:"诗作之创造,人皆视为某种神圣之物。为此接受报酬或将之用于交易,则几乎就被视作买卖圣物罪。"

针对在创造和传播思想过程中获取个人利益的观念而产生的具有神学色彩的道德反感,在19世纪持续广泛地流行于美国。19世纪30年代,布朗大学校长弗朗西斯·韦兰(Francis Wayland)在其大学教科书《伦理学基础》(The Elements of Moral Science)中这样写道:"赋予聪明才智,并不是为了使拥有者受益,而是为了让他人受益。"[8] 而乔

---

[7] Natalie Z. Davis, "Beyond the Market: Books as Gifts in Sixteenth Century France", *Transactions of the Royal Historical Society*, ser. 5, 33 (1983): 69 – 88.

[8] Francis Wayland, *The Elements of Moral Science* (伦敦:圣教书会[the Religious Tract Society], n. d [1835]), 275.

治·班克罗夫特(George Bancroft)这样一位富有思想成就的知识分子，则对于这项基督教传统添加了一段黑格尔式的曲解，1855年他这样写道：

> 艺术家通过双手所赋予的任一形式，皆首先在其头脑中形成一个概念，而这就源于一种天赋，这种天赋并不专属于艺术家本人，而是属于人类。……头脑就变成了公共财产；在英格兰出版的一首诗，就会在伊利湖畔和密西西比河岸找到它的回声。[9]

二

在前现代世界，实际上普遍禁止将思想归为私人所有；当然，这并不意味着在前现代体制内，思想是自由流动的。唯有神在地上的代理人才能判定那些一般认为从神那里得来的知识中有多大部分在实际上起源于神，而且应当以何种程度并通过何人而在其王国、帝国和城市里传播这些知识。统治者与宗教机构结成联盟，以控制思想和信息——无论是精神上的还是技术上的——在他们治下的生产与传播。在全世界范围内，现代早期都出现了严密的制度，实行出版前的书报审查，也出现了国家特许的垄断，以控制印刷出版行业的迅速发展，还有就是利用王室的特许经营状或者"特权"，独家印刷出版那些获得授权的版本。技术发明开始受制于一套类似的政府特许制度。

在中国，早在唐朝（公元618—907年），法律即禁止抄录传播一大批文学典籍，旨在保护皇帝的特权利益。最早为人所知的调整出版的法令，出现于公元835年的唐文宗时期，它禁止私人出版历书。随着宋

---

[9] George Bancroft, *Literary and Historical Miscellanies*（纽约：Harper & Brothers, 1855), 412, 427.

朝(公元960—1279年)印刷业的发展,更大范围的调整措施被制定出来,那时还在一些主要城市设立了官办的政府印刷机构。实行政府专营特权的,是那些具有敏感文字的书籍种类,举凡占星术表、卜卦算命、官颁历书、各朝历史以及科举考试之类的图书,皆属此列。私人书坊可以就某一特定作品至官府办理登记,从而获得一纸印刷、出售该作品之特权。

但是,这些特权并非现代意义上的财产权。它们属于一种恩赐,既可由当权者随心所欲予之,亦会被随时撤销。到18世纪,一种全面的出版前审查和授权制度,施行于整个中华帝国,甚至私下写作也被纳入审查范围。[10]

为了回应15世纪50年代引入的新印刷技术,欧洲的君主国、帝国和城市国家也提出了类似的法律制度。在此之后不到一百年,宗教改革撕裂了西方基督教世界。随着意识形态分裂状况的扩大,对印刷文字的管制也很快得到了加强。统治者授予商业性垄断或者"特权",以换取商人们服从政府的书报审查与控制。欧洲最早实行此类举措者,系1469年之威尼斯共和国,约翰·斯派尔(Johann Speyer)从中获授一项威尼斯境内的印刷特许权,为期5年。[11] 这种授予在特定城市印刷特定文本或特定文本种类(教科书、法律图书、拉丁文课本等等)的特许权的做法,很快就从威尼斯传遍了整个意大利半岛的各个国家,甚至远播法兰西和英格兰。

英格兰是一个典型的例子。1504年"国王印刷商"(King's Printer)这一头衔的设立是图书行业第一次得到王室授予的特权,获得该头

---

〔10〕 Chan Hok-Lam, *Control of Publishing in China: Past and Present* (堪培拉:澳大利亚国立大学,1983),2-24.

〔11〕 Leonards Vytautas Gerulaitis, *Printing and Publishing in Fifteenth-Century Venice* (芝加哥:美国图书馆协会;伦敦:Mansell,1976).

衔的是一个叫做威廉·法克（William Facques）的人。这种地位使他能够享有独家印刷王室通告、法令和其他官方文件的权利。1557年，英国国王将印刷商和出版商的行会重组为"出版商公会"（Stationers' Company），授予其在伦敦和整个王国从事印刷和发行的实际垄断权。1559年，作为解决危害其王国的宗教争议的努力的一部分，伊丽莎白一世发布了一项禁令，规定任何文本除非已经获得由王室所委任之审查官的许可，否则不得出版。出版商公会为已获许可的图书登记注册，君主原则上可以任意提供或者撤销一份许可，并且以其认为合适的任何条件施以限制。从图书中获利的权利，并非产生于有关思想之财产，而仅仅来自于王室"恩赐"所给予的一项"特权"。[12]

这些许可证被"复制"到行会的登记簿中，并且很快就被行会成员当作印刷某种特定"复制件"的专有权。尽管系由王室特权所带来的，但这些"复制"权还是在行会成员之间进行买卖和交易，就像它们是一种永久性财产那样。到16世纪70年代，出版商公会的四个重要成员，就通过他们宣称为其永久性财产权的"特许状"（letters patents），开始对那些最赚钱的图书的印刷享有一种垄断性控制权了。这四个成员中，克里斯托弗·贝克（Christopher Barker）是女王印刷商，他控制着《圣经》、《新约全书》、《公祷书》和所有的制定法、通告以及其他官方文件的印刷；威廉·塞拉斯（William Serres）对私祷书、识字祈祷书和教科书享有垄断权；理查德·托特尔（Richard Tottel）在普通法的文本上拥有垄断；约翰·戴（John Day）则对字母书、教理问答和韵律诗篇主张权利。

类似的这种联合组成庞大出版帝国的过程发生在整个基督教欧

---

[12] John Feather, *Publishing, Piracy and Politics: A Historical Study of Copyright in Britain*（伦敦：Mansell, 1994）.

洲,而这些出版帝国都建基于由王室所授特权而产生的垄断权之上。到 17 世纪中叶,巴黎图书出版商与印刷商行会(Paris Book Publishers and Printers Guild)就像它的伦敦同行那样,利用其与王宫的战略性亲密关系,获取了在那些最有价值的古代和宗教文本以及最有利可图的当代出版物上的垄断权。[13] 在德意志的 300 多个公国和城邦中,每一个都形成了自身独特的书报审查、发行特权和行会管制制度。

作者也许可以将其手稿卖给一家获得特许的出版商,以换取一次性付酬,但对他来说,真正的物质性回报却在于:手稿的发表或许会间接地让他获得期待中的来自王室或者贵族的赞助。作者本身不能出版自己的作品,并且除非他们以自己的名义获得一项特权,否则不能从图书的销售中获得任何利润。利润都归出版商。政府对于文本、技术发明以及复制方法的特许垄断权,成功地将出版商、印刷商和其他技术企业的商业利益与专制国家控制知识在其领土范围内流传的意识形态需要结合起来了。

在整个早期现代世界中,商业性印刷出版业就首先通过一种受到宗教意识形态支持的国家特许垄断制度发展起来了,该制度并未涉及任何知识产权。那时占主流地位的关于知识和政治合法性的理论,都使得这样的权利是不可想象的。

三

在 18 世纪,欧洲的文化生活经历了一场激烈的转变。从精读到泛读的转换以及中产阶级读者大众的崛起,导致了印刷业在 18 世纪的爆

---

[13] Henri-Jean Martin, *Livre, pouvoirs et société à Paris au 17ème siècle* (1589 – 1701)(日内瓦:Droz,1969)。

炸。在英国,18世纪的图书年产量据估计增长了4倍。法国也同样见证了识字率的显著提高和人们对现代世俗文学作品需求的激增。

在各个地方,观察家们都提到了这种变化。1747年,约翰·格奥尔格·苏尔泽(Johann Georg Sulzer)还在悲叹,柏林的"普通大众很少读书",但半个世纪之后,伊曼纽尔·康德(Immanuel Kant)记载的却是另一番天地的文学世界:"这种逐渐增加的阅读量已经成为生活中一个几乎不可分离的一般性条件。"康德的评论也得到了其他人的印证:"在二十年前甚至无人会想到书籍的地方,也有人在那里阅读;不仅学者,连村野农夫与工匠艺人也在他们所关注的问题上开动脑子。"18世纪上半叶,整个欧洲不断提高的识字率和大批中产阶级读者的出现,给这样一种出版制度带来了前所未有的压力,而作为这种制度的观念基础就是,人们所能知悉、传播和解释的只是总量固定的神圣或者古代的知识。[14]

这些发展对于传统的作者观念构成了巨大的压力。对印刷物不断增加的需求,特别是对现代世俗文学作品(尤其是小说、戏剧作品以及各种各样的自助手册)的需求,吸引越来越多的年轻人投身其中,希望成为一名作家。他们是一类新型作家,关注当代读者数量中的商业潜力远甚于关注永恒的荣誉。在18世纪,第一次出现了像英国的丹尼尔·笛福(Daniel Defoe)、法国的德尼·狄德罗(Denis Diderot)和德国的戈特霍尔德·莱辛(Gotthold Lessing)这样的作家,他们开始试图以写作收入为生,而不是依靠上层人士的资助。而且,毫不奇怪,他们开始为其作品争取更好的收益。那种认为一笔固定的"酬金"(honorari-

---

[14] W. H. Buford, *Germany in the Eighteenth Century: The Social Background of the Literary Revival* (剑桥大学出版社,1965); Albert Ward, *Book Production, Fiction and the German Reading Public*, 1740-1800 (牛津大学出版社,1974); Roger Chartier, *The Order of Books* (斯坦福大学出版社,1994).

um)或者费用就是对某一手稿写作的适当回报的老观念,就让位于如下这种更为大胆的主张了:作者理当分享从其创造性劳动中所获得的利润。

相比于将手稿卖给出版商而言,作者越来越希望只是出售针对单独某一版的"权利"。由于这种情况出现得越来越频繁,世俗的作者就开始主张,他们就是自己作品的创造者,而不只是神的永恒真理的传播者。由于他们开始视自己为作品的原创者,他们也开始声称,他们的创作就是他们自己的财产,就像其他任何财产那样可获法律保护,可以继承或者出售。丹尼尔·笛福在1710年这样写道:"一本书就是作者的财产,是他的发明之子,是他头脑的产物:如果他将其财产出卖,然后它就变成了买受人的权利。"作者因此就开始宣称,他们的作品就是他们的财产,并且如果作者愿意,就可以通过合同转让给他人,但作者应当不再为了出版其作品而被迫出售他们的手稿。

公众提高了对印刷物的需求,这也导致文学作品盗版行为的急剧扩张。由于感觉到市场需求尚未得到满足,并且敏锐地意识到因为出版商享有的永久性特权而在某些图书价格上存在着人为的涨价,整个欧洲那些较少顾忌的印刷商和书商就越来越不尊重他人在最有利可图的畅销作品上所主张的专有性、永久性特权。便宜的重印本,最通常的情形是跨越国境或者在外省小城制作出来,然后就开始在城里的市场上泛滥起来了。盗版的出版商成功地将自己标榜为"公共利益"的捍卫者,反对书籍行会中那些把持垄断的成员。他们提出,为什么应当让特定的出版商对某一部作者或者其继承人俱已亡故的作品——事实上,许多作品是在印刷术发明前就已经完成了的——拥有一种专有权?让人们以低价获得那些启蒙性作品,难道如此高尚的利益,不应超越于个人出版商的私利之上吗?

到了18世纪中期,传统的出版体制到处都是一片混乱。最先在英国,然后是法国和德国,所有的相关当事人都要求改革图书行业的管制。读者需要更便宜的图书。政府立法机关寻求促进国内的商业活动,鼓励更多的受教育人口。外国和外省的出版商——最显著的是在苏格兰、瑞士和像里昂这样的法国二流城市的出版商——大声疾呼,反对伦敦和巴黎的图书行会对那些最有利可图的书籍享有永久性垄断权。作者则希望他们在作品上的财产权被承认是绝对的和永久的。甚至那些享有特权的行会出版商,尤其是地处汉堡、莱比锡、法兰克福以及伦敦、巴黎的行会出版商,也希望他们的传统特权被承认为永久性财产权,以便可以上法庭对抗盗版。

要满足和协调这些相互冲突的主张,就引发了一系列紧迫的新问题:思想就真的如传统权威所主张的那样,是上帝赠与的礼物吗?抑或像作者们现在所声称的那样,是将思想形诸表达的那个人的财产?"特权"是一种"恩典",还是对先行存在的、自然的财产权利所给予的一种法律承认?国家或者城市的政府能够限制或者批准那些传统特权,所据何在?对于调整思想之发表与传播的法规,能否清楚地提供一个世俗根据?

四

欧洲出版业的改革于是就牵涉到对知识之基础与目的的反思。许多欧洲的思想家参与了关于思想起源与本质的重要讨论。结果,一系列的哲学(或者更具体而言,知识论)问题显露出来,成为那些乍看起来只涉及商业政策的问题的核心。

一个颇具影响力的观点——作者对其思想拥有一种自然的财产权——首先在英国被明确提出来了,并且与两部关键性著作相关:约翰·洛克的《政府论(下篇)》(1690)和爱德华·扬格的《对原创性作品的猜想》(*Conjectures on Original Composition*,1759)。

在《政府论》中,洛克写出了如下这段著名的文字:"每人对他自己的人身享有一种所有权,除他以外任何人都没有这种权利。他的身体所从事的劳动和他的双手所进行的工作,我们可以说,是正当地属于他的。"经过三代之后,在小说家塞缪尔·理查森(Samuel Richardson)的帮助下从事写作的诗人爱德华·扬格,声称作者不仅为其著作付出了劳动,而且还在其内容上打下了独特的人格烙印。按照爱德华·扬格的说法,作者的劳动就因此比发明家的劳动更高级,更别说农夫的劳动了,因为作者不仅以自然为工作对象,而且从他自身产生出了某种东西,带着不可抹去的、具有独一无二人格特征的印记。或许可以对机械发明的专利权施加某种限制,但头脑的产物——带着作者的人格特征——应当属于其创造者。知识产权,这个18世纪的发明,就这样突然出现在世人面前,声称自己是真实的、最纯粹的财产权。

爱德华·扬格的反思,就像之前约翰·洛克的那样,构成了对知识论的一种激动人心的世俗化(secularization)。如果正如洛克在《人类理解论》(1689)中所主张的那样,所有的知识都来自人的感官作用于自然时的感觉,那就没有任何神祇的作用了。在洛克的世俗的知识论中,灵感获得内在化,并被重新定义为认知。爱德华·扬格进而运用洛克的知识论,主张认知源于独特头脑的思维活动。个体人格取代上帝成为知识的神圣源泉。

英国人对于知识的新解释,很快就在欧洲大陆流传开来。扬格的《对原创性作品的猜想》最早以英文版面世之后两年内,就迅速被翻译为德文并出了两版。与此同时,在法国,洛克和扬格的作品也都流行甚广。例如,1726年,法国法学家德兰库尔(D'Hericourt)就利用洛克的批判性言论,在法庭上为作者的永久性图书特权进行辩护,主张这些思维成果就是"他们自己劳动的成果,他们应当享有任意处分的自由",

并且该自由是永远的。一个人可以拥有其思想,正如他可以拥有土地,他可以用自己的劳动对之加以清理。德兰库尔的结论是,一项由王室所授予的图书特权,与其说是国王的一种恩赐,可以任其随意予夺,毋宁说是对一种作者因其劳动而获得的、先行存在的自然财产权予以法律上的确认。[15] 作者可以按其意愿出卖或者保留这些权利。一旦卖出,则它们永久地属于出版商。

百科全书派的德尼·狄德罗在1763年也接受了同样的论点,那时他正受巴黎图书行会之托,撰写《关于图书行业的一封信》。在狄德罗的文字中,我们能够听到洛克和扬格的回声:

> 如果不是智力成果……如果不是他自己的思想……他自己最珍贵的部分,将永不毁灭的、会令他不朽的部分,那么,还有什么样的财富可以为人所有呢?在一个人、人的实质、他的灵魂,跟一片田地、一棵树、一丛葡萄之间,怎么能够进行对比呢?后者这些是由大自然在一开始就平等地提供给每个人、由个人耕植以为己用的东西。[16]

就像扬格那样,狄德罗主张,相比于通过耕作而取得的土地,智力成果更是其创作者独一无二的财产。因此,文学财产甚至应当比土地更少受到社会规章的约束。

正是戈特霍尔德·莱辛,这位德国启蒙运动时期最伟大的作家,最有力地发扬了作者独一无二的人格这个概念,以之作为一种有关思想之财产权的渊源。在1772年的一篇文章《自己活,也让别人活》(*Live and Let Live*)中,莱辛提议重组德国图书业以冲击旧制度的根基。他直

---

[15] Raymond Birn, "The Profit in Ideas: Privilèges en librairie in Eighteenth-Century France", *Eighteenth-Century Studies* 4(2) (1971): 131–168.

[16] Denis Diderot, Oeuvres Complètes, 15 Vols. (巴黎:1970), 5:331(作者自译).

接挑战了传统上禁止从写作中获利的观念：

> 什么？作家如果试图从其想象的产物中尽其可能地获取利益，居然就要备受谴责？就因为他利用了他最可贵的能力，他就被认为不能享受连最粗鲁的杂务工也能得到的满足？……你无偿受之，亦须无偿予之！高贵的路德的确是这样想的。……我的回答是，路德，他可是诸般凡物中的一个特例。

自莱辛开始，德国的作家们就持续不懈地强烈要求承认他们关于著作是一种独一无二的、永久的、不可侵犯的财产的主张。

过了一代人以后，哲学家——也是康德的门徒——约翰·戈特利布·费希特（Johann Gottlieb Fichte）更深刻地探讨了这个问题的复杂性。费希特提出这样一个难题：如果智力成果确实是"财产"，那么究竟什么是无体财产？显然，它并不只是由一部物质性的手稿所组成的，因为它一旦通过印刷方式被重制出来，作者或者出版商就不能再声称这样一个对象是独一无二的了。文学财产似乎缺乏其他物权种类所表现出来的物质形式。但是，这并不是关于思想的财产权这个观念的唯一困难。毕竟，有许多人看来是能够有共同的思想的，而从直觉看来，应当让尽可能多的人独立自由地表达相同的思想。

费希特对自己的困惑所作的解答，被证明具有广泛的影响力。费希特认为，若某一思想被当作一种财产，它就必须被赋予某种区别性特征，以使某个人，而非任何其他人，能够主张这就是他自己的财产。他在1791年的论文《翻印之为不合法的证明：一个原理与一则寓言》(Proof of the Illegality of Reprinting: A Rationale and a Parable)中提出，这种品质，并不存在于思想本身，而在于作者选择用以表达这些思想的独一无二的"形式"（form）。一旦出版，该图书中的思想就属于所有的人了——但表达这些思想的独特形式仍然保留为作者个人独有的财产。甚至已经"被人意识到"（in the air）的思想，也能够通过作者独一无二的表达方式而成为一种财产。费希特——在有体与无体的书籍之间,以及在思想的内容与形式之间——所作的区分,对于建立一种新的著作权理论至关重要,该理论的根据并不是在思想本身之上,而是在独一无二的表达上所存在的自然财产权。[17]

五

并不是所有人都赞同费希特、狄德罗和爱德华·扬格为这个初生的知识产权概念所付出的热情。一些人把这个朝向保障作者财产权的广泛运动,看作仅仅是一种新的形而上学,一场为保护书商垄断而稍加掩饰的活动。18世纪70年代,一位狂热的重商主义者甚至为一些德国书商的盗版行为进行辩解:

> 书籍并不是一个理想的客体。……它由被印上了思想符号的纸所构成。它并没有包含思想;思想是从那些领悟了的读者的头脑中产生的。它是为了获取现金而制作的商品。只要有可能,每个政府都有义务限制其财富的流出,因而鼓励在本国复制外国的艺术品。

1776年,法国数学家和哲学家孔多塞(Condorcet)以哲学而非商业理由,表达了更深刻的异议。在直接回应狄德罗《关于图书行业的一封信》时,孔多塞对其洛克式观点提出争论:"在思想的财产与田地的[财产]之间不可能有任何关系,后者只能够为一人所有。[文学财产]并不是一种源于自然秩序并由社会力量加以保护的财产;它是一种建立在社会本身之上的财产。它并不是一种真正的权利;它是一种特

---

[17] Martha Woodmansee, "The Genius and the Copyright: Economic and Legal Conditions of the Emergence of the 'Author'," *Eighteenth-Century Studies* 17 (1984): 425–448.

权。"

孔多塞声称,思想不是只由一个脑子创造出来的。它们也不是上帝的礼物,受着王室机关的管制。思想存在于自然之中,并且平等地、同时地向所有的人开放。从本质上而言,思想是社会的:它们并不是由个人独自生产的;它们是一种集体经验过程的结果。

而且,孔多塞认为,允许个人对思想主张权利没有任何社会价值。因为真正的知识是客观的,所以在思想上主张特定的权利,只能使纯粹的风格(style)——即费希特所谓的"形式"——变得神圣不可侵犯。作为一位科学家而非文学家,孔多塞极少使用风格。风格只会扭曲自然的真理,同样,鼓励思想的个性化,只会鼓励任意虚构和个人获益,而不是对知识和公共利益的追求:"这些特权的存在只是为了表达,为了措辞。这不是为了事物的实质。……此类特权,就像其他所有特权那样,都是阻碍人们活动的一堆麻烦,因为它们将活动集中在少数人手里。……它们既无必要亦无益处,而且……它们是不公平的。"

狄德罗、莱辛以及费希特所赞同的是浪漫主义的原创性,而孔多塞所寻求的则是把大众文学文化建基在科学理性主义之上。按照孔多塞的观点,以作者财产权为基础的出版模式,可以被替换为杂志订阅模式,就像《博学日报》(*Journal des Savantes*)那样。人们可以订阅有用的出版物,而作者可以像拿薪水的雇员或者为某一非营利组织工作的自由作家那样获得回报。比他的这些具体政策建议更为重要的是,他提出了这样的主张,即如果把由社会所创造之思想承认为一种财产的话,那么,其根据不在于个人的自然权利,而在于一种以财产为基础的制度的社会功利。

孔多塞因此就为现代知识产权概念树立了第二根,也是替代性的柱子:社会功利主义。

六

启蒙运动知识论中的紧张关系,让那些关注图书行业的决策者处于一个哲学的两难境地。知识存在于世界——还是存在于头脑之中?在何种程度上,思想是被发现的——而在何种程度上,它们又是被发明的?

孔多塞认为,知识是客观的,因此在根本上具有社会性,属于所有的人。狄德罗、爱德华·扬格、莱辛和费希特则认为思想是主观的,源于个人的头脑,因而构成了最不可侵犯的一类私有财产。

从这些相互竞争的哲学理论中,形成了两个系列的法律解释。那些赞同孔多塞所持的客观主义立场的法律思想家,就精心设计了功利主义理论,他们认为不存在任何对思想的自然产权,之所以为独一无二的表达形式而向个人授予独占性法律权利,其合理性只是因为,这样一种制度安排就是最好的法律机制,用以鼓励新思想——一种明显之公共利益——的产生与传播。相反,站在洛克、扬格、狄德罗、费希特这一边的主观主义阵营,则认为对思想保有永久财产权是一种自然权利;对这种权利的法律承认,只不过用成文法的形式确认了一种普世的自然权利。功利主义的立场就因此把公共利益奉为法律的最高目标,自然权利的支持者则主张,"个人创造者神圣"应当成为任何立法者的指导性原则。

在整个 18 世纪,每一个欧洲国家都经历了一系列的法律论战,就这两项法律原则争辩何者应当胜出。论战双方的既得利益者竞相争夺立法上的优势。在 1695 年废除有关管制图书行业和书报审查的《许可法》(Licensing Act)之后,英国人就最早致力于解决这一问题了。为了终止出版前的书报审查制度,英国议会采取的手段就是停止有关在出版前须先经许可的义务,但它也在无意间引发了对整个特权制度的怀疑。如果一个作品在出版之前未予登记,就没有任何机制来保护文学特权,以防止盗版了。出版商公会强烈呼吁,要求承认其会员的传统特权为永久性财产权,而从事盗版的出版商则坚称,《许可法》的失效意味着所有以往已经出版的作品,现在可以为所有的人免费翻印了。

议会最终在1710年填补了这个法律真空,那时所谓的《安妮女王法》(Statute of Anne)明确地将书报审查问题与文学财产问题相互分开。该法律规定,作者,以及从作者那里购买手稿者,享有出版该作品的专有权,为期14年(该期限在以前是为机器发明专利设定的)。该权利可以续展,再追加14年。但在此期限(14年或者28年)之后,该作品就成为公共领域的一部分,任何人均得免费出版。如此一来,所有由出版商公会在经典作品上所把持的垄断,统统被取消了。实际上,《安妮女王法》——其恰如其分的全称是"在所规定时间内将已印刷图书之复制件授予作者或者该复制件购买者以鼓励学术之法律"——反映了在以下双方立场之间达成了一种不稳定的妥协,其中,一方是出版商公会以及作者自然权利的鼓吹者,另一方是盗版的出版商以及"公共利益"的倡导者。

不用说,没有一方对此妥协结果完全表示满意。这个被法律化的彼此抵牾的哲学假设,为后来的法庭争议留下了足够的空间。那些使伦敦出版商与外来竞争者大打出手的一系列案件——1760年 Tonson v. Collins 案、1769年 Millar v. Taylor 案——导致了对如下结论的短暂确认,即就某一思想的独一无二的表达享有永久性财产权。但是,1774年的 Donaldson v. Becket 案撤销了这样的确认,倒是在英国法中明确建立了一个妥协性概念,即在某一思想的独一无二的表达上的"有限财产权"。

Donaldson v. Becket 案在两个方面具有关键意义。首先,尽管18世纪英国最杰出的法学家威廉·布莱克斯通提出反对意见,此案还是将"鼓励学术"确立为调整图书之法律的最高目标。其次,尽管著作权被承认为一种植根于普通法的自然权利,但 *Donaldson v. Becket* 案的判决还是认定,著作权在实践中仍然取决于政府的立法。在英国,关于更高之公共利益(public good)的功利主义理论,胜过了有关知识产权起源于自然权利的观念。[18]

七

在早期美洲,自然权利与功利主义两种学说在英国殖民地俱有争论,各殖民地分采不同理论作为其立法基础。[19] 由 *Donaldson v. Becket* 案所认可的《安妮女王法》,成为1787年《联邦宪法》相关条款的根据:"国会有权……对于著作家及发明家保证其作品及发明物于限定期间内之专有权利,以奖励科学与实用技艺的进步。"这一条款转而又成为1790年5月31日《美国著作权法》的依据。作者或者发明人被承认为对其思想主张特定权利的个人——但公共利益又规定这些权利必须受到限制。因而如同英国那样,美国也在以下两端之间保持一种持续的紧张关系,一端是根源于普通法而支持永久性财产权的自然权利解释,另一端是在制定法上的限制,它们优先于这些既有权利,但并没有将之取消。

在法国的法学思想中,也存在着一种同样的紧张关系,它引发了一

---

[18] Mark Rose, *Authors and Owners. The Invention of Copyright* (哈佛大学出版社,1993)。

[19] 参见 Lyman Ray Patterson, *Copyright in Historical Perspective* (范德比尔特大学出版社,1968),尤其第 180—202 页;以及 Jane C. Ginzburg, "A Tale of Two Copyrights: Literary Property in Revolutionary France and America", *Tulane Law Review* 64 (5) (1990年5月):991–1031。

系列类似的法庭斗争。18世纪初期,法国王室试图在巴黎出版商与外省的竞争者之间达成一种妥协,宣布这些特权并非巴黎出版商所主张的永久性财产,而只是"一种基于公平的恩惠";因此,这些特权可凭国王的意志予以限定、延长甚至取消。这一规定就给王室官员在管理图书行业时以相当大的自由度,以重新调配这些特权。不过,该规定对于打破巴黎图书行会的垄断,或者预先阻止一股由外省或者外国印刷商非法制作图书的浪潮来说,却收效甚微。

1777年,面对不断增加的批评,法国王室被迫修改了特权制度。尽管仍然拒绝承认"文学财产"的概念,但国王还是第一次授予作者以其自身的特权种类(作者特权[privilèges d'auteur])。这些新的特权将与其他任何形式的个人财产一样,是永久的和可继承的。不过,一旦作者将手稿出售给出版商,出版商的权利就被限定为10年,并且有可能续展一次。这就意味着出版商的特权将受到限制,而与此同时,提供给作者的特权却是没有限制的。可以预料,巴黎图书行会被激怒了,它拒绝承认这项新法律,并且实际上一直与王室官员进行斗争,直到1789年法国大革命。

法国大革命改变了一切。"出版自由"获得明确宣布,而文学上的特权则遭废除。王室对图书行业的管理也被取消,同样消失的还有巴黎图书行会。现在作者们受到广泛尊崇,不是作为私人创作家和财产拥有者,而是作为市民英雄,献身于公共启蒙的人。[20]

为了给巴黎图书行业奠定一个崭新的、世俗的根基,西耶斯牧师(Abbé Sieyès)于1791年提议通过一部由他在孔多塞和其他人帮助下起草的"出版自由法"。像英国的《安妮女王法》那样,西耶斯的这项法

---

[20] Carla Hesse, *Publishing and Cultural Politics in Revolutionary Paris*, 1789–1810(加利福尼亚大学出版社,1991)。

律也承认,作者的文本就是一种财产,该财产起源于其创作者,受法律的保护;但同时,西耶斯的法律反映了孔多塞对"公共利益"的关注,因为它限定文学财产的专有权利为作者有生之年再加10年。

在大革命时期巴黎激昂的气氛中,无人对西耶斯所提议的法律表示满意。许多报业人士对任何威胁到作品自由发行的法律均予拒绝。革命小册子公然抨击它是对臭名昭著的封建特权的复辟。而一些老的出版商则要求恢复他们以往的权利和特权。

只是在1793年,即在巴黎图书行会已经丧失其作为院外游说集团的功能,并且在雅各宾派掌权之后,国民大会才能够通过一部对西耶斯法稍加修改的法律,夸大其名为"天才权利宣言"(Declaration of the Rights of Genius)。1793年7月19日的这部法律,就成了法国后来所有关于文学财产法律的基础。它认可了由西耶斯在1791年所提出的妥协方案,就像英国 *Donaldson v. Becket* 案的判决那样,奉有限的财产权概念为在作者获取回报与保护公共利益以提升学术之间达致平衡的最佳方法。

在这些年里,许多德国作家和知识分子密切关注法国在知识产权问题上的争论。由于在1870年之前不存在任何统一的德意志国家,所以也就没有任何集中的机关来管制图书行业。但是,许多德意志邦国通过了类似于修改后的西耶斯法的法律。例如,1794年,德意志最大的邦国普鲁士修改了它的基本法典,以重申出版商的特权,并且对作者提供同样的特权。

在拿破仑时期,法国民法典施行于许多德意志邦国,甚至有更多的公国遵循法国模式:巴登是最早授予作者以著作权的德意志邦国(1806、1810年),而 Rechten des Urhebers(译按:著作权)一语最早于1813年在巴伐利亚得到采用。自1815年维也纳会议开始,著作权就越来越多、越来越统一地为德国法所承认。不过,直到1870年,德意志帝国才成功地通过了一部类似于法国和英国的统一的著作权法。[21]

八

根据《牛津英语词典》,"intellectual property"这一英语词汇最早应当出现于1845年,但这绝非偶然。在那时,出现了一种更为广泛的共识,"著作权"应当在知识产权所有人与公共利益之间达成一种平衡:作者与发明人能够从他们的作品和思想中获利,但这只能限定在一段时期内。

不过,这也并非故事的结局。调整知识产权的现代法依赖于一组在很大程度上未经检验的、相互矛盾的哲学假设,所以,这些法律的独特之处在于,它们很容易遭受挑战,特别是由于不断出现跨越国境传播思想与信息的新方法而带来的挑战。因此,在现代知识产权概念的核心处存在着哲学紧张关系,在一种越来越全球化的范围内被宣泄出来了,它通常是以全新的方式,重新寻求私权与公共利益之间的平衡。

工业革命创造了文学作品与机械发明的国际市场——并因此创造了对一种国际性知识产权制度的新需求。到18世纪中叶,法国人与比利时、瑞士的出版商之间的竞争,就已经导致了最早一批主要的著作权国际条约。1858年,由维克多·雨果(Victor Hugo)召集的作家与艺术家大会(Congress of Authors and Artists)于布鲁塞尔举行第一届会议,致力于为著作权的世界性保护提供一个真正的国际依据。由于无法就这样一种世界性体制获得一致协定,该大会转而阐明了一项"国民待遇"原则,要求每个国家向外国作家和发明人提供法律保护,就像它对

---

[21] Reinhard Wittmann, *Geschichte des deutchen Buchhandels: ein Uberblick* (慕尼黑:Verlag C. H. Beck,1991).

本国作家与发明人所提供的那样。

经过一代人之后,到 1886 年,在伯尔尼举行的一系列会议导致由 10 个欧洲国家签订了最早的著作权国际条约。[22] 尽管有"国民待遇"原则,但著作权保护的国际化过程,还是趋向于强化普世主义的主张,要求保护不可侵犯的自然权利,反对特定国家以功利主义理由而施加的制定法上的限制。这个在法律范围内朝着实施自然权利的变革性转换,使得私人的知识产权主张获得稳定的强化,并使之凌驾于公共利益理论之上。因此,在整个 19、20 世纪,著作权所有人的私权主张一再地得到扩张;在大多数实行自由的著作权制度的国家,其保护期限从最初仅为作者死后 10 年到 14 年,延伸到目前的作者死后 50 年甚至 70 年。

人们在著作权上的立场,显然并不是那些与利益无关的法学反思的产物。很明显,到 19 世纪,那些知识财产的净出口国,比如法国、英国和德国,越来越多地赞同将自然权利理论作为普世的道德和经济权利,以使作者能够对其作品和发明实施控制,并且获得报酬。相反,发展中的国家是文学和科学作品的净进口国,比如美国和俄国,它们就拒绝在国际协定上签字,并坚持著作权上的功利主义观,认为著作权是特定国家法律制度在制定法上的创设。通过拒绝签订著作权国际条约,19 世纪的发展中国家就完全能够无偿利用那些主要经济强国的思想、文学作品和科学发明。

美国是一个典型例子。随着它从一个知识产权的净进口国演变为净出口国,它用以调整知识产权的法律规则也就从法学对峙中的客观主义——功利主义(objectivist-utilitarian)一端,滑向普世主义——自然权利(universalist-natural-rights)这一端。在 19 世纪初叶的美国,纽约、

---

[22] Peter Burger, "The Berne Convention: Its History and Its Key Role in the Future", *Journal of Law and Technology* 3(1) (1988 年冬季).

费城和波士顿最早期的一批大出版公司,非经授权和不付报酬就出版英国作家的作品,以此聚敛了巨大的财富。它们借助功利主义理由来解释其行为的合理性,即著作权是由制定法规定的,让人以尽可能低廉的价格获得这些伟大的作品,此举符合美国的公共利益。[23] 例如,《哈泼月刊》(*Harper's Monthly*)的创立,全靠未经授权地再版原载于英国杂志的作品。1843 年,查尔斯·狄更斯(Charles Dickens)的《圣诞颂歌》(*A Christmas Carol*)以每册 6 美分的价格在美国销售,而在英国,它的价格则相当于 2 美元 50 美分。[24] 艾萨克·K. 芬克(Isaac K. Funk)教士是 Funk & Wagnalls 出版公司的创造人,他就是通过盗版欧内斯特·勒南(Ernst Renan)的《耶稣传》(*The Life of Jesus*)而掘得第一桶金的。在反对这些大出版商和印刷企业的斗争中,自 19 世纪 30 年代以来,出现了一场运动,支持美国承认国际著作权主张,该运动在很大程度上是由美国作家和鼓吹美国本土文化的同道们所领导的,他们感觉到,如果没有国际著作权,那么本土作家就无法在美国的文学作品市场上与他们的英国同行竞争。他们越来越多地利用关于作者普世之自然权利这样的辞令,而且,他们以爱国主义的理由呼吁国会采取行动,禁止廉价重印那些未经授权的英国文本,以鼓励美国文学的发展。

毫不奇怪,尽管美国和英国的杰出作家不断向国会提出请愿,但由于美国出版业打着公共利益的旗号举行更为频繁的院外游说活动,这场运动还是迭遭挫折。费城的 Sherman & Johnson 出版社于 1842 年向国会参众两院发出如下抗议:

> 所有英国文学的财富就是我们的。英国作者来到我们中间,

---

[23] Aubert J. Clark, *The Movement for International Copyright in Nineteenth-Century America*(华盛顿特区:美国天主教大学出版社,1960)。

[24] Sidney Moss, *Charles Dickens' Quarrel with America*(纽约特洛伊城:Whitson 出版公司,1984)。

就像生命中必需的空气一样免费,既未被征税,也未受到阻碍,甚至没有因翻译之需而受阻,就进入我国;问题在于,难道我们应当对之收税,并因此成为智慧和道德之光散播的屏障吗?难道我们应当筑起一道大坝,来阻断知识之河的流动吗?[25]

知识在那里供人随意撷取,只要这种撷取可以通过公共利益而得到合理解释。孔多塞观点的这个激进版本在19世纪中叶的美国盛行起来。到19世纪70年代,美国人的争论变得急剧集中起来。一方面,贸易保护主义、印刷商联盟以及靠盗版英国文学作品发家的出版社,主张反对任何国际协定;另一方面,本土作家的鼓吹者,以及自由贸易和国际著作权的热情支持者联合起来,主张作者普世的自然权利。

这场政治对峙中的一个关键性的转向发生于19世纪80年代,当时地处东海岸的美国老牌出版社开始看到,它们的利润正被侵蚀,因为他们面对的是新生代的大众化报纸出版商,这些出版商尤其在中西部各州扩张,削减成本,以获得更广泛的市场。在面对这一挑战时,老牌出版社重新调整它们的商业策略和对知识产权的主张。它们现在意识到,与新一代出版商相比,自己处于更有利的地位来与外国作者订立能够在美国执行的排他性著作权协议。1886年《伯尔尼公约》在欧洲的签订,为像哈泼和斯克里布纳(Scribner)这样的大出版社转变观念提供了进一步的动力;它们认为美国加入某种国际协定,至少是与英国的协定,对其有利。美国神学家,包括艾萨克·K.芬克教士,现在也开始谴责"文学盗版的民族罪孽"(芬克教士本人却因为盗版《耶稣传》而致富)违反了第七条戒律。[26] 他们的倡言赢得国会响应。尽管国会以美国法律未承认作者之自然权利为由,拒绝在《伯尔尼公约》上签字,但

---

［25］ 转引自 Clark, *The Movement for International Copyright*, 77。

［26］ Henry Van Dyke, *The National Sin of Literary Piracy*（纽约：Charles Scribner's Sons, 1888）。

是,1891年与英国订立的一份关于相互承认著作权保护的国际协定,最终还是获得国会通过。

20世纪伊始,随着美国在知识产权国际商业活动中变成一位羽翼渐丰的竞争者和知识产权的净出口国,美国的法律原理也开始发生变动,转而越来越多地承认独一无二的著作权是植根于创作者人格的神圣性之中,而不是简单地植根于为功利主义目的所拓展的商业特权中。知识产权的人格理论在18世纪以来的英美传统中一直存在,但是,前述法律原理变动的最重要的依据却是霍姆斯大法官1903年为 *Bleistein v. Donaldson*(188 U.S.239)案所写的最高法院判决书。[27] 该案涉及商业性地复制一份马戏团宣传海报中的图像的问题。被告Donaldson的抗辩理由是,这些图像属于这样的类型:它们不具备足够的独创性,因而达不到可受著作权保护之艺术作品的标准。霍姆斯的法庭对此表示反对,认为法院并不担当文学艺术批评家即作品艺术价值裁判的角色,而且,任何由人创造出来的图像,"都是一个人对自然的个性反映。人格总是包含着某种独一无二的东西。即便在书写笔迹中,也表达了它的单一性,而一件非常低级的艺术品,其中也有着某种不可约分的东西,它仅属于某一个人。"

通过霍姆斯的判决,有关作者独创性与自然权利的辞令——在启蒙运动争论中,笛福、狄德罗和莱辛这一方的主张——就一路前行,进入美国法理学,此时正值美国开始替代欧洲成为霸权式的全球经济强国。著作权法在20世纪美国的历程——从 *Bleistein v. Donaldson* 案到1988年美国加入《伯尔尼公约》,再到1995年的《千年数字著作权法》——已经成为一部以公众使用和公共利益为代价,持续增强知识

---

[27] Robert C. Post, "Reading Warren and Brandeis: Privacy, Property, and Appropriation", *Case Western Reserve Law Review* 41 (3) (1991):658 – 662.

产权所有人之专有权的历史。[28] 这一历史颠覆了在18世纪知识产权法基本原则中的平衡，使其重心偏离通过"鼓励学术"而达到公共效用之目的一端，偏向于提高私人商业利润一端。

九

功利主义利益与作者自然权利之间的紧张关系，除美国、西欧以外，也在那些走向现代化的社会中发挥作用。发展中国家作为文化与技术产品的净进口国，发现自己正处于19世纪美国的位置。这些国家趋向于坚持功利主义的主张，即国家的公共利益应当优先于承认对出口国所主张的国际著作权、专利和商标财产上的自然权利。

在俄国和中国，18世纪发生的那些斗争几乎在重演，尽管其中的角色有所不同。神学政治的权威让位于马克思主义框架内的世俗权力，后者利用了洛克的观念，即新的思想和发明是思维作用于自然资源的结果。这就引出了智力产品的劳动理论，并可以为马克思主义的劳动价值理论所吸收。但是，马克思将这个观念朝孔多塞那边转了一下。他提出，劳动在本质上是社会的，而不是个人的，即使在脑力劳动的情况下，仅仅利用其自身资源从事智力活动时，亦是如此。在其早期手稿中，马克思指出，这是因为从事创造的个人本身就是社会经验的产物——他应当将他的生计和教育归功于他生活于其间的社会。因为他利用了那些应当属于全体人的自然资源，所以他的脑力劳动就是社会的，并因此其劳动成果应当属于社会全体。人民就因此以革命的人民

---

[28] James Boyle, *Shamans, Software, and Spleens: Law and the Construction of the Information Society*（哈佛大学出版社，1996）；以及 Jessica Litman, *Digital Copyright*（纽约阿默斯特市：Prometheus 图书公司，2001）。

国家的形式,主张享有利用个人作家和发明人的创造成果的权利。[29] 以此,早期的布尔什维克在1917年革命之后,对一大批俄国伟大的作家实施著名的"国有化"。在"文化大革命"时期,中国的权威部门也发布过这样的流行言论:"钢铁工人有必要把他的名字写在他上班时炼出来的钢块上吗?如果没有,那为什么应当让一些知识分子享有在他生产的作品上署名的特权呢?"

尽管有着20世纪早期对自由主义财产制度的短期实验,但是,在俄国和中国发生的知识产权经历,本质上是思想和发明的垄断权由神权政府转交共产主义国家的历程。不过,无论在苏维埃还是中国的共产主义体制中,这一点越来越多地得到了承认,即有必要为作家和发明家个人创设一种不以财产权为基础的激励。一种由国家授予奖金、奖励和特权的制度,就成为鼓励创造和发明的社会主义机制。苏联创造出一种"作者证书"(Author's Certificates)制度,承认个人对于公共利益的贡献,而中国人在"文化大革命"之后也照搬其事。尽管国家仍然掌控权力,决定对这些个人的贡献利用与否,但是,这样的证书还是使其持有人有资格从其创造所产生的利润中获得物质奖赏和回报。在社会主义国家,功利主义的逻辑——与知识分配上的国家垄断相结合——导致了一种对作家和发明人的政府资助制度,而不是承认其个人的财产权。

伊斯兰国家则走上另一条道路。这些国家还保留着神权政治,从而伊斯兰法,或称古兰法,仍然是最高权威,甚至对于世俗的当权者而言,也是如此。伊斯兰的财产法,在传统上只适用于那些可以为五官感

---

[29] John N. Hazard, *Communist and Their Law*(芝加哥大学出版社,1969),243-268;Serge Levitsky, *Introduction to Soviet Copyright Law*(莱顿:A. W. Sythoff,1964);Michael A. Newcity, *Copyright Law in the Soviet Union*(纽约:Praeger出版社,1978);Alford, *To Steal a Book is an Elegant Offense*.

知的有体物。它对于思想的所有权问题,则众所周知是保持沉默的。[30] 但是,在伊斯兰法理上,如果《古兰经》没有说,政府就可以制定新法,只要其不与《古兰经》的禁令明显抵触。因此,大多数伊斯兰国家在 20 世纪亦出现了一系列以西方法律为基础的知识产权法。

这些西式的著作权法在近来经受了穆斯林法学家新的审察,在法学家之间,已经就任何关于思想所有权的概念是否可与伊斯兰法相协调的问题,展开一场热烈的争论。一些学者认为,"知识产权"的概念在本质上与《古兰经》反对任何无体财产之所有权的禁令互不相容,并指出这只会导致某些个人对知识形成私人垄断。另一些学者则在思想与它们的有体表达之间做出区分,并为现代的著作权概念进行辩护。[31]

但是,因为这些国家在本质上奉行的是神权政治,法律还保留着国家在其认为必要的时候,对所有出版物执行书报审查权,并且声称政府拥有广泛的自由裁量权,以就某一作者或发明人对其创造成果的权利设定限制条件与期限。例如,在伊朗,著作权的保护期限被设定为作者死后 30 年。国家接着在该作品上保留专有权 30 年,此后才可以由公众任意使用。而且,伊斯兰国家一般不对非本国国民提供著作权保护,尽管在阿拉伯国家之间已经签订了某些双边协定。在国际舞台上,伊斯兰法因此就倾向于持功利主义的立场,即国家利益高于任何关于作者或者发明人普世的自然权利观念。

在 20 世纪的最后几十年,一场围绕知识产权的性质和范围问题的

---

[30] Steven D. Jamar, "The Protection of Intellectual Property under Islamic Law", *Capital University Law Review* 21 (1992):1079 – 1106; Sayed Hassan Amin, *Law of Intellectual Property in the Middle East*. (格拉斯哥:Royston,1991)。

[31] 参见 Simon Buckingham, "In Search of Copyright in the Kingdom", *Middle East Executive Reports*,1988 年 5 月 8 日,并 Mufti Taqi Usmani, "Copyright According to Shariah", *Albalagh*, *an Islamic E-Journal* (2001 年 4 月 23 日)。

严重冲突在国际舞台上显露轮廓。一般说来,发展中国家——不仅包括中国、俄国和中东国家,而且包括非洲和南美洲国家——利用起源于孔多塞的功利主义主张,认为知识产权在本质上具有社会性,国家有权以公共利益的名义,限制其公民和其他人的个人权利。正如19世纪的美国所采用的那样,这种主张为这些国家拒绝承认非本国国民的著作权和专利权要求提供了合理性解释。相反,美国和西欧已经在其法理学传统中经历了一种转换,偏离18世纪知识产权平衡中的功利主义一端,转而对于作者与发明人独占性、商业性利用其创作与发明之普世的自然权利给予一种前所未有的强化。自20世纪70年代以来,美国和西欧国家越来越积极地利用贸易制裁和国际贸易协定,迫使发展中国家明确承认这种知识产权的观点。[32]

西方尤其是美国知识产权法的这种演变的后果,因为以下几个方面的原因,殊值担忧。最直接的是,在全球舞台上,在艾滋病药物、干细胞和民族植物学实践上存在的专利问题,具有伦理上的紧迫性。自然权利观的主导地位,导致了直接的病患受苦,也导致将地方知识据为己有,获取国际性收益。在全球舞台上的法律失衡,有可能让出口国获得垄断权力。同样重要的是,它使个人收益与公共利益之间的自由主义政治平衡面临危险,而这种平衡正是身处西方民主政治之中的知识产权法的基本目标。西方民主将来在文化和科学上的健康发展,有赖于在公众中复兴启蒙时代知识产权概念的鼓舞人心的使命:去除思想传播上的商业性垄断,在我们的公民之间自由地传播知识。

---

〔32〕 Alford, *To Steal a Book is an Elegant Offense*; Zachary Aoki, "Will the Soviet Union and the People's Republic of China Follow the United States' Adherence to the Berne Convention?" *Boston College International and Comparative Law Review* 13 (冬季号,1990):207-235;以及 Natasha Roit, "Soviet and Chinese Copyright: Ideology Gives Way to Economic Necessity", *Loyola Entertainment Law Journal* 6 (1986):53-71。

宋代的印刷事业与版权保护

叶 坦[*]

版权问题,具有知识产权保护的重大意义,一般认为中国的版权制是从西方输入的。版权属于西欧"文艺复兴"后的产物,与专利权、商标权一起合称"知识产权"。世界公认的第一部版权法,是1709年英国的《安娜法》,承认作者是受保护的主体。1910年的《大清著作权律》被认为是中国普遍保护作者权益的版权法。谈版权一定离不开印刷,西人以此与德国的谷登堡(J. g. Gutenberg)在十五世纪的欧洲应用活字印刷相联系。然而,中国是印刷术发明最早的国家,而且许多西籍承认印刷术自中国传入。书籍作为流通的商品且利润丰厚,在漫长的岁月中不进行版权保护,是无法想象的,也是非事实的。

在中国历史上,宋代印刷事业的划时代发展,表现在雕版印刷的普及与鼎盛、活字印刷术的创造发明,更重要的是印刷管理制度呈现出鲜明的时代特征,尤其是版权保护的史无前例,在中国乃至世界文明史上是一次革命,很有必要对此进行研究和阐释。为了阐明宋代的版权保护问题,有必要首先对其赖以产生的条件——宋代的印刷事业进行概述。

---

[*] 说明:此文原载《中国研究》(东京)1996年5月号,此稿出自《叶坦文集——儒学与经济》,广西人民出版社,2005年。

一、印刷历史悠久、规模宏大

概括地说,中国的雕版印刷(block printing)比欧洲早七百余年,活字印刷术(typography)比谷登堡早四百余年。中国雕版印刷起源于隋代的记载,有明人陆琛《河汾燕闲录》所记:"隋文帝开皇十三年十二月八日,敕废像遗经,悉令雕造。"唐代的雕版印刷现存实物中年代最早的,大概是1966年韩国东南庆州佛国寺释迦塔石塔内发现的《无垢净光大陀罗尼经》。此经也是世界现存最早的木板印刷品,七〇四至七五一年间刊行,比题为"咸通九年四月十五日王阶为二亲敬造善施",即印于八六八年的著名的《金刚经》早一百多年;比日本宝龟本百万塔《无垢净光根本陀罗尼经》(770年)等也早几十年[1]。文献记载如长庆四年(824年)诗人元稹为白居易《长庆集》作序,讲到扬州、越州有人将白居易及自己的诗"缮写模勒"出售,"模勒"即刊刻。不过,唐代印书尚未盛,五代冯道印五经,至宋印刷业方大为发展。

宋代是以"右文"政策著称的朝代,政府对文化事业予以鼓励,因而印书的发展十分惊人,据宋人洪迈《容斋随笔》记载:"国初承五季乱离之后,所在书籍印版至少",但到北宋中期,"濮安懿王之子宗绰,蓄书七万卷。……宣和中,其子淮安郡王仲㮣进目录三卷,忠宣公在燕得其中帙,云:'除监本外,写本、印本书籍计二万二千八百三十六卷。'观一帙之目如是,所谓七万卷者为不诬矣。"宋政府鼓励刻书,真宗时国子监有书板十余万,比宋初增加几十倍。神宗时解除书禁,许可印书,入南宋而极盛,十五路几乎无不刻书。据估计,宋代刻书当有数万部,

---

[1] 张秀民:"南朝鲜发现的佛经为唐朝印本说",《中国印刷年鉴》(1982—1983),第248页;上海新四军历史研究会印刷印钞分会编:《雕版印刷源流》,印刷工业出版社,1990年,第285—288页。

明人《朝野异闻录》记载,明代权相严嵩被抄家时,有宋版书六千八百五十三部。可惜今存宋版书不过千部,且多为残书复本[2]。

宋代官私刻印事业蓬勃兴旺,一些寺院也刻印经书,形成了许多出产精品或规模宏大的中心地,主要有京、浙、蜀、闽四大中心。京(开封国子监刻本称"北监本",杭州刻本称"南监本"等)、浙(如浙东西茶盐司本、浙东安抚使本、浙西提刑司本以及诸州、府、县本等)、蜀(如成都府刻本、眉山本等)、闽(如福建转运司本、建安漕司本等)。刻印规模十分惊人,宋初刻印《大藏经》,雕版十三万块,历时十余年。再如几部千卷之巨的大类书,其雕刻印制亦是十分可观之举。清人有"丛书之刻始于宋人"之论。[3] 私刻作坊有"书肆"、"书坊"、"书林"、"经籍铺"、"文字铺"等名称,大多为刻印经售一体的坊店,著名的如开封相国寺荣六郎书铺、杭州陈宅书籍铺、浙江金华双桂堂、婺州蒋宅崇知斋、四川眉山程舍、西蜀崔氏书舍、建阳麻氏书坊、麻沙刘氏宅、建安余氏万卷堂等等。

二、宋刻内容广泛、技艺精湛

大体说来,宋代官刻主要是历代经史典籍与官颁历书等,私刻则主要是名人诗文笔记稗史,也印日用书籍字画等,但如福建私坊也刻经史诸书。宋刊书籍内容广泛,经、史、子、集均有印刊,如《九经》、《十三经传注》、《道德经》、《十七史》、《资治通鉴》、《太平寰宇记》、《金石录》、《武经七书》、《太平御览》、《册府元龟》、《刑统》等;宋代统治者崇尚佛道,有宋一代多次刊印佛道经藏;历代文集的印行,不仅保存了大量的

---

[2] 参见张秀民:《中国印刷史》,上海人民出版社,1989年,第58页。
[3] 叶德辉:《书林清话》,卷8。

珍贵文献,而且传抄之书经刊印而成定本;此外各种专谱、医药、科技之书的印行,也是宋代印刷业的重要内容。元人称自印书则"无汉以前耳授之艰,无唐以前手抄之勤,读者事半而功倍",大大便利了文化传播。印刷术对于印染技术也有影响,南宋台州有"雕造花板印染斑缬之数凡数十片"的记述[4]。

值得注意的是,宋代印刷物还有报纸、纸币、茶盐钞引和印契、广告等等,雕版不仅有木板,还有铜版。中国报纸起源有各种说法,但唐代的《开元杂报》被认为是世界上最早的报纸,比一六〇九年德国出版欧洲最早的报纸,要早约九百年,《中国印刷史》扉页有此报的图录。宋代的官报"邸报"发行俨然有制[5],又有私出的小报和新闻[6]。据记载,宋报名称繁多,如"边报,系沿边州郡列日具干事人探报平安事宜,实封申尚书省院。朝报,日出事宜也,每日门下后省编定请给事判报,方行下都进奏院,报行天下。其有所谓内探、省探、衙探之类,皆衷私小报,率有泄漏之禁,故隐而号之曰新闻[7]"。一般视小报、新闻之名自宋为始。《武林旧事》、《西湖老人繁盛录》等,有记述"供朝报"、"卖朝报"为业者;苏东坡有"坐观邸报谈迂叟,闲说滁山忆醉翁"之句,王安石曾斥《春秋》为"断烂朝报"等等,证明宋报发行普遍。

最早的纸币也产生于宋代,印纸币需要精湛的工艺技能,而且宋代的纸币发行量很可观,纸币印制是宋代印刷技术水平的有力证明。北京历史博物馆现藏南宋印制会子"大壹贯文省"的行在会子库铜板。另外,一九八四年在安徽东至县发现了景定五年(1264年)贾似道发行

---

〔4〕 朱熹:《晦庵先生朱文公文集》,卷18《按唐仲友第三状》。

〔5〕 参见《宋史》,卷319《刘奉世传》、卷320《吕溱传》、卷352《曹辅传》等。

〔6〕 参见《中国印刷史》,第205—206页;戈公振:《中国报学史》,中国新闻出版社,1985年,第27页。

〔7〕 赵升:《朝野类要》,卷4。

的行在金银现钱关子铜板。茶盐钞引以及印契文书等的印制,也需要高超的技术水平,是民间契约关系的普及与金融信用的提高在印刷业中的反映。再就是广告的印制,更证明了宋代商品经济的发达。宋代的印刷广告,主要是私刻书籍"牌子"中诸如"精加校证"、"如履通衢"、"用是为诗战之具,固可以扫千军而降劲敌"等等促售的内容。所谓"牌子",即宋版书常有刊语,说明刊处或时间,有的还有价格等,从数字到数十字上百字不等,刊语外周环以墨围线,形成一"牌子"也叫"牌记",下述版权保护问题也与牌子相关。宋代书铺也刊广告,如杭州沈二郎经坊广告,不仅说明其印刷精良校对点句,而且讲明其用纸上乘,"望四远主顾,寻认本铺牌额"云云[8]。再如其他行业也有印广告的,北宋济南"刘家功夫针铺",就有铜板印刷的广告。

宋代刻书不仅刻工技艺精纯,而且纸墨装潢精美,书法精妙纸质坚润,蝶装黄绫开卷墨香。至今宋版印刷物之所以珍贵,一是历史悠久,二则物品精良,成为稀世珍品。明代《五杂俎》有如下记述:"所以贵宋板者,不惟点画无讹,亦且笺刻精好若法帖然。凡宋刻有肥瘦二种,肥者学颜,瘦者学欧。"宋体和仿宋体,今天依旧是印刷物中常用字体。不过,宋板并非无讹,宋人及明清诸学者多有评议。宋版书大体如当时人所议"今天下印书,以杭州为上,蜀本次之,福建最下[9]。"书籍避讳盛行于宋,辽、金避讳较少,元代不避讳,至清又大兴。

三、发明活字排版、印刷革命

有关中国的活字印刷术产生于何时,也有不同的说法。如清人叶

---

[8] 丁申:《武林藏书录》,卷末。
[9] 叶梦得:《石林燕语》,卷8。

德辉《书林清话》卷八中有"活字板印书之制,吾窃疑始于五代"之语,然而证据不够充分。现存可信的活字印刷术的重要史料,是沈括《梦溪笔谈》卷一八所记:"庆历中,有布衣毕昇,又为活板。其法用胶泥刻字,薄如钱唇。每字为一印,火烧令坚。先设一铁板,其上以松脂蜡和纸灰之类冒之。欲印,则以一铁范置铁板上,乃密布字印,满铁范为一板,持就火炀之,药稍熔,则以一平板按其面,则字平如砥。若止印三二本,未为简易;若印数十百千本,则极为神速。常作二铁板,一板印刷,一板已自布字,此印者才毕,则第二板已具,更互用之,瞬息可就。每一字皆有数印,如'之'、'也'等字,每字有二十余印,以备一板内有重复者。不用则以纸贴之,每韵为一贴,木格贮之。有奇字素无备者,旋刻之,以草火烧,瞬息可成。不以木为之者,木理有疏密,沾水则高下不平,兼与药相粘不可取,不若燔土,用讫再火令药熔,以手拂之,其印自落,殊不沾污。昇死,其印为予群从所得,至今宝藏。"

对于泥活字的实用问题,历来有不同的看法,或认为泥字不能印刷,或认为非泥而是石膏或锡类等等。事实上,泥字印刷有实证,据元初名儒姚枢之侄姚燧《牧庵集》卷一五《中书左丞姚文宪公神道碑》记,姚枢曾教其弟子杨古用沈氏活字版印朱熹的《小学》、《近思录》和吕祖谦的《东莱经史论说》诸书,并"散而之四方"。此事发生在一二四一至一二五〇年间。清道光十年(1830年)苏州人李瑶印《南疆绎史勘本》八十部,封面背后有"七宝转轮藏定本,仿宋胶泥板法印"篆文两行,凡例中有"是书从毕昇活字例"字样。安徽泾县秀才翟金生自造泥活字,于道光二十四年(1844年)印出《泥板试印初编》,清楚标明是泥字板,自称"泥斗板"或"泥聚珍板",现为北图收藏。又翟氏泥活字有被北京历史博物馆和中国科学院自然科学史研究所买到的。另外还有与翟氏同时的无锡、宜黄等地的人,用仿泥字印书的事例。此外泰安的徐志定,于一七一八年制作了磁活字,印行《周易说略》,封面题有"泰山磁版"字样[10]。

然而,有关宋代活字印刷的记载虽不少,如清代以来藏书目录中记录的有七八种宋活字本,但记述不一或难经推敲,可信的实证材料并不多,如《书林清话》著录的宋活字本,《天禄琳琅书目》记为普通宋版。淳本《璧水群英待问会元》有"丽泽堂活板印行,姑苏胡升缮写,章凤刻,赵昂印"的字样,但丽泽堂存于何时不能断定,另外有意见认为"淳"字为后补入者。宋本《毛诗》中《唐风·山有枢》篇内"自"字横排为活字板铁证,且书中避宋太祖名讳,"匡"、"筐"字缺笔,一般都认定是宋活字板。然而,有研究提出明活字本《世庙识余录》、《思玄集》中的"匡"字也都缺笔;而且宋本《毛诗》用蓝印,与此二书均同,而蓝印起于明。如此等等,确有一些疑点存在。

但是,宋版活字印书的证据还是有的。一条难以质疑的重要证据,是绍熙四年(1193年)周必大用活字自印《玉堂杂记》。周必大《周益文忠公集》卷一九八有绍熙四年与"程元成给事"札子,提到:"某素号浅拙,……近用沈存中法,以胶泥铜板移换摹印,今日偶成《玉堂杂记》二十八事,首台览。尚有十数事,俟追记补段续纳。"这段文字是毕昇活字应用的重要证明,最早由台湾学者黄宽重发现[11]。一一九三年印刷的此书,恐是迄今世界第一部有准确纪年的活字印刷之书。另外,在《书林清话》卷八中,叶德辉说:"吾藏《韦苏州集》十卷,即此板。其书纸薄如细茧,墨印若漆光,惟字划时若啮缺,盖泥字不如铜铅之坚,其形可想而知也。"这段史料也不易推翻。唐代韦应物此集,据考最早的校刻本为熙宁九年(1076年)、南宋绍兴二年(1132年)、乾道七年(1171

---

〔10〕 参见《中国印刷史》,第665—666页;杜石然等:《中国科学技术史稿》(下册),科学出版社,1984年,第22页。

〔11〕 黄宽重:《论南宋活字印刷史料及其有关问题》,1984年12月香港中文大学举办的国际宋史研讨会论文。

年)又有刻本,若如叶氏所见为泥活字印刷亦无不可能。近年,有一项新出土的文物对于活字印刷的考证很有价值,即一九九一年秋在宁夏贺兰拜寺沟方塔废墟发现的西夏文佛经《吉祥遍至口和本续》,其中不仅有单字倒排的情形,而且据考有木活字印刷的痕迹,此经被认为是西夏后期之物[12]。即在相当于南宋晚期的中国西部地区,也有用活字(甚至可能是木活字)印刷的实物存世。

入元后,活字印刷有了发展,王祯造木活字一套三万多字,还发明了轮盘拣字盘,提高排字效率。在一二九八年用了不到一月时间,印了他修的《旌德县志》百部,证明活字印刷大大提高了印书效率。他的《农书》卷二二记有《造活字印书法》,此文还说到以锡作字印刷的事,证明中国的金属活字亦早于西方。到明清,各种质地的活字印刷更加普及,至今保留下来不少珍品。活字印刷术的发明,使印刷"极为神速",对文化传播是一场革命。

印刷事业的普及,特别是活字印刷术的发明,随之而来的是政府对此加强管理,及印刷者对产品与利益的保护意识和措施。两宋政府先后颁布了一系列印刷管制法令,并出现了世界上最早的版权保护问题,在文化发展史上有着特殊的意义。

四、规定出版审查、书刊禁令

1. 规定出版审查制度。宋政府一再下令,重申"今后雕印文书,须经本州委官看定然后刊行","不经看验校定文书,擅行印卖,告捕条禁颁降其沿边州军,仍严行禁止","其他书籍欲雕印者,选官详定有益于学者,方许镂板。候印讫送秘书省,如详定不当取勘施行,诸戏亵之文

---

[12] 参见《文物》,1994 年第 9 期。

不得雕印，违者杖一百。"同时发布告赏之令，如为正"经术本源"而"诏立赏钱一百贯告捉，仍拘版毁弃"，私自刻印会要、实录"告者赏缗钱十万"，对"夜聚晓散传习妖法能反告者，赏钱五万，以犯者家财充[13]"。

2. 禁印奏议国史帝王字像。"大臣之奏议，台谏之章疏，内外之封事，士子之程文，机谋密画，不可漏泄。今为传播街市，书坊刊行，流布四远，事属未便。……严行禁止，其书坊见刊版及已印者，并日下追取，当官焚毁。"另外还禁令"凡议时政得失边事军机文字，不得写录传布。本朝会要、实录不得雕印，违者徒二年，告者赏缗钱十万"。另外"有摹刻御书字而鬻卖者，重坐之[14]"。又有"以历代帝王画像列街衢以聚人者，并禁止之"。

3. 禁刻学术"不正"之书。如柴宗庆刻印《登庸集》，因"词语僭越"被诏令"悉收众本，不得流传"。福建等地印苏轼、司马光文集，"诏令后举人传习元祐学术，以违制论；印造及出售者与同罪，著为令"。又如"风谕士子，专以语孟为师，以六经子史为习，毋得复传语录，以滋盗名欺世之伪，所有进卷待遇集，并近时妄传语录之类，并行毁版"。

4. 法令、天文、宗教、纸币等印刷禁令。政府颁布的法律敕令的权威也被刻书赢利之风所动摇。如宋仁宗时"知仁和县太子中舍翟昭应，将《刑统律疏》正本改为《金科正义》，镂板印卖，诏转运司鞫罪，毁其板"。此后又有"诏禁民庶传录编敕"等禁令。宋延续唐以来的规定"天文等书，悉已有禁"，但"奉法弛慢，私藏盗习"的情况时有发生，大观元年（1107年）七月十六日，诏令"一被告讦，讵误抵罪。可令诸路应系禁书，限一季首纳并与免罪，不首复罪如初"。天文历法之书，由国家统一印行。因民间"传习妖教"，多次诏令禁印"不根经文"、"妄诞妖

---

〔13〕《宋会要辑稿·刑法二》，以下凡出此不注。
〔14〕 李焘：《续资治通鉴长编》，卷193。

怪之言",流传的要"交纳焚讫"。纸币由国家发行后屡有禁私印之令,宋神宗时"立伪造罪赏如官印文书法",宋徽宗时规定"私造交子纸,罪以徒配",宋高宗"定伪造会子法",但私印纸币的事仍有发生[15]。

5. 禁止泄露军机。主要针对书刊中有边防军机内容和宋书流到辽金地界,宋政府禁约"商旅往来,因兹将带皇朝臣僚著撰文字印本传布往彼,其中多有论说朝廷防遏边鄙机宜事件,深不便稳,诏今后如合有雕版文集,仰于逐处投纳,附递闻奏,候差官看详,别无妨碍,许令开版,方得雕印。""国朝令甲雕印言时政边机文书者,皆有罪。"苏辙使辽,曾说:"本朝民间开板印行文字,臣等窃料北界无所不有。"说明书禁有名无实,因为"此等文字贩入房中,其利十倍[16]"。由于辽金广泛流传宋书,"其间不无夹带论议边防兵机夷狄之事,深属未便",因此诏令雕印书铺必须经过"看验校定",方许印行,"擅行印卖告捕条禁颁降其沿边州军,仍严行禁止,应贩卖藏匿出界者,并依铜钱法出界罪赏施行。"同时禁止书籍入境,沈括曾有"契丹书禁甚严,传入中国者法皆死"之说,政府规定"商贾许往外蕃,不得辄带书物送中国官"。

五、实施版权保护、史无先例

《书林清话》卷二有《翻板有例禁始于宋人》的条目,翻版就是翻刻盗印。从法令来看,中国自宋代确有版权保护的法令。北宋哲宗绍圣二年(1095年)正月二十一日,"刑部言,诸习学刑法人,合用敕令式等,许召官委保,纳纸墨工真(具?),赴部陈状印给,诈冒者论如盗印法。从之[17]。"这条史料说明北宋时已有"盗印法"。

---

[15] 《宋史》,卷181《食货志三》。
[16] 苏辙:《栾城集》,卷41《北使还论北边事札子》。
[17] 《宋会要辑稿·刑法二》之四〇。

从实物来看，现存宋代书籍中有三例刊记可以证实版权问题。一是眉山程舍人宅刊本《东都事略》，其牌记有："眉山程舍人宅刊行，已申上司，不许覆板。"这就相当于"版权所有，不准翻印"。书刊何时不详，据《中国印刷史》记为绍熙（1190—1194年）刊印，据考此书曾于淳熙十二年（1185年）因洪迈修《四朝国史》而进呈朝廷[18]，总之恐是最早的版权保护施行记录。《书林清话》及清代大藏书家陆心源《皕宋楼藏书志》、丁丙《善本书室藏书志》均有记载。

另一例是建安祝穆编刊《方舆胜览》自序中有如下记载：

"两浙转运司录白，据祝太傅宅干人吴吉状，本宅见雕诸郡志，名曰《方舆胜览》及《四六宝苑》两书，并系本宅进士私自编辑，数载辛勤。今来雕版，所费浩瀚，窃恐书市嗜利之徒，辄将上件书版翻开，或改换名目，或以《节略舆地胜纪》等书为名，翻开搀夺，致本宅徒劳心力，枉费钱本，委实切害，照得雕书，合经使台申明，乞行约束，庶绝翻版之患。乞榜下衢、婺州雕书籍处，张挂晓示，如有此色，容本宅陈告，乞追人毁板，断治施行。奉台判备榜须至指挥。

右今出榜衢、婺州雕书籍去处，张挂晓示，各令知悉。如有似此之人，仰经所所属陈告追究，毁板施行，故榜。

　　嘉熙贰年拾贰月（空两格）日榜
　　　衢、婺州雕书籍去处张挂
　　　转运副使曾（空六格）台押

福建路转运司状，乞给榜约束所属，不得翻开上件书板，并同前式，

---

[18] 此件见台湾"国立中央图书馆"编：《"国立中央图书馆"宋本图录》，台北中华丛书委员会，1958年，第123—124页。《中国印刷史》第85页记此书刊于绍熙年间。关于此书进呈朝廷的具体时间，另一说为淳熙十四年（1187年），但是进呈之书不一定是刊印本，总的看来此书的刊印大致在1190年前后，说明这时民间印书已有刊记"不许覆板"的。

更不再录白[19]。"证明印书之人为了保护自己的经济利益,可以申明官府"庶绝翻版"。

再一例是贡士罗樾刊印段昌武《丛桂毛诗集解》前有行在国子监禁止翻版的公文:

"行在国子监据迪功郎新赣州会昌县丞段维清状,维清先叔朝奉昌武,以《诗经》而两魁秋贡,以累举而擢第春官,学者咸宗师之。山罗史君瀛,尝遣其子侄来学,先叔以毛氏诗口讲指划笔以成编。本之东莱《诗记》,参以晦庵《诗传》,以至近世诸儒一话一言,苟足发明率以录焉,名曰《丛桂毛诗集解》。独罗氏得其缮本,校雠最为精密。今其侄漕贡樾,锓梓以广其传。维清窃惟先叔刻志穷经,平生精力毕于此书,倪或其他书肆嗜利翻板,则必窜易首尾增损音义,非惟有辜罗贡士锓梓之意,亦重为先叔明经之玷。今状披陈,乞备牒两浙、福建路运司备词约束,乞给据付罗贡士为照。未敢自专,伏候台旨。呈奉台判牒,仍给本监。除已备牒两浙路、福建路运司备词约束所属书肆,取责知委文状回申外,如有不遵约束违戾之人,仰执此经所属陈乞,追板劈毁,断罪施行。须至给据者。

右出给公据付罗贡士樾收执照应。淳祐八年七月(空一格)日给[20]。"

综上,北宋时有"盗印法",主要为保护政府印刷物的权威性,除了刑法书外,大概纸币等也在此之列。三例刊记都是南宋私刻书籍请官府出面,行使版权保护。保护的主要是出版者的经济利益,但也包括作

---

[19] 此件见于日本书志学会编:《图书寮宋本书影》,东京,1936年。咸淳本《新编方舆胜览》录嘉熙二年(1238年)两浙转运司、咸淳二年(1266年)福建转运司禁翻刻告白原文,《书林清话》卷二录嘉熙文,与此件文字稍有不同,如记《方舆胜览》、《四六宝苑》外,还录《事文类聚》"凡数书"云云。

[20] 此件据张金吾:《爱日精庐藏书志》,台北文史哲出版社,1982年,第96—97页。《书林清话》卷2录此文。

者的著作权益。处罚的方式如"追人毁板"、"追板劈毁"等,是很严厉的。但一书之版权需个别申明,又说明宋代的版权保护还未成普遍的定制,然而自此开启了中国版权保护之先河。《书林清话》卷二记:"此风一开,元以来私塾刻书遂相沿以为律例。"如元黄公绍《古今韵会举要》的牌记中有"已经所属陈告,乞行禁约"。这在文化发展史上是具有重要意义的。

六、增强版权意识、保护权益

上述规定和记载,虽然证明了宋代版权的存在,但人们的版权意识以及实际中的权益保护情形如何呢? 一方面,政府颁布的各种印刷禁令往往不能有效实施,所以要屡屡下令;另一方面,盗印翻版的确有利可图,从而保护版权的意识和行为也就客观存在。

例如,洪迈在淳熙十四年(1187 年)拜见宋孝宗,孝宗提及读了他写的《容斋随笔》,但他全然不知,"退而询之,乃婺女所刻,贾人贩鬻于书坊,贵人买以入,遂尘乙览"。说明不经作者同意而盗刻印卖的事是存在的。洪迈没有追究,因为得皇帝圣览,"书生遭遇,可谓至荣[21]",反而鼓励他继续写续集。不过,别人并非都有这样的荣幸,比如,大名鼎鼎的朱熹,写了《四书问答》,但因无暇订正重编而"未尝出以示人",而"书肆有窃刊行者",朱熹"亟请于县官,追索其版[22]"。这反映了他有明确的著作保护权益观念。再一个例子是,有人作《和元祐赋集》假冒范浚之名,刻印散卖,被范浚知道后,为保护自己的权益,范浚告到官府,"移文建阳破板[23]"。从这些事例中可以看出,南宋时的版权意识

---

[21] 《容斋续笔》,卷1《序》。
[22] 《四库全书总目》,卷35。
[23] 《香溪集》,卷16《答姚令声书》。

与保护版权的实际行动已经产生,这是将印刷书籍的经济利益与精神权益的保护,从规范、要求向具体操作发展的过程,证明中国宋代保护知识产权已有一定的法制建设和社会基础。

　　本文对宋代印刷事业及其管理措施的阐述,说明在远早于西方的古代中国,由于文化的发达和法制的发展,尤其是官府保护著作人与印刷者的权益,以及民间的版权保护意识与实际应用,在世界文化发展史中,写下了光辉的一页,是将古典文明向近代科学推进的重要一步。证明中国自古即有保护知识产权的历史,即有尊重知识和文化的传统。当然,我们不能用九百年后今天的标准,来苛求宋代法律制度的完善性和宋人法律意识的健全性,这也是基本的常识。

作为一项人权的著作权[*]

保罗·L.C.托尔门斯[**]著

肖尤丹[***]译

一、概说

著作权、知识产权与人权的互动关系其实并非一个新出现的现象，而是一直都存在的一种客观情况。本文将表明这种互动关系的起源可以追溯到很久以前，并且这个相互关系也是这两类权利的基本属性，但至少在英国这一现象是新近才受到注意的。新近对于这一问题的关注毫无疑问是受到了以1998年《人权法案》(*Human Rights Act* 1998)为形式的"权利法案"(Bill of Rights)制定的直接影响，1998年《人权法

---

[*] 本文选译自保罗·L.C.托尔门斯教授主编的《著作权与人权——表达自由、知识产权与隐私》(Kluwer法律国际出版社，2004年6月)一书的第一章。《著作权与人权》一书是首部系统分析新近出现的知识产权与人权问题的作品。

[**] 保罗·L.C.托尔门斯教授现为英国利兹大学法律系商法教授，商法理论与实践研究中心主任；英国根特大学法律系国际私法讲座教授；世界知识产权组织研究院导师、顾问；法国罗伯尔·舒曼—斯特拉斯堡大学法律系与专利权国际研究中心客座教授；意大利都灵大学知识产权专业课程客座教授。托尔门斯教授编著了多本知识产权专业教材，例如《霍尼尤科与托尔门斯论知识产权》，并且主编了一系列讨论知识产权前沿问题的论文集，例如《新数字环境下的著作权》、《著作权与人权——表达自由、知识产权与隐私》等。

[***] 中国人民大学法学院博士研究生，中南财经政法大学知识产权研究中心研究人员。

案》得英国法律体系更加敏锐地关注到人权保护的问题。但是,在宏观国际环境下著作权、知识产权和人权事实上在很长的一段时间内都是相互独立发展的。[1]两个学科几乎是毫无关联地各自发展,似乎都只是站在自己的立场上发展而并没有为对方的发展起到任何明显的作用。通过对绝大多数的著作权、知识产权法律文件的考察,我们发现,在这些法律文件中几乎找不到[2]任何与人权问题有关的参考资料,同样在大多数的人权法律文件中也难以发现任何涉及著作权、知识产权的内容。那也就是说,虽然人权与著作权、知识产权的关联互动不是新现象,但它确是在最近几年才受到学界青睐的研究领域。[3]

目前,在对人权与著作权、知识产权关联互动的研究中主要采用了以下两种研究进路。[4] 其一,基于权利冲突模式,将著作权、知识产权

---

[1] L. R. Heifer, Human Rights and Intellectual Property: Conflict or Coexistence?, *in Minnesota Intellectual Property Review* 5 (2003) 47 – 61,可见于 http://mipr. umn. edu/archive/v5nl/ Helfer. pdf, Loyola-LA Public Research Paper No. 2003 – 27;Princeton Law & Public Affairs Working Paper No. 03 – 15,p. 3。

[2] P. B. Hugenholtz, Copyright and Freedom of Expression in Europe,载于 R. Cooper Drcyfuss, D. Leenheer Zimmerman and H. First, *Expanding the Boundaries of Intellectual Property: Innovation Policy for the Knowledge Society*, Oxford University Press (2001),343 – 363,at 350。

[3] 例如对比 J. A. L. Sterling 所著的 *World Copyright Law* (Sweet & Maxwell (2003)出版)中关于"处理方法的扩展"部分和该书第一版(1999)的内容。同时还可对比 G. Schricker (ed.), Urheherrecht: Kommentar, Verlag C. H. Beck (2nd ed., 1999), § 97, Nos. 19 – 25,第 1500—1504 页;与 P. B. Hugenholtz, *Copyright and Freedom of Expression in Europe*,载于 R. Cooper Drcyfuss, D. Leenheer Zimmerman and H. First, *Expanding the Boundaries of Intellectual Property: Innovation Policy for the Knowledge Society*, Oxford University Press (2001),343 – 363,351 页中所涉及的例子;以及 M. Vivant, 'Le droit d'auteur, un droit, de l'homme?', in RIDA 174 (Revue Internationale du Droit d'Auteur) (1997) 60.

[4] L. R. Heifer, Human Rights and Intellectual Property: Conflict or Coexistence?, in *Minnesota Intellectual Property Review* 5 (2003) 47 – 61. 可见于 http://mipr. umn. edu/archive/v5nl/Helfer. pdf;Loyola-LA Public Research Paper No. 2003 – 27;Princeton Law & Public Affairs Working Paper No. 03 – 15,p. 1 – 2。

视为与人权发生根本性冲突的权利范畴。持这一观点的学者认为知识产权的强保护必然侵害到人权,特别是与经济、社会和文化相关的基本人权。这种根本性的冲突使得人权与知识产权水火不相容,当发生冲突时只能通过确定人权的权利优位来得以解决。这一解决方法之所以得到支持的原因主要是在规范性概念中人权比知识产权更为基础、更加重要。[5] 一般认为这一研究进路主要集中考察特殊情形下某些特定知识产权形式所带来的现实影响,这一考察方式可能过分强调了权利冲突,而没有在更高的层面上对两者关联性基本因素的作用和属性进行全面广泛的研究。而第二种方法则正是通过这一更大范围的考察来研究知识产权与人权的互动关系。基于这一角度,无论是知识产权还是人权,其实均在相同的基础性问题上进行了平衡。一方面,需要明确界定私有绝对性权利的范围,通过授予作者专属性权利来鼓励他们进行创作,在更高层次上对他们为社会所做出的创造性贡献给予肯定,并以适当、有效的方法来实现权利授予的激励与认可机制。同时,在另一方面,也存在着社会公众需要充分获得作者创作成果的广泛社会利益。无论是知识产权法,还是人权法,都试图平衡公权力与私权利,以消弭权利间的冲突。但是,两个法律部门都难以独自制定出完全一样的衡平方法以适用于所有的情况,因而对于两者的关系而言,应当是一种相容关系而非同一关系[6] (There is therefore a compatibility between

---

[5] 例如参见联合国经济与社会理事会人权委员会促进与维护人权小组委员会 2000/7 关于知识产权与人权的决议(E/CN.4/Sub/2/2000/L.20)绪言第 11 条以及 R. Howse and M. Mutua, *Protecting Human Rights in a Global Economy: Challenges for the World Trade Organization*, International Centre for Human Rights and Democratic Development, Policy Paper (2000), at 6。

[6] 参见联合国经济与社会理事会人权委员会促进与维护人权小组委员会,第 52 次会议临时议程第 4 项,《经济、社会与文化权利——〈与贸易有关的知识产权协定〉对于人权的影响》(*Economic, Social and Cultural Rights—The Impact of the Agreement on Trade-Related Aspects of Intellectual Property Rights on Human Rights*),最高专员报告,E/CN.4/Sub/2/2001/13,第 5 页。

them, rather than a consensus.）。

本书的其他文章将就知识产权与人权互动关联的各方面展开详细的论述。而本文则主要希望考察是否能按照上文所述的两种研究进路和模式将关联互动中的知识产权与人权视为两套完全不同的权利体系。可能我们忽略了其他一些将知识产权特别是著作权视为人权的方法，因而我们需要在国际和国内层面上来考察著作权是否真的被视为一种人权。另外，针对上述考察的结论，我们都还需要分析这一结论是著作权的整体性体现还仅是著作权某些特定方面的反映；如果是整体性的体现，那么这种整体性体现是不是在其任何特定方面均有反映。无论上述分析的结果如何，都将会引导我们进入到这样的思路上，即必须回到关于知识产权和人权互动关系的基本问题上来。无论我们的结论是否和前述关系理论相一致，这个基础性的问题都必须得到解答。如果关联理论涉及了利益间的平衡，那么我们必须明确这种平衡在哪里发生并且是怎么样进行衡量的，进而还必将面对利益平衡能否发生在为我们广泛认可的人权体系（portfolio）中的问题。现在让我们先来解决第一个问题：在国际条约中是否有将著作权视为人权的相关迹象与暗示。

二、国际条约语境下著作权的人权属性

我们先暂时将法律的概念放在一边来思考一下真正的起点。广义而言，这里主要涉及独创作品、思想创意和文化遗产等对社会具有特别价值的内容。因而，社会公众发现为这些内容的创造者提供某些形式的保护将有利社会发展。以实际占有的方式保护有体物的利益，随后法律以财产权的法定形式确认这一实际占有。无论是谁生产并且占有了特定物都将获得对于这一特定物的财产权。同样，对作品的保护也

延续了有体物财产权的保护模式。但是由于这些作品的非物质性属性[7]使得有体物实际占有的事实要件无法实现,进而无法满足构成财产权的基本要求。为了达到上述目的,法律将知识产权作为法律拟制(legal fiction)的产物进行创设。需要特别注意的是,社会和法律制度对于作品所采取的保护方法就是将其转化为一种财产权进行保护。对于任何财产而言,其后都存在着所有人,而对于法律拟制的财产——著作权所保护的无形财产背后并没有如有体物财产那样的占有关系和占有者,而是将创造者和作者置于了与所有人相同的地位。在人权概念的语境下这同样是相当重要的。除了上面针对著作权保护模式而采取的明显制度借鉴外,对于财产权和人格权的人权内容的争论也同样需要解决。[8]

对于财产权利来源的创作行为和其创作者的重要性,同样为现代人权框架的创始人之一的勒内·卡森先生(Rene Cassin)所强调。他认为,从事作品创造所凭借的智力和创造性能力、欲望是全人类都具有的。因而,这种创作能力和欲望理应获得和其他人类普遍具有的基本能力同样的尊重和保护。这也就意味着,创作者仅需依靠他们的创作事实就能够主张权利。然而,这种宽泛的提法却难以清楚地表明那些权利是不是人权,而且对于是否需要对所有的创作行为都给予保护、是否一定需要采取授予某种绝对权的形式来保护,这一说法也并没有明确的观点。[9] 下面的分析正是由此展开。

---

[7] 它们确能与其物质载体相分离。

[8] 参见 A. R. Chapman, Approaching Intellectual Property as a Human Right (obligations related to Article 15(1)(c)) \in Copyright Bulletin Vol. XXXV, No. 3 (2001),4 – 36. at 5。

[9] R. Cassin, L'integration. parmi les droits fondamentaux de l'homme, des droits des créateurs des oeuvres de l'esprit. in Melanges Marcel Plaisant: Etudes sur la propriété industrielle, littéraire et artistique, Sirey (1959). at 229 and M. Vivant, ' Le droit d'auteur, un droit de l'homme?', in RWA 174 (1997) 60, at 87.

(一)《世界人权宣言》

《世界人权宣言》第 27 条第一次在国际条约中将著作权确认为一项人权。[10] 依照该条规定,"人人对由于他所创作的任何科学、文学或美术作品而产生的精神的和物质的利益,有享受保护的权利"。同时,本条的另一款规定也同样重要,即"人人有权自由参加社会的文化生活,享受艺术,并分享科学进步及其产生的福利"。

第 27 条第 1 款的规定有着清晰的历史渊源。《世界人权宣言》起草于第二次世界大战刚刚结束的三年内,科学技术以及宣传活动,在战争中都被那些最终战败的邪恶之徒滥用于残暴的图谋。因此人们认为必须阻止这种滥用在今后再次发生,而最佳的解决方法就是通过公约确认人人皆有分享福利的权利,同时对做出有益贡献的人给予保护。《世界人权宣言》第 27 条所创设的一系列的权利和主张由此被认为是基于人类共同的良知本性而做出的,为所有人普遍地、既得地享有,这一起草进程本身就体现人权的本质。在此需要提到的是,《世界人权宣言》中所规定的人权已经为各国惯例与法律体系所承认并予以保护。作为首要的法律准则,各国都通过实际措施来落实保障和维护人权的责任。由于政府通常被假设为会蓄意干涉影响普遍个性的利益,由此,这种责任主要应由政府来承担。[11] 此外,"由于人权是一项普世权利,那么对她的保护在一定程度上就应当特别偏重于使那些处于最

---

[10] 参见 J. A. L. Sterling, World Copyright Law, Sweet & Maxwell (2nd ed., 2003), p. 43。

[11] 参见 J. W. Nickel, Making Sense of Human Rights: Philosophical Reflections on the Universal Declaration of Human Rights, University of California Press (1987), p. 3。

弱势地位的人们获得福利"[12]，而不应只为那些具有社会优势地位的人群所享有。作为为所有人所享有的福利——知识财产的利用同样不仅仅在于使某些人获得某些经济利益的能力，如通过利用知识财产得到更好的产品和服务。享受艺术、参加社会的文化生活，则显然是一个更为广泛的范畴，包涵更多的内容并涉及分享因素中的所有层次和阶段。

　　让我们再回到第27条的第二款规定。这一条款并不是作为保障第一条适用的附属条款，它创设了一项如同保护物质利益一样保护精神利益的权利。《世界人权宣言》第27条第2款和著作权法一样，明确对创作者和作者的精神权利和物质权利予以保护，这就应当被视为将著作权上升到了人权的高度，或者可以更确切地说，这一条款承认了著作权的人权地位。第27条第2款的规定主要源于以下两大影响因素。其一，就是法国代表团"二元目的"（double focus）的原始建议。一方面强调保护作者的精神权利，并以此为核心保护作者控制作品修改的能力，从而阻止对作品和创作的滥用与歪曲；另一方面，承认作者或创作者享有就其创作活动和成果获得某种形式报酬的权利。[13]　其二，宣言起草委员会中的墨西哥和古巴委员也认为有必要在《世界人权宣言》中采用与当时刚刚生效的《美洲人的权利和义务宣言》宗旨相一致的相似规定。[14]《美洲人的权利和义务宣言》中涉及知识产权问题的

---

　　[12]　A. R. Chapman, A Human Rights Perspective on Intellectual Property, Scientific Progress, and Access to the Benefits of Science, 世界知识产权组织关于知识产权与人权的小组讨论（1998年11月8日），第2页。可访问 www.wipo.org。

　　[13]　参见 J. Morsink, The Universal Declaration of Human Rights: Origins, Drafting and Intent, University of Pennsylvania Press (1999), at 220。

　　[14]　参见 A. R. Chapman, Approaching Intellectual Property as a Human Right (obligations related to Article 15 (·1) (c)) \in Copyright Bulletin Vol. XXXV, No. 3 (2001), 4 – 36. at 11。

第13条做出如下规定：

"人人有权参加社会文化活动，享受艺术和分享知识进步特别是科学发现所产生的福利。同样，人人对由于他所创作的任何科学、文学或美术作品而产生的精神的和物质的利益，有享受保护的权利。"[15]

尽管这些影响因素清楚明确，然而是什么样的力量促使那些委员投票赞成采用目前《世界人权宣言》第27条第2款的表述方式尚难以完全厘清。我们所知道的就是，那些在开始阶段就极力反对这一表述的批评意见，如知识产权很难被恰当地认为是一项人权或者知识财产通过财产权的一般保护已经获得了足够的保护，最终被持赞成意见的一派成功否决。持赞成意见的委员们认为精神权利值得并且需要获得保护，该保护符合基本人权的标准。而且他们也意识到需要推动发展中的著作权国际化趋势，保护精神权利在这方面能够扮演重要的角色。[16]

当然这并不足以使得著作权能够消除对其作为人权的质疑。在理论上说，它们并未对此起到太大的帮助，实际上作为联合国大会的动议——《世界人权宣言》在本质上也仅是建议性、期望性的文件。基于《世界人权宣言》的本质属性，最初成员国一般并没有必须执行它的义务，但《世界人权宣言》目前已经逐步成为习惯国际法（国际惯例）和人权规范，并取得了最权威的法律渊源地位。尽管涵盖着著作权的经济、社会和文化权利相较其他基本民权和政治权利依然处在薄弱的位置，但《世界人权宣言》地位的变化却极大地提升了著作权作为一项人权

---

[15]《美洲人的权利和义务宣言》由1948年3月20日至5月2日在哥伦比亚首都波哥大召开的美洲国家组织第9次国际会议批准通过，《美洲国家组织第9次国际会议最终决议》，第38—45页。

[16] J. Morsink, The Universal Declaration of Human Rights: Origins, Drafting and Intent, University of Pennsylvania Press (1999), at 221.

的地位。[17] 对于第 27 条内容的确切区分也并不是始终清晰的[18]，但明确的是如果著作权是一项人权，那么在起草中就相互关联的第 27 条第 1 款和第 2 款所表达的不同观念之间必须找到某种平衡。然而，内国法院在很多情况下却是使用该条的观念来保护作者的利益。[19] 例如，在巴黎上诉法院一份于 1959 年 4 月 29 日所做的判决中，法院基于对《世界人权宣言》第 27 条第二款的理解，授予一位英国人 Charlie Chaplin 就其精神权利在法国享有和法国公民同样的权利，当时这位英国人希望阻止他人未经许可向他的一部电影作品中加入一段声音。[20] 同样的情况也发生在类似未经许可将色彩擅自加入电影而引发的诉讼中，如 John Huston 诉 Asphalt Jungle saga 案的一审判决中，第 27 条第二款的规定对于法官肯定作者地位和作者精神权利都起到了举足轻重的作用。[21] 同时需要说明的是，上述两案主要在于处理作者的精神权利，但在著作权内容中除了精神权利外还有经济性权利。《世界人权宣言》第 27 条的规定内容实际上就既包括精神权利也包括经济性权利，因此，实际上该条规定能够完全适用于整个著作权权利内容。

---

[17] A. R. Chapman, A Human Rights Perspective on Intellectual Property, Scientific Progress, and Access to the Benefits of Science, 世界知识产权组织关于知识产权与人权的小组讨论（1998 年 11 月 8 日），第 7 页。可访问 www.wipo.org。

[18] R. Cassin, L'intégration, parmi les droits fondamentaux de l'homme, des droits des créateurs des oeuvres de l'esprit, in Melanges Marcel Plaisant: Etudes sur la propriété industrielle, littéraire et artistique, Sirey (1959), at 225.

[19] 参见 F. Dessemontet, Copyright and Human Rights, in J. Kabel and G. Mom, Intellectual Property and Information Law: Essays in Honour of Herman Cohen Jehoram, Kluwer Law International (1998), Vol. 6. Information Law Series. 133 – 120。

[20] Société Roy Export Company Establishment et Charlie Chaplin c/. Société Les Films Roger Richebe, in RIDA 28 (1960) 133 and Journal du Droit International (1960) 128. annotated by Goldman.

[21] Tribunal de Grande Instance de Paris, judgment dated 23 November 1988, in RIDA 139 (1989) 205, annotated by Sirinelli, and *Journal du Droit International* (1989) 1005, annotated by Edelman.

（二）《经济、社会和文化权利国际公约》

《经济、社会和文化权利国际公约》往往被视为《世界人权宣言》的后续成果。更为重要的是，该公约采用了国际条约的形式，从而使缔约国执行其规定成为强制性的法定义务，公约第15条非常明确地指出此点，并规定缔约国需要以如下方式承担义务、采取步骤：

"二、本公约缔约各国为充分实现这一权利而采取的步骤应包括为保存、发展和传播科学和文化所必需的步骤。

三、本公约缔约各国承担尊重进行科学研究和创造性活动所不可缺少的自由。

四、本公约缔约各国认识到鼓励和发展科学与文化方面的国际接触和合作的好处。"

上述义务适用于保障公约第15条第一款所规定的实体权利，这些实体权利几乎完全源自《世界人权宣言》第27条的规定，即人人有权：（甲）参加文化生活；（乙）享受科学进步及其应用所产生的利益；（丙）对其本人的任何科学、文学或艺术作品所产生的精神上和物质上的利益；享受被保护之利。鉴于公约中没有对财产权加以规范的条文，第15条的规定无疑就显得愈发重要。而在《世界人权宣言》中，财产权始终被明确视为较强的、较明显的人权，并涵盖了绝大多数的知识产权问题。

如果我们更详细地了解公约第15条第1款第3项所包含的实体规定，我们会发现其目的显然在于要求缔约国保护作者和创作者的精神和物质利益。[22] 因而，该项规定在本质上要求缔约国将著作权视为

---

[22] A. R. Chapman, A Human Rights Perspective on Intellectual Property, Scientific Progress, and Access to the Benefits of Science, 世界知识产权组织关于知识产权与人权的小组讨论（1998年11月8日），第15页。可访问 www.wipo.org。

一种人权,并且采用合理的保护制度维护作者和创作者的利益。[23] 至于缔约国具体采用何种法律保护形式,公约并未予以约束。然而,将著作权置于其中的人权体系对此却有一些强制性原则:

——著作权必须符合大多数人权条约和规范对于人类尊严所作的理解。

——与科学有关的著作权必须促进科学发展并允许获得由此带来的利益。

——著作权制度必须尊重科学研究和创作活动所必需的自由。

——著作权制度必须鼓励科学、文化领域内的国际交流与合作。[24]

在了解这一体系时,不能忽视其杂乱和烦扰的起源。众多涉及知识产权的公约提议都遭受到了激烈的批评,其中一些提议甚至被驳回。然而,一旦没有包含知识产权条款的公约草案被提交进一步讨论,涉及知识产权的新提议就会立即被呈交。最终,一份囊括知识产权条款的《经济、社会和文化权利国际公约》以 39 票赞成、9 票反对、24 票弃权的投票结果获得批准通过。[25] 然而公约在其获得通过的数年后,即 1976 年 1 月 3 日才正式生效。[26]

回顾将著作权纳入人权体系的条约以及它们形成的历程是非常有

---

[23] 也可参见 A. Bertrand, *Le. droit d'auteur et les droits voisins*, Dalloz (2nd ed.,1999), at 81.

[24] A. R. Chapman, A Human Rights Perspective on Intellectual Property, Scientific Progress, and Access to the Benefits of Science,世界知识产权组织关于知识产权与人权的小组讨论(1998 年 11 月 8 日),第 13 页。可访问 www.wipo.org。

[25] M. Green. Background Paper on the Drafting History of Article 15(1)(c) of the International Covenant on Economic, Social and Cultural Rights, submitted for the Day of General Discussion on Article 15(1) of the Covenant, 9 October 2000, E/C. 12/2000/15, at 8 – 12.

[26] 《经济、社会和文化权利国际公约》,993 UNTS 3, GA Res. 2200(XXI),21 UN GAOR 附件(第 16 号),第 49 页,编号:UN Doc. A/6316 (1966),1966 年 12 月 16 日被采纳。

必要的,因为知识产权学界特别是版权界往往非常容易忽视著作权这一方面的问题。但是,人们也不能仅仅将这一历程视为一种历史偶然,而应该试图从中确定针对著作权的含义和从其推导出来的结论。首先需要注意的是著作权获得人权地位的能力相对较弱,从将其纳入国际人权条约中所引发的高度争议就可见一斑。而且,对于最终包含了著作权和知识产权内容的多数条文而言,也都只是将著作权和知识产权内容视为实行和保护其他更重要人权的工具,才将其纳入条文内容之中的。第二个论断的提出源于第一个论断,规范著作权和知识产权的条文中所涉及的诸多因素都是相互关联的,例如将作者和创作者的权利视为保障文化自由、参与科学发展并且从中获益的基本前提。事实上作者和创作者的权利也同样能够不以辅助的身份而独立存在。第三个论断进一步阐述这一关系,即著作权和知识产权并不仅是前提条件。不但促进文化参与、获得科学进步所带来的利益需要著作权和知识产权,同时它们还能够保障国际人权条约中其他相关条文所涉及的内容获得尊重和推动。在这个意义上,作者和创作者的权利不仅不会阻碍,而且还能鼓励、促进人们参与文化活动并获得和分享科学进步的成果。第四个论断,即国际人权条约均采取相同的方法对著作权和知识产权问题予以规定。[27] 它们都未对著作权的范围和限制作出规定,著作权的实体问题都交由各国立法自行决定。[28]

在这里需要指出的是,只有当某种前规范性权利要求(pre‐normative state of a claim)转变为社会所认可的规范性权利时,我们才能使

---

[27] A. R. Chapman, Approaching Intellectual Property as a Human Right (obligations related to Article 15(1)(c)), in Copyright Bulletin Vol. XXXV, No. 3 (2001), 4 – 36. at 13.

[28] 参见 H. Schack, Urheber- und Urhebervertragsrecht, Mohr Siebeck (1997), at 40。

用"人权"一词。这一规范性权利必须和现有的规范秩序相一致,并且还需要体现一种基本自由,比如更有利于个体发展的基本社会地位。最后这一规范性权利还需要被视为普世价值(being of universal reach)。[29] 广义地讲,著作权似乎符合上述要求,而且以此为基础将其包含在国际人权条约中似乎也是合理的,但现在仍存在的问题是,在著作权法律实务中如何能真正地使其符合所有要求。

权利和利益的平衡是一个常常出现的问题,对于这个问题的认识似乎非常有利于了解如何使著作权起到人权的作用。两种类型的平衡都是很有必要的。一类平衡发生在著作权内部,主要涉及作者和创作者私益与更广阔的社会公共利益的平衡[30]。下面我们将着重阐述这一平衡。在此之前我们必须认识到作为人权的著作权只是国际人权条约中的一部分,显然它必须也是和其他人权相联系的。另一类平衡就是权利间的平衡。与前一种平衡相比较,它具有难以忽视的不同属性,我们仍将在稍后部分做出分析。

三、私人权益与公共利益的平衡

(一)亟须建构的平衡规则

正如奥德丽·查普曼所指出的:

"为了符合第15条(《经济、社会和文化权利国际公约》)的全部规定,任何知识产权制度给予的保护模式和水准,必须有助于推动和促进参与文化生活和科学进步,并且实现这一切的方式是使

---

[29] M. Vivant, "Le droit d'auteur. un droit de l'homme?", in RIDA 174 (1997) 60. at 73.

[30] 参见 J. A. L. Sterling. World Copyright Law, Sweet & Maxwell (1998). p. 40.

社会成员在个人和集体层面上广泛受益。"[31]

这里所要强调的是在更广泛层面上的社会公共利益,但是任何程度的知识产权保护都是将权利给予个体的权利人。作者、创作者乃至著作权人的私人利益都是平衡等式中必不可少的组成部分。无论是由于过强的私人权利必然危害到社会整体利益,还是因为过强的社会利益必然危害到私人权利,利益间的均衡都将被打破。[32] 公共利益与私人利益间的平衡并非著作权或者其他知识产权的外部问题,相反这种平衡已经被著作权内化并且成为其基本属性的一部分。[33] 因而,著作权与这对利益平衡联系异常紧密。[34] 一方面,需要保护作者的私人权益用以鼓励更多的创作,那么这就必然需要赋予作者对于其作品享有一定的使用、收益的绝对权利;另一方面,又必须保护公众对于文化分享和作品获取的社会公共利益,以利社会的发展与进步。

我们需要找到一种平衡以降低授予没有限制的垄断性财产权利而带来的问题,这种平衡同样也蕴涵于《经济、社会和文化权利国际公约》第 15 条的字里行间中。公约第 15 条要求缔约国保证人人能够"对其本人的任何科学、文学或艺术作品所产生的精神上和物质上的利益;享受被保护之利"。享受这种受保护之利并非是享有一种没有

---

[31] A. R. Chapman, Approaching Intellectual Property as a Human Right (obligations related to Article 15 (1) (c)), in Copyright Bulletin Vol. XXXV, No. 3 (2001), 4 – 36. at 14.

[32] 参见 H. Schack, Urheber-und Urhebervertragsrecht, Mohr Siebcck (1997), at 41。

[33] 在这方面可以比较美国宪法第 1 条第 8 款第 8 项所表述的内容,该条规定赋予了国会"为促进科学和实用技艺的进步,对作家和发明家的著作和发明,在一定期限内给予专利权的保障"的权力。

[34] 联合国经济与社会理事会人权委员会促进与维护人权小组委员会,52 次会议临时议程第 4 项,《经济、社会与文化权利——〈与贸易有关的知识产权协定〉对于人权的影响》(Economic, Social and Cultural Rights—The Impact of the Agreement on Trade – Related Aspects of Intellectual Property Rights on Human Rights),最高专员报告,E/CN.4/Sub/2/2001/13,第 5 页。

限制的垄断性财产权利。在司法实践中,著作权通过许多方式维持着这种平衡。例如针对著作权侵权规则加以限制与例外规避,就正是试图通过使各种现实案件中诸多利益都能达到合理衡量的方式来制定规则,并由此维持平衡。另外,当这些规则在特别甚至异常的外部环境中无法起到平衡作用的时候,类似于应付权利缺位情形的外部修正机制就会主动介入并对其进行适当的调整。通过与著作权有关的竞争原则的运用,就能使我们很好地厘清著作权中利益平衡的概念。

(二)以竞争原则为实例

1. 原则及其正当性

将著作权(和其他知识产权)在本质上视为一种私人垄断权,而将竞争法作为公共利益对抗不当行为的抗辩,两者就像凤敌一样希望一争高下的想法可能会是一个严重的错误。相反,应当从知识产权特别是著作权如何适应现代社会以及如何能合理存在的方式入手考察。[35] 为什么需要创设出像著作权这样的无形财产权(intangible property rights)? 经济学家认为,如果人人都能够免费自由地使用创造和创新活动的成果,那么"搭便车"[36]的情况就将出现。[37] 除了在没有任何

---

[35] 总体参见 P. L. C. Torremans, Holyoak and Torremans Intellectual Property Law, Butterworths (3rd ed. 2001), pp. 12 – 25。

[36] 参见 R. Benko, Protecting Intellectual Property Rights: Issues and Controversies, American Enterprise Institute for Public Policy Research (AEI Studies 453) (1987), at 17。

[37] 一旦难以恰当地给予创作和创新活动以及其产出所有权保护的机会,将会导致研究活动、创作、创新资源的低效分配。参见 K. Arrow, 'Economic Welfare and the Allocation of Resources for Invention' in National Bureau for Economic Research, The Rate and Direction of Inventive Activity: Economic and Social Factors, Princeton University Press (1962), at 609 – 625。

可行方法的极少情况下[38],由于任何投入都会使得投入者处于竞争的劣势,将不再会有人愿意对创造和创新活动进行投入。[39] 所有的竞争者都将只会等待其他人进行投入,一旦有人投入,他们就能够直接使用其产出的成果而无需向创新和创作活动投入一分钱,而且还无需承担投资无果的风险。[40] 另外,知识传播的成本在这种情况下也显得微不足道。[41] 由于我们通常将创新和创造视为自由竞争市场经济中的关键因素,最终这种情况将会使市场难以充分发挥其功能。有鉴于此,创造和创新是经济发展与经济繁荣的必要条件。[42] 基于此点,我们将会非常明确地认识到公共利益的要素,即社会需求。在这样的经济环境中,如果需要尽可能高效地生产和使用商品和服务,那么就应该创设财产权。随之而来的就是,法律促使人们形成一种合理地预期,即通过投入便能获得财产权的保障,进而激励和促进个人和企业更多地投资于

---

〔38〕 例如当现有科技手段对于新出现的科技问题完全无法提供任何形式的解决方案时,就会出现这样的情形。

〔39〕 参见 H. Ullrich, 'The Importance of Industrial Property Law and Other Legal Measures in the Promotion of Technological Innovation', in Industrial Property (1989) 102, at 103。

〔40〕 可能有人会提出相反的观点,即创作和创造已经给了创作者一定的领先(优势)时间,从而使得其他模仿者需要一定的时间来追赶创作者,在这期间创作者就可以收回其创作投资。但是,在众多情况下这一领先时期相当的短暂,以至于创作者难以收回投资并获得利益。也可参见 E. Mansfield, M. Schwartz and S. Wagner, 'Imitation Costs and Patents: An Empirical Study', in The Economic. Journal, Vol. 91, Issue 364(1981) 907. at 915,以下皆是。

〔41〕 参见 R. Benko, Protecting Intellectual Property Rights: Issues and Controversies, American Enterprise Institute for Public Policy Research (AEI Studies 453) (1987), at 17。

〔42〕 R. Benko. Protecting Intellectual Property Rights: Issues and Controversies, American Enterprise Institute for Public Policy Research (AEI Studies 453) (1987). Chapter 4 at 15, and US Council for International Business, A New MTN: Priorities for Intellectual Property (1985), at 3.

文化艺术的创新和科学技术的研发。[43] 一般而言,财产权应该授予那些利用最经济的方式获得利润最大化的人。[44] 通常认为,创造者和发明者将在渴望利润最大化的驱动下,要么自己开发利用其创造物和发明,要么交由第三方对其发明创造进行开发利用,以追求最经济方式的利润最大化,因此权利就应该给予他们。[45]

然而如何使这一法律创造的垄断性绝对财产权能够符合自由市场的完全竞争的理念?乍一看似乎任何形式的垄断都是与完全竞争格格不入的,但是就像我们已经表明的那样,需要创设一些财产权以推进经济发展。如果给予人类劳动成果以财产权利的保护,它同样会像竞争一样在市场经济中发挥出市场调节器的作用。[46] 在这一点上,财产权的排他性的垄断属性是和其具有可转让性的事实紧密相连的。这些权利都是可流转的(marketable)权利,例如它们能够像个人物品一样进行买卖。同样还需要区分经济活动在经济发展和竞争层面上所存在的不同层次。市场机制较竞争/垄断二分法更为复杂精密。在某一层次上的竞争限制可能就是另一个层次上促进竞争的需要。这些层次主要可以划分为:生产、消费和创新。财产权的授予在生产层次上能很好地促进竞争,但是这一所有权的形式就会在消费层次上限制竞争。在某人能够消费商品之前,他将必须先获得商品的所有权,否则,他就不能直

---

[43] J. Lunn, "The Roles of Property Rights and Market Power in Appropriating innovative Output", in Journal of Legal Studies (1985) 423. at 425.

[44] M. Lehmann, "Properly and Intellectual Property-Property Rights as Restrictions on Competition in Furtherance of Competition", in IIC/(International Review of Industrial Property and Copyright Law) (1989),1,at 11.

[45] 对于经济哲学方法可以参见 M. Van Hoecke (ed.), The Socio-Economic Role of Intellectual Property Rights, Story-Scientia (1991), pp. 1 – 31。

[46] M. Lehmann, "Properly and Intellectual Property-Property Rights as Restrictions on Competition in Furtherance of Competition", in IIC/(International Review of Industrial Property and Copyright Law) (1989),1,at 12.

接消费由其他经济主体所拥有的物品。反过来,知识产权在生产层次上限制了竞争。例如,对于文学作品而言,只有著作权的权利人才享有大量复制其作品的权利并且可以以其他任何方式对其进行利用和开发。这些竞争的限制条件在创新层次上来看却是促进了竞争。财产权在各个层次上的有效性确保了竞争在下一层次的发展。因此,财产权是市场机制正常发挥其作用的先决条件。[47] 无论是著作权还是对于著作权的限制与加于著作权之上的向公众传播,都需要符合促进创作更多著作权作品的基本目的,这清楚地反映出在公共利益的视角下,公共利益所表现出的意图和需求。而著作权发挥保障公共利益的唯一方式,也就是美国宪法条文中所确立的"促进科学和实用技艺的进步"。[48]

不但上述内容明确显示出著作权体系从一开始就受到公共利益规则的重大影响,而且著作权试图在权利人和公共使用者之间达到的平衡同样是基于公共利益的考量。同样竞争法也能被用来调整下一层次中著作权所包含的使用行为。不符合著作权的存在正当性的过度使用行为,即难以符合著作权公共利益目标的使用行为,将被视为是违反竞争法的行为。在规范调整著作权所给予的排他性使用时,仍然需要考虑公共利益。[49] 麦格尔(Magill)案[50]与美国医药资讯公司(IMS

---

〔47〕 M. Lehmann, "The Theory of Property Rights and the Protection of Intellectual and Industrial Property", in IIC. (1985) 525, at 539.

〔48〕 美利坚合众国宪法,第一条,第八款,第八项。

〔49〕 参见 P. L. C. Torremans, Holyoak and Torremans Intellectual Property Law, Butterworths (3rd ed. 2001), pp. 302 – 309。

〔50〕 Joined cases C – 241/91 P and C – 242/91 P Radio Telefis Eireann and Independent Television Publications Ltd v. EC Commission [1995] ECR 1 – 743。[1995] All ER (EC) 4161(爱尔兰全国公共广播公司(Radio Telefis Eireann, RTE)和独立电视台出版有限公司(Independent Television Publications Ltd)诉欧盟委员会,联合案件 C – 241/91 P 和 C – 242/91 P,(1995)ECR I – 743)。

HEALTH)案[51]就是该领域中极具代表性的案例。

2. 麦格尔(Magill)案与美国医药资讯公司(IMS HEALTH)案

麦格尔(Magill)案的主要焦点集中在电视节目表的著作权问题上。拥有节目表著作权的电视台拒绝授予麦格尔公司使用许可,后者需要许可授权以制作一份针对爱尔兰市场的综合电视节目预告周刊。该案例明确地显示出该案中的著作权本身毫无问题,问题显然是出现在作为著作权内容的使用上。如果基于权利人保护的视角,认为只有由权利人来决定如何使用才是符合权利要求的,那么上述拒绝给予许可的行为显然不会被认为是违反竞争法的行为。但是欧洲法院(Court of Justice)却认为在异常环境(exceptional circumstances)中的这一拒绝行为可能构成权利的滥用。[52] 在该案中异常环境主要指的是以下的情形,即电视台的主要活动是传送电视节目,电视收视指南市场只是他们的次级(下游)市场(secondary market)。由于电视台作为唯一的信息来源,他们拒绝提供基本的节目表信息,就必然阻止了消费者所需新产品的产生,而他们又并不提供相应的服务。因此,他们的拒绝行为并

---

[51] Case C-481/01 IMS Health v. NDC Health, pending, the Advocate General delivered his opinion on 2 October 2003, available at http://curia. eu. int/; Order of the President of the Court of Justice of 11 April 2002 in case C-481/01 P(R); Order of the President of the Court of First Instance of 10 August 2001 in case T-184/01 R and Order of the President of the Court of First Instance of 26 October 2001 in case T-184/01 R both available at http://curia. eu. int/. (案件编号 C-481/01,美国医药资讯公司诉国家数据公司(德国)医药信息公司,未判决,2003年10月2日总顾问陈述意见,2002年4月11日欧洲法院首席法官命令,案件编号 C-481/01 P(R);2001年8月10日欧洲法院下属一审法院首席法官命令,案件编号:T-184/01 R;2001年10月26日欧洲法院下属一审法院首席法官命令,案件编号:T-184/01 R)

[52] Joined cases C-241/91 P and C-242/91 P *Radio Tele/is Eireann and Independent Television Publications Lid v. EC Commission* [1995] ECR 1-743, [1995] All ER (EC) 4161, at paragraphs 54 and 57.

没有依靠这一通常行为的惯例属性而获得正当性。而且,因为这些基本信息对于编写电视收视指南是不可或缺的材料,电视台通过拒绝他人使用其掌握的基本信息,达到了为自己有效地保留了电视收视指南周刊的次级(下游)市场。

从本质上说,凭借关键的、基础性的版权信息内容,利用所拥有的著作权来阻碍新产品的产生,由此为自己保留次级市场的行为应当就被视为是一种权利滥用,而并不能将其视为为了实现著作权基本作用(奖励和鼓励作者)而出现的必然结果。在此,我们能再次清晰地观察到公共利益的涉入。竞争法的采用也就在于确保著作权按照其合理的目的被利用,即保障公共利益不受侵害的情形下合理地、适当地行使著作权。即使今后立法允许权利人无限制地完全控制和使用作品,并赋予著作权人更大范围的排他性垄断财产权利,违反公共利益的权利行使行为都仍将构成违反竞争法的违法行为。[53]

美国医药资讯公司(IMS HEALTH)案[54]是当前引用麦格尔(Magill)案原则的更复杂的后续案例。美国医药资讯公司开发出一种砖型结构(brick structure)帮助收集德国医药市场上的各种市场数据。该公司获得了砖型结构的著作权并拒绝向其潜在的竞争者提供使用许可。与麦格尔(Magill)案相比,这里出现了更多复杂的因素。首先,该案中是否存在次级市场尚不完全清楚,因为无论是美国医药资讯公司

---

[53] P. L. C. Torremans, Holyoak and Torremans Intellectual Property Law, Buttcrworths (3rd ed. ,2001), pp. 302 – 309.

[54] Case C –481/01 IMS Health v. NDC Health, pending, the Advocate General delivered his opinion on 2 October 2003, available at http://curia. eu. int/; Order of the President of the Court of Justice of 11 April 2002 in case C – 481/01 P(R); Order of the President of the Court of First Instance of 10 August 2001 in case T – 184/01 R and Order of the President of the Court of First Instance of 26 October 2001 in case T – 184/01 R both available at http://curia. eu. int/.

(IMS HEALTH)还是其竞争者都希望在初级市场上利用同样的结构收集德国境内的医药产品数据。其次,在这一环境中新产品的出现是否受到了阻碍也同样不太明了,因为那些竞争者的兴趣也只是在于模仿美国医药资讯公司的砖型结构而无需向他们的用户提供不同的产品。而对于美国医药资讯公司(IMS HEALTH)而言,主要问题并不在于是否应以更富弹性的方式来界定为自己保留次级市场和阻碍新产品的行为概念,而在于到底是需要同时满足上述两者要求还是只需满足其中之一就能够构成违反竞争法的行为。在这一点上,对上述问题做出明确的回答就必须首先界定公共利益的范围。此外,如果以维护公共利益为宗旨的竞争法需要适时介入时,还必须明确是否需要采用累加条件的方式,即两个条件同时满足还是只需满足任意一个条件即构成违法。该案清晰地反映出维持这种利益间平衡并非直截了当、轻而易举的事情,任何新情势的出现都可能需要对这种平衡予以进一步的微调。

正如麦格尔案和美国医药资讯公司案所显示的,社会在获得信息方面具有很大的利益,而给予权利人完全的、不受限制的控制和使用作品的排他性垄断财产权,并进而提升权利人的私人利益就肯定会阻碍这一利益的实现。而就社会整体而言,这里并不只需要被动地获,每一个社会的个体成员也都必须拥有获取权和借鉴权(对于一些思想和表达形式)以实现他们创作的基本自由,从而才能够实现他们通过创作努力获得著作权利益的人权。因而,著作权不能简单地禁止完全的、所有的借鉴。[55] 这正是另一个在调控平衡时需要考虑的因素。

3. 不只是需要经济学考量

尽管如此,著作权拥有许多内在机制去平衡私人利益与公共利益

---

[55] F. Dessemontet, Copyright and Human Rights, in J. Kabel and G. Mom, Intellectual Property and Information Law: Essays in Honour of Herman Cohen Jehuram, Kluwer Law International (1998), Information Law Series Volume 6, 113 – 120.

确是显而易见的。[56]然而到目前为止我们几乎只关注了利益双方的经济利益,由于这里不仅仅只有经济利用涉入其中,于是更复杂的问题出现了。[57] 透过人权的视角,作者和创作者的设想同样十分重要。这表明,这些由作者和创作者创造出来的作品,被认为是作者或创作者所蕴涵的内在价值,其体现出人类的尊严和创造力。[58] 在著作权法的情况下,它被反映在经济权利与精神权利间的平衡上,而后者恰恰被认为是作者、创作者与其作品之间的基础性联系。即使是在精神权利转化为作品中的经济权利的时候,作为作者、创作者权利的精神权利依然保持着这种基础性联系。[59] 作为创作者的精神权利(署名权),即被确认为作品作者的权利;以及保持作品完整的权利,即保护作品不受有损作者声誉的歪曲、篡改的权利,[60]作为最低限度的基础性权利,它们通常并不会阻碍作品的正常利用以及与此相关的经济权利,而只是允许作者禁止那些将会否定、歪曲它们作为人类尊严和创造力反映成果的明显

---

[56] 联合国经济与社会理事会人权委员会促进与维护人权小组委员会,52次会议临时议程第4项,《经济、社会与文化权利——〈与贸易有关的知识产权协定〉对于人权的影响》(*Economic*, *Social and Cultural Rights—The Impact of the Agreement on Trade-Related Aspects of Intellectual Property Rights on Human Rights*),最高专员报告,E/CN.4/Sub/2/2001/13,第5页。

[57] 参见 A. R. Chapman, "A Human Rights Perspective on Intellectual Property, Scientific Progress and Access to the Benefits of Science", WIPO Panel Discussion on Intellectual Property and Human Rights (8 November 1998), at 2. available at www.wipo.org。

[58] A. R. Chapman, 'Approaching Intellectual Properly as a Human Right (obligations related to Article 15(1)(c))', in Copyright Bulletin Vol. XXXV. No. 3 (2001) 4–36, at 14.

[59] 参见 P. L. C. Torremans. Holyoak and Torremans Intellectual Property Law, Butterworths (3rd ed., 2001), Chapter 13. pp. 220–228。

[60] 该权利被写入了《伯尔尼公约》第六条之二的规定中("不受作者经济权利的影响,甚至在上述经济权利转让之后,作者仍保有要求其作品作者身份的权利,并有权反对对其作品的任何有损其声誉的歪曲、割裂或其他更改,或其他损害行为")。

滥用行为。[61] 通过这种方式恰当地平衡了各种经济权利，但是如果著作权需要被当作一项人权，在整个平衡机制中显然还需要考虑另外一些重要的方面。"这个问题的本质在于应在什么层面上保持这种适当的平衡。"[62]

四、著作权与其他人权的关系

正如我们在前文中已经提到的，平衡机制的第二部分是关于著作权与其他人权间的关系。仅从直觉来判断，当比较两种人权时，它们都应具有相等的价值，而非一种人权的价值简单地大于另一种的价值。所以当我们在公众利益与私人利益之间进行平衡时，必须额外地考虑另一些因素。到目前为止，我们考虑的那种平衡方式都强烈地反映出《世界人权宣言》第27条以及《经济、社会和文化权利国际公约》第15条的内容，即将公共利益和私人利益结合到一起予以综合考虑。但是，我们更需要将促进和保护人权的这一首要目标纳入维持这些利益间平衡的考虑之中。这就是那些将包含了将著作权视为人权条款的国际人权法律文件的全部目的。[63]

---

[61] 参见 P. L. C. Torremans, Holyoak and Torremans Intellectual Property Law, Butterworths (3rd ed., 2001), chapter 13. pp. 220 – 228 and P. L. C. Torremans, 'Moral Rights in the Digital Age', in LA. Stamatoudi and P. L. C. Torremans (eds.). Copyright in the New Digital Environment, Sweet & Maxwell (2000), Perspectives on Intellectual Properly Series, pp. 97 – 114。

[62] 联合国经济与社会理事会人权委员会促进与维护人权小组委员会，52次会议临时议程第4项，《经济、社会与文化权利——〈与贸易有关的知识产权协定〉对于人权的影响》(Economic, Social and Cultural Rights—The Impact of the Agreement on Trade-Related Aspects of Intellectual Property Rights on Human Rights)，最高专员报告，E/CN.4/Sub/2/2001/13，第5页。

[63] 同上。

《经济、社会和文化权利国际公约》第5条第1款从法律的视角支持了上述观点,它规定:

"本公约中任何部分不得解释为隐示任何国家、团体或个人有权利从事于任何旨在破坏本公约所承认的任何权利或自由或对它们加以较本公约所规定的范围更广的限制的活动或行为。"

因而,著作权和其在公益私利间的平衡都必须置于与其他人权的实现相一致的体系之中。[64] 信息自由权和信息获取权[65]正好就是需要考虑的其他基础人权的一个典型例子,在一些情况下,信息自由权和信息获取权与作为一项排他性权利的著作权对于一些信息的适用就可能产生问题,因此必须要对所有的权利和利益进行严谨细致的衡量。[66] 这一目标的实现就要求尽可能将两种权利都置于最佳或者最大化的程度。可能德国宪法法院的建议可以作为一种范例,他们认为在那些任何人都希望获得,但又仅因信息中包含的著作权所涉及的使用费而无法自由获得的情况下,信息的获取自由仍然应该得到有效的保证。确保获取,但是并非完全免费、自由获取,另一方面著作权的保护是通过获得报酬的方式予以确保,但同时权利人需要放弃——作为作品绝对权利一部分的——拒绝给予授权许可的权利。[67]

当注意到各国宪法典和其中将著作权作为人权予以保护的方式,就能在稍有不同的语境下发现不同人权间的相似的平衡。其中一些例

---

〔64〕 A. R. Chapman, Approaching Intellectual Property as a Human Right (obligations related to Article 15(1)(c)), in Copyright Bulletin Vol. XXXV, No. 3 (2001) 4–36, at 14.

〔65〕 正如可以从《世界人权宣言》第9条中所发现的那样。

〔66〕 A. Bert rand. Le droit d'auteur et les droits voisins, Dalloz (2nd ed., 1999), at 81.

〔67〕 H. Schack, Vrheber- und Urhebervertragsrechl, Mohr Siebeck (1997), at 42.

如瑞典宪法典[68]和葡萄牙宪法典[69]中就有关于著作权的直接规定，但大部分还是间接在宪法条文规定的其他基本权利中对著作权部分予以人权属性的保护。德国宪法典正是如此，虽然德国宪法法院在许多情况下已经介入著作权的案件中，但德国宪法典中并没有规定著作权的条款，而德国学界通说一般又认为宪法典中的财产权条款涵盖了著作权的部分。特别是著作权的经济权利部分往往被视为无形财产，因此能够在财产方面的基本权利下获得保护。[70] 另一方面，精神权利直接关系到作者本身，因而在很大程度上又与人身权存在交叠。[71] 而后者（人身权）同样受到德国宪法典的特别保护。[72] 于是，将这些对于基本权利不同方面的保护整合到一起，逐步形成将著作权作为一项基本人权的整体保护模式。显然这不是简单增加合理保护的问题。[73] 每一单一部分都可能相互重叠，并且它们分别保护不同的利益，如果将其中的某一权利、利益的保护推向极端高度，它们之间就会发生冲突，维持不同基本权利之间的平衡就显得尤为关键。

确切地说，怎样达到平衡以及在何处达到平衡的问题，都依赖对每

---

[68] 1976 年 1 月 1 日生效的瑞典宪法典第 2 章第 19 条。
[69] 1976 年 4 月 2 日生效的葡萄牙宪法典第 42 条。
[70] H. Schack, Vrheber-und Urhebervertragsrechl, Mohr Siebeck (1997), at 40 – 43.
[71] G. Schricker (ed. j, Urheberrecht: Kommentar; Veriag C. H. Beck (2nd ed. , 1999). Vor § 5 12 ff, Nos. 1 – 13, pp. 243 – 247; A. Lucas and H. -J. Lucas, Traire de la propriétée litéraire et artistique. Litec (2nd ed. . 2001), at 303, § 367; Poullaud-Dulian. 'Droit moral et droits de la personnalité', in JCPed. G (Jurisctassei. tr periodique, edition generate) (1994) 1, p. 3780 and Anne Braganceci. Michel deGrece, Court of Appeal Paris, judgment dated 1 February 1989, in RIDA Issue 4 (1989) p. 301. Annotated by Sirinelli.
[72] H. Schack, Vrheber-und Urhebervertragsrechl, Mohr Siebeck (1997), at 39 – 40.
[73] See G. Schricker (ed.), Urheberrecht: Kommentar, Veliag C. H. Beck (2nd ed. , 1999), Vor § § 12 ff. Nos. 14 – 17, pp. 247 – 249.

一个案的具体分析。创造性程度越高、创造成果越重要,著作权的人权性权利要求就越强。而并非对于所有的作品、针对所有的情形,法律都能给予著作权人主张人权性权利以及平衡与其他人权之间的利益的要求给予同样强度的保护。[74]

五、结论

本文试图显示著作权确实具备成为一项人权性权利的条件。首先,通过对国际人权条约中涉及著作权的规定进行观察,明确地发现在大多数涉及著作权的法律文件中明显存在着将著作权视为一项人权的趋势。但同样明确的是,在这些涉及著作权的国际人权条约规定中并没有对著作权实质的人权属性作出详细的界定。相反,还留下了一系列涉及著作权性质的模糊的结论和概念。这一问题核心就是,将著作权视为一项人权这一立法结论的得出,似乎缺乏明确稳定的前提和内在确认。

因此,最重要的观察就是确认著作权如何在公共利益和私人权益之间获得平衡,并且与其他人权达到均衡。这种常态性的权利间平衡就能够被视为著作权作为一项人权固有的内在确认。本文以与著作权密切相关的竞争原则的使用为例,进行类推,清晰地发现著作权和其他权利之间存在的权利间平衡,以及由此引起的对于著作权的人权性权利属性的确认。同样,这也能通过后续案例中其他人权影响著作权的例子予以确认。

---

[74] M. Vivant, Le droit d'auteur, un droit de l'homme?, in RIDA 174 (1997) 60, at 103 and 105.

随风飘逝:改写作品与合理使用*

诺特著

冯晓青** 易艳娟***译

一、导言

哈罗德·拉瑟姆(Harold Latham),发现并出版名著《飘》的麦克米伦出版公司编辑,在他鲜为人知的珍藏版自传[1]中提到了他第一次见到玛格丽特·米切尔(Margaret Mitchell)的情景。那是在1935年,拉瑟姆飞往亚特兰大组稿[2],遇到了《亚特兰大日报》杂志的一位编辑,并有幸参加了他为该市一些"文学新星"[3]组织的午宴。宴会上,这位编辑告诉拉瑟姆,如果他期望出版一部南部小说,应当看看佩吉·马什(Peggy Marsh)的文章[4]。拉瑟姆于是转身问米切尔是否有手稿,米切

---

* 本文原标题为 Gone with the Wind Done Gone:"Re-Writing and Fair Use",载美国《哈佛法律评论》2002年第115卷,第1193—1216页。本文中文译本发表的著作权问题已通过书面授权解决。

** 冯晓青,中国政法大学民商经济法学院知识产权法研究所教授、博士生导师、法学博士。联系方式:www.fengxiaoqingip.com。

*** 易艳娟,井冈山大学政法学院教师、法学硕士。

[1] 哈罗德·S.拉瑟姆:《我的出版生涯》(My Life in Publishing)(1965)。
[2] 同上,第49页。
[3] 同上。
[4] 同上,第49页,佩吉·马什更多地被当作是玛格丽特·米切尔·马什。

尔说没有[5]。

后来米切尔终于承认有手稿。她在交给拉瑟姆一大沓手稿时[6]，却反复否认她写了些东西。拉瑟姆看着手稿——开始的题目是《明天是新的一天》[7]——坚信他得到了真正重要的东西[8]。历史证明他做对了。麦克米伦出版公司于1936年出版了《飘》。迄今为止已售出数千万册[9]。1939年据此改编的电影获得了第十届奥斯卡奖[10]。

与哈罗德·拉瑟姆一样，艾丽斯·兰多尔（Alice Randall）十二岁时第一次阅读《飘》就被其魅力所打动[11]。但后来，她发现自己为书中的黑人角色所困扰[12]。几年前黑人兰多尔开始着手写一本书，并认为该书是对《飘》的回应。这本取名为《风逝》的书以日记的形式讲述了希娜拉（Cynara）[13]的故事。希娜拉是黑人女奴迈咪（Mammy）[14]与她

---

[5] 同前注释1。

[6] 拉瑟姆描述了他首次看到手稿时的反应："我看见她坐在宾馆里的长沙发椅上，在她的身边是我曾见过的最厚的手稿；它堆起来竟超过了她的肩膀。"同上，第52页。

[7] 同上，第53页。

[8] 同上，第52页。

[9] Suntrust Bank v. Houghton Mifflin Co., 136 F. Supp. 2d 1357（N. D. Ga. 2001）（No. 01 CV-701），起诉状2。

[10] 同上。

[11] 参见安·杰哈特（Ann Gerhart），坦率地说，斯卡莱特（Scarlett）复制《飘》是对新的《飘》一类小说的打击，《华盛顿邮报》2001年4月12日。兰多尔，42岁，从哈佛大学获得了文学学位，并且在纳士维乐（Nashville）作为乡村音乐作者已有好几年。大卫·曼哈根（David Mehegan）：《"风"之寒冷：自由表达、巨额利润与玛格丽特·米切尔的合法性是出版僵持的核心问题》，《波士顿世界》2001年4月18日（C1版）。

[12] 参见杰哈特，同上注释。

[13] "希娜拉"之名来自于尔奈斯特·导恩（Ernest Dowson）的诗 Non Sum Qualis Eram Bonae sub Regno Cynarae。该诗在《风逝》中被引用。该诗包含的一行是："希娜拉！我忘记了许多，随风飘逝了。"这也是米切尔对最初用的标题的一个鼓舞。同前注释9，起诉状27。

[14] 迈咪也是《飘》中的核心角色。在该书中她始终是被用同一个名字出现的。兰多尔稍微改变了来自于原作品的大多数角色的名称。

的白人主人[15]所生,与斯嘉丽(Scarlett)系同父异母姐妹(兰多尔以一种相当笨拙的后现代主义者的情结称其为"阿瑟(Other)"),曾是雷特·巴特勒(Rhett Butler)的情人(从兰多尔书中极为双关的名字"德特·乔菲尔(Debt Chauffeur)"可知)[16]。书中叙述了希娜拉在塔塔(Tata)庄园(与原著中的"塔拉(Tara)庄园"相比稍有改动)度过的青年时代,与德特的结婚和离婚,在欧洲各地旅游以及阿瑟死后从德特手中继承了塔塔庄园的经历[17]。

兰多尔的出版商休顿·米弗林(Houghton Mifflin)公司内定该书于2001年6月出版,并在其早期的赠阅本中极力宣扬它是"对《飘》一书有力的反驳,是文学创新领域鼓舞人心的开拓性举措。虽然米切尔的《飘》所描述的内战前美国南部景象是如此深刻地烙印在读者想象当中,故事中的精彩情节却是《飘》一书所错过的"[18]。兰多尔与休顿·米弗林公司都未获得在该书中使用《飘》一书或者其部分内容的许可[19]。得知休顿·米弗林公司计划于2001年初出版《风逝》,米切尔资产信托人山信(Suntrust)银行向联邦法院起诉休顿·米弗林公司著作权侵权、商标权侵权及构成佐治亚州法规定的欺骗性商业行为[20]。除此之外,米切尔资产信托人还向法院请求一千万美元的损害赔偿金并颁发禁令责令休顿公司停止出版该书或停止发行赠阅本。

美国地区法院法官查理斯·潘诺(Charles Pannell)于同年4月20

---

[15] 参见杰哈特,同前注释11。
[16] 同上。
[17] 斯嘉丽在原书或者是在被授权的1991年版本中没有死。
[18] Suntrust Bank v. Houghton Mifflin Co., 136 F. Supp. 2d 1357,1376(N. D. Ga. 2001)。
[19] 同前注释9,起诉状3。
[20] 同上,32—46。

日批准了米切尔资产信托人提出的预先禁令[21]。潘诺法官称该书为"未减弱的盗版[22]",驳回了休顿公司提出的"兰多尔的书是受保护的模仿作品"的主张。他认定《风逝》一书的创作目的并不是模仿《飘》,而是"为了给原作创造一个续集,并提供兰多尔夫人对战前南部社会评论之机会[23]"。

4月25日,第十一巡回法院驳回了休顿公司立即中止禁令的请求[24]。但在一个月后的口头辩论中,该法院发布了一个措辞强硬的命令撤销了禁令[25]。随之兰多尔的书得以出版,并在《纽约时报》最受欢迎栏目中连载六周[26]。

兰多尔并非第一个让名著中无声的角色发声的方式改写[27]名著的作者[28]。琼·里斯(Jean Rhys)1966年的小说《宽阔的马尾藻海》

---

[21] 参见山信银行案,136 F. Supp. 2d at 1386。

[22] 同上,第1369页。

[23] 同上,第1378页。

[24] 参见大卫·波恩德(David Poenderd):《对"风"不存在紧急补救》,《亚特兰大司法与制度》2001年4月26日(1D部分)。

[25] Suntrust Bank v. Houghton Mifflin Co., 252 F. 3d 1165, 1166 (11th Cir. 2001)(将地区法院授予禁止令的特征描述为"对自由裁量权……的滥用")。法院后来阐明了一个观点,解释其做出发布禁令决定的理由。参见 Suntrust Bank v. Houghton Mifflin Co.,268 F. 3d 1257 (11th Cir. 2001)。

[26] 电话采访沃尔特·瓦特(Walter Vatter),休顿·米弗林公司高级出版家(2002年1月4日)。米切尔的资产信托人没有在最高法院就正据问题提出请求;如果当事人像2002年1月8日那样没有提出,那么案件将提到潘诺法官那里审理。电话采访约瑟夫·M.贝克(Joseph M. Beck)、Kilpatrick Stockon LLP 的合伙人及休顿·米弗林公司律师(2002年1月8日)。

[27] "改写"旨在不是强调通常意义上的修改或者编辑的含义,而是以新的方式撰写同一作品——像以旨在说明原著中以前忽略的方式增加原著的内容。也可以将这种作品称为"重述"。

[28] 她不是第一个未经授权即以《飘》为基础创作作品的人。最有名的例子是法国小说《蓝色自行车》(The Blue Bicycle)与美国话剧《斯嘉丽·菲维》(Scarlett Fever)。《蓝色自行车》以第二次世界大战期间的法国为背景重述了《飘》。法官拒绝了米切尔的资产信托人发布初步禁令的请求,裁定在两个作品之间缺乏实质

(Wide Sargasso Sea)即是《简·爱》的延续。1971年约翰·加登(John Gardner)出版了《格林德尔》(Grendel),是从一个怪兽的角度讲述的毕沃夫(Beowulf)的更新版本。1991年简·史麦力(Jane Smiley)将《李尔王》置于衣阿华的一个现代农场的背景之上,这便是获得普利策奖的小说《一千亩》。在同一年,汤姆·斯托帕德(Tom Stoppard)通过《哈姆雷特》中两个有名的爱拍马的倒霉蛋的眼光改写了《哈姆雷特》,并制作了喜剧《罗斯克拉兹与古德登斯德死了》(Rosencrantz and Guildenstern Are Dead)。彼特·凯里(Peter Carey)一直认为查理斯·狄更斯的《远大前程》(Great Expectations)一书对罪犯马圭奇(Magwich)不公平,于是在1998年出版了《杰克·马格斯》(Jack Maggs),从罪犯的视角改写狄更斯的故事。1999年出版的森纳·杰特·纳斯伦德(Sena Jeter Naslund)的《阿哈布之妻》(Ahab's Wife)描述了梅尔维尔(Melville)海军上尉夫人应该像什么样子。像这样一些作品,"虚构的世界实际已成了现实的世界,一个可以在现实生活中找到原型的世界。小说家们似乎都成了泽立格(Zelig)"[29]。

这样的创作历程是可能的。因为上面提及的原著被重塑时,均已丧失著作权,进入了公有领域。但对于试图从原著中选取另一个角色再现晚近作品,这类作品在出版过程往往遇到麻烦。皮亚·佩拉(Pia

---

性的相似。参见Trust Co. Bank v. Putnam Publ'g Group, Inc., 1988 U. S. Dist. LEXIS 4963, 15-17(C. D. Cal. Jan. 4, 1988)。《斯嘉丽·菲维》是《飘》的一个音乐版本,该版本稍微改变了一些角色的名字并增加了一些幽默成分。法官在该案件中发出了初步禁令,裁定该话剧只是一个偶然性的幽默性演绎作品,而这不意味着具有受合理使用抗辩保护的最初的批评性质。Metro-Goldwyn-Mayer v. Showcse Atlanta Co-op. Prod., 479 F. Supp. 351, 355 (N. D. Ga. 1979)。比较而言,兰多尔的作品是从新的特征重构《飘》的第一部著作,该作品紧紧追踪原著的场景并予以评论——而不仅仅是重构故事。

[29] 马乔瑞·噶本(Marjorie Garber)(编辑):《"结尾"后的章节》,《纽约时报》2001年4月8日,D版,第15页。

Pera)的《罗的日记》(Lo's Diary)尝试着从堕落少女的角度改写弗拉德米尔·纳伯库(Vladimir Nabokov)的《洛丽塔》(Lolita)。该书不是在风格上就是在情节上沿袭原著。纳伯库的资产信托人向法院起诉,控告皮亚侵权。但后来双方协商调解,未进入诉讼程序[30]。根据双方的调解约定,书出版了,纳伯库的资产信托人得到了该书利润的5%,并由迪米特里·纳伯库为之写序[31]。因此当兰多尔写作《风逝》时,适用于改写案件的判例法依然在著作权与第一修正案之间的含糊关系下停滞不前。

围绕兰多尔一书的争议及其所受到媒体的极大关注,在改写的环境下考察合理使用因素时,人们提出来了虚构作品的合法性问题。著作权法为那些试图从次要角色或边缘角色的视角重塑已获著作权作品的作者提供了多大的空间?随着著作权向公有领域的不断延伸,合理使用原理怎样允许此种改写行为?本文论证了当合理使用应用到改写背景时,法院应当考虑的是原著已经享受了多久的著作权保护、原著从公众中所获的经济价值有多大,以及这一著作在文学史上占据多大的空间。本文第二部分将讨论合理使用原则的模仿例外,这是大部分改写案件的原则焦点。第三部分将比较《风逝》与《飘》之间的类似之处与不同之处,指出两书之间的主要延续性和兰多尔一书的重大发展。第四部分将讨论这一案件本身的解决方法。第五部分将就法院应当如何从合理使用和第一修正案两方面考虑解决以后的改写案件而提出自己的建议。第六部分是结论。

---

〔30〕 彼特·阿波尔布姆(Peter Applebome):《对美国复述版本的追踪》,《约约时报》1999年6月17日,E1版。

〔31〕 同上。

二、改写作品的法律视角

改写案件中最重要的法律问题是合理使用[32]。合理使用原则充当了著作权法中关键性的"安全调节器[33]"。它旨在允许人们无须获得许可即可将著作权作品用于批判、评论、新闻报道、教学（包括为课堂学习使用的多次复制）、学术或研究[34]。经过19世纪法官们的发展[35]，合理使用原则从法官立法逐步上升到1976年著作权法对这一问题的法典化[36]。著作权法第107条列出了法院在适用合理使用原则时应考虑的四个"未穷竭因素"：(1)使用的目的和性质，包括这些用途是否具有商业性质或是为了非营利性的教育目的；(2)著作权作品的性质；(3)相对于整部著作权作品而言，使用部分的数量和质量；(4)这种使用对著作权作品的潜在市场或价值的影响[37]。

---

[32] 对改写方面涉及第一修正案的讨论，参见下文第五部分。

[33] 威廉·F.巴蒂、希拉·皮尔马特（William F. Party & Shira Perlmutter）：《合理使用的错误构建：利益、假定与模仿》，《科罗拉多艺术与娱乐杂志》1993年第11卷，第667—668页。

[34] 17 U.S.C. §107 (1994).

[35] 威廉·F.巴蒂：《著作权法中合理使用特权》，1995年第二版，第19—63页。

[36] Pub L. No. 94-553, 90 Stat. 2451 (17 U.S.C §§101-801)；参见巴蒂、皮尔马特，同上注释33，第669页。

[37] 17 U.S.C §107。皮艾尔·N.莱沃（Pierre N. Level）法官强调合理使用因素的法典化不应导致法官机械地适用：这些因素不代表承诺多数人中的胜利者的一个成绩卡；相反，它们被用于指导法院从每一个相关的角度和在每一个案件中查明涉及合理使用的裁决是否以及怎样有力地服务于或者不服务于著作权的目标——来审视具体的问题。参见皮艾尔·N.莱沃（Pierre N. Level）：《合理使用标准之探讨》，《哈佛法律评论》1990年第103卷，第1105、1110—1111页。然而，尽管有弹性地考虑了这四个因素的适用，莱沃法官仍直率地指出，它们可以被内在地适用："这表明一套相关的原则存在并且深深地根置于著作权法的目标之中。"同上，第1105页。

合理使用原则虽已法典化，其轮廓却仍是未定的。正如一位评论人士所言：有必要在界定合理使用之前，对因没有界定合理使用原则而导致司法上存在的问题展开一场学术讨论[38]。

经常适用合理使用原则的一个领域是模仿，这也正是模仿在《风逝》争论中引起广泛关注的原因。1994年联邦最高法院对坎贝尔（Campbell）诉阿卡福-玫瑰音乐公司（Acuff-Rose Music, Inc.）一案[39]的判决为最高法院在当时的背景下如何适用合理使用原则提供了最新指导[40]。

在坎贝尔一案中，原告宣称利维·克诺（Live Crew）摇滚乐队的《漂亮女人》（Pretty Women）侵犯了罗伊·奥比逊（Roy Orbison）《嘿，漂亮女人》（Oh, Pretty Women）的著作权[41]。奥比逊的资产信托人拒绝该摇滚乐队使用该作品，但该乐队却仍然使用。在1989年的专辑《就像他们所需要的一样清楚》（*As Clean as They Wanna be*）中使用了这一歌曲[42]。虽然地区法院判决这种模仿使用是合理的，但第六巡回法院推翻了这一判决，裁定摇滚乐队侵犯了奥比逊的著作权。即使是模仿，其明显的商业目的也意味着这一使用不可能合理[43]。联邦最高法院又推翻了巡回法院的判决[44]。

---

〔38〕 莱沃德·L.韦恩瑞波（Lloyd L. Weinreb）:《公正的合理：对合理使用原则的评论》，《哈佛法律评论》1990年第103卷，第1137页。

〔39〕 510 U.S. 569（1994）。

〔40〕 确实，坎贝尔案代表了最高法院的一个关于是否及何时模仿构成了合理使用唯一有约束力的先例。该先例出自哥伦比亚广播系统公司诉洛维（Loew）有限公司一案，参见356 U.S. 43（1958）。该案没有突破法院先例，没有先例价值。参见坎贝尔，510 U.S. 579。

〔41〕 坎贝尔，510 U.S. 571–572。

〔42〕 同上，第572—573页。

〔43〕 同上，第573—574页（引自Acuff-Rose Music, Inc. v. Compbell, 972 F. 2d 1429, 1439（6th Cir. 1992）（内部引用之处忽略））。

〔44〕 同上，第572页。

苏特(Souter)大法官在写判决书时,以"合理使用原则允许并要求法院在可能抑制法律所鼓励的创新的情况下避免对著作权条文的生搬硬套"作为开头[45]。从合理使用的第一因素——使用的目的和性质来看,他认为,摇滚乐队创作的歌曲应当是对奥比逊作品的模仿,但不仅仅是一种没有任何评论而对原歌曲进行模仿的寄生作品。可以将这首歌曲看成是对原作品体现的年轻时期天真朴素的一种评论,对原作品中表现出来的街头生活险恶及货币贬值感伤的一种摒弃[46]。根据对第一因素的分析,苏特法官写道:"仅凭使用原作品存在商业动机并不能从本质上排除其作为合法模仿作品而受到合理使用的保护。"[47]

苏特法官很快地解决了第二个法律因素——著作权作品的性质。虽然奥比逊的歌曲属于受著作权保护的作品,在该案件中这一事实却"并不起很大的作用,甚至在模仿案件中区分侵权和合理使用时帮助不大,因为模仿作品几乎要复制公开的表达性作品"[48]。

再看第三个因素——使用部分的数量和质量。苏特法官指出了对模仿作品适用这一因素的困难。因为模仿的艺术在于知名的原著与模仿作品之间的张力,"一部模仿作品必须构思原作中相当的人和事,从而使人们认识到其创造性智力活动。"[49]但在某种程度上,借用的量可

---

[45] 坎贝尔,510 U. S.,第 577 页(引自 Steward v. Abend,495 U. S. 207,236 (1990)(引自 Iowa State University Research Foundation v. American Broadcasting Cos.,621 F. 2d 57,60 (2d Cir. 1980))(引用标记省略))。

[46] 同上,第 583 页。苏特法官暗示,社会生活的内容应在所有的歌曲中能够体现。根据这一逻辑,只要模仿者能够指出最初的创造者没有注意到其作品中"真正的生活"的一些方面,不论模仿的内容如何,所有的歌曲应当能够被模仿。虽然这一结果可能是合乎需要的,苏特是否意识到了模仿者对原作者享有特权范围的限制还不大清楚。

[47] 同上,第 584—585 页。

[48] 同上,第 586 页。本文下面指出,在改写环境中法院应当重新调查合理使用的第二个因素。

[49] 同上,第 588 页。

以具有充当原作市场替代品的效果[50]。苏特法官指出：在这一案件中，摇滚乐队对奥比逊的歌名、开场白、低音重复段之借用并不过分，不应认为是侵权[51]。他还特别提醒："这并不是说任何称自己是模仿的人都可以趁机揩油而免于受罚。在模仿案件中，正如新闻报道一样，背景就是一切。合理的问题是除进入原著中心外，模仿者还做了些什么。"[52]因为摇滚乐队创造了其他一些东西，除了借用原歌中的低音重复段，新歌具有足够的创造性，因而不能认为是侵权[53]。

最后，苏特法官检验了第四个因素——市场影响[54]。除了考虑被指控的侵权者的行为外，他还考虑了被告的所作所为是否无限制或流传是否甚广。在无限制或流传甚广的情况下，这将对原著和任何可能的派生作品的潜在市场产生巨大的负面影响[55]。苏特法官推导出，越是具有创新能力的作品，其替代原作的可能性就越小，原著市场被排挤的可能性也就越小[56]。"确实，对于纯粹简单的模仿，新作不会影响到原著的市场，这是因为模仿作品与原作往往是为不同的市场功能服务的。"[57]

苏特法官推论，由于其损害性（而非排挤性）而损害到原作市场的

---

[50] 坎贝尔，510 U.S. 588。
[51] 同上。
[52] 同上，第589页（引用省略）。
[53] 同上。
[54] 值得一提的是，法院抽回了对市场影响的一个早期陈述"合理使用的单一的、最重要的、不可质疑的因素"。参见 Harper & Row Publishers, Inc. v. Nation Enters., 471 U.S. 539, 566 (1985)。坎贝尔案件对第四个因素增加了一个新的解释："市场损害是一个程度的问题，且这一因素的重要性因案件而异，不仅仅涉及损害的总量，而且涉及对其他因素影响的相关程度。"坎贝尔，510 U.S. 590 n.21。
[55] 坎贝尔，510 U.S. 590（引自梅尔维尔·B.尼姆尔、大卫·尼姆尔（Melville B. Nimmer & David Nimmer）：《论著作权》(On Copyright)，§13.05 (1993)）。
[56] 同上，第591页。
[57] 同上。

模仿作品仍处于著作权法的保护范围中,因此这种例外仅是"不存在对批判性演绎市场保护的规则[58]"的另一体现。但他认为原被告双方都未举证证明摇滚乐队的模仿版本可能对原版歌曲的市场造成影响。由于诉状中这一缺陷,法院将案件发回重审[59]。这样也就表明下级法院没有确认摇滚乐队模仿作品的创新能力及认定该组合对于原作的使用过分都是错误的[60]。

自从坎贝尔一案以来,法院一直在激烈地讨论模仿作品这一例外。例如,在莱波维茨(Leibovitz)诉派拉蒙图像有限公司(Paramount Picture Corp.)一案[61]中,摄影师安妮·莱波维茨起诉派拉蒙在公司宣传电影《裸枪》33$\frac{1}{3}$部分(Naked Gun 33$\frac{1}{3}$)时,使用其刊登在《名利场》(Vanity Fair)杂志上一幅有名的照片——怀孕、裸体的黛米·摩尔(Demi Moore)。不同的是,电影广告的模特不是黛米·摩尔,而是该电影的女主角莱斯里·尼尔森(Leslie Nielsen)——裸体的、怀孕的、以与摩尔同样的姿势登在《名利场》的封面上。第二巡回法院驳回了莱波维茨关于将模仿例外转变为喜剧例外的请求。在查明广告具有创新性后,法院认为它是否是对原作的评论(与使用它作为模仿其他所有的东西的手段相反)在某种程度上可称为"一个更近的问题":除了可笑的狂妄外,也可以合理地认为这一广告是对莱波维茨照片赞美怀孕女性身体之美的一种理解,而不是献殷勤般地对这一信息的不认同[62]。

---

[58] 坎贝尔,510 U.S.,第591—592页。在一个注释中,苏特法官指出,通常很难孤立地考虑对原作损害的来源。即市场损害是否来自模仿或者借用的影响。"在这种案件中,合理使用的其他一些因素可以提供关于损害来源的指导。"同上,第593页。

[59] 同上,第593—594页。

[60] 同上,第594页。

[61] 137 F.3d 109 (2d Cir. 1998).

[62] 同上,第114—115页。

在查明了该广告的社会评论性后,法院在做出最终判决之前,简单地分析了合理使用的其他三个因素[63]。

第二巡回法院审理莱波维茨一案的一年前,第九巡回法院也曾从明显不同的方面审理模仿例外案件。在苏斯博士企业(Dr. Seuss Enterprises)诉美国企鹅图书有限公司(Penguin Books USA, Ins.)一案[64]中,法院判决《不在帽子里的猫!》(The Cat Not in the Hat!)——O. J. 辛普森(O. J. Simpson)杀人案故事模仿了苏斯博士的风格——侵犯了原儿童书的著作权。在讨论了坎贝尔(Campbell)案对模仿的定义及模仿作品与讽刺作品的差异后,第九巡回法院从被宣称侵权的作品中摘选了几段[65],其中包括"这一著名的男士/从来不出租/律师喜欢的/贾克比－迈耶(Jacoby-Meyers)/当你被指控具有杀人阴谋时/你需要建立一个真正的梦幻之队[66]"。

被告主张,通过这种方式使用苏斯博士风格,他们是对轻浮与道德的混合体进行评论(这一混合体以对布朗/哥德曼(Brown/Goldman)杀人案事件的文化反映为特征)。利用猫作为一个恶作剧精灵的角色暗指辛普森自身恶作剧的性格特征[67]。法院未予采信,并指出虽然《不在帽子里的猫!》[68]大规模地模仿了苏斯博士风格,但它并没有对他的风格加以嘲笑。《不在帽子里的猫!》的演出与《不在唱子里的猫!》的

---

〔63〕 坎贝尔,510 U. S.,第 117 页。关于在不同环境下第二巡回法院审理案件中对应当将非模仿性演绎作品作为对原作评论的场合所确立的适当标准,参见 Castle Rock Entertainment v. Carol Publishing Group, Inc., 150 F. 3d 132, 141 – 143 (2d Cir. 1998)。该案件裁决"赛菲尔德智能测试"侵犯了塞维尔德的著作权。但具有讽刺意味的是,法院驳回了原告的对原著评论进行测试的主张。

〔64〕 109 F. 3d 1394 (9th Cir. 1997).

〔65〕 同上,第 1400—1401 页。

〔66〕 同上,第 1401 页。

〔67〕 同上,第 1402 页。

〔68〕 同上,第 1401 页(引自 Compbell v. Acuff – Rose Music, Inc., 510 U. S. 596, 580 (1994))。

主旨或风格并无重要联系。法院最终支持地区法院对被告的初步禁令[69]。

坎贝尔案后,法院对莱波维茨案件与苏斯博士案件判决的冲突表明了模仿领域的合理使用原则仍处在不断变化当中。如果模仿例外比单纯的喜剧例外要更加精细,那么苏斯博士在艰难地审视模仿者的动机时,将会看出两个判决哪个更合理。O. J. 辛普森一案具有文化意义(无论是更好还是更坏),第九巡回法院拒绝让一个模仿者使用著作权人的作品以模仿作为合法使用的挡箭牌。比较而言,审理莱波维茨一案的法院有意将社会评价动机归因于不具有文化意义的肤浅模仿。不管他人对这些判决作何感想,他们例证了合理使用原则之内的模仿例外尚未确定的特性,尽管一百多年前的法官立法和重复的国会立法本身也是未确定的。

三、《飘》诉《风逝》:差别抑或相似的研究

兰多尔在写作《风逝》一书时,借用了《飘》中相当多的内容。休顿·米弗林公司认为原告所引用的细节是为了做出具体有力的政治和社会评论而引述的[70],明确地揭示了兰多尔为什么需要这些她使用过的细节。兰多尔是这样解释她复制《飘》中如此多内容的原因的:

如果我只是作了一个或多个引述,那我将失去我的文学批评。我所能做出的最贴切的类推即是对它的宣传。如果我想对冷战期间苏联所有有价值的发明进行讽刺的话,我不会只从中选出一件来讽刺,我会

---

〔69〕 坎贝尔,510 U. S.,第 1406 页。
〔70〕 被告休顿·米弗林公司针对原告申请临时限制裁决与初步禁令的动议提出的补充要点(下称被告补充要点),参见 Suntrust Bank v. Houghton Mifflin Co., 136 F. Supp. 2d 1357(N. D. Ga. 2001)(No. 1:01 CV –701),第 21 页。

创造一幅完全的画面[71]。

潘诺法官不同意这种说法，驳回了兰多尔类推的观点。他认为她的书"敏锐地表明了通过创作一个更加精细的、非著作权的历史叙事故事来模仿战前南部与使用著作权作品达到这一效果之间的区别"。[72]但是，他说，兰多尔并没有在一般化的水平上进行模仿，而是复制米切尔版本重新讲述了《飘》中的故事，并且提供了第二种续集[73]。第十一巡回法院不这么认为："兰多尔直接参考了米切尔的情节与角色，这是对《飘》的普遍性攻击。很难想象兰多尔如果没有大量地依赖原著的著作权，将怎样具体地评述《飘》。"[74]

米切尔的资产信托人在地区法院的简短陈述中，列出了《风逝》高度模仿《飘》的三个领域：特定角色的使用、特定情景和情节的相似及几乎逐字抄袭原作的部分[75]。

（一）角色类似

米切尔的资产信托人指出了《风逝》与《飘》之间一系列角色的相似。例如，在兰多尔一书中，斯嘉丽·O.哈拉（Scarlett O'Hara）成了"阿瑟"（希娜拉同父异母的姐妹），雷特·布特勒成了"R. B"、"R"或

---

[71] Suntrust Bank,136 F. Supp. 2d at 1375（引自艾丽斯·兰多尔的声明之七）（文中引用略）。

[72] 同上，第1376页。潘诺法官在他的分析中合并了两个问题——一个历史时期的模仿与文学作品的模仿。他将兰多尔归因于当她在事实上寻求对一本书的描述进行模仿时对"战前南部"模仿的愿望。

[73] 同上。

[74] Suntrust Bank v. Houghton Mifflin Co.,268 F. 3d. 1257,1270 – 71 (11th Cir. 2001)。

[75] 下一部分对两本书之间比较的没有穷尽的列举，来自支持原告做出申请临时限制的裁决和初步禁令的动议中的备忘录，参见 Suntrust Bank,136 F. Supp. 2d 1357 (N. D. Ga 2001) (No. 1:01 CV −701)。

"德特·乔菲尔",彼特帕特(Pittypat)大婶成了"帕特彼特(Pattypit)大婶",以及阿什利·威尔克斯(Ashley Wilkes)成了"梦中情人",塔拉庄园这个《飘》中大部分情节发生的地方成了塔塔庄园[76]。总之,兰多尔从《飘》中借用了十五个角色[77]。

对于兰多尔大量角色的借用,休顿·米弗林作了辩解:特别是在她对黑人角色的使用中,兰多尔为那些在《飘》中老套陈腐的小角色描绘了一幅更加丰满的图画,这些角色"因而是不受著作权保护的[78]"。而且,兰多尔在书中把《飘》中的主要角色都描述成单调、一维的角色,与米切尔所创作的角色并不很相似[79]。潘诺法官反驳了这一辩解思路,甚至撤销禁令的第十一巡回法院对兰多尔的大量借用似乎也感到麻烦:我们同意地区法院的意见,特别是在《风逝》一书的前半部分大体是利用了《飘》中的受著作权保护的角色、故事主线及背景作为其故事的调色板而对《飘》进行压缩[80]。尽管第十一巡回法院撤销了地区法院的初步禁令,最终还是认为休顿·米弗林公司似乎具有合理使用抗辩的有效理由[81]。它承认以这一记录为基础并不能对与复制目的相关的使用资料的数量和质量是否合理做出结论性的判决[82]。

---

〔76〕 有时兰多尔甚至没有做那些细微的变化;例如,吉恩斯(Jeems)和迈咪(Mammy)在两本书中都是这样被称呼的。

〔77〕 Suntrust Bank,136 F. Supp. 2d at 1367.

〔78〕 被告休顿·米弗林公司针对原告申请临时限制裁决与初步禁令动议的回答(下称被告的回答),参见 Suntrust Bank v. Houghton Mifflin Co.,136 F. Supp. 2d 1357(N. D. Ga. 2001)(No. 1:01 CV −701),第 11 页。

〔79〕 同上。

〔80〕 Suntrust Bank v. Houghton Mifflin Co.,268 F. 3d 1257,1267(11th Cir. 2001)(引自 Suntrust Bank,136 F. Supp. 2d at 1367)。

〔81〕 同上,第 1276—1277 页。

〔82〕 同上,第 1274 页(引自 Compbell v. Acuff-Rose Music,Inc.,510 U. S. 569,586(1994),引自 Folsom v. Marsh,9 F. Cas. 342,348(C. C. Mass. 1875)(No. 4901)(注释省略)。

（二）情景与情节的相似

除了借用《飘》中的角色外，兰多尔还借用了一些看过原著或影片的公众所熟悉的场景。

1. 在《飘》中，当雷特离开斯嘉丽时说：坦白说，亲爱的，我并不介意。《风逝》一书是以 R.B 在女儿死后离开阿瑟的场景开头的。他离开时诅咒了阿瑟，没有叫她"亲爱的"。但他告诉她，他对所发生的一切毫不介意。随着他的离开，阿瑟倒在地上，哭了起来。

2. 在《飘》中，斯嘉丽结了三次婚。第一任丈夫是米兰尼（Melanie）的哥哥查尔斯·汉密尔顿（Charles Hamilton）。斯嘉丽生下儿子后，他便在战争中死去。她又与弗兰克·肯尼迪（Frank Kennedy）结婚，肯尼迪同库·克鲁斯·克兰（Ku Klux Klan）外出时被杀。后来她与雷特结婚并为他生下一个女儿。他们的女儿在一次骑马事故中夭折。而《风逝》中阿瑟的三次婚姻与《飘》中的完全相同。

3. 在《飘》中，斯嘉丽是家里三个女儿中的老大，她的三个弟弟在婴儿时期就夭折了，并埋在家附近。《风逝》中阿瑟也有两个妹妹，三个弟弟也是在婴儿时期就夭折了，并埋在了附近。

4. 在《飘》中，杰拉尔德（Gerald）在与一个从佐治亚圣塞门岛来的男人赌博时赢得了塔拉庄园和管家伯克（Pork）。后来那个男人要求以两倍的价钱赎回伯克，但杰拉尔德拒绝了。《风逝》中加里克（Garlic）提到了庄园主怎样在一次扑克游戏中赢得了他和塔塔庄园，"我原来的主人是佐治亚圣塞门岛一个年轻富有的庄园主，他帅气、有礼貌，我们四处旅游。后来年轻的马斯（Marse）要以两倍的价钱赎我回来。"

5. 在《飘》中，奴隶吉恩斯（Jeems）是被作为生日礼物送给高大红发的塔里顿（Tarleton）兄弟布兰特和斯图亚德（Brent and Stuard）的。

每一所南部重点大学都拒绝接收兄弟俩。布兰特与斯嘉丽的妹妹卡伦（Carren）订婚，但他与斯图亚德都在葛底斯堡（Gettyshurg）死亡。心灰意冷的卡伦进了查尔斯顿（Charleston）一所修道院。《风逝》中，高大红发的兄弟十岁生日时，吉恩斯是被作为生日礼物送给他们的。兄弟俩被所有南部重点大学开除。兄弟俩之一决定与凯伦（Kerren）完婚，但他们都死在葛底斯堡。此后凯伦进了查尔斯顿一所修道院。

6. 在《飘》中，女儿邦妮（Bonnie）死后雷特一直郁郁不乐。因为女儿怕黑，他不肯葬她，而是把她的尸体放在他的房间里，开着灯，陪着她，这样她才不会害怕。在《风逝》中，希娜拉说，在宝贝女儿死后到葬礼这段时间里 R. B 一直与他死去的女儿在一起，让灯一直亮着，因为宝贝怕黑。

针对兰多尔对于上述场景借用的答辩，休顿·米弗林公司反驳道，这些类似之处仅仅构成希娜拉故事的一个背景。《风逝》中的主要情节涉及该人自我发展，与在《飘》的环境中不同，该人在《飘》中不能（或者不可能）由作者想象得到[83]。

潘诺法官同样驳回了休顿·米弗林的论点即兰多尔的借用仅仅是为建立一个背景，该书前半部的大部分内容是阐述早期作品的细节[84]。为希娜拉身上发生的故事建立了舞台，她的故事也只是小说的一半。但第十一巡回法院认为半部分讲述了一个全新的故事。虽然涉及以《飘》中角色为基础的角色，它的故事情节在《飘》中是找不到的[85]。

---

[83] 被告的回答，同前注释 78，第 13 页。
[84] Suntrust Bank,136 F. Supp. 2d at 1370.
[85] Suntrust Bank,268 F. 3d at 1270.

(三)近似逐字的语言复制

兰多尔还借鉴了《飘》中的语言,虽不如对角色和情节的借用那么频繁。

1.《飘》的第一行即是:"斯嘉丽·O.哈拉并不美丽,但男人们很少会像塔里顿兄弟一样意识到这一点,而被她的魅力所迷倒。"《风逝》的第一行是:"她并不美丽,但男人们很少意识到这一点,往往会被她所到之处的清香和引起的骚动所虏获。"

2.《飘》中最后几句是:"明天,我将想办法让他回来。毕竟,明天是新的一天。"《风逝》是这样结尾的:"对于我们所爱的,明天不会是新的一天。我们甜蜜地祈祷和平。"

3.《飘》中迈咪叫斯嘉丽为"Lamb",问她:"Whut mah Lamb gwine wear?"《风逝》中迈咪也叫阿瑟"Lamb",并问她,"What's mah Lamb gwanna wear?"

(四)兰多尔借用的总结

潘诺法官最后认定:兰多尔的复制是可诉的,因为它无论是在数量上还是在质量上都与《飘》有大量的相似之处[86]。从纯粹的数量问题来看,潘诺法官也许是正确的,但更重要的是质量调查。假定兰多尔一书最明显的目标是从一个黑人的视角将《飘》一书重新概念化,那么在什么意义上可以合理地认为该书构成了对切尔一书的侵权?著作权既然旨在提升科学和有用艺术的进步,那么著作权的什么概念将会压抑

---

[86] Suntrust Bank, 136 F. Supp. 2d at 1368.

像兰多尔这样的书[87]？下一部分讨论合理使用原则中的模仿例外应当为这些书提供空间。

四、作为模仿作品的《风逝》

可以将合理使用看成是著作权律师高度重视的行为[88]。如果合理使用最好最简洁的定义是正当使用著作权作品的一种豁免[89]，就不难弄清楚其中的原委。合理使用处于一个缺乏一致性原则的空隙当中。与诺贝尔奖获得者托尼·莫尼森(Toni Morrison)代表兰多尔在其宣誓书中所讲的相反，这一案件的问题并非"谁知道历史是怎样塑造的呢？谁敢说奴隶制度是什么样子呢?[90]"著作权思想/表达二分法回答了这一问题，并且在思想与表达之间容易区分[91]。问题是法律应该怎样驾驭著作权与第一修正案之间的交叉处——作者是否可以评论或者模仿的名义将他人作品转变为其他？这一部分分析是否应当将兰多尔的作品看成是受保护的模仿作品[92]。

虽然休顿·米弗林坚持该书是受法律保护的模仿作品，潘诺法官在其颁发的令状中却指出，该公司第一次将之投入市场时并不是以此

---

[87] 《美国宪法》第1条，§8，cl.8。
[88] 近来的案件，参见《哈佛法律评论》2001年第114卷，第1807页。
[89] 韦恩瑞波，同前注释38，第1138页。
[90] Suntrust Bank, 136 F. Supp. 2d at 1378(引自托尼·莫尼森的声明)。
[91] 此即，由于对思想不能拥有著作权，如 Baker v. Selden, 101 U.S 99(1879)，一个作者可以说"对奴隶来说奴隶是什么样子"。当作者试图以其他作者的表达为基础时，其他作者的表达是著作权关注的内涵。
[92] 模仿不是被自动地认为是著作权作品中的合理使用。参见 Compbell v. Acuff-Rose Music, Inc., 510 U.S. 569, 581 (1994)；另外参见前面(讨论保护不能延伸到 O.J. 辛普森案件的像苏斯博士的模仿)。参见坎贝尔，510 U.S.，第579页(指出确定一部作品是创造性的可以在很大的程度上认定它是合理使用，并且模仿"对创造性价值有明显的主张")。

为特征的,而在书的封面有如下一段陈述:

在一次有力的反驳和文学创作鼓舞人心的开拓性举措中,兰多尔提供了米切尔为我们深刻描述的战前南部景象的《飘》所错过的故事。可以简单地想象一下,米切尔作品中黑人角色并不是一维的老套模式。再大胆地想象一下,斯嘉丽·O.哈拉有一个黑白混血的私生妹妹希娜拉、希拉蒙(Cinamon)或辛迪(Cindy)——美丽、棕色的皮肤——我们开始她的故事[93]。

在米切尔资产信托人起诉后,这一封面改为:一部寻找不朽的南部神话、颇具争议的模仿作品[94]。

判决兰多尔作品是否构成受保护的模仿作品的标准是,把《飘》作为一个目标还是仅仅作为一个评论其他事物的武器[95]。这个问题看上去似乎容易回答。虽然,如上建议的,米切尔可能对战前南部黑人的待遇和感受提出更多的普遍性的观点[96],但明显可看出该书的主要焦点在于《飘》本身,而不仅是历史背景。

但应记住,《风逝》以《飘》为标靶也并没有结束调查。这部作品必

---

[93] Suntrust Bank,136 F. Supp. 2d at 1376(引自前面的艾丽斯·兰多尔著述的《风逝》(未校正/高级读本复制本))。

[94] 同上(引自前面的艾丽斯·兰多尔著述的《风逝》(2001))。

[95] 在1992年的一篇有影响的论文中,理查德·波斯纳(Richard Posner)法官提出以目标/武器之间的区分作为在模仿之间进行区分的一种方式。该模仿应当作为目标而不是作为武器获得合理使用原理之保护。参见理查德·波斯纳(Richard Posner):《何时模仿成为合理使用?》,《法律研究杂志》1992年第21卷,第57、71—74页;引用于坎贝尔案件,510 U. S. at 580(模仿者从已有材料中引用的核心是……利用先前作者作品的一些因素创作了一部新的作品,至少在部分内容上评价了先前作者的作品),波斯纳法官的二分法并不完美——在模仿领域,一个人的目标可以是另外一个人的武器——但区分合法的模仿与披着模仿外衣的演绎作品仍是有意义的。

[96] Suntrust Bank,136 F. Supp. 2d at 1377(作者试图批评南部存在的种种行为,像鞭打、家庭破裂……她试图说明南部的真正情况如何)(引用省略)。

须要对原著进行评论,且足够让读者看出原著与模仿作品之间的联系。首先,模仿作品必须独立于原著,从而足以认为是有"独创性"的[97]。兰多尔的作品可以说是一部有独创性的模仿作品,因为她给予原著中沉寂的黑人角色发声的机会,其本身可被看成模仿原著中种族霸权的增刊。

兰多尔描述自己不得不去评论和批判"把黑人看作是懒鬼、酒鬼,令人厌恶的世界,并将其比作类人猿、大猩猩和裸体野人的世界"[98]。兰多尔笔下复杂、聪明的黑白混血的女主人公希娜拉,斯嘉丽同父异母的妹妹,与雷特——一个典型的南部男人结婚,可能也被看做填补了未曾有过的空白。米切尔资产信托人无法提供可能填补空白的续集,潜在的续集作者肯定同意让斯嘉丽活着,不涉及任何混血场景,不涉及任何同性恋。这是小说家帕特·康诺伊(Pat Conroy)已经从米切尔资产信托人那里获得许可后还放弃写续集的原因[99]。相对而言,兰多尔的

---

[97] 坎贝尔,510 U.S. at 579。第十一巡回法院正确地将模仿定义为"某种意义上的模糊",并指出模仿究竟是否一定要是滑稽的,法院似乎没有明确的认识:"法院主张模仿的目标是喜剧效果或滑稽效果,但接着讨论模仿趋向于对原作的注释。"Suntrust Bank v. Houghton Mifflin Co., 268 F. 3d 1257, 1268 (11th Cir. 2001)(引自坎贝尔案,510 U.S. at 580)。似乎没有什么理由对模仿施加一个幽默的要件;这样做会使法官要判断什么是以及什么不是有趣的。被引用的案件参见Bleistein v. Donaldson Lithographing Co., 188 U.S. 239, 251 (1903)(霍姆斯(Homes)大法官)("对那些需要非常细致区分的法官来说是一个危险的任务);哥德菲拉斯(Warner Bros. 1990)(帕斯(Pesci)大法官)("让我们理解这一点……但我是有趣的。怎样呢?我的意思是有趣意味着我像小丑一样?我使你越快乐越好?我使你笑?你认为有趣意味着什么呢?怎样才能有趣?我怎样才能有趣?")。

[98] 被告补充要点,同前注释70(引自艾丽斯·兰多尔声明的第二部分)。这里简要引用《飘》中的一段,包括:"黑人多么愚蠢!除了他们被告知的东西,他们从来不想任何其他的东西。"美国人想让他们自由。同上。斯嘉丽的描述是:"我看到被释放的越多,我想犯罪的越多。它只是破坏了黑人。"同上,第3页。

[99] 参见大卫 D. 柯克帕克(David D. Kirkpatrick):《在伯森模仿中一个作者的教训》,《纽约时报》2001年4月26日,E1版。

作品包括了上述三个被排斥的方面。

以这种方式改写可被认为是超越限度的自由行为,它为原著沉寂的角色或观点提供了发声的机会,模仿这些沉寂的角色,并迫使读者考虑他们为何存在[100]。《风逝》可能会使一个读者重新考虑对《飘》的看法,思考什么样的作品才是一部伟大的南部小说,才是一部道德上更加复杂的、提出却又没有理解种族和权力问题的作品。这样,正如《飘》成为很多评论性非虚构小说的主题[101],《风逝》也将成为更加有力的以小说形式评论的主题[102]。

五、法院应当如何解决以后的改写案件

改写案件可能还会发生——也许会更普遍——这有两个原因。第一,人们对《风逝》案件的关注会激励其他作者寻求相似的名声(和免费宣传)。第二,改写被认为比写作更容易,套用其他作品中的角色模式重写一个全新的故事比从零开始创造这些角色要容易。如果改写案件真的增多,法律将会再次求助于合理使用原则和第一修正案寻求解决。这一部分提出一条进行调查的方法,一条潘诺法官、第十一巡回法院在山信银行案件中未曾考虑到的方法。

---

[100] 亨利·路易斯·盖茨(Henny Louis Gates)教授指出,《飘》在黑人社区被广泛地认为是最具有种族描述性质和美国黑人奴隶文学的作品。被告补充要点,参见注释70,第5页(引用了亨利·路易斯·盖茨教授的声明)。他主张兰多尔应当有权主张她的模仿权利,因为模仿是美国文学表达的核心,这是因为它是一个创造性的机制,该机制涉及言论自由、对自身感到受压迫并希望反抗压迫的条件。同上(引自亨利·路易斯·盖茨教授的声明之4,2)。

[101] 例如,《重新思考美国文学中的〈飘〉》,戴德恩·艾斯卜瑞·朴罗恩(Darden Asbury Pyron)1983年编辑。

[102] 被引用于山信银行案,268 F.3d at 1269(兰多尔选择通过虚构作品的形式来表达她对《飘》的批评这一事实——与其说是一个学者的文章,还不如说是关于她的认识的媒介物——就其作品本身来说不应当排除合理使用之保护)。

具体说来,这一部分将论述进行合理使用调查时,法院应当强调两个因素。其一,原著作者主张其权利所依据的著作权法条。其二,作者从该书中获得报酬的数量。在以后的改写案件中考虑第一修正案的问题时,法院应当考虑原著在文化传统中所占的位置,如不允许对它进行改写将会压抑对该作品进行重要而且必要的评论。调查还未形成轮廓,而且两者可能因过分含糊而受到批评。可以说,合理使用原则和第一修正案也同样如此。这一建议为思考在以全新而重要的方式挑战已建立的原则背景下的这些问题提供了另外的方法。

(一)合理使用调查

对于著作权保护范围的不满已成为著作权学者们喜爱的一项消遣[103]。这种说法不无道理。1790年通过的第一部著作权法以其可选择的14年的续展期给予任何地图、图表和书籍14年的保护[104]。此后

---

[103] Eldred v. Reno,239 F. 3d 372(D. C. Cir. 2001). 在该案件中,劳伦斯·拉斯奇教授(Lawrence Lessig)基于宪法理由挑战了《索尼·伯纳(Sonny Bono)著作权期限延伸法》,指出20年的延伸保护超过了宪法授予国会提供著作权的有限期限的要求。同上,第377—378页。地区法院没有接受他的观点。同上,第373页。还如,劳伦斯:《思想的未来》,106(2001)("现代美国著作权法的显著特点是其几乎没有限制的膨胀——在范围和期限上的膨胀");辛姆波斯亚(Symposia):《著作权期限延伸的宪法性:多长会变得太长?》,《科罗拉多艺术与娱乐杂志》2000年第18卷,第651页(著作权学者讨论这一问题);米切尔·H. 戴维斯(Michael H. Davis):《著作权扩张与宪法:我是不是停留得太久?》,《佛罗里达法律评论》2000年第52卷,第989、993—994页(讨论有追溯力地延伸著作权期限是不合乎宪法的);艾沃德·C. 沃特斯奇德(Eward C. Walterscheid):《界定专利和著作权期限:著作权限制与知识产权条款》,《知识产权杂志》2001年第7卷,第315、394页("在继续扩张著作权期限时,国会完全忽视了在知识产权条款中体现的知识产权的公共利益目标,而是相反地将著作权看成是主要服务于作者的利益")。

[104] 罗伯特·A. 格曼、简·C. 津斯博格(Robert A. Gorman & Jane C. Ginsburg):《著作权:案例与资料》,1999年第5版,第4—5页。

著作权范围和续展期已经拓展,现在法律为1978年以后的作品赋予了作者终生及死后70年的著作权[105],包括以任何有形的表达媒介(现在所知道的和以后将出现的媒介)固定的原版作品,它们可被理解、被复制或被交流,无论是以直接的方式还是借助于机器设备[106]。

在1790年第一部著作权作品并没有对作品赋予诸如演绎权利之类的权利。例如,翻译著作权作品没有包括在著作权法中,从而不经原著作者的同意即可出版并发行[107]。现在,一部演绎作品可以独立地受著作权保护[108],被普遍定义为"以一部或多部已存在的作品为基础的作品"。例如,翻译作品、编曲、戏剧作品、小说作品、电影制品、录音制品、艺术复制、简写作品、缩写作品以及其他任何以重新创作、重新改造或改编方式形成的作品[109]。演绎权利的拓展,就像著作权的拓展,已受到著作权学者们的批评[110]。

如果合理使用是著作权一个关键性的安全调节阀[111],那么它应该

---

[105] 17 U.S.C. §302 (a) (1994 & Supp. Ⅳ 1998).

[106] 同上,§102 (a).

[107] 参见 Stowe v. Thomas,23 F. Cas. 201,208 (C. C. E. D. Pa. 1853) (No. 13,514)(在宽泛的意义上,可将翻译看成是对作者的思想或者概念的描述或者复制,但无论如何不能将其称为是对原作的复制本)。

[108] 参见 17 U.S.C. §103 (a)("具体规定在第102条中的著作权的标的包括编辑和演绎作品……")。

[109] 同上,§101。

[110] 参见斯丹瓦特·E. 斯特科(Stewart E. Sterk):《著作权法中的精妙之处与现实》,《密歇根法律评论》1996年第94卷,第1197、1217页(演绎作品之保护延伸到著作权这一垄断权之中,不需要考虑创造性活动方面存在重要的创造);劳米·阿比·维哥特利(Naomi Abe Voegtli):《演绎作品之反思》,《布鲁克法律评论》1997年第63卷,第1213、1269页(广义的演绎权忽略了著作权人的人格利益或作品原创性,甚至当著作权人具有很少的人格利益或者演绎人在其作品中显示出其创作天才时也如此)。

[111] 尼尔·维斯托克·纳塔尼尔(Neil Weinstock Netanel):《将著作权构建于第一修正案上》,《斯坦福法律评论》2001年第54卷,第1、12页。

随着著作权的扩展而扩展。在大部分改写案件中这种考虑尤其重要。大部分改写作者利用名著作为他们的素材来源[112],因为极少有人会去关注无名作品的改写作品。合理使用应当为这些演绎性的创造提供空间,正如莱沃法官正确指出的一样:

所有智力性的创造活动在一定程度上都是派生的。没有完全原始的思想和发明。任何一个进步都是站在先前思想家们构建的基础之上的。而且智力活动的重要领域显然都是有参考资料的。哲学、评论、历史,甚至是自然科学都需要不断地对往日的成就进行再检验[113]。

但是,著作权的拓展会通过某些方式阻止往日的成就被挑战而威胁到对往日成就的不断再检验。《飘》已鼓励了无数非小说的评论作品[114],而《风逝》是第一本在小说方面挑战它的书。正如那些非小说作品的作者无须获得许可即可讨论和引用《飘》,兰多尔也应当无须获得许可,因为她的评论采取的是小说形式。

最明显的反驳即是:对于小说复制的控制正是著作权所囊括的,尤其是对于演绎作品的控制。然而,本文指出,根据著作权扩展理论,法院既要考虑原著所依据的著作权条文,也要考虑作者从作品中所获得的经济利益[115]。这一目标将会平衡原著作者从作品中所获得的与

---

[112] 参见 Compbell v. Acuff – Rose Music, Inc. ,510 U. S 569,586(1994)(指出模仿者不可避免地要复制为公众知晓的表达性作品)。

[113] 莱沃,同前注释 37,第 1109 页(引用了泽查瑞尔·查菲(Zechariah Chafee)):《对著作权法的反思》,《哥伦比亚法律评论》1945 年第 45 卷,第 503、511 页)。("世界向前发展是因为我们的工作建立在前人工作的基础上。'一个愚蠢的人站在巨人的肩膀上也能比巨人看得远。'如果作者对其作品中的任何东西享有完全的垄断权,那么进步将受到遏制。")

[114] 参见"重新思考"一文,同前注释 101。

[115] 这里讨论的目标限于改写,而本文集中于模仿问题。如果一部非模仿性作品仅仅是旨在不做评论的情况下重构原作,那它不是改写作品,而是续集,法院应当这样对待它们。

随着原著作品思想更广泛的传播而自然增进的公众利益两方面的利益。

《飘》为证实如何进行这些调查提供了一个优秀的榜样。《飘》于1936年首次出版,直到2031年才将进入公有领域。在出版后的66年里,该书已销售千万册[116],并被改编为电影,在美元通胀时期,成为有史以来最卖座的电影[117]。米切尔和她的继承人从该书中获得了巨大的经济价值。兰多尔一书对其的损害是微乎其微的,或者说至少该书对其的损害相对于米切尔资产的总体价值而言是微不足道的。再考虑著作权的社会功用,有人肯定会说:假如米切尔知道她不能从兰多尔那儿获得许可费,或者甚至兰多尔将写书评论她,她是否不太可能写《飘》呢?答案当然是否定的。如果认识到合理使用不仅是对著作权人私人财产权利的必要限制,而且是著作权法的一个基本政策,那么需要考虑这些因素[118]。

与之相反,如果一本书出版才两年,作者也通过售书或演绎权的买卖获得极大的收入,法官可能不会倾向于适用合理使用——因为,借用洛罗伊德·L. 韦恩瑞波(Lloyd L. Weinreb)教授的精彩解释,这样的判决似乎是不公平的[119]。这一类调查的法律指导原则是合理使用的第二个因素——著作权作品的性质[120],该因素被坎贝尔案"模仿背景下

---

[116] 起诉状,同前注释9,2。

[117] 参见约翰·哈特尔(John Hartl):《〈飘〉:重回光荣》,《西雅图时报》1998年6月21日,M1版(指出《飘》已经获得13亿美元的毛收入)。

[118] 莱沃,同上注释37,第1135页。

[119] 参见洛罗伊德·L. 韦恩瑞波(Lloyd L. Weinreb),同上注释38,第1138页。针对他的合理使用的标准太模糊的异议,韦恩瑞波教授指出,"公正被更多更广泛地被接受,超过了像生产力、激励与伤害的观念,而其本身依赖于默示的评价手段,并且能够比较容易地、无意识地体现。"同上,第1153页。

[120] 17 U.S.C. §107 (2) (1994).

发展不完善"驳回[121]。其实无须如此。坎贝尔案中建议下级法院不可采用上述推定分析的意见并未起作用。

反对进行合理使用方面调查的理由是,这似乎是对成功收的税——可获利的作品比不可获利的作品受到更少的保护[122]。但所建议的双重调查既未开始也未完成合理使用的界定。法院仍将适用合理使用的另三个因素,更不用说适用他们的观点。举个例子,某人未经授权,为 J. K. 罗琳的《哈里·波特》写了一部续集,并从与原著的联系中获得了利润,辩驳说他的使用是合理的。法院将要求助于合理使用的第一因素和第二因素。如果二手作品仅仅是一部续集,法院将不会允许出版。但如果二手作品在某个方面批判性地挑战了原著——以兰多尔挑战米切尔的方式——这个案件可能会更难处理。明确划出未经授权而作的续集和以小说形式出现的评论文的界限也许是不可能的,而事实上它们之间的区分并不见得很难。兰多尔挑战了一本如何界定内战的书。另一些学者认为《哈里·波特》模仿作品很难具有类似的崇高目标,还有人推测,常识也将发生作用,正如它在所有合理使用案件中一样。

这里所提出的双重调查旨在补充而非模仿传统的合理使用调查。

---

[121] 参见 Campbell v. Acuff-Rose Music,Inc. ,510 U. S. 569,586（1994）（指出由于模仿几乎总是要复制名著,在模仿案件中,合理使用的第二个因素可能很少有助于将合理使用从侵权中区分开来）。原作品的多大价值从市场中获得了也融入了《美国法典》第 17 卷第 §107（4）部分规定的第四个因素即对原作市场的影响,但法院仍然需要界定演绎作品在多大程度取代或者减少了原作的需求即第四个因素。这一调查与原作从市场中获得了多大的利润稍有不同。如在《风逝》案件中,《飘》已经从市场中获得了实质性的利润,而不考虑这一事实即兰多尔的作品将不可能取代原作的市场需求,即令米切尔的作品没有广泛地被读者阅读。参见 Suntrust Bank v. Houghton Co. ,268 F. 3d 1257,1280（11th Cir. 2001）（马卡斯（Macus）大法官）。

[122] 知识产权法的另外一个领域也存在这样一个"税收"。在商标法中,一旦商标被通用化了——像阿斯匹林——它将失去商标保护。

如果合理使用确如其名所建议的[123]，法院应当考虑作者在许可其他作者挖掘相似的领域之前从该书中所获得的利润。沿着这一思路，法院对于原著在其著作权保护期内所处的位置将不会与坎贝尔案件中最高法院陈述的"著作权的目标——提升科学和艺术，往往通过具有改造能力的作品的创作得到深化，这样的作品处于著作权合理使用原则的核心"相矛盾[124]。

（二）第一修正案调查

毋庸置疑，第一修正案没有规定著作权侵权抗辩问题[125]。假定法律不如此，那么侵权者会通过主张论自由而毁损著作权法。但也许在改写背景下调查无须黑白分明。法院在考虑将第一修正案适用于著作权侵权抗辩时，应当考虑到原著的传统地位或社会政治地位[126]。一部

---

〔123〕 韦恩瑞波，同前注释38，第1138页。

〔124〕 坎贝尔案，510 U. S. at 579。

〔125〕 例如，Harper & Row Publishers, Inc. v. Nation Enters., 471 U. S. 539, 556 (1985)（指出著作权的思想与表达二分法在第一修正案与著作权法之间达成了确定的平衡，手段是允许事实的自由交流而同时保护作者的表达）（引自 Harper & Row Publishers, Inc. v. Nation Enterprises, 723 F. 2d 195, 203 < 2d Cir. 1983 > ）；Zacchini v. Scripps - Howard Broad Co., 433 U. S. 562, 577 n. 13 (1977)（针对俄亥俄州公开权法放弃了第一修正案的挑战）；Eldred v. Reno, 239 F. 3d 372, 375 (D. C. Cir2001)（指出著作权可以接受第一修正案的挑战）；梅尔维尔·B. 尼姆尔（Melville B. Nimmer）：《著作权是否会削减第一修正案对言论和出版自由的担保？》，《UCLA 法律评论》1970 年第 17 卷，第 1180—1204 页（既不是第一修正案本身也不是成为其基础的言论利益是以发展教育或者文化的名义被提供正当性的）。其他引文参见纳塔尔尔（Netanel），同前注释111（讨论著作权的（来自第一修正案保障的）司法上的豁免似乎在很大程度上依赖于司法上的偶然的判例）。

〔126〕 第一修正案的调查自然会涉及合理使用方面的调查；基于概念上的区分，在本文中这两点是分开的。但这一调查若是在合理使用环境中完成的话，它主要会考虑合理使用的第二个因素。

作品在国民意识中占据的空间越大,改写作者挑战它也就更自由。

劳伦斯·H.曲波(Laurence H. tribe)教授在其1989年发表的文章《宪法空间的曲率》中援引了爱因斯坦的相对论来论证一定的国家决策可以歪曲它们周围的空间,就如大家歪曲星际空间一样[127]。曲波利用类推来论述德沙尼(Deshaney)诉温尼倍各(Winnebago)县社会服务部一案[128]中的国家行为,就正如威斯康星州建立一个为儿童服务的部门这一决定大大歪曲了德沙尼周围的空间一样。当他父亲把他往死里打时没有人上前帮助他[129]。据曲波的观点,这种机构的存在意味着那些本会帮助约叔华(Joshua)的人们决定不去帮助,因为他们相信这个机构会处理好这个问题。曲波利用相对类推提出了国家行为的观点,该行为本应促使德沙尼思考这样一个问题:威斯康星州的法律是否完全歪曲了法律的范围使得他事实上消除了本可提供给约叔华·德沙尼的帮助[130]。

不管人们是否认同曲波关于国家行为的观点——这一观点可能受到广泛的批评——某些制度歪曲其周围的空间这一观点直观看来是相当有感染力的,而且也可能是正确的[131]。正如一些后现代主义文学理论家所言的,这一观点也许在娱乐业和知识产权领域比在曲波所建议

---

[127] 劳伦斯·H.曲波:《宪法空间的变形:法律学者从现代物理中能够学到什么》,《哈佛法律评论》1989年第103卷,第6—8页。

[128] 489 U.S 189 (1989)。

[129] 参见曲波案,同前注释127,第8—14页。

[130] 同上。第10页。

[131] 例如,瑟阿德·W.阿德莫(Theodor W. Adorno):《文化产业:集团文化论文选》,J. M.本恩斯顿(J. M. Bernstein)编辑,1991年;米切尔·方克尔特(Michel Foucault):《知识的考古学》,A. M.谢尔丹·史密斯(A. M Sheridan Smith)译,塔威斯多克(Tavistock)出版有限公司1986年;马歇尔·马克兰亨(Marshall Mcluhan):《理解媒体》,密特(Mit)出版社1994年;路易斯·阿瑟斯(Louis Althusser):《列宁与哲学及其他论文中的意识形态与意识形态上的国家方法》,本·布瑞瓦斯特(Ben Brewster)译,1971年。

的社会服务领域更真实[132]。《飘》也许就是这一观点最好的诠释。设定其在文化存在中的重要性——这也可称为概念置换——也许该书要求给予其他作者以自己的方式与该书对抗的机会。回应的方式显得尤其重要,虽然《飘》已经引起了大量非小说评论的出现,而这种评论所涉及的范围却主要局限于学术界。

像《风逝》一书以自己的方式来对抗《飘》——在相同的小说领域——重新塑造自己的挑战性的观点。设想兰多尔一书将会被人们阅读,包括不会去看对《飘》的非小说评论的热情的米切尔迷们[133]。在这一程度上,对于兰多尔对《飘》所信奉的理念提出的合法挑战,她以自己的方式对抗米切尔的能力是至关重要的[134]。

当然,要点在于如何决定哪些著作权作品已经受到这样一种挑战,哪些还没有[135]。像合理使用调查不可能通过明确的界限和明晰的原

---

[132] 考虑一下针对"二战"主题的近来的村舍工业。这方面的例子包括汤姆·布鲁克(Tom Brokaw)和史蒂芬·阿姆布朗斯(Stephen Ambrose)的几部作品,以及史蒂芬·斯皮尔伯格(Steven Spielberg)和米切尔·贝(Michael Bay)的几部电影(《拯救大兵瑞恩》、《珍珠港》)。参见瑞奇·马瑞(Rick Marin):《为二战的后代举起一面红旗》,《纽约时报》2001年4月22日(第九版)。关于这一趋势的标准,参见尼奇拉斯·康菲斯(Nicholas Confessore):《出售私人的瑞恩:史蒂芬·阿姆布朗斯,汤姆·布鲁克,史蒂芬·斯皮尔伯格,以及对纳斯塔吉尔(Nostalgia)的辱骂》,《美国展望》2001年9月24日至10月8日,指出,"对很多美国人来说,第二次世界大战被其本身所取代了——由史蒂芬·阿姆布朗斯撰写,史蒂芬·斯皮尔伯格指导,汤姆·布鲁克制作"。被引用于尼尔·加波勒(Neal Gabler):《电影之旅:娱乐怎样战胜现实》,1998年4月("生活成了艺术,以致两者现在难以互相区分")。

[133] 确实,可以合理地假定有关兰多尔一书的争端会促使人们购买这两本书然后去比较它们——从而可以避免市场损害,而这是合理使用第四个因素的关键。

[134] 例如,希娜拉是一个与《飘》没有任何联系的角色,她的故事仍然是有趣的,但它不会以同样的力度影响挑战《飘》。

[135] 有人可能会指出,这些例外不应限于已经获得了《飘》的主导地位的作品——针对改写一部著名的作品,作者改写一部不大知名的作品同样具有回旋余

则来进行。例如,电影《星球大战》已获得了与《飘》相似的偶像地位,但法院可能会合理区分一部塑造我们所想象的历史的作品和一部已成为历史一部分的作品吗?很难想出另外一部像《飘》这样以类似的方式塑造美国文化中类似重要主题的著作权作品。但如果现在或将来有这样一部作品,改写作者希望挑战其文化霸权,无论是著作权法还是第一修正案都将允许这样一种挑战。界限的难以确定并不意味着法院应当关起界限划分的大门。

六、结语

改写就如羊皮纸文学。从早期的印刷作品来看,最好的改写作品,例如《一千亩》,填补了空白,表达了心声,并提出了挑战;最差的如《罗的日记》,只是徒增噪音而已。《风逝》则处在两个极端的中间,其模仿可能是笨拙的,它的幽默尝试也显得很平淡。虽然存在一些缺陷,从这部作品的初衷来看,它却是成功的,通过表明《飘》是一部一维化的、当时代种族主义的产物来奚落《飘》,并从黑人角色的角度赋予原著故事以血肉。第十一巡回法院让该书出版是正确的,而且其判决也是站得住脚的。

本文论述了当以合理使用和第一修正案为根据评价将来的改写作

地。正如法院通常对艺术性或者幽默做出评判(参见注释97)感到很勉强,就一部作品是否获得了足够的讽刺性地位也同样很勉强。但这里的分析一点也没有表明作品应当获得国家的主导性地位。如果一部作品在一个小小的社区范围内获得了主导性地位,像同性恋社区,那么法院可以适用这一分析。虽然法院仍然要分析什么构成了足够的主导性地位,这一确定与确定什么种类的使用是合理使用仍然有细微的区别。被引用于韦恩瑞波,同前注释38(讨论确定什么使用是合理的是一个具体事实问题,并且是对在这种环境下对一般化的抵制。因而应当提出合理使用原则的发展问题,而不是减缓这一原则在具体案件中去归纳。根据主题的需要,这一方法将使我们有更大的预见性)。

品时,法院应当更为重视当前发展不完善的合理使用第二个因素——著作权作品的性质。他们应当考虑一部作品在其著作权期限内所处的位置,作者从中获得多大的利益,以及该书歪曲其周围的概念空间并要求做出回应的程度。进行这一调查是一门艺术,而不是一门科学,总会划出一些错误的界限。但不管怎样,法院在划分这些界限时考虑正确的因素还是很重要的。假定合理使用领域充斥着被推翻的废弃观点[136],那么在做出错误的判决中就很可能改写判决。

---

[136] 韦恩瑞波,同前注释38,第1137页。

论链接提供者的帮助侵权责任

——兼评"十一大唱片公司诉雅虎案"一审判决*

王迁**

2007年4月24日,北京市第二中级人民法院对"十一大唱片公司诉雅虎案"做出了一审判决。本案涉及网络环境中著作权保护的一系列核心问题——"直接侵权"与"间接侵权"的划分、"网络传播行为"的含义及网络服务商主观过错的认定。令人欣喜的是,法院纠正了以往司法实践中在上述问题上出现的种种偏差,借鉴国际上公认的"间接侵权"规则,特别是"红旗标准",对我国现行立法做出了合理解释,正确认定被告"应知"其网站中存在指向侵权歌曲文件的链接而不删除,构成帮助侵权。本案的判决说明法院不但接受了"间接侵权"的基本规则,而且对其的应用已日趋成熟,对于在网络环境中合理地保护著作权、推动立法的发展具有重大意义。

本文试从本案涉及的上述关键问题入手进行分析,系统地论述认定链接提供者的行为构成"帮助侵权"的法律规则。

---

* 本文受上海市教委重点课题"网络环境中著作权共同侵权研究"资助。
** 华东政法大学教授。

一、正确区分"直接侵权"与"间接侵权"对于权利人选择诉因和法院审理具有重要意义

正确区分网络环境中的"直接侵权"和"间接侵权",无论对于权利人追究他人法律责任,还是对于法院认定被控侵权者的法律责任,都是首要任务。这是因为"直接侵权"与"间接侵权"在构成要件及原、被告举证责任方面都有重大差异。"直接侵权"与著作权"专有权利"之间存在密切关系。"著作权"就是"复制权"、"发行权"、"表演权"等一系列法定"专有权利"的集合。"专有权利"的作用在于控制特定行为。如"复制权"用于控制复制作品的行为、"发行权"用于控制向公众出售或赠与作品原件及复制件的行为、"表演权"用于控制公开表演作品的行为。只有著作权人或经过其许可的人才能实施受"专有权利"控制的行为,并独享由这些行为带来的利益。各国著作权立法都承认:除非法律有例外规定,只要未经许可,实施受"专有权利"控制的行为即构成"直接侵权"[1]。行为人的主观过错并非构成"直接侵权"的必要条件,只影响赔偿责任的承担。例如,某人将他人的长篇小说全文抄袭之后送交出版社,出版社虽然已尽到了合理的审查和注意义务,但仍未能发现送来的稿件为抄袭之作并付梓出版。该出版社虽然并无主观过错,但其行为却仍然构成对真正作者著作权的"直接侵权"。因为出版社实际上是未经著作权人许可而擅自实施了受复制权控制的复制(印刷)行为和受发行权控制的发行行为。但只要出版社确无主观过错,

---

[1] 有些国家的立法对此做出了非常清楚的规定,如"任何人未经版权人许可即进行了根据本法规定只有版权人有权进行的行为,构成版权侵权",见加拿大 Copyright Act Sec. 27(1)。

并不需要承担赔偿责任,而只需承担停止侵权(停止印刷和出售侵权小说)和返还利润的法律责任[2]。如果著作权人选择以被告构成"直接侵权"为诉因,则必须证明被告未经许可实施了受"专有权利"控制的行为。而被告如确实实施了这一行为,则只能举证证明自己无主观过错或过错程度较轻,以力求免除或减少赔偿责任。法院则应当以《著作权法》第 10 条(规定著作权人享有"复制权"、"发行权"、"表演权"等"专有权利")和第 47、48 条(规定未经许可实施受各"专有权利"控制的行为构成侵权)为依据判定被告侵权。

"间接侵权"则是指行为人并未实施任何受著作"专有权利"控制的行为,但却基于主观过错教唆、引诱他人实施"直接侵权"或帮助他人实施"直接侵权"。基于定义,"引诱侵权"和"帮助侵权"是"间接侵权"的两种典型表现形式。例如,某人出售盗版电影光盘构成"直接侵权",因为出售盗版就是未经许可而实施受"发行权"控制的发行行为。如另一人明知其正准备出售盗版,但仍然将门面房租与他供其出售盗版,则构成"帮助侵权",应当与"直接侵权"人承担连带责任。我国《著作权法》中虽然没有出现"间接侵权"或"引诱侵权"、"帮助侵权"的用语,但最高人民法院在《关于贯彻执行〈民法通则〉若干问题的意见》中明确规定:"教唆、帮助他人实施侵权行为的人,为共同侵权人。"这实际上是将《民法通则》第 130 条规定的"共同侵权"解释为包括"间接侵权"。但是,"间接侵权"的构成与"直接侵权"不同:法律规定"间接侵权"是加强著作权保护的手段。要将本身不受著作"专有权利"控制的行为定为侵权,该行为必须有可责难性,即该行为的实施者应当具有主观过错[3]。因此,如果原告起诉被告构成"间接侵权",

---

〔2〕 最高人民法院《关于审理著作权民事诉讼案件适用法律若干问题的解释》第 20 条。

〔3〕 Restatement of the Law, Second, Torts, § 876; Fowler Harper, Fleming James & Oscar Gray, *The Law of Torts* (2nd Edition), § 10.1, Little Brown and Co. (1986).

则不但要证明他人未经许可实施了受"专有权利"控制的行为,还要证明被告是在具有主观过错的情况下教唆、引诱或帮助他人实施该行为。法院如支持原告的诉讼请求,则在法律适用上必须援引《民法通则》第130条判定被告侵权,而不能仅援引《著作权法》第10条和第47、48条。

二、提供链接并非受"信息网络传播权"控制的"网络传播行为",不可能构成"直接侵权"

由于"直接侵权"和"间接侵权"的构成要件和相关举证责任不同,因此在涉及网络环境中著作权侵权的诉讼时,著作权人和法院应当首先解决的问题就是:被告的涉案行为是否受到"信息网络传播权"等"专有权利"的控制?因为如果答案是肯定的,则被告的行为可能构成"直接侵权",而如果答案是否定的,则被告的行为只可能构成"间接侵权"。

在"雅虎案"中,被告经营的"雅虎音乐"网站提供了音频搜索引擎和以"榜单"形式组织的大量链接。用户既可以在音频搜索框中输入关键词后搜索出包含关键词的链接,也可以在"热门歌手"、"新歌飙升榜"、"热搜歌曲榜"和"最新专辑"等"榜单"中找到相关链接,并点击链接进行试听。但是,雅虎却并没有直接将歌曲文件上传至自己的服务器中向用户提供。那么,如果第三方网站存储的歌曲文件是未经权利人许可而上传的,雅虎仅仅对这些歌曲文件提供链接的行为是否构成对"信息网络传播权"的"直接侵权"呢?对此问题的回答同样取决于提供链接是否是受"信息网络传播权"控制的行为。

我国《著作权法》第10条1款第12项规定:"信息网络传播权是

以有线或者无线方式向公众提供作品,使公众可以在其个人选定的时间和地点获得作品的权利。"《信息网络传播权保护条例》第 26 条为了明确表演者和录音录像制品制作者也享有"信息网络传播权",进一步规定:"信息网络传播权,是指以有线或者无线方式向公众提供作品、表演或者录音录像制品,使公众可以在其个人选定的时间和地点获得作品、表演或者录音录像制品的权利。"从这一表述可以看出,"信息网络传播权"控制的是"以有线或者无线方式向公众提供作品,使公众可以在其个人选定的时间和地点获得作品、表演和录音录像制品的行为"(下文简称"网络传播行为")。如果将 CD 中的流行歌曲转成 MP3 格式并"上传"至向公众开放的网络服务器之中,则任何用户即可在任何一台联网的计算机上(自己选定的地点),在任一时刻(自己选定的时间)点击下载 MP3 文件或在线收听,从而"获得"了相应的音乐作品、录音制品及其中的表演。因此"上传"行为构成受"信息网络传播权"所控制的"网络传播行为"。同时,P2P 软件的用户将文件拷贝至硬盘"共享区"之中或将其制作成"种子"供其他用户下载的行为也是一种特殊的上传,同样构成"网络传播行为",这在国外司法实践中也得到了普遍承认[4]。

那么,单纯对第三方网站中存储的作品提供链接是否是受"信息网络传播权"控制的"网络传播行为"呢?对此问题的回答对法院的审理具有重大意义。如果回答是肯定的,则对作品提供链接的行为与直接将作品上传至网络服务器在法律性质上将没有任何差异。只要被链接的作品是未经许可而上传的,提供链接就是未经许可而实施"网络传播行为",无论链接提供者是否有主观过错都构成"直接侵权"。相

---

[4] 见 Universal Music Australia Pty Ltd. v. Sharman License Holdings, Ltd., [2005] FCA 1242, A&M Records Inc. v. Napster, 239 F. 3d 1004 at 1014 (2001 9th Cir), New York Times Co. v. Tasini, 533 U. S. 483 at 504 (2001)。

反,如果回答是否定的,则即使被链接的作品是未经许可而上传的,提供链接也不可能构成对"信息网络传播权"的"直接侵权"。此时权利人不但要证明被链接的文件侵权,还必须举证证明链接提供者具有主观过错,也即明知或应知被链接的文件侵权,这样才能使法院认定链接提供者构成下文所要讨论的"间接侵权"。

如果只看《著作权法》和《信息网络传播权保护条例》有关"网络传播行为"定义的字面意思,很容易得出提供链接是受"信息网络传播权"控制的"网络传播行为"的结论——设链是以提供指向侵权歌曲文件链接的方式向公众"提供"了侵权文件,使公众可以通过点击这些链接,在个人选定的时间和地点获得歌曲文件。然而,这种望文生义的解读却是错误的。《著作权法》有关"信息网络传播权"的规定几乎是逐字翻译自1996年《世界知识产权组织版权条约》(WCT)第8条的"向公众传播权"(Right of Communication to the Public)[5]。"提供"一词译自英文making available[6],英文的原意是"使(公众)得以/能够获得"。显然,在第三方网站将侵权歌曲文件置于服务器中供公众下载或在线欣赏,而设链者对这些侵权歌曲文件提供链接的情况下,是第三方网站的上传行为使得侵权文件"能够为公众所获得"。链接仅为公众从原有第三方网站服务器上获得侵权文件提供了便利,从而扩大了原有"网络传播行为"的影响范围,但却并没有实施新的"网络传播行

---

[5] 录音制品制作者同样享有相同性质的权利,《世界知识产权组织表演和录音制品条约》(简称WPPT)在第14条以几乎相同的措辞规定了"提供录音制品权"。

[6] 第8条的英文原文是:Without prejudice to the provisions of Articles 11(1)(ii), 11bis(1)(i) and (ii), 11ter(1)(ii), 14(1)(ii) and 14bis(1) of the Berne Convention, authors of literary and artistic works shall enjoy the exclusive right of authorizing any communication to the public of their works, by wire or wireless means, including the making available to the public of their works in such a way that members of the public may access these works from a place and at a time individually chosen by them.

为",因此不可能构成对"信息网络传播权"的"直接侵权"。假设某城市中有一些音像店出售盗版CD,某书店向公众出售准确标有这些音像店位置的地图,或者直接开通了从书店到这些盗版音像店的直达巴士,尽管书店的服务使得公众能够方便地找到或抵达盗版音像店,但"使公众获得"或"向公众提供"盗版CD的仍然只能是那些音像店,而非书店。

在以往的司法实践中,确实出现过将提供链接认定为"网络传播行为"和"直接侵权"的判例。在2004年正东、新力和华纳三大唱片公司对chinamp3.com网站的经营者——北京世纪悦博科技公司提起的三起诉讼中,专业音乐网站chinamp3.com设置了"港台专区"、"大陆专区"、"欧美专区"和"劲爆排行"等栏目,每一栏目中都排列了大量歌星,每一歌星之下又有其演唱歌曲的列表,每一首歌曲都伴有指向第三方网站中相应歌曲文件的链接,用户一经点击,就可以将第三方网站中的歌曲文件下载至自己的计算机中。而第三方网站中的这些歌曲均是未经许可而被上传至其网站服务器中的。三家唱片公司指称chinamp3.com网站未经许可,从事了"在互联网上传播原告制作的录音制品的行为"。

在这三起诉讼中,北京市第一中级人民法院认定chinamp3.com网站对第三方网站中的歌曲文件设置链接构成"对音乐作品通过互联网的方式向公众传播的行为"[7],并仅依据《著作权法》第41条和第47条1款4项判决被告败诉[8]。这意味着法院认为被告的设链行为构

---

〔7〕 见北京市第一中级人民法院(2004)一中民初字第400号民事判决书,其他两起诉讼的一审判决在分析和判决理由部分与之完全相同。

〔8〕 法院的判决依据还有《著作权法》第10条1款(12)项(规定著作权人的"信息网络传播权")。但这显然是多余的,因为三起诉讼只涉及录音制品制作者的"信息网络传播权",涉案录音制品中音乐作品的著作权人并未提起诉讼,判决书中也未认定三家唱片公司通过合同取得了相关音乐作品的著作财产权。

成对"信息网络传播权"的"直接侵权"。对于作为这三起诉讼之一的"新力唱片公司诉世纪悦博案",北京市高级人民法院在上诉审中对上述结论表示了支持[9]。

一、二审法院认定提供链接构成"网络传播行为"的理由归纳起来有两点:(1)提供链接客观上使用户能够通过点击链接直接在自己选择的时间和地点获得被链接的作品,"完全起到了直接向用户提供涉案歌曲下载的作用和效果,与把涉案歌曲的档案文件储存在其自身服务器中从事下载没有任何区别",因此设链行为与上传本质上是相同的[10];(2)设链网站对第三方网站中的内容进行了甄别和选择,通过设链决定用户能够通过链接获得哪些作品,实际上"控制着被链接网站的资源",而"被链接网站在该项服务中起到异站存储或外置存储器的作用"[11]。然而,这些理由却是经不起推敲的。用户之所以通过点击链接能够获得被链接的作品,首先是因为已经有人将作品上传至开放的第三方网站服务器之中。在对这些作品设置链接之前,作品在第三方网站中已经处于能够被公众在其指定的时间和地点获得的状态,即"网络传播行为"已经由上传者实施。即使不设置链接,用户仍然可以直接登录第三方网站获取作品。因此,真正通过网络向公众传播作品、使公众得以在个人选定的时间和地点获得作品的是上传者,而不是设链者。同时,设链网站的经营者并不能像计算机的操作者控制外置存储器(如移动硬盘)那样控制被链接的第三方网站。当一个人将移动硬盘插入计算机中的USB接口之后,此人就能够控制移动硬盘中的资源,可以任意删除其中的文件,或向其中添加新的文件,而计算机操作者之外的人却无法改变移动硬盘中的内容。与之形成鲜明对照的是:

---

[9] 北京市高级人民法院(2004)高民终字第714号民事判决书。
[10] 北京市高级人民法院(2004)高民终字第714号民事判决书。
[11] 北京市第一中级人民法院(2004)一中民初字第400号民事判决书。

一个网站在设置了对第三方网站的链接之后,却完全无法阻止被链接的网站删除其中的任何文件或关闭服务器,导致用户无法通过点击链接来获得被链接的文件。换言之,设链者不但无法"控制被链接网站的资源",也无法左右被链接网站利用自己网站内资源的行为。设链者唯一能做的,就是以设链方式扩大被链接网站已经实施的"网络传播行为"的影响后果——在第三方网站已经将歌曲文件置于服务器中供公众自行获取的情况下,引导更多的网络用户从第三方网站获取被链接的歌曲文件。

提供链接不构成"网络传播行为"的结论也得到了其他国家法院判决的确认。澳大利亚《版权法》实施WCT第8条的方式和中国相似,即为版权人新增加了一项新的"专有权利"——"向公共传播权"。而受这项"专有权利"控制的行为之一即是"向公众在线提供作品"(make a work available online)[12],与我国《著作权法》中"网络传播行为"在含义上完全相同[13]。因此,澳大利亚法院对"在线提供行为"的认定对我国法院具有高度参考价值。

2005年7月14日由澳大利亚高等法院判决的"环球音乐公司诉Cooper案"与上文提及的正东唱片公司、新力唱片公司和华纳唱片公司对chinamp3.com网经营者提起的诉讼,以及"七大唱片公司诉百度

---

[12] (Australia) Copyright Act (2005), S. 10.
[13] 澳大利亚2000年通过的《版权法修正案(数字议程)》为实施WCT第8条增加了一项"向公众传播权"(the right of communicate to the public),而"传播"则被定义为:"使作品或其他客体可以被在线获得或进行电子传输",见(Australia) Copyright Act (2005), S. 31(1)(a)(iv), 31(1)(b)(iii), S. 10。由于"使作品在线获得"("交互式"传播)和"电子传输"(非"交互式"传播)是"向公众传播权"控制的两种行为,澳大利亚学者认为"向公众传播权"可以分解为两种"传播权"——"在线提供权"和"电子传播权",见 Andrew Christie, The New Right of Communication in Australia, The Sydney Law Review, Vol. 27, p. 237, 252 (2005)。

案"和"十一大唱片公司诉雅虎案"涉及的法律问题非常相似[14]。原告澳大利亚环球唱片公司对音乐网站 www.mp3s4free.net 的经营者 Cooper 提出的第一项指控，就是其通过设置指向第三方网站中侵权歌曲文件的链接"向公众提供，使公众可以获得"录音制品，理由是用户只要在被告的网站上点击链接，就能直接从第三方网站中下载歌曲文件[15]。对此，澳大利亚高等法院主审法官指出：

> "我不认为 Cooper 的网站使音乐录音制品在法律意义上'可以被获得'。是远端网站使录音制品可以被获得，数字音乐文件是因发送到远端网站的请求而从远端网站被下载的。""Cooper 的网站（向公众）提供了更容易地寻找和选择数字音乐文件和指明远端网站的便利。……虽然触发下载的请求是从 Cooper 的网站上发出的，但使音乐文件得以被获得的却是远端的网站，而不是 Cooper 的网站。""在我看来，对音乐录音制品的传输是在最终用户所指定的远端网站启动下载录音制品（过程）时开始的……但这却不是从 Cooper 的网站进行的传播。""我不认为 Cooper 向公众'传播'了录音制品。也就是说，Cooper 并没有使录音制品能够为公众所获得，或以电子方式将其传输给公众[16]。"

特别需要注意的是，"在线提供行为"是"传播"的一种类型[17]，而

---

[14] 第一被告 Cooper 经营一家专门对 MP3 歌曲文件提供定位服务的网站。网站设有"流行歌手"、"50 首最常下载的歌曲"，以及"50 首新加入的歌曲"等目录。用户点击进入后就可以根据按字母排序的歌手姓名或歌名查找 MP3 歌曲文件链接。再点击链接就可以从第三方网站下载或在线欣赏歌曲。

[15] Universal Music Australia Pty Ltd. v. Cooper［2005］FCA 972, para. 60.

[16] Universal Music Australia Pty Ltd. v. Cooper［2005］FCA 972, para. 63, 65, 66, 67.

[17] 澳大利亚《版权法》第 10 条规定："传播意味着在线提供作品或其他客体，或者以电子手段传播作品或其他客体……。"因此，"在线提供行为"是"传播行为"中的一类行为。

澳大利亚《版权法》又规定:"除广播之外的传播是由负责决定传播内容(responsible for determining the content of the communication)的人进行的。"[18]环球唱片公司认为被告"有能力对其网站中的链接加以控制,能通过在其网站中设置链接决定使何种文件、以何种方式能够被(公众所)获得,这说明其负责决定传播内容"。[19] 这与上述"新力诉世纪悦博案"中一、二审法院的论断——设置链接的网站"控制着被链接网站的资源"——几乎完全相同。对此,澳大利亚高等法院主审法官强调:

"我不认为对存有录音制品的其他网站提供链接的网站所有者、管理者或经营者决定了传播的内容。当一个人或一个机构提供了从一个网站访问另一远端网站的便利,并提供使得录音制品得以被从该远端网站下载的机制时,认为其要为从远端网站传播的内容负责的观点是极端武断的。事实是:根据证据,Cooper 并没有'决定'、'设计'或'创建'传播发生地——远端网站中的内容。"[20]

"从 Cooper 的网站上移除指向远端网站链接的权力(power)并不是一种决定远端网站内容和向因特网用户传输内容的权力或责任(responsibility)。阻止在网站中增加链接,并因此阻止因特网用户通过 Cooper 的网站获得录音制品的能力(capacity),与决定从远端网站(向因特网用户)传播哪些内容的能力并不是一回事。"[21]

其他国家法院和学者在此问题上的观点也是一致的[22]。加拿大

---

[18] (Australia) Copyright Act, S. 22(6).
[19] Universal Music Australia Pty Ltd. v. Cooper [2005] FCA 972, para. 75.
[20] Universal Music Australia Pty Ltd. v. Cooper [2005] FCA 972, para. 74.
[21] Universal Music Australia Pty Ltd. v. Cooper [2005] FCA 972, para. 75.
[22] 参见 Alain Strowel, Nicolas Ide, *Liability with regard to Hyperlinks*, VLA Journal of Law & the Arts, Vol. 24, p. 403, 425 (2001).

版权委员会认为:除"埋设链"之外的链接"本身都不涉及向公众传播包含在被链接网站中的任何作品",仅"埋设链"涉及"许可传播"[23]。但"许可传播"本身也不是"传播",仅能构成对"专有权利"的"间接侵权",而非"直接侵权"[24]。美国版权法方面公认的权威著作《Nimmer论版权》明确指出:提供指向有侵权文件站点的链接并非"直接侵权"[25]。在 Kelly v. Arriba Soft Corp 案中,被告对原告的摄影作品设置了深层链接,使得用户可以在被告网站上通过点击以"缩小图"形式出现的链接而欣赏位于第三方网站中的"大图"。美国第九巡回法院认为原告行为构成对被告作品的"展示"[26]。但这一判决受到广泛批评,因为将摄影作品置于网上"展示"的是被链接的网站[27]。最终第九巡回法院撤销了这一判决[28]。

---

[23] Copyright Board Commission, *Files*: *Public Performance of Musical Works*, 1996, 1997, 1998, p. 48,"埋设链"是指含有链接的页面并不显示链接,用户一进入该页面后就会自动跳转到被链接的第三方网站或文件,用户无需、也没有机会点击链接。

[24] 加拿大、英国和澳大利亚等国家的《版权法》均规定:版权人以外的人擅自"许可"他人实施受"专有权利"控制的行为,为"许可侵权",属于典型的"间接侵权",见(Canada) Copyright Act, S. 3(1)及王迁:"论版权法中的'间接责任'",《科技与法律》,2005 年第 2 期。

[25] Melvile B. Nimmer & David Nimmer, Nimmer on Copyright, § 12B.05 [A][2], Matthew Bender & Company, Inc., (2003).

[26] Kelly v. Arriba Soft Corp., 280 F. 3d 934 (9th Cir. 2002). 美国是通过扩大"发行权"、"展示权"、"表演权"的控制范围来实施 WCT 第 8 条的,并未像我国那样新增一项类似"信息网络传播权"的"专有权利",因此未经许可将摄影作品上传至网络服务器供用户在线欣赏构成美国版权法意义上的"展示"(display)行为。

[27] Melvile B. Nimmer & David Nimmer, Nimmer on Copyright, § 12B.01 [A][2], Matthew Bender & Company, Inc., (2003).

[28] 见 Kelly v. Arriba Soft Corp., 336 F. 3d 811 (9th Cir. 2003)。第九巡回法院撤销原判之后,又做出了新的判决,但新判决只涉及被告在自己的网站上以"缩小图"的方法"展示"原告摄影作品是否构成"合理使用",而根本未涉及被告允许网络用户点击"缩小图"以欣赏第三方网站中"大图"的行为是否侵权,见 Kelly v. Arriba Soft Corp., 336 F. 3d 811 (9th Cir. 2003)。

2006 年在美国发生的"Perfect 10 诉 Google 案"再次涉及提供链接是否构成"直接侵权"的问题。在该案中，原告 Perfect 10 公司是一批成人照片的版权人。一些网站未经许可将这些照片上传到了自己的服务器上，而 Google 经营的"图片搜索"网页则不但能够通过关键词搜索到第三方网站中存储的这些照片并以"缩略图"形式加以排列，还对这些照片设置了"埋设链"。用户在输入关键词之后，就能在 Google 的页面上看到以"缩略图"形式展示的被链接照片，在点击该"缩略图"之后就能在 Google 的页面上看到原始尺寸的大图。由于美国《版权法》实施 WCT 第 8 条的方法不是像我国《著作权法》那样新增加一项"信息网络传播权"，而是以"复制权"、"发行权"和"展示权"来共同控制"交互式网络传播行为"，因此 Perfect 10 公司起诉 Google 以设置"埋设链"的方式向用户展示原始尺寸照片的行为构成对"展示权"的"直接侵权"。在此案中，用户之所以能够在点击"缩略图"之后看到原始尺寸的大图，并不是因为 Google 将照片下载到了自己的服务器，而是 Google 对第三方网站中的照片设置了"埋设链"。导致用户在点击"缩略图"之后，其浏览器就会根据"埋设链"的引导自动去第三方网站下载被链接照片并加以展示。可见，本案的关键仍然在于设链（"埋设链"）的行为是否受到"展示权"的控制，是否构成"直接侵权"。

在此案中，原告 Perfect 10 的观点和上述正东、新力和华纳三大唱片公司诉北京世纪悦博案中一审法院的判决是相似的，都认为是设链者向公众"传播"/"展示"了被链接的内容。但作为此案的一、二审法院对此则一致予以拒绝，而采取了所谓的"服务器标准"。也即只有将作品上传到服务器上的行为才是受版权"专有权利"控制的，也才可能构成"直接侵权"。一审法院指出：

> 在判断 Google 的行为是否是对侵权材料的"展示"的时候，最恰当的也是最直接的标准为：是储存内容并且直接把内容提供给用

户的网站,而不是设置了内置链接的网站"展示"了侵权内容。[29]

对此,一审法院提出了以下几点理由:首先,"服务器标准"反映了作品内容在到达用户计算机之前在互联网上流动方式的现实。用户看到的原始尺寸的照片并不是由 Google 的服务器存储并提供的。这些照片是用户的计算机直接从第三方网站获取的,是第三方网站传输了这些照片。其次,采用"服务器标准"既不会鼓励诸如 Google 之类的搜索引擎从事版权侵权行为,也没有简单地排除设链行为的法律责任。"服务器标准"否认搜索引擎对第三方网站上的侵权内容提供链接构成"直接侵权"。版权人可以追究设链者的"间接侵权"责任。第三,"服务器标准"既易于网站经营者理解,也便于法院的适用。第四,在本案中,最初的"直接侵权者"是那些窃取 Perfect10 公司原始尺寸照片并把它们张贴在网上,让全世界都能看见的网站。如果不是他们实施了这一行为,Perfect10 公司也不会打这场官司。最后,"服务器标准"维系了版权法所努力争取的精妙平衡,即激励作品创作与鼓励信息传播这两者之间的平衡。仅对网络中的内容进行索引,以使用户能够更容易地查找他们想要的信息,并不构成直接侵权,但是存储和提供侵权内容则可能就是直接侵权。[30] 二审法院也维持了一审法院有关设链不可能构成"直接侵权"的结论[31]。

需要指出的是,我国法院在以往的司法实践中也曾有过正确认定设链行为不构成"网络传播行为"和"直接侵权"的判例。在上述正东、新力和华纳三大唱片公司对世纪悦博提起的三起诉讼中,北京市高级人民法院在对"正东诉世纪悦博案"和"华纳诉世纪悦案"的二审中指出:chinamp3 网站提供链接"并没有向公众传播被链接的录音制品";

---

[29] Perfect 10 v. Google,416 F. Supp. 2d 828,at 843 (2006).
[30] Perfect 10 v. Google,416 F. Supp. 2d 828,at 843 – 844 (2006).
[31] Perfect 10 v. Google,2007 U. S. App. LEXIS 11420 (2007).

相反,chinamp3 网站是在"主观过错明显"的情况下"参与、帮助了被链接网站实施侵权行为",因此主要依据《民法通则》第 130 条有关"共同侵权"的规定判决被告败诉[32]。这实际上是承认设链行为并非直接侵权,而只是"间接侵权/共同侵权[33]"。这一认定无疑是正确的。

最高人民法院在 2005 年 6 月给山东省高级人民法院有关链接侵权问题的《批复》中明确指出:网络服务商提供链接,可依据《关于审理涉及计算机网络著作权纠纷案件适用法律若干问题的解释》第 4 条的规定追究其相应的民事责任[34]。而该《司法解释》第 4 条正是有关"共同侵权"的规定。由于"共同侵权"在网络环境中特指网络服务商教唆、引诱他人"直接侵权"或在有主观过错的情况下帮助他人"直接侵权",也即下文要分析的"间接侵权[35]",因此可以看出最高人民法院认为提供链接并不是"网络传播行为"、不可能构成"直接侵权",而只可能构成"参与、教唆、帮助他人实施侵犯著作权行为",即"间接侵权/共同侵权"。

2006 年 7 月通过的《信息网络传播权保护条例》第 23 条更是明确规定:网络服务提供者明知或者应知所链接的作品、表演、录音录像制品侵权而提供搜索或者链接服务的,应当承担共同侵权责任。《条例》的用语清楚地表明:提供链接并不是"网络传播行为",不可能构成直接侵权。

---

[32] 见北京市高级人民法院(2004)高民终字第 713 号、1303 号民事判决书。
[33] 但是,如上文指出:北京高级人民法院在事实背景相似的"新力诉世纪悦博案"中又支持了一审法院的观点,认定设链构成"网络传播行为"和直接侵权。这反映出法院在这一问题上的犹豫。
[34] 见最高人民法院(2005)民三他字第 2 号批复。
[35] 见最高人民法院《关于贯彻执行〈民法通则〉若干问题的意见》第 143 条以及《关于审理涉及计算机网络著作权纠纷案件适用法律若干问题的解释》第 4 条。

在此前发生的"七大唱片公司诉百度案"与"十一大唱片公司诉雅虎案"的事实背景实际上是相同的。"百度MP3"网站与"雅虎音乐"网站提供的服务非常类似。但两案一审判决的结果却截然相反——唱片公司在"百度案"中败诉却在"雅虎案"中胜诉。本文认为:这种差异的关键在于在两案的原告选择了不同的诉因。

在"七大唱片公司诉百度案"中,原告指称被告未经其许可通过网络向公众传播其享有著作权的录音制品。该用语无疑来自《著作权法》第47条有关未经著作权人或录音录像制品制作者许可"通过信息网络向公众传播其作品或录音录像制品"构成侵权行为的规定。显然,"百度案"中原告认为被告提供链接的行为是受"信息网络传播权"控制的"网络传播行为"、构成"直接侵权"。在这种情况下,法院仅仅有责任分析百度是否实施了"网络传播行为"和构成"直接侵权[36]"。

在"百度案"中,北京市第一中级人民法院在正确地认定被链接网站的上传行为可能构成对原告"信息网络传播权"的侵犯之后指出:虽然用户能够通过点击"百度MP3"网站中的链接而对被链接的歌曲进行试听或下载,但是,"从本质上看,(被)'试听'和'下载'的作品并非来自被告网站,而是来自未被禁链的即开放的第三方的网络服务器,'试听'和'下载'再现着第三方网站上载的作品,其传播行为发生在用户与上载作品网站二者之间。"[37]

显然,法院对提供链接的行为性质进行了正确的认定:"网络传播行为"是由将歌曲文件上传至网络服务器的第三方网站实施的。本身

---

〔36〕 当然,法院也可以对这样的诉因进行广义理解,即帮助他人扩大"网络传播行为"的后果。但法院完全可以选择不做这种广义理解。

〔37〕 北京市第一中级人民法院(2005)一中民初字第7978号民事判决书("七大唱片公司诉百度案"有七个判决书,此处使用的是"正东唱片公司诉百度案"的判决书)。

没有上传歌曲文件,仅是对第三方网站中的歌曲文件提供链接的百度并未实施"网络传播行为"(即"通过网络传播录音制品")。由于法院只能在原告请求的范围之内进行审理,而原告仅仅起诉被告通过网络传播其录音制品,原告的败诉是必然的。

与此相反,在"雅虎案"中,原告采取了另一种诉讼策略:首先起诉被告的链接服务构成"通过网络传播原告享有录音制作者权的歌曲"(即"直接侵权"行为)。其次,原告又诉称被告"即使不构成上述侵权行为,亦未尽到合理注意义务,构成诱使、参与、帮助他人实施侵权的行为"。显然,原告在先起诉被告"直接侵权"之后,又提出被告"间接侵权"。这就为法院审查被告的链接服务是否构成"间接侵权"留下了余地。

在"雅虎案"中,北京市第二中级人民法院针对原告的第一个诉讼请求正确地指出:"网络传播是以数字化形式复制作品并在互联网上向不特定公众提供作品的行为。"这里的"复制"无疑是指上传和其他将作品置于网络服务器(包括P2P用户硬盘"共享区")中的行为[38]。因为上传作品将导致在网络服务器上形成作品的永久性复制件,是典型的复制行为,我国早有判例对此予以认定[39]。而设置链接并非对被链接的文件进行复制。因此法院对"网络传播行为"的这一界定明白无误地说明:设链不可能构成"网络传播行为"和"直接侵权"。

与审理"百度案"的法院得出的结论相同,审理"雅虎案"的法院再次强调"涉案歌曲能够实现试听和下载的基础是被链接的第三方网站上载了涉案歌曲,通过试听和下载向互联网用户提供歌曲本身的是第

---

〔38〕 实际上用户将作品置于硬盘"共享区"中或将作品制成BT"种子"的行为也是广义的上传行为,因为此时用户的个人计算机起到了网络服务器的作用。

〔39〕 早在2000年判决的"《大学生》杂志社诉京讯公司、李翔案"中,北京市第二中级人民法院即明确指出:"将他人作品上载的行为亦属于对他人作品的复制。"见北京市第二中级人民法院(2000)二中知初字第18号民事判决书。

三方网站,而非被告网站"。同时法院进一步指出被告网站并没有"提供"被链接的歌曲,只是提供了试听和下载过程的便利。换言之,法院正确地将被告的设链行为归结为帮助被链网站扩大原有"网络传播行为"的影响范围,而并非新的"网络传播行为"。据此,法院认定"被告的涉案行为不构成复制或者通过网络传播涉案歌曲的行为"并驳回了原告的第一个诉讼请求。

三、应根据"红旗标准"正确地认定链接提供者的主观过错

在"雅虎案"中,原告在首先起诉被告"直接侵权"之后,又诉称其"即使不构成上述侵权行为,亦未尽到合理注意义务,构成诱使、参与、帮助他人实施侵权的行为"。这即是一个典型的"间接侵权"诉因。正是这一诉因的提出,使得法院有机会审查被告的链接服务是否构成"间接侵权",也成为原告胜诉的关键。

前文指出:"帮助侵权"的构成需要具有主观过错和客观行为。主观过错体现在知晓他人正在或即将实施"直接侵权"行为。客观行为是指行为人并未实施"直接侵权",但却基于主观过错为他人的"直接侵权"提供了实质性帮助。

如上文所述,只要雅虎等网络服务商提供的链接指向的侵权歌曲文件位于第三方网站,而且公众本来就可以通过直接登录第三方网站获得这些文件,雅虎提供链接的行为就不是受"信息网络传播权"控制的"网络传播行为",不可能构成对"信息网络传播权"的"直接侵权"。毫无疑问,第三方网站未经权利人许可将歌曲文件上传至网络服务器中供公众下载或在线欣赏构成"直接侵权"。而"雅虎音乐"网站在"华语男歌手"等各类"榜单"中以条理化的方式列出了对第三方网站中侵

权歌曲文件的链接,使用户得以根据歌手姓名、排行信息等轻而易举地找到第三方网站中的侵权文件,从而扩大了第三方网站侵权行为的损害后果,客观上当然构成对第三方网站"直接侵权"行为的实质性帮助,满足了构成"帮助侵权"的客观方面条件。这样,"雅虎案"中需要解决的关键问题就是:雅虎是否知晓其音乐网站中的链接是指向侵权歌曲文件的,也即雅虎对于帮助第三方网站实施"直接侵权"的帮助行为是否具有主观过错。如果答案是肯定的,则雅虎的行为构成"帮助侵权",应承担法律责任。

"知晓"是一种主观心理状态,除了行为人明确承认之外,只能依靠外部的事实与证据加以推定。因此,以何种标准判定行为人"知晓"被链接的内容侵权,对于认定链接提供者是否应承担"帮助侵权"责任具有决定性意义。在网络出现之初,各国所采用的规则并不统一。在早期的网络侵权诉讼中,一些国家的法院认为网络服务商如果没有发现并及时制止由他人利用自己的服务实施的侵权行为,即至少具有过失,应当为损害后果承担连带责任。[40] 采取这一立场的法院实际上是

---

[40] 例如,1995 年美国发生的 Stratton Oakmout, Inc. v. Prodigy Servs. Co. 案即是这种观点的典型代表。该案中被告 Prodigy 公司经营一个名称为"金融谈(Money Talk)"的 BBS。原告 Stratton Oakmout 是一家证券投资银行,总裁为 Danisl Pomsh,他发现"金融谈"BBS 上出现了一名用户上传的"帖子",称 Pomsh"迟早会被证明是一个罪犯"、"Stratton Oakmout 公司靠谎言吃饭"。Stratton Oakmout 公司为此起诉 Prodigy 公司。纽约最高法院认为被告既然聘用了 BBS 站长审查用户上传的"帖子"内容、使用了监视软件自动搜寻并删除不洁文字、主动行使了判断用户"帖子"的内容是否适当的权利,就应承担与该权利相称的义务,对"帖子"的内容负责;如果被告没有发现具有诽谤性质的信息,则具有主观过错,应当承担"帮助侵权"责任。见 Stratton Oakmout, Inc. v. Prodigy Servs. Co., 1995 WL 323710 (CNY Sup. Ct 1995)。德国法院早期的判决也认为网络服务提供商有义务确保任何侵犯版权的行为不会在他的服务器中发生。因此网络服务商应对在其存储系统中存放的任何非法内容承担责任。邮件信箱服务器被使用者装入受版权保护的软件后,其经营者即使不知情,也要对此承担责任。马库斯·斯特凡布勒默:"因特网服务提供商在德国和欧洲法中违反版权的责任",《版权公报》2001 年第 2 期。

在进行"过错推定",即只要网络服务商客观上帮助他人实施了"直接侵权"行为,而且其具有发现和阻止该"直接侵权"的潜在能力,无论运用这种能力的成本有多高,都推定网络服务商没有尽到"合理注意义务"、应当知晓他人"直接侵权"行为的存在,从而具有主观过错。这种做法显然会使大量的网络服务商沦为"帮助侵权者",从而极大地影响网络服务业的发展。因此,在20世纪90年代后期,各国纷纷通过立法澄清适用于网络环境的"帮助侵权"规则,特别是判断网络服务商主观过错的标准。需要强调的是:在这一领域,美国《千禧年数字版权法》、欧盟《电子商务指令》等具有代表性的立法,以及其他国家立法所采纳的规则是高度一致的,应当为我国立法者和法院所借鉴。

在适用于网络服务商的"帮助侵权"规则中,首要内容就是网络服务商没有监视网络、寻找侵权活动的义务[41]。这一规则承认:要求网络服务商在海量信息中查找侵权内容不但不现实,而且还会极大地增加运营成本、提高用户支付的网费,并导致投资者因惧怕法律风险而不敢涉足网络产业,因此在公共政策上是不明智的[42]。我国虽然尚未在正式法律文件中明确承认这一规则,但从相关判例来看,我国法院并不

---

〔41〕 美国《千禧年数字版权法》对此的规定见17 USC 512(m);《欧盟电子商务指令》对此的规定见 Directive 2000/31/EC of the European Parliament and of the Council on certain legal aspects of information society services, in particular electronic commerce, in the Internal Market, Article 15。

〔42〕 欧盟议会、欧盟委员会和欧洲经济与社会委员会在对《欧盟电子商务指令》的报告中特别指出:规定网络服务商没有监视网络的义务十分重要,因为要求网络服务商监视成百万计的网站和网页不但在实践中不可能,也会给网络服务商造成过重的负担和提高用户使用基本网络服务的费用,见 Report from the Commission to the European Parliament, the Council and the European Economic and Social Committee, First Report on the application of Directive 2000/31/EC of the European Parliament and of the Council of 8 June 2000 on certain legal aspects of information society services, in particular electronic commerce, in the Internal Market (Directive on electronic commerce), p. 14 (2003)。

认为网络服务商负有积极查找侵权内容的义务。在"博库股份有限公司诉北京讯能网络有限公司、汤姆有限公司侵犯作品专有使用权纠纷案"中,北京市第二中级人民法院指出:"如果要求设链者设置链接时,必须对链接来的内容承担事先审查的义务,无疑会使链接的功能受到阻碍,这对于促进互联网业的发展是不利的。"根据这一规则,如果网络服务商没有主动监控网络活动,并不能推定其没有尽到"合理注意义务"而应当知晓他人"直接侵权"的存在;即使网络服务商主动对网络内容进行监控,如果没有证据证明其在发现了他人提供的侵权内容之后仍然不采取移除内容或断开链接等措施,也不能因其确实没有发现侵权内容而认定其具有过失。简言之,不能仅从网络服务商没有监控网络、没有发现和制止侵权行为这一事实中推定网络服务商具有过错。据此,在"雅虎案"中,并不能以"雅虎音乐"网站提供的链接在客观上得以使第三方网站中存储的侵权歌曲文件扩大传播范围来"推定"雅虎知道链接指向的是侵权文件并因此具有主观过错。

既然不能从网络服务商客观上扩大了他人"直接侵权"损害后果的事实推定网络服务商具有过错,那么应当以何种标准认定网络服务商的过错呢?目前各国较为一致的规则是:只有在网络服务商实际知晓他人传播侵权内容,或者从相关的事实及情况中能够明显推知他人传播侵权内容,却没有采取诸如移除侵权内容或断开链接等措施制止侵权损害后果继续扩大时,网络服务商才可能构成"帮助侵权",并对损害后果承担连带责任。这就是所谓"避风港"规则[43]。

显然,如果权利人向网络服务商发出通知,告之由其链接的特定文件侵权,则该通知能够起到让网络服务商"知晓"的作用。在收到权利

---

〔43〕 美国《千禧年数字版权法》和欧盟《电子商务指令》对此规则使用了几乎完全相同的措辞,见17 U.S.C. § 512 (c)(1)(A)(ii),E-Commerce Directive, Article 14.1(a)。

人通知之后,网络服务商如果仍然不断开链接,则除非其有证据证明权利人的指称不实,就应当被认定为是在"知晓"他人侵权行为的情况下,以保留链接的方式帮助其扩大侵权损害后果,其行为构成"帮助侵权"。这就是为1998年美国《千禧年数字版权法》所首创,后来为世界各国所普遍效仿的"通知与移除"规则。

但是,在我国以往的司法实践中,却曾经将权利人的通知作为认定链接提供者"知晓"被链接内容侵权的唯一依据。在《信息网络传播权保护条例》出台之前,最高人民法院在对山东省高级法院《关于济宁之窗信息有限公司网络链接行为是否侵犯录音制品制作者权信息网络传播权及赔偿数额如何计算问题的请示》的《批复》中指出:对于网络服务提供者在提供链接服务中涉及的侵犯著作权的行为,如果网络服务提供者明知有侵犯著作权的行为,或者经著作权人提出确有证据的侵权警告,仍然提供链接服务的,可以根据案件的具体情况,根据《民法通则》第130条追究其相应的民事责任。由于我国法院认定"间接侵权"的法律依据均是《民法通则》第130条有关"共同侵权"的规定,该《批复》实际上就成为认定链接提供者"间接侵权"的规则。需要指出的是:"明知"意为"确实知晓"(actual knowledge),在实践中除非设链者承认自己知道被链接的内容侵权,否则著作权人向设链者发出通知就成为证明设链者"明知"的唯一途径。但这一标准明显过高,不利于对著作权的合理保护。例如,大片《夜宴》在全球同步首映之前已有不少国内网站提供免费下载,此时链接提供者理应知道该电影文件是侵权的。然而,根据上述标准,只要著作权人未曾向对《夜宴》设置链接的网站发出过侵权通知、无法证明设链者"明知"被链接的《夜宴》是未经许可而上传的电影文件,就不能认定设链行为构成"帮助侵权"。这显然是不合理的。

事实上,除了权利人的通知之外,仍然存在着其他认定"知晓"的方法。如果能够证明网络服务商在没有收到过"通知"的情况下,"应当知晓"其链接的内容侵权,却不采取断开链接等措施,则仍然可以认定链接提供者的行为构成"帮助侵权"。在这一点上,美国、欧盟各国和其他国家的规定仍然是高度一致的。美国1998年的《千禧年数字版权法》对于链接提供者不构成"帮助侵权"的条件做了如下规定:

(A)(i)并不实际知晓被链接的材料是侵权的;

(ii)在缺乏该实际知晓状态时,没有意识到能够从中明显推出侵权行为的事实或情况;

(iii)在得以知晓或意识到(被链接材料的侵权性质)之后,迅速屏蔽对它的访问。

……

(C)在得到……指称侵权的通知后,做出迅速反应,屏蔽对它们的访问。[44]

根据《千禧年数字版权法》的规定,即使权利人没有发出过指称被链接的材料侵权的通知,只要链接提供者意识到了"能够从中明显推出侵权行为的事实或情况",而没有"迅速屏蔽对它的访问",链接提供者的行为依然构成"帮助侵权"。美国国会对《千禧年数字版权法》的报告将这一认定网络服务提供者"主观过错"的标准称为"红旗标准":

"当服务提供者意识到了从中能够明显发现侵权行为的'红旗'之后,如果其不采取措施,就会丧失享受责任限制的资格。……在判断相关事实或情况是否构成'红旗',换言之,即侵

---

[44] 17 USC 512(c)(1),(d)(B)项条件是"在服务提供商具有控制侵权行为的权利和能力的情况下,没有直接从侵权行为中直接获得经济利益",即所谓的"替代责任"规则。由于我国并未系统地规定这一规则,此处对该条件不作分析;欧盟《电子商务指令》使用了几乎完全相同的措辞规定了提供存储服务的网络服务商享受免责的3项条件,见 E-Commerce Directive, Article 14.1(a)。

权行为是否对一个在相同或类似情况下的理性人(reasonable person)已然明显时,应当采用客观标准。"[45]

显然,当被链接的文件侵犯他人著作权的事实已经像一面颜色鲜亮的红旗在链接提供者面前公然地飘扬,以至于处于相同情况下的理性人明显能够发现时,如果链接提供者采取"鸵鸟政策",像一头鸵鸟那样将头深深地埋入沙子之中,装作看不见侵权事实,则同样能够认定链接提供者至少"应当知晓"侵权材料的存在[46]。

对于链接服务而言,分门别类的链接是网络服务提供者主动设置链接,或对系统自动搜索出的链接人为地按照一定标准加以归类和排列的结果。在这一过程中,链接提供者是有机会根据链接指向的网页、文件的名称或其他特征对其合法性凭借常识加以判断的。美国国会报告指出:

"(红旗)标准所要达到的一项重要目标是使精心设计的'盗版'目录不能享受'避风港'。……'盗版'目录将网络用户指引至那些明显侵权的网站,……由于只要不经意地扫一眼,就能明显发现这些网站的侵权性质,对于那些看过这种网站并建立链接的网络服务商而言,避风港是不合适的。""(适用)'红旗'标准的常识性结果是……如果互联网网站明显具有盗版性质,网络服务商只要看过一眼就足以满足'红旗'标准。"[47]

"红旗标准"对于在著作权人与链接提供者之间维系利益平衡具有重要意义。当链接提供者有机会根据链接指向的网页或文件的名称

---

[45] Senate Report on the Digital Millennium Copyright Act of 1998, Report 105 - 190. 105th Congress, 2d Session, p. 44.

[46] 参见 Melvile B. Nimmer & David Nimmer, *Nimmer on Copyright*, §12B.04 [A][1], Matthew Bender & Company, Inc, (2003)。

[47] Senate Report on the Digital Millennium Copyright Act of 1998, Report 105 - 190. 105th Congress, 2d Session, p. 44, p. 48.

对其合法性加以初步判断时,如果网页或文件的名称已足以反映出其侵权性质,其必然侵权的事实就像一面颜色鲜亮的红旗在链接提供者面前公然飘扬,则链接提供者就不应再对该侵权文件设置链接,或者在发现之后应立即断开已经存在的链接。否则应当被认定为具有帮助第三方网站实施侵权行为的主观过错。"红旗标准"不仅意味着"通知"并非认定链接提供者具有主观过错的唯一途径,而且要求链接提供者不能对第三方网站中明显存在的侵权内容采取视而不见的鸵鸟政策。但是,"红旗标准"同时表明链接提供者没有义务一一审查并确保所有被链接内容的合法性。例如,没有任何一家唱片公司和电影公司会许可任何网站免费提供其流行歌曲或当红电影的下载,这是一个人所共知的常识。如果电影《夜宴》在全球同步首映之前已有第三方网站提供《夜宴》的免费下载,则链接提供者当然应当知道该电影文件是侵权的,从而不应设置链接或者在发现之后删除现有链接。但是,对于文字、美术和摄影等其他类型作品,由于已有不少著作权人授权在网络中免费传播其作品,链接提供者往往很难根据常理判断第三方网站中的这些作品是否侵权。此时不能仅仅因为被链接的作品是未经许可而上传的就认定链接提供者有意帮助第三方网站实施侵权。换言之,此时并不存在一面在链接提供者面前公然飘扬的"红旗"。法院必须根据著作权人曾经发出通知等其他证据判断链接提供者是否具有主观过错。

对于"雅虎音乐"网站而言,笔者认为"红旗标准"是可以适用的。这是因为"雅虎音乐"网站上有人为设置的各类"榜单",其中有大量链接指向第三方网站存储的歌曲文件。需要着重指出的是:在许多"榜单"之中,指向众多流行歌手所唱热门歌曲的链接一目了然。而唱片公司是不可能授权任何一家网站在线免费提供其流行歌曲下载的,这是一个世人皆知的常识。因此"雅虎音乐"网站相应"榜单"中大量链接所指向的是侵犯他人著作权、表演者权或录制者权的歌曲文件。两网站的经营者即使只是不经意地去扫一眼"榜单"中列出的歌手姓名,就不可能不意识到被链接的文件必然是未经许可而被第三方网站置于网上传播的。如"雅虎音乐"网站中"华语男歌手"中的前 10 名歌手"周杰伦、刘德华、王力宏、张学友、罗志祥、刀郎、潘玮柏、周华健、陈奕迅、林俊杰"等均是一般人耳熟能详的歌手[48]。即使无法证明网站经营者"明知"第三方网站存储的由这些歌手演唱的歌曲是未经过授权而被上传的,任何一个与音乐网站的经营者具有相同认识能力的"理性人"却绝不可能发现不了。因此网站经营者对于其"榜单"中有大量指向侵权文件链接的事实是"应知"的。

需要强调的是,即使音乐网站"榜单"中链接的形成是搜索引擎自动在网络中搜索到的结果,而不是网络经营者人为设置的,也不会影响根据"红旗标准"认定网站经营者构成"帮助侵权"。因为《信息网络传播权》第 23 条明确规定:只要明知或应知被链接的内容侵权而仍然提供链接的,就构成帮助侵权。至于链接本身是由搜索引擎自动形成的还是人为设置并不影响对侵权的认定。即使链接是完全自动形成的,网站经营者同样可以仅凭链接名称中的歌手姓名就轻而易举地断定被链接的内容是侵权的。如果网站经营者在发现链接指向侵权歌曲之后,仍然放任这些侵权链接保留在其页面上,用于吸引用户点击,并增加其网站流量和广告收入,就具有了帮助第三方网站扩大"直接侵权"范围并为自己牟利的主观过错。

具体到"雅虎案"的案情,原告曾经将其享有录制者权的音乐专辑及演唱者的名称告之了雅虎,并提供了 33 首被链接歌曲的 URL 地址

---

[48] 见 http://music.cn.yahoo.com/mp3list_top.php?sub1=%B8%E8%CA%D6&sub2=%BB%AA%D3%EF%C4%D0%B8%E8%CA%D6&source=ysmt_hmeu_lhym,2007 年 5 月 4 日访问。

作为示例。在这种情况下,"雅虎音乐"网站的经营者必然"明知"这33个具体链接指向的歌曲文件是侵权的。问题在于,如果原告享有录制者权的由相同歌手演唱的同一名称的歌曲同时出现在了其他第三方网站中,而被告的"榜单"中还保留着对这名歌手及其演唱歌曲的链接,能否认定其知晓链接指向的歌曲文件是侵权的呢?笔者认为:由于原告已经在侵权通知中列出了旗下歌手的姓名和所演唱的歌曲名称。此时第三方网站中存储的由这些歌手所演唱的歌曲是未经许可而被上传的事实,就像一面颜色鲜亮的红旗在被告面前公然飘扬。即使原告的通知中没有列出所有被链侵权歌曲文件的URL地址,被告也同样"应知"其网站中以这些歌手名称和歌曲名称形式出现的链接指向的是侵权歌曲。

对此,审理"雅虎案"的法院正确地指出:既然原告已经向被告发函告知其侵权事实的存在、含有涉案歌曲的音乐专辑及演唱者的名称,同时提供了33首涉案歌曲的具体URL地址各一个作为示例,"被告在收到函件后即可获取原告享有录音制作者权的相关信息及被控侵权的相关歌曲的信息,应知其网站音乐搜索服务产生的搜索链接结果含有侵犯原告录音制作者权的内容"。法院最终认定由于被告怠于行使删除与涉案歌曲有关的其他侵权搜索链接的义务,放任涉案侵权结果的发生,其主观上具有过错,属于通过网络帮助他人实施侵权的行为,应当承担相应的侵权责任。这正是适用"红旗标准"认定链接提供者主观过错的典型范例。

在被称为"中国网络著作权第一案"的"王蒙等六作家诉北京在线案"判决7年之后,"十一大唱片公司诉雅虎案"的一审判决成为我国网络环境中著作权司法保护的另一个里程碑。它是法院是正确认识"网络传播行为"、正确区分"直接侵权"与"间接侵权",以及正确适用"红旗标准"的结果。与以往司法实践中不区分"上传"与"设链",将权利人的侵权通知作为认定链接提供者主观过错唯一依据等做法相比,是一个巨大进步。这一重要判决标志着法院对"间接侵权"规则和"红旗标准"的全面接受,为今后立法的进一步完善打下了坚实的基础。而广大互联网企业更应当认识到:雅虎的败诉,绝不是什么"互联网产业的败诉,全体网民的败诉"。它深刻地揭示了一个最基本但却也是许多人不愿面对的道理:借助他人侵权行为获得营利的商业经营模式不可能是稳定和长久的,转变这种模式尽管在短期内是痛苦的,但却是中国互联网企业要真正走向成熟、具备国际竞争力所应当踏上的必由之路。

美国专利政策的新近发展动向

尹新天*

2006年5月15日和2007年4月30日,美国最高法院分别对两起专利侵权案件,即Ebay Inc. et al v. Mercexchange L. L. C.案和KSR International Co. v. Teleflex Inc.案作出了终审判决[1]。前者调整了美国法院在认定专利侵权指控成立时颁发永久禁令的条件;后者调整了专利的创造性判断标准。两者对美国专利制度的发展均产生了重要影响,不但在美国国内引起了巨大反响,也引起了其他国家的高度关注。本文拟就美国最高法院的上述判决的背景、内容以及所产生的影响作出介绍和分析,并就我国知识产权制度建设中的一些问题展开讨论。

一、两份判决出台的背景

(一)美国专利制度的建立和发展

美国建国之初,就将鼓励发明创造和文艺创作、促进科技进步和文化繁荣作为基本国策之一,开创了世界各国在其宪法中明确规定知识产权保护的先例。在其宪法的倡导下,美国早在1790年就制定颁布了

---

* 国家知识产权局条法司司长。
〔1〕 国际合作司胡玉章和条法司董琤分别提供了两份判决的中文译文,付出了大量心血,为笔者撰写此文提供了很大帮助,在此深表谢意。

第一部专利法,这使美国成为尽管建国历史最短,却几乎最早建立专利制度的发达国家。

需要指出的是,美国专利制度的发展并不总是一帆风顺,也经历了诸多曲折。其发展是通过对专利政策反反复复,不断进行调整得以实现的。这一过程直到今天仍未结束。例如,受制裁限制竞争行为这种潮流的影响,美国最高法院在上世纪初期对专利权的授予施加了更为严格的控制,该院在1941年的一份判决中推翻了下级法院认定专利权有效的结论,并指出:"无论这一装置具有何种用途,它必须显示出创造性天才的光辉(reveal the flash of creative genius),而不仅仅是该技术领域的常规才能,才能被授予专利权。如果不是这样,就不能在公共领域中为私人提供独占权。"[2]

在该判决的影响下,美国专利局授予的专利权在专利侵权诉讼中被美国法院宣告无效的比例大为提高,以至于美国最高法院一位法官在一份判决的少数派反对意见中指出:"在我看来,有效的专利只能是那些不曾让本法院插手的专利。"[3] 针对上述倾向,美国国会在1952年重新制定了专利法,其中最为重要的变化是增加了第103条,即要获得专利权,一项发明不仅应当是过去不曾有过的,还应当对所属领域的普通技术人员而言并非显而易见。该条还规定,一项发明是否具备创造性,与作出发明的方式无关。这一措辞正是针对美国最高法院所谓"显示创造性天才的光辉"的过高标准而专门写入的。[4]

---

[2] Cuno Engineering Corp. v. Automatic Device Corp. 314 U.S. 84,91 (1941).

[3] "The only patent that is valid is one which this Court has not been able to get its hands on",Jungerson v. Ostby & Barton Co. 335 U.S. 560,572 (Jackson,J.,dissenting).

[4] 但是,美国最高法院直到1966年才在Graham v. John Deere一案中对新的创造性标准作出了判例。在该判决中,美国最高法院对授予专利权标准的发展过程做了详细回顾,阐述了应当如何按照新的"非显而易见性"标准进行判断,从而真正完成了专利审查标准的转变。此时距离1952年美国国会修订其专利法已有14年之久。

上世纪70—80年代,针对当时日本咄咄逼人的上升态势,卡特总统1978年下令成立了一个顾问委员会,对美国工业的创新状况进行审视。该委员会经研究指出,是美国专利制度对创新的激励作用不足。美国在随后几年中围绕提高美国创新能力的目标,采取了若干完善其专利制度的措施。

首先,美国于1982年设立了统一的专利上诉法院,即美国联邦巡回上诉法院。美国联邦巡回上诉法院在其成立之后的几年中,在专利保护方面采取了对专利权人较为有利的立场,使认定专利权有效及专利侵权行为成立的判决大为增加[5]。其次,美国最高法院对可以获得专利保护的申请主题采取了扩大解释的立场。1981年,美国最高法院在Diamond v. Chakrabarty一案中判定人造微生物可以申请并获得专利。判决中的一句名言"普天之下,但凡是人创造出来的东西都可以获得专利保护",后来被无数判例引用,对美国扩大可获得专利保护的主题范围起到了重要作用。再次,美国国会1988年通过了《专利权滥用修正案》,在美国专利法第271条(d)中补充规定两种行为不构成滥用专利权的行为。这一修正案实际上在一定程度上允许在专利许可协议中写入"搭售"条款,从而放宽了对滥用专利权行为的控制。最后,美国司法部放松了对专利权的反垄断控制。1995年美国《关于知识产权许可合同的反托拉斯指南》明确指出:第一,除非与其他因素相互结合,否则知识产权的获得本身并不意味着权利人享有市场支配力,不会使权利人拥有形成垄断的能力;第二,知识产权的许可合同一般说来具有促进竞争,而不是限制竞争的作用。这种立场有助于在反托拉斯方面为知识产权"松绑"。

---

[5] 有人统计,该法院当时作出的维持专利权有效和认定侵权指控成立的判决高达80%,而该法院成立之前的比例仅为30%。参见Ronald D. Hantmann, *Procecution History Estoppel*, JPTOS, March 1993, at 235-256。

美国强化其专利制度的措施普遍提高了美国公司与个人对获得专利保护的重视程度。自1985年至2006年的20年中,美国的专利申请量增加了4倍,专利授权量增加了近3倍。需要指出的是,美国创新能力的恢复和提高是各方面举措综合作用的结果,并非仅仅是通过完善其知识产权制度所致。

美国专利申请量和授权量的大幅度增长有其正面作用,但同时也给美国专利制度带来了不少问题。这些问题导致美国自上世纪90年代中期以来又开始对其专利制度进行新的一轮政策调整。

(二)美国专利制度存在的问题

1. 美国联邦贸易委员会报告指出的问题

2003年10月28日,美国联邦贸易委员会《促进创新——竞争与专利法律政策的适当平衡》报告认为,竞争机制和专利保护都能对创新产生促进作用,但各自作用的充分发挥需要使两者达到一种合理的平衡。如果对其中一个方面政策的诠释和应用产生谬误和偏差,就会损害另一种政策的效力。这一结论在报告中反复提及,是整个报告的核心观点。

报告用了较大篇幅来论述美国现行专利制度存在的问题。用一句话来概括,那就是认为美国目前授予的专利权过多、过滥。"专利权过多"体现在:在诸如计算机硬件、软件、数字通讯、生物技术等高科技领域中,各种技术和产品均被数量巨大的专利权所笼罩。"专利权过滥"体现在:在被授予专利权的发明创造中,有许多不符合专利法规定的授权条件;有些虽然可以授予专利权,但是其权利要求的保护范围过宽。

"过多"与"过滥"是彼此关联的:过于容易获得专利权,导致专利申请的数量进一步增加;而专利申请数量的急剧增加,又导致专利局承受更大的工作负担,更加难于控制授权专利的质量。两者相互影响,导致报告用"专利丛"(patent thicket)一词来形容这种专利权林立的现象。在这种情形中,无论是进行开发研究还是推出新的产品都很难避免侵犯他人的专利权。专利权数量巨大是一方面的原因,确定每一项专利权的保护范围十分困难是另一方面的原因。

建立专利制度的目的是防止他人的"搭便车"行为,也就是借用他人的发明创造成果而不提供任何回报。然而,现在的情况是许多原本无意"搭便车"的研究开发者和制造者即使费尽心机也躲不开"专利丛"的围堵,一些人只好放弃进行新的研究开发和制造新产品的念头,这就妨碍了发挥竞争机制在高科技领域中的作用,对创新产生了负面影响。这种局面不能不说背离了专利制度的初衷。报告将研究开发与制造行为受阻于专利的现象称为"拦截"(hold - up)。如果在研究开发或者制造的初期受到"拦截",被拦截的公司尚有及时调整其研发和制造方向的可能;但是如果已经为研发、制造、销售投入了大量资金和人力物力,一旦被"拦截",要想转向就变得十分困难。此时,报告将其称为"套住"(lock in)。一些专利权人很愿意采取在初期引而不发,坐等他人被"套住"之后才出击的策略。这种做法被一些人誉为高明的专利策略,但实质上不无敲诈之嫌。

针对"拦截",许多美国公司纷纷采取增大自己"专利库"(patent portfolio)的做法,也就是大量申请获得所谓"防卫性专利"(defensive patent)。这种专利旨在保护自己,一旦有人以构成专利侵权为由提出挑战,可以反过来通过自己"专利库"中的"防卫性专利"予以还击,对其也提出专利侵权控告。但是,"防卫性专利"多了,就会对其竞争对手构成一种威胁,于是其竞争对手又往往寻求获得更多的专利。如此辗转影响,专利就越来越多,报告将这种情形称为"专利军备竞赛"

(patent arm race)。这些用于"专利战"的经费以及其工程师所付出的大量时间不具有创新价值,它们本来可以用于真正的开发研究,产生出更有价值的创新成果。

另外,过多的由不同主体享有的专利权使技术交易变得更加困难,所需支付的许可费用更加高昂,从而影响了消费者的利益,也影响了美国产品在全球市场上的竞争力。

2."专利怪物"在美国引起的反响

对于侵犯专利权的行为,美国专利法规定了两种类型的民事救济措施:一是损害赔偿救济;二是禁令救济。两种强有力的救济措施彼此结合,为美国专利权人获得有效保护提供了充分的法律保障,也使专利权成为一种威力强大的武器。随着形势的发展,提供这种强有力的救济措施也产生了新的问题。巨大的经济利益导致了"专利怪物"(Patent Troll)的产生。"专利怪物"主要是指美国自上世纪90年代以来越来越多地出现的一种现象:有的公司既不进行科学技术的研究开发,也不进行专利产品的制造销售或者专利方法的实施应用,其主要活动是在社会上收集,尤其是从破产公司或者个体专利权人那里购买有潜在价值的专利,然后寻找合适的"目标公司"(target company)进行专利许可谈判,以达成许可合同,从中赚取专利许可费。

"专利怪物"选择其所需的专利有如下标准:第一,专利所涉及的技术领域存在较为激烈的市场竞争,专利技术有潜在的市场价值;第二,该专利的权利要求具有较宽的保护范围,以便将多个公司纳入其"目标公司"名单之列;第三,能够以较低的代价获得这些专利权。按照上述选择条件,它们所"相中"的专利很自然地大多属于高新科技领域,例如计算机软件和硬件、通讯、制药、生物技术等等。据统计,在2004年提交的专利申请中,大约有11万多件是过去已经提出过申请、仅仅做一些细小变动之后又提出申请的,而超过40%的美国专利申请文件包含20项以上的权利要求,这种现象浪费了美国专利局的大量审查资源;美国专利申请的85%—97%被授予专利权,其中许多专利权的保护范围是模糊不清的[6]。美国国家研究委员会的"蓝绶带工作组"(Blue-Ribbon Panel)经过分析指出:诸多证据表明,授予过多专利是不适当地降低创造性标准的结果,而这一问题在近年来扩大的能够授予专利权的技术领域中,例如计算机软件、商业方法、基因染色体等,尤为突出[7]。这使得"专利怪物"有足够的选择余地。

"专利怪物"选择的"目标公司"大多是在所属领域中进行较大规模生产经营活动的公司。这些公司过去已经进行的生产经营活动以及今后为确保其生存发展而需要继续进行的生产经营活动,使它们难于承受一旦将专利侵权纠纷诉诸法院并认定侵权成立所要支付的诉讼费用和损害赔偿,更难承受法院颁发永久禁令带来的打击。由于"专利怪物"除了许可他人实施其专利之外,自己不进行任何生产经营活动,因此"目标公司"通常用于应对他人专利侵权指控的有效手段,例如向对方提出专利侵权反诉、交叉许可等等,对"专利怪物"来说全然无效。"专利怪物"即使败诉,充其量也只需付出一笔诉讼费用而已,除此之外别无损失。在美国,诉讼费用的大头是律师代理费,而"专利怪物"聘用的主要人员就是律师,不需要另聘律师,因此这笔费用也不突出。这样,"专利怪物"上门要求订立专利许可合同常常能在谈判中取得讨价还价的优势地位;而"目标公司"则往往不得不忍气吞声,接受高额

---

[6] Ashley Chuang, "Fixing the Failures of software Patent protection: Deterring Patent Trolling by Appling Industry-specific Patentability standards", Southern California Interdisciplinary Law Journal, fall 2006.

[7] 参见 Yahoo 公司在美国最高法院审理 Ebay 一案的过程中提交给美国最高法院的支持该案被控侵权人观点的意见书。见 http:// patentlaw. typepad. Com/ ebay_v_mercexchange (Jan. 31 2006)。

的要价。

"专利怪物"的运作方式对高新科技领域,尤其是计算机和互联网领域中从事生产经营活动的公司企业带来了很大影响。过多的专利权,特别是诸如计算机软件之类保护范围模糊不清的专利权,导致这些领域中诚实和小心翼翼的公司即使投入大量资金进行事先检索,也难以避免日后因为偶然、非故意或者擦边球等缘故陷入被法院认定侵犯他人专利权的境地。由于美国专利法规定对故意侵权行为要判处3倍的损害赔偿,这些公司事先进行检索反而心存疑虑,因为经过检索而又未能避免专利侵权以后有可能被当作故意侵权的证据。目前,在美国堪称典范的"专利怪物"是一家名为"Acacia Technology"的公司,有人指出:"对于 Acacia Technology 来说,投机就是其整个游戏的核心。"[8]

许多美国公司对"专利怪物"的做法十分反感,却又无可奈何,因为其所作所为没有什么不合法的地方。相反,一种观点认为,"专利怪物"使那些个人发明者的专利权获得用武之地,这是在充分挖掘授权专利的价值,体现了专利制度的作用[9]。

面对"专利怪物"采用的手段,"目标公司"有如下三种应对策略[10]:一是在其从事生产经营活动的领域中事先"清扫专利"(policing patents),将那些本来不应当授权的专利清理出去,从而使"专利怪物"无可利用;二是更多地从他人那里通过许可获得所需的技术,由许可人

---

[8] "For Acacia Technology, speculation is the heart of the game". Elizabeth D. Ferrill, "Patent Investment: Let's Built a PIT to Catch the Patent Troll", North Carolina Journal of Law & Technology, spring 2005.

[9] Jeremiah S. Helm, "Why Pharmaceutical Firms Support Patent Trolls: The Disparate Impact M of Ebay v. Mercechange on Innovation", Michigan Telecommunications and Technology Law Review, fall, 2006.

[10] J. P. Mello, "Technology Licensing and Patent Troll", Boston University Journal of Science and Technology Law, summer 2006.

承担可能产生的专利侵权责任,而不是过多地由自己研究开发所需的技术;三是多家公司联合起来,共同对付"专利怪物"。上述应对策略只能说是理论上可行,而实际上很难应用。现在,所有的热门技术领域每年要产生成千上万的专利,没有任何一家公司有能力担当清理所有这些专利的"警察"。第二种策略尤其值得人们深思,如果所有的公司都因为惧怕"专利怪物",情愿购买技术也不自己研究开发技术,那么专利制度促进创新的宗旨如何实现? 这正是"专利怪物"对专利制度正常运作带来的突出危害之所在。

(三)美国司法当局采取的有关措施

1. 已经采取的措施

针对美国专利制度存在的问题以及美国公众(特别是其工业界)要求解决这些问题的强烈呼声,美国司法和行政当局从上世纪90年代末期开始采取措施,对美国专利制度进行了较为广泛的调整。

已经采取的措施主要包括:

(1)严格等同原则的适用方式

美国建立等同原则近两个世纪以来,对等同原则的探讨从来没有停止过,其中一个十分重要的问题就在于:所谓"等同",是针对权利要求所请求保护的技术方案与被控侵权人实施的技术方案两者整体而言,还是针对两者各个对应技术特征而言? 显然,采用前一种理解对专利权人更为有利,因为依照这种理解,即使被控侵权产品或者方法没有包含专利权利要求中记载的某个或者某些技术特征,法院也可以认定被控侵权产品或者方法与专利权利要求所请求保护的技术方案从整体来看是"等同"的,因而认定侵权指控成立。这样的结果无异于授权法院在专利侵权判断中可以忽略权利要求中记载的某个或者某些技术特征,从而为确定专利权保护范围留下了更大的灵活余地。美国联邦巡回上诉法院成立后做出的第一件有重大影响的判决,就是1983年通过对 Hughes Aircraft Company 一案的判决确立了"整体等同"的判断方式[11]。这是导致该法院随后认定侵权指控成立的判决比例大为提高的主要因素,在美国招致了不少批评意见。

针对美国专利制度出现的新问题,美国最高法院于1997年 Waner-Jenkinson 一案做出判决。该判决指出:"包含在权利要求中的每一个技术特征,对于确定专利权保护范围来说都是重要的(deemed material),因此等同原则应当针对权利要求中的各个技术特征,而不是针对发明作为一个整体。必须强调的是,在适用等同原则时,即使对单个的技术特征而言,也不允许将保护范围扩大到这样的程度,使得实质上是在忽略记载在权利要求中的该技术特征。只要等同原则的适用不超过上面所述的限度,我们就有信心认为等同原则不会损坏专利权利要求在专利保护中的核心作用。"

这一判决被认为是美国适用等同原则的"全部技术特征"准则(all element rule),也就是等同原则的适用不应导致忽略专利权利要求中记载的任何一个技术特征。这是美国最高法院该案判决最引人注目的结论,它彻底否定了美国联邦巡回上诉法院提出的"整体等同"理论,明确了一个在美国争论多年的重大问题。美国最高法院的这一判决实质上限制了等同原则的适用,在美国当前授权专利过多,彼此之间"靠得过近"的情况下,对防止过分扩张权利要求的保护范围有突出的现实意义。

(2)扩大禁止反悔原则的适用范围和效力

---

[11] 219 USPQ. 475.

多年以来，美国对专利侵权诉讼中应当如何适用禁止反悔原则一直存在争议，主要体现在两个问题上：第一，专利申请人在专利审批过程中作出的哪些修改和意见陈述将导致禁止反悔原则的适用；第二，一旦认定应当适用禁止反悔原则，将使专利权保护范围受到何种程度的限制。

美国最高法院于 2002 年对 Festo 一案做出了重要判决[12]。针对美国专利制度出现的问题，该判决进一步强化了禁止反悔原则在专利侵权诉讼中的作用，体现在：第一，扩大了会导致适用禁止反悔原则的修改和意见陈述的范围，明确了凡是与授予专利权的实质性条件有关的限制性修改或者意见陈述都将导致禁止反悔原则的适用，而不再是仅仅与避开现有技术有关的修改或者意见陈述；第二，增强了禁止反悔原则对专利权人的限制作用，一旦认定适用禁止反悔原则，除非专利权人能够提出合理的反对理由，否则就推定对适用该原则所涉及的技术特征不能适用等同原则，只能按照其字面含义来确定专利权保护范围。

这一判决与美国最高法院对 Waner-Jenkinson 一案的判决彼此呼应，进一步限制了等同原则的适用范围。事实上，申请人在专利审批过程中作出的绝大多数修改或者意见陈述都与专利法的各项实质性要求有关；而其中绝大多数又都是在限制权利要求的保护范围，而不是扩大保护范围。这意味着：在绝大多数情况下，只要做出修改或者意见陈述，就会导致禁止反悔原则的适用，对专利权保护范围产生严厉的限制作用。这种限制作用不仅体现在修改本身带来的限制，更为重要的是它排除了适用等同原则的可能性。后者对专利权人的限制作用更大。

---

[12] 535 U.S. 722.

美国最高法院对该案的判决也对申请人如何在美国申请获得专利的策略产生了重要影响。申请人如果还是一开始提出保护范围明显不合理的权利要求，经审查员指出后不得不进行修改，就会自食其果，对所获得专利权的保护范围产生十分不利的影响。在该判决的影响下，申请人必须一开始就尽量提交保护范围适当、符合专利法各项规定的原始申请文件，尽可能地避免在审查过程中修改其申请文件和进行意见陈述。这相当于敦促广大申请人更加自觉地遵守美国专利法的各项规定，有利于减轻专利局审查员的负担，提高授权专利的质量，克服美国专利制度所存在的问题。

(3) 建立"捐献原则"

在各国的专利实践中经常会遇到这样的情况，即专利权人在说明书中披露了实施其发明构思的多种实施方案，然而由于种种原因，在权利要求中却只要求保护其中一部分实施方案。由此产生了一个问题：在这样的情况下，法院在侵权诉讼中是否可以通过适用等同原则，认定被控侵权人实施仅在专利说明书中记载，而没有被权利要求覆盖的实施方案的行为仍然构成对权利要求所请求保护技术方案的等同侵权？如果可以认定，是否存在某种限制？美国法院以往的判例对此问题的立场不尽一致。

美国联邦巡回上诉法院在2002年以全体法官参加的大法庭审判方式对 Johnson & Johnston 一案作出了重要判决[13]，明确了美国对上述问题的立场。判决指出，美国专利制度有一个基本原则，这就是专利权的保护范围应当由权利要求书来确定。判断是否侵犯专利权，不论是相同侵权还是等同侵权，都应当将被控侵权产品或者方法与经过法院解释之后的权利要求进行对比，而不是与说明书中记载的实施方案

---

[13] 62 USPQ. 2D (BNA) 1225.

进行对比。该判决重申,当说明书中披露了一种实施方案,但是却没有在权利要求中请求予以保护时,就应当视为专利权人已经将该实施方案"捐献"给社会公众。在这种情况下,如果通过适用等同原则,将专利权人有意不请求保护的技术方案置于专利独占权之下,就直接违背了用权利要求来定义专利权保护范围的基本原则。这就是所谓的"捐献原则"。

该判决对美国法院适用等同原则又增加了一种限制,这就是:即使认定可以适用等同原则,也需要在依据等同原则扩大解释的专利保护范围中将仅仅记载在专利说明书中,而未记载在权利要求书中的实施方案排除在外。这种限制的作用之一,是防止专利权人采用与上述一开始提出保护范围过宽的权利要求相反的另一种申请策略,即一开始提交范围较为狭窄的权利要求,从而能够更为容易地获得专利权并更有利于确保授权专利的有效性不会受到质疑和挑战,自己先"站稳了脚跟",然后再徐图在侵权诉讼中通过适用等同原则来扩大其权利要求的保护范围,以"说明书中已经披露了等同物"为由,将仅仅记载在说明书中而未记载在权利要求书中的实施方案囊括到其保护范围之中。这种做法实质上是在规避专利局审查员的审查,受到限制应当说是合理的。

2. 尚待出台的措施

可以认为,美国司法当局已经出台的上述三项举措都与等同原则有关,其结果是一致地限制等同原则的适用,其作用是防止不合理地扩大解释专利权保护范围。这对解决美国专利制度出现的问题具有十分重要的意义。但是,还有一些问题没有得到解决。其中较为突出的有两个:一是美国法院长期以来采取的普遍颁发永久禁令的做法,即一旦认定专利侵权指控成立,就会当然地颁发禁止侵权人实施专利技术的永久禁令,许多人质疑这种做法是否得当,主张法院颁发考虑永久禁令应当更加慎重;二是针对美国授权专利过多过滥的问题,许多人主张应当提高美国授予专利权的门槛。

关于第一个问题带来的影响,在前面介绍"专利怪物"问题时已经做了说明,故不再赘述;关于第二个问题,即应当如何提高授予专利权的门槛,则需要进行较为深入的分析。

可以认为,授予专利权的实质性条件偏低,是美国专利制度产生上述所有问题的根源。假如每一项授权的专利与现有技术相比都有足够大的差别,每两项授权的专利彼此之间都有足够大的间距,不至于形成密密麻麻的"专利网",使众多美国公司防不胜防,则即使以较为宽松的方式适用等同原则也能得到民众的认可,不至于产生严重失衡的问题。

在各国授予专利权的实质条件中,最为重要的是新颖性、创造性和实用性。其中,新颖性与实用性的判断标准基本上没有什么调整的余地,相比之下,创造性的判断较为灵活,无论是采用美国专利法规定"显而易见"标准,还是采用我国专利法规定的"有突出的实质性特点和显著进步"标准,都不可避免地会带有一定程度的主观判断因素,而且从各国的实践来看,不具备创造性是驳回专利申请和宣告专利权无效最为常见的理由,因此要调整授予专利权的实质性标准,其重点必然是调整创造性的判断标准。

目前,在授予专利权之前进行实质审查的国家所采用的创造性审查方式大致相同,普遍采用一种"三步骤"分析法。创造性判断的主观因素主要存在于步骤3:判断请求保护的发明对所属领域的普通技术人员而言是否显而易见。具体而言,就是判断现有技术中是否存在有关教导或者启示,使一个所属领域的普通技术人员在最接近现有技术的基础上,结合考虑其他现有技术或者常识,有合理的动机容易想到采用请求保护的发明以解决其实际解决的技术问题。不难看出,步骤3包含了两个较为抽象的概念,掌握起来有较大的伸缩余地:一是如何确定所属领域的普通技术人员的技术水准;二是如何判断现有技术是否提供了将最接近现有技术与其他现有技术或者常识结合起来的教导或者启示,使人们相信普通技术人员有理由、有动机能够想出请求保护的发明。

美国现行专利制度对上述两个概念所赋予的内涵都对专利申请人较为有利。依照美国所采用的标准,"普通技术人员"既不是一个该领域中的专家,也不是一个门外汉。美国联邦巡回上诉法院通过其判例确立了组合对比文献的"教导、提示和动机"判断准则(teaching, suggestion, motivation test,简称TSM判断准则)。根据这一判断准则,当创造性的判断需要将多份对比文献组合起来时,只有当这些文献中给出了明确的建议、教导,使普通技术人员有动机将它们组合起来,才允许以这些对比文献的组合来否定申请发明的创造性。美国专利局曾经指出:法院要求专利局只能组合那些给出了明确、肯定、清楚(specific, definitive and clear)的可以进行组合的教导的对比文献,只有在这样的情况下才能否定创造性,审查员不能依赖他所掌握的该技术领域中的公知知识,甚至不能依赖该技术领域的公知常识。

针对美国专利制度出现的问题,美国联邦贸易委员会的报告建议对创造性判断的这一关键环节进行改革。换言之,尽管目前的TSM判断准则能够达到一种平衡,但是这种平衡点过低了,不利于专利制度实现其根本宗旨。因此,该委员会主张不惜打破现有平衡,寻求在更高的标准下实现新的平衡。报告指出:"还需要从竞争的角度来评价横杆的高度是否合理。在组合对比文献时要求有明确、肯定和清楚的教导或者启示,这必然阻碍了对显而易见的认定,导致批准过多的专利。从竞争的角度来看,这违背了'如若不然'的原则。"[14]我们知道,"显而易见"的专利会提供市场支配力或者为其扩展提供手段,导致专利的增殖(proliferation),进而不必要地增大研究开发和许可的成本。一种不能有效剪除(weeding out)显而易见专利的判断准则将损害竞争。形成创造性判断准则的动机不论是为了防止事后之明,还是保持政策的连续性,这种超出普通技术人员实际需要的对组合对比文献的教导或者启示的要求,或者僵硬地坚持要求出示那些就其性质而言实际上难于出示的证据的做法,将产生阻碍竞争的作用。所谓"僵硬地坚持要求出示那些就其性质而言实际上难于出示的证据的做法",笔者的理解是:无论是诸如技术报告、科技论文、期刊文章之类的一般科技文献,还是专利说明书,其作者在进行撰写时都主要是将其研究开发成果如实地介绍出来,它们不是为了以后用作专利审查中的对比文献或者进行法律诉讼而撰写的。很难想象,这些文献中会明确记载诸如"本装置的这一部分可以与文献 A 中记载的装置 X 结合起来形成一种具有某种用途的产品"、"本装置的那一部分可以与文献 B 中记载的装置 Y 结合起来形成另一种具有某种用途的产品"之类的教导或者提示。即使这种结合对作者来说是显而易见的,也很少有人会如此撰写文章。要求科技文献的作者在其文章、论文、专利说明书中写明这些内容有悖于常理,不符合科技文献的一般撰写习惯。然而,TSM 判断准则正是要求文献中必须要有类似的文字才能允许组合现有技术。

报告还指出:过分强调的"提示准则"是一种"单向转动的棘轮"

---

[14] 报告从经济和竞争政策的角度,对授予专利权的标准提出了一种被称为"如若不然"(but for)的思路。具体说来,就是:假如即使没有获得专利保护的期望或者前景(prospect),一项技术方案也能够在提出申请的同时或者在申请日之后不久的时间内自然地产生出来并予以实施,那么对该技术就不值得授予专利权。出席听证会的专家普遍赞同现在应当采用该思路来指导专利审查标准的制定。

(one-way ratchet)：它有助于证明什么是显而易见的，但却无助于证明什么是非显而易见的。存在"明确、肯定、清楚的组合对比文献的教导或者启示"固然可以证明一项发明是显而易见的，但是缺乏这样的教导或者启示却不能证明所属领域的普通技术人员不能组合对比文献以获得申请发明。总结起来，如同在一些案件的适用所表明的那样，"提示准则"低估了普通技术人员的水准，对那些明显会自然产生出来的发明授予专利权，在不需要让竞争者作出牺牲的情况下提供了潜在的市场支配力。这表明，报告认为"提示准则"是认定不具备创造性的充分条件，但却不是其必要条件。当一项判断准则不是判断某一命题成立的充分必要条件时，从逻辑上讲它就不能被当作判断的基准。

报告给出的具体建议是："委员会敦促在创造性的判断过程中，应当赋予普通技术人员与其创造能力和问题解决能力相称的组合对比文献或者改进对比文献的能力，这本来就是实际普通技术人员具有的特性。要求对比文献一定要有具体的建议或者提示，这超出了现实中普通技术人员的实际需要，忽视了现有技术作为一个整体所能提供的建议、从要解决的技术问题中所能获得的建议以及普通技术人员的能力和知识，导致对显而易见的发明授予专利权，对竞争带来不必要的损害。"上述建议，从实质上说就是要让过去那种完全杜撰的"普通技术人员"向现实生活中的"普通技术人员"回归，摒弃过去所采用的对组合对比文献过于严格和僵硬的限制，提高创造性标准的判断门槛，减少不该授予的"问题专利"的数量。这是对传统专利审查方式的大胆挑战，也是解决专利权过多、过滥问题的关键所在。

依照美国最高法院的判决，美国专利局和法院在判断创造性时还可以考虑有一些"辅助因素"，如果认定申请发明具有这些因素之一，则有助于认定该发明具备创造性。这些辅助因素包括：商业上的成功、克服了过去的偏见、解决了所述领域中人们长期希望解决却一直未能成功的技术问题等等。报告对"商业成功"作为具备创造性的辅助因素提出了质疑。报告认为,"非显而易见性的实质是要求获得专利保护的发明创造具有'技术上的进步'。商业成功纵然能够反映一项发明具有经济价值,也不一定能够反映它具有技术价值。导致商业成功的因素很多,绝非仅仅取决于一项发明的非显而易见性。"报告指出:"所有这些都是导致人们关注这一问题的原因,因为创造性判断中的商业成功辅助因素从竞争政策的视角来看带来了重要问题。从任何意义上说,一项商业上成功的发明与其他发明相比,更不需要有获得专利保护的前景就能够产生出来。此外,商业上成功的专利更有可能给其专利权人提供市场支配力。因此,商业成功的辅助因素会潜在地导致授予不需要的专利权,从而违背'如若不然'原则。这种仅仅以一项发明取得商业成功就认为其具备创造性的判断方式将会使专利政策有系统地朝着那些在市场上占据有利地位、从而获得商业成功的可能性更大的公司倾斜。"

根据上述分析,报告对此提出的建议是:第一,委员会建议法院应当以一种逐案分析的方式来判断商业成功是否构成一项发明具有非显而易见性的依据;第二,委员会建议应当由专利权人承担举证责任,证明其声称的商业成功是由于其发明创造在技术上的进步所导致。如果不采取上述措施,采取商业成功的辅助因素就会产生偏差,对本来是显而易见的发明创造授予专利权,从而对竞争机制带来损害。

美国联邦贸易委员会的报告公布之后,美国国内和其他国家都十分关注对美国专利制度的走向起决定性作用的美国最高法院是否会采用报告提出的建议。自去年传来美国最高法院已受理有关创造性的上诉案件的消息之后,笔者就预料美国最高法院将会通过对该案的判决出台调整美国专利政策的重大举措,并预料美国最高法院很可能会接受报告的建议。后来的结局果然如此。

二、美国最高法院对 Ebay 一案的判决

(一) 案由[15]

该案专利权人拥有多项美国专利,其中一项是名称为"立即购买"(Buy It Now)的商业方法专利。该专利提出了一种涉及电子市场的方案,通过建立一个中央管理机制来促进交易各方之间的信用,以方便私人之间的商品交易。专利权人自己并没有实施其专利方案,而是采用许可他人实施其专利的方式获取经济利益。专利权人曾经试图与该案被告订立许可合同,许可其实施该专利技术,但是订立许可合同的谈判未获成功,遂于2003年向美国弗吉尼亚东区联邦地区法院就被告实施其专利的行为提起专利侵权诉讼。经审理,一审法院认定侵权指控成立,判处被告支付3500万美元的损害赔偿,但驳回了专利权人要求法院颁发永久禁令的主张。

美国联邦巡回上诉法院于2005年3月作出二审判决,维持一审法院对侵权指控成立的认定以及所确定的损害赔偿数额,但是对一审法院拒绝颁发永久禁令的判决不予支持,认定专利权人有权获得永久禁令救济。被告不服美国联邦巡回上诉法院的判决,上诉到美国最高法院。美国最高法院受理了该上诉请求。

---

[15] 78 U.S.P.Q 2d. (BNA) 1577.

(二)美国最高法院的判决

得知美国最高法院受理该案上诉请求的消息之后,美国社会各界,包括各工业领域的领军企业、联邦政府部门、大学和其他学术单位、非商业性基金会等,纷纷上书美国最高法院,表达它们对永久禁令颁发条件的观点。其中,美国联邦政府以及制药和生物技术公司比较支持该案专利权人的观点,认为不应当削弱美国在认定专利侵权行为成立情况下给予永久禁令救济的力度,美国一些知名大学也主张维持强有力的永久禁令救济,以维护能够做出发明创造、但是却没有能力予以实施的专利权人的利益;相反,美国工业界的一些巨人,例如Yahoo、Microsoft、Cisco、Oracle、Micron等,以及美国计算机工业、通讯工业则认为应当对永久禁令的颁发采取一种更为合理和更为灵活的立场[16]。

经2006年3月29日举行公开听证会,美国最高法院于2006年5月15日作出了判决。该判决一开始就明确指出,该法院之所以受理该案,其目的就在于确定美国联邦巡回上诉法院所采取的一旦认定专利侵权指控成立就普遍颁发永久禁令的模式是否恰当。判决指出,根据广为接受的衡平原则,原告请求法院颁布永久禁令应当证明满足如下四项条件(即"四要素检验法"):(1)专利权人受到了难以弥补的损害;(2)法律提供的诸如损害赔偿的救济方式不足以补偿专利权人受到的损害;(3)平衡考虑原告与被告的经济困难程度,给予衡平救济是

---

[16] Yahoo公司在其致美国最高法院意见书的最后部分总结指出:"我们认为,法院在依照衡平原则颁发永久禁令时应考虑如下两个因素:第一,专利权人提起诉讼的商业目的是什么;第二,专利权人是否采用了类似于'专利怪物'的策略。我们相信,考虑上述两个因素既有利于确保衡平裁量权的行使,也有利于维持一个能够保护真实创新者的强有力的专利制度。"

合理的;(4)颁发永久禁令不会损害公众的利益。

美国最高法院指出,该法院长期以来一直奉行的原则是:"不能有任何暗示表明允许与衡平原则的长期传统做法有大的偏离。"[17]美国专利法中没有任何规定表明美国国会有意在专利领域形成上述偏离。相反,美国专利法第283条明确规定"可以依据衡平原则颁发永久禁令"[18],同时美国专利法第261条也明确规定专利权具有私人财产权属性。美国联邦巡回上诉法院认为,单凭专利权是一种法定独占权这一点,就足以表明普遍颁发永久禁令的做法是合理的。美国最高法院表示不能同意这种观点,指出权利的产生与对侵害该权利行为的救济是两回事,两者不能混为一谈。作为对比,美国最高法院回顾了该法院对版权保护的立场,指出美国版权法也规定版权是一种独占权,并规定对侵犯版权的行为也可以依据衡平原则颁发永久禁令,然而该法院过去曾一再拒绝有关当事人提出的主张,即应当将"依据衡平原则颁发永久禁令"改成"只要认定侵犯了版权就应当允许颁发永久禁令"。美国最高法院认为,对专利侵权行为和版权侵权行为应当采取彼此一致的立场。

美国最高法院认为,本案一审判决和二审判决分别在相反的两个方向上偏离了美国最高法院确立的"四要素检验法"。一审判决认为,该案专利权人愿意许可他人实施其专利以及其本人并未在商业上实施其专利这一事实,就足以表明即使不颁发永久禁令,专利权人也不会受到难以弥补的损害。换言之,按照一审法院的观点,只要专利权人自己

---

[17] "A major departure from the long tradition of equity practice should not be lightly implied." Amoco Production Co. v. Gambell, 480 U.S. 531 (1987).

[18] 美国专利法第283条规定:"根据本法,对案件享有管辖权的法院可以在其认为是合理的情况下,依据衡平原则颁发禁令,以防止侵害专利所赋予的任何权利。"

未实施其专利，就不应颁发永久禁令。美国最高法院认为不能允许对传统衡平原则的适用作出如此笼统的归类。一些专利权人，例如大学的科研人员或者个人发明者，基于其在市场经济中所处的地位，可能更加倾向于许可他人实施其专利，而不是自己筹措资金将其专利技术投入市场。美国最高法院认为，没有理由采用这种笼统的归类方式，排除这些专利权人请求法院颁发永久禁令的权利。二审判决否定了一审法院的上述结论，但是却从相反的方向背离了"四要素检验法"。美国联邦巡回上诉法院明白无误地采用了一种单单适用于专利侵权诉讼的模式，即只要认定专利权有效和侵权行为成立，就可以颁发永久禁令，只有在"非常见的情况下"、"例外的情况下"或者"罕见的情况下"才不应当颁发永久禁令。美国最高法院认为，与一审判决所作的笼统归类不正确一样，美国联邦巡回上诉法院的做法也是一种笼统归类，它不恰当地扩大了颁发永久禁令的适用范围，同样也是不正确的。

鉴于一审和二审判决都不正确，美国最高法院判决将该案件发回一审法院重新进行审理，并指出该法院无意判断在本案的特定案情下是否应当颁发永久禁令，其所做判决只想澄清一个观点，即联邦地区法院有颁发永久禁令的衡平裁量权，这种权力的行使应当符合传统的衡平原则，而且在这一点上专利侵权诉讼无异于其他诉讼。

（三）美国最高法院大法官发表的评述意见

美国最高法院的上述判决是一致通过的，但是美国最高法院的首席大法官 Roberts 和大法官 Kennedy 发表了各自对判决的评述意见，分别得到该法院两名大法官和三名大法官的支持。鉴于两份评述意见对读者了解美国有关做法的历史由来以及现在有必要作出调整的原因有所帮助，因此也予以介绍。

大法官 Roberts 指出,至少从 19 世纪初期开始,美国法院在绝大多数专利侵权案件的审理中就采取了一旦认定侵权行为成立便颁发永久禁令的立场。这种立场的形成并不奇怪,因为仅仅提供损害赔偿救济难于有效保护专利独占权,它可能导致允许侵权者以违背专利权人意愿的方式继续使用专利技术。这种保护上的困难性,常常导致人们认为颁布永久禁令的"四要素检验法"中的前两项要素已自动得到满足。该大法官表示同意判决的观点,即这种历史悠久的做法并不表明专利权人总是应当获得永久禁令,也不表明形成普遍颁布永久禁令的模式是合理的,但同时指出根据公认的"四要素检验法"在具体案件中行使衡平裁量权不等于凭空进行判断,"裁量权并不是主观臆想,根据法律标准来限制裁量权有助于实现最为基本的司法原则,即对类似的案件作出类似的判决"[19]。在行使裁量权和应用该司法原则时,专利领域与其他领域一样,"历史分析之一页当抵逻辑分析之一卷"[20]。

Kennedy 大法官指出,首席大法官认为历史对适用"四要素检验法"有指导意义,这一观点无疑是正确的。然而,形成普遍颁布永久禁令的模式的原因并非在于"仅仅通过损害赔偿救济难于有效保护专利独占权"。无论是美国专利法的措辞还是颁发永久禁令的传统衡平原则都表明,独占权的存在应当有与之相适应的对侵犯该独占权行为的救济措施。以前的案例形成了几乎只要认定侵权行为成立就颁布永久禁令的模式,这只是将"四要素检验法"适用于当时普遍情况的结果,而历史经验只有当面临实质上相同的诉讼情形时才最有价值。

---

[19] "Discretion is not whim, and limiting discretion according to legal standards helps promote the basic principle of justice that like cases should be decided alike." 此论引自美国最高法院 2005 年对 Martin v. Franklin Capital Corp. 一案的判决。

[20] "A page of history is worth a volume of logic." 该论述引自美国最高法院 1921 年对 New York Trust Co. v. Eisner 一案的判决。

面对目前的现实情况，Kennedy大法官认为专利侵权纠纷的审理法院应当认识到：在许多情况下，权利主张人所拥有的专利权的性质以及他们在经济社会中发挥的作用与过去的情况相比均产生了较大变化。如今，许多公司并非将专利用作制造和销售产品的基础，而主要是利用专利来赚取专利许可费[21]，这在美国已经形成了一种行业。对这些公司而言，对侵犯专利权行为颁发永久禁令和其他潜在的严厉惩罚被当作向有意获得许可的公司索取过度费用的筹码。当有关专利产品仅仅是所要生产制造的产品的一小部分时，颁布永久禁令的威胁只会被用作在许可谈判中谋求获得优势地位的工具。在这样的情况下，提供支付赔偿救济就足以弥补侵权行为带来的损失，颁发永久禁令不一定有利于维护公众的利益。此外，颁发永久禁令救济还会对不断增长的商业方法专利带来不同的结果，这些方法在过去并不具有显著的经济和法律价值。一些商业方法专利的潜在不清晰性以及令人质疑的专利有效性会影响适用"四要素检验法"的结果。美国专利法规定颁发永久禁令应当遵循衡平原则，这一点相当明智，使法院能够适应科学技术和专利制度的快速发展及时做出必要调整。

Kennedy大法官的结论是：联邦地区法院必须判断过去的做法是否适用于正在审理的案件，基于上述理由，赞成本法院做出的判决。

（四）笔者的评述

两份评述意见均认为有必要重申对侵犯专利权行为颁发永久禁令应当适用"四要素检验法"，因而均支持该判决。然而，两份评述意见

---

[21] 对此，Kennedy法官引用了美国联邦贸易委员会2003年公布的名为"促进创新：竞争法与专利法以及政策的适当平衡"的报告作为依据。

也表明该法院的各位大法官实际上存在不同观点：一种观点强调要尊重历史上形成的惯例，不应轻易予以改变；另一种观点则强调即使是历史惯例，也要"与时俱进"，以适应形势发展的需要。美国最高法院的判决本身对两种背离"四要素检验法"的倾向均提出了批评，以防止今后又产生对那些自己不实施其专利而仅仅通过许可获取利益的专利权人请求颁发永久禁令的主张一律不予支持的倾向。这实际上是试图平衡两种观点的结果。不过从总体上看，后一种观点占了上风。该判决的重点和核心显然在于纠正美国过去所奉行的"一旦认定专利侵权行为成立，就可以颁布永久禁令"的做法，是对美国200多年来采用的普遍模式的重大调整。美国最高法院并没有针对该案具体案情就如何适用"四要素检验法"发表意见，而是将其留给下级法院进行审理，这符合美国最高法院通常仅就重大法律原则问题表态的传统。因此，这一判决在美国的具体应用以及所产生的影响，值得我们跟踪研究。

Kennedy大法官发表的意见表明了美国最高法院做出该判决背后所考虑的因素，而这些因素正是来自于美国联邦贸易委员会的报告以及当前美国社会对"专利怪物"提出的批评意见。判决表明，上述报告和批评意见已经对美国最高司法当局产生了重要影响。值得注意的是，该大法官发表的意见也对美国专利与商标局授予的商业方法专利提出了质疑，认为这种专利常常在权利范围的清晰性和权利有效性方面均存在问题。这对我国应对一些跨国公司一再要求我国就计算机软件和商业方法授予专利权的主张，合理形成我国对此类主题授予专利权的审查标准有借鉴意义。

三、美国最高法院对KSR一案的判决

（一）该案涉及的专利技术及相关现有技术

该案原告专利权人拥有一份名称为"带有节气门电子控制装置的可调油门踏板"的6236565号美国专利，其申请日为2000年8月22日（该申请是其一项在先申请的后继申请），授权公告日为2001年5月29日。该专利权人依据授权时的独立权利要求4提起专利侵权诉讼，该权利要求的内容如下：

一种车辆控制踏板装置，包括：

支撑件（18），安装在车辆结构（20）上；

可调踏板组件（22），具有可相对于所述支撑件（18）在前后方向上移动的踏板臂（14）；

枢轴（24），用于相对于所述支撑件（18）以可转动方式支撑所述可调踏板组件（22），该枢轴（24）确定了一枢轴轴线（26）；

电子控制器（28），安装在支撑件（18）上，用于控制车辆系统。

其特征在于：所述电子控制器（28）对所述枢轴（24）的转动产生响应，当所述踏板臂（14）围绕所述枢轴轴线（26）在其静止位置与作用位置之间转动时，产生出与踏板臂（14）位置相对应的信号，当所述踏板臂（14）相对于所述枢轴（24）在前后方向上移动时，该枢轴（24）的位置保持不变。

该专利的说明书指出，该发明简化了汽车油门踏板组件，其价格更为低廉，所采用部件更少，并且易于装在车辆上。该说明书指出将一个电子控制器安装在支撑件上，但是通篇没有披露该电子控制器的具体

结构,也没有指明采用何种传感器并以何种方式检测油门踏板组件的枢轴转动,这表明该案申请人认为这些都已经是已知技术。

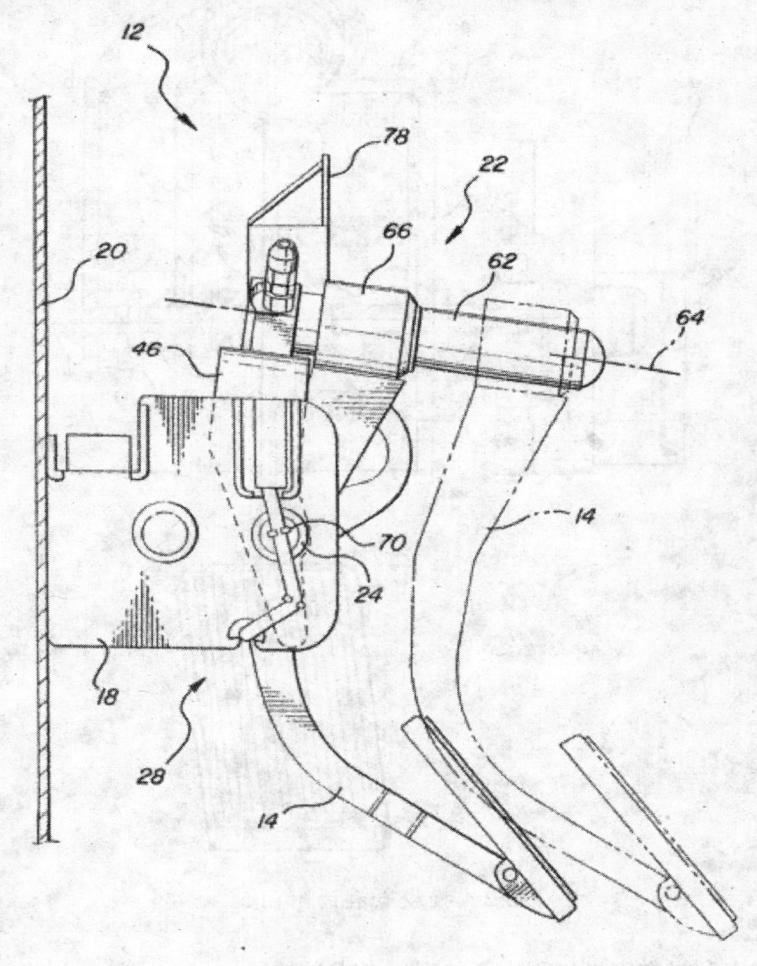

图 1 授权专利的附图 3

下面介绍美国法院在审理该案专利有效性问题时所考虑的相关现有技术。其中有的是美国专利局在审批过程中曾经引用过的;有的是

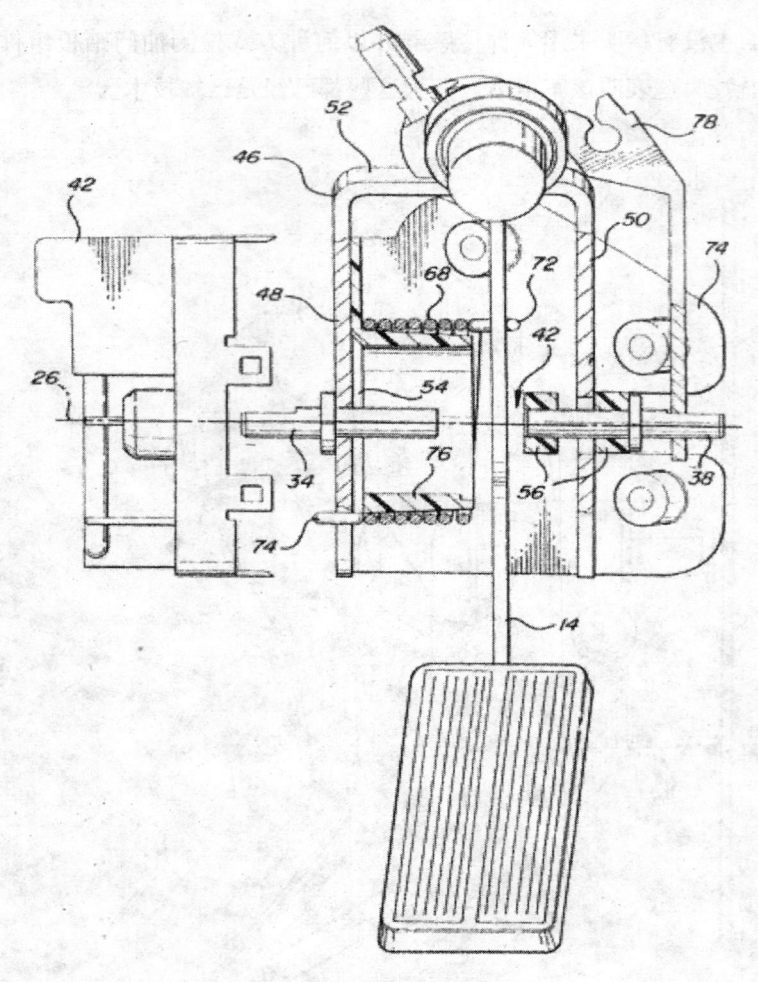

图 2 授权专利的附图 5

美国专利局在审批过程中不曾引用考虑过的。

过去,汽车发动机节气门的开度调节由油门踏板通过与其相连的缆线或者连杆来实现。油门踏板可以围绕其枢轴转动。驾驶者踩下油门踏板时,该踏板围绕其枢轴向下转动,缆线被张紧,将燃料空气混合

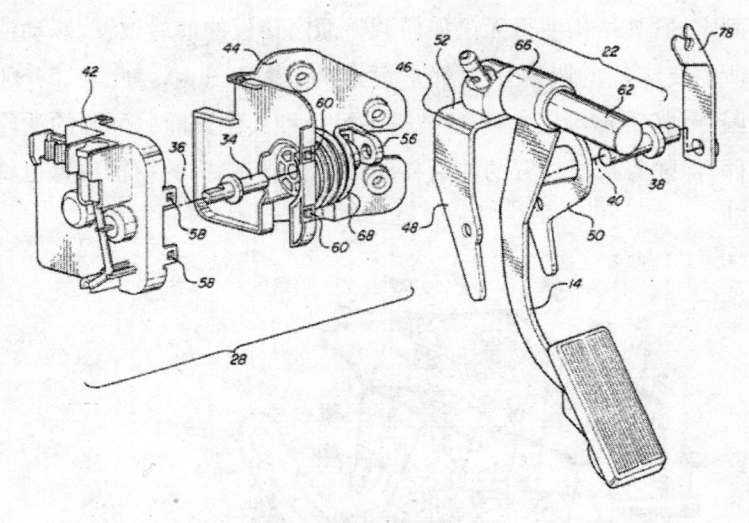

图 3　授权专利的附图 4

气体进入发动机的节气门打开；驾驶者放开油门踏板时，油门踏板在其弹性机构的作用下恢复到原始位置，缆线被释放，节气门关闭。油门踏板被踩下越多，节气门开度就越大，进入发动机的燃料空气混合气体也就越多，从而使汽车加速。

如同任何技术都会不断发展完善一样，汽车油门踏板和节气门调节方式也经历了不断改进的过程。这主要体现在两个方面。

第一，实现油门踏板位置的前后可调。老式油门踏板在汽车驾驶室内的位置是固定的，不能前后移动。驾驶者要想使其脚位于踩踏油门踏板最为适合的位置上，只能要么调整其坐在驾驶座位上的姿势；要么调整驾驶座位的前后位置。当油门踏板在驾驶室空间内的安装位置较深或者驾驶者身材较为矮小时，无论采用上述两种调整方式的哪一种，都会感到很不方便。针对上述实际需要，20 世纪 70 年代出现了其位置前后可调的汽车油门踏板机构。5460061 号美国专利（下称对比文献 1）披露了一种可调油门踏板机构，其油门踏板组件的一个枢轴位置是固定的,其结构使得无论如何调整油门踏板的前后位置,踩动油门踏板所需要施加的脚踩压力都是恒定的(参见图4)。此外,5460061号美国专利(下称对比文献2)披露了另一种其位置前后可调的油门踏板组件,但随着踏板位置的前后移动,油门踏板机构的枢轴位置也将前后移动。

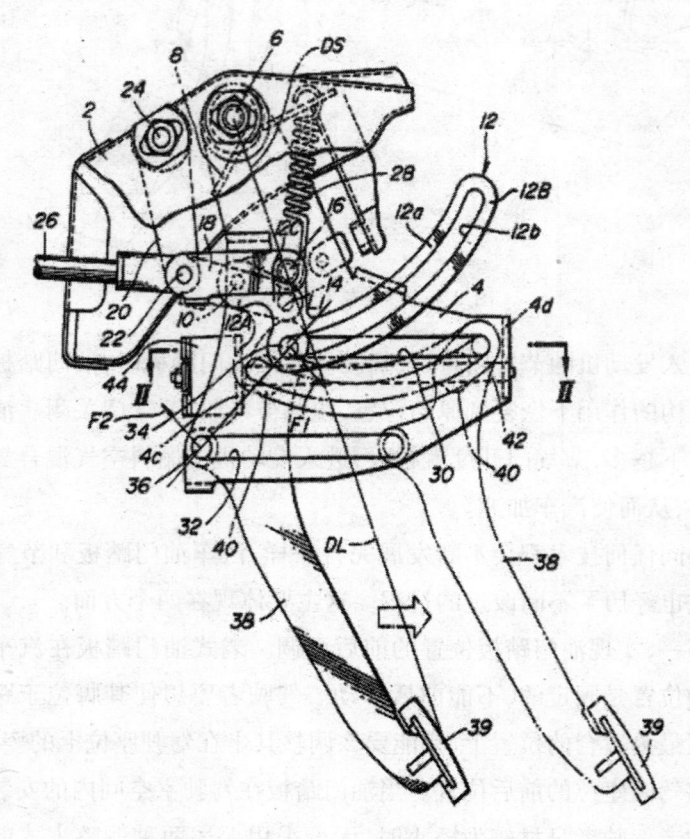

图4 对比文献1的踏板机构

第二,将汽车节气门的开度调节由机械控制方式改为电子控制方式。随着电脑技术的不断发展,20世纪90年代在汽车上采用电脑来控制发动机节气门开度的技术日趋普遍。采用这种技术,不再通过机械传动机构将油门踏板的转动直接传递到节气门,从而控制节气门的开度;而是采用一个传感器首先将油门踏板的转动变为一个电信号,然后再根据该电信号来控制节气门的开度。这种方式能够更为精确地调节进入发动机的燃料空气混合气体量,从而提高汽车发动机的性能。5242963 号美国专利(下称对比文献 3)采用电位计作为传感器,该电位计固定安装在油门踏板组件的支撑件上,电位计转臂随油门踏板枢轴一起转动。当油门踏板被踩下时,该电位计输出一个与油门踏板位置相对应的电信号,用于控制节气门的开度。该专利指出,较为理想的方式是采用传感器检测油门踏板的位置,而不是检测节气门的开度。5063811 号美国专利(下称对比文献 4)。该专利指出,为了防止传感器与电脑之间的连线因移动产生疲劳而受到损坏,同时避免驾驶者的脚踩以及所带来的污垢使连线受到损坏,传感器应当安装在油门踏板组件的固定部位上,而不是安装在油门踏板组件的踏块中或者踏块上。5385068 号美国专利(下称对比文献 5)披露了一种模块化的油门踏板传感器,可从支撑件上取下以安装在各种不同类型的油门踏板组件上,从而将节气门开度的调节从机械方式改为电控方式。此外,5819593 号美国专利(下称对比文献 6)披露了一种将传感器安装在油门踏板组件的踏板臂上的技术方案,其传感器随着踏板臂一起上下移动,因而会使传感器与电脑之间的连线受到磨损。

在该案专利权的审查过程中,美国专利局曾驳回了一项与权利要求 4 相似,但其保护范围更宽的权利要求。该权利要求不包括将电子控制器置于相对固定于枢轴的位置的技术特征。美国专利局认为,对比文献 2 公开了一种其位置前后可调的油门踏板机构,对比文献 4 公开了在踏板组件的支撑结构上安装传感器的方案,被驳回的权利要求所要求保护的技术方案仅仅是将两份现有技术简单地结合在一起,因而不具备创造性。由于该案专利没有将对比文献1作为背景技术予以介绍，美国专利局在审查过程中也没有引用对比文献1，美国专利局认为在该案专利的申请日之前不存在其枢轴位置固定的可调油门踏板机构，因而授予了专利权。

（二）一审和二审判决

KRS公司是一家加拿大公司，生产并提供包括油门踏板系统在内的汽车部件。1998年，福特汽车公司委托KSR公司为其多种采用机械调节型节气门的汽车提供可调油门踏板系统。KSR公司自行设计开发了一种位置前后可调的油门踏板机构，并就此申请获得了6151976号美国专利。2000年，通用汽车公司委托KRS公司为其采用电控节气门的卡车提供电控可调踏板系统。为此，KRS公司简单地在其设计开发的可调油门踏板上增加了一个模块化的电传感器，使之成为电控的可调油门踏板。

该案专利权人认为KRS公司的行为构成了侵犯其专利权的行为，向美国密歇根州东区联邦地区法院（一审法院）提起了专利侵权诉讼。在一审过程中，被控侵权人未对侵权指控是否成立进行争辩，而主要是争辩该案专利的权利要求4不具备创造性。一审法院于2003年12月12日作出了判决。

遵循美国最高法院1966年对Graham一案判决中提出的判断创造性的标准，一审法院认定了该案现有技术的范围和内容、该案专利权利要求4所要求保护的技术方案与现有技术之间的区别以及针对该案专利所要解决的技术问题的普通技术人员水准。一审法院认为，根据专家陈述和当事人的共识，汽车油门踏板设计领域的普通技术人员应当是"具有机械工程大学学历或者与之相当的行业经验水平，熟悉车辆油门踏板控制系统的技术人员"。

一审法院将该案专利权利要求4的内容与现有技术进行了对比,其结论是认为"几乎没有什么区别"。一审法院认为,除了采用传感器来检测油门踏板的位置并将信号传给控制节气门开度的电脑之外,对比文献1披露了权利要求4其余的所有技术特征,而对比文献5披露了将模块式传感器安装在各种类型的油门踏板组件上的技术方案。换言之,一审法院认为权利要求4的内容不过是上述两份现有技术的简单组合。

依照美国联邦巡回上诉法院确立的TSM判断准则,一审法院对创造性的判断不能仅仅停留在两份对比文献的结合覆盖了权利要求4的全部技术特征这一事实认定上,还必须进一步分析是否存在有关"教导、启示或者动机",表明两份对比文献的结合是普通技术人员容易想到的。一审法院认为:第一,该技术领域的发展趋势必然导致将电传感器与可调踏板相结合;第二,对比文献6提供了这种技术发展的基础,但存在传感器电线容易受到磨损的缺点;第三,对比文献4提供了一种解决传感器电线磨损问题的方案,就是将传感器安装的油门踏板机构的固定部位上。一审法院认为,这些因素就能指引普通技术人员以权利要求4所述方式将对比文献1披露的可调油门踏板机构或者类似踏板机构与对比文献4或者对比文献5披露的踏板位置传感器组合起来。

一审法院还认为,基于美国专利局曾经在审查过程中驳回该案专利权人提出的一项比权利要求4保护范围更宽的权利要求驳回的事实,也有助于得出上述结果。假如专利权人在其专利申请的背景技术部分中提到对比文献1,美国专利局可能就会认为权利要求4请求保护的技术方案是对比文献1与对比文献4显而易见的结合,就如同它认为被驳回的权利要求是对比文献2与对比文献4显而易见的结合一样。

最后，一审法院不同意该案专利权人提出的一种争辩理由，即被控侵权人采用该专利技术获得了商业成功可以作为该案发明具备创造性的证据，认为这一点不足以改变该法院通过上述分析得出的结论。

据此，一审法院认定该案专利的权利要求4不具备创造性。

该案被控侵权人不服一审判决，上诉到美国联邦巡回上诉法院。上诉法院于2005年6月6日做出二审判决，认为一审法院对创造性的判断没有严格遵循该上诉法院一贯坚持的TSM判断原则，其认定该案专利不具备创造性的结论是错误的，因而取消该一审判决，由一审法院继续审理侵权问题和损害赔偿问题。

上诉法院认为，一审法院没有严格适用TSM判断准则，因为它并没有找到关于所属领域普通技术人员知识范畴内的特定理解或者原理之类的事实，能够促使一个事先不了解该案发明的人想到将电控装置安装在对比文献1所述油门踏板组件的支撑部件上。二审判决指出，一审法院认为该案专利所要解决问题本身的性质就满足了TSM准则，这种分析方式是不正确的，因为除非现有技术准确地提到了专利权人所要解决的问题，否则该问题本身不会促使一个发明人去查看这些现有技术。

上诉法院认为，对比文献1披露的可调油门踏板机构是用来解决"等比问题"，即确保无论油门踏板的前后位置如何，踩踏板所需要的压力都相同；而该案专利权人寻求提供一种更简单、更小、更便宜的电控可调油门踏板。上诉法院认为，对比文献6提供的油门踏板不涉及可调油门踏板且存在电线磨损问题，但是却没有设法予以解决，因而没有提供有助于该案专利权人实现其发明目的有用教导；对比文献4也不涉及可调油门踏板，而且不会促使人们自然地产生将电控装置安装在油门踏板组件的支撑件上的动机。上诉法院基于这种理解，认为现有技术不会引导普通技术人员在对比文献1披露的可调油门踏板机构上以权利要求4所述方式安装传感器。

在上诉法院看来,是否"明显值得尝试"将对比文献1披露的可调油门踏板机构与传感器结合起来与创造性的判断无关,因为美国法院长期以来都没有采用这种逻辑来判断创造性。

上诉法院认为一审法院对美国专利局曾经在审查过程中驳回一项保护范围更宽的权利要求的考虑方式是错误的,因为一审法院的职责不是去推测假如该案专利权人在说明书的背景部分提到对比文献1,美国专利局将会得出何种审查结论;而是应当首先依照美国专利法的有关规定推定授权专利是有效的,然后在对现有技术进行考虑的基础上独立地对是否具备创造性作出判断。美国专利局曾经驳回一项保护范围更宽的权利要求的事实与一审法院履行其上述职责无关。

(三)美国最高法院的判决

该案被控侵权人不服美国联邦巡回上诉法院的二审判决,上诉至美国最高法院。在美国社会各界,特别是美国工业界的强烈呼吁下,美国最高法院受理了该上诉请求,从而导致该法院继1966年对Graham一案作出判决之后,事隔41年再次就专利创造性的判断问题表明其立场。这是美国各界长期来翘首以盼的事情。美国最高法院对该案的判决由Kennedy大法官撰写,得到了该法院9名大法官的一致赞同,没有反对意见和附加评论。笔者将介绍的重点放在该法院对创造性判断原则的新论述以及如何将其适用于该案具体案情的部分。

1. 美国最高法院关于创造性判断原则的论述

美国最高法院首先肯定,当专利权利要求请求保护的发明是已知技术的组合时,通过两份以上现有技术的结合得出该组合不具备创造性的结论是需要有一定规则的。该法院在以往的判决中明确指出,当专利发明由若干要素组成时,不能仅仅通过举证证明这些要素单独来看都属于现有技术,就得出该发明显而易见的结论。尽管常识会导致人们谨慎地判断一份将两个已知装置根据它们的已知功能组合起来的专利申请是否构成一项创新,但重要的一点在于是否存在何种原因,促使本领域的普通技术人员能够想到将它们以专利申请的权利要求所述的方式组合起来。需要采取这种判断方式的理由在于:即使不能说全部发明创造,也可以说绝大多数发明创造都是基于早已公知的技术产生出来的,请求获得保护的发明从某种意义上讲几乎不可避免的都是由已知技术组合而成。换言之,美国最高法院认为,如果允许采取任意拼凑现有技术的方式来否定创造性,那么世上就没有几份专利申请能够获得批准了。美国最高法院指出,美国联邦巡回上诉法院的前身法院,即美国海关与专利上诉法院十分明智地认识到这一点,确立了在判断一种组合是否显而易见时,需要证明是否存在将其要素组合起来的教导、启示或者动机的判断准则。

尽管肯定了上述认识,美国最高法院强调指出:"然而,即使是有助于创造性判断的良策,也不应成为僵化和千篇一律的规则。如果以这种方式予以适用,TSM 判断准则就不符合本法院的判例了。创造性的判断不能局限于表达教导、启示或者动机的文字的字面含义,也不能过分强调已公开文献和授权专利的字面内容的重要性。发明目的和现代技术的多样性都告诉我们不应采用这种带有局限性的分析方式。在许多技术领域,对技术或者其组合是否显而易见的讨论并不多。在许多情况下,是市场需求而非科技文献决定了设计的发展方向。将专利权授予那些并未带来实质性创新,而是在现有技术基础上自然就会产生的成果会妨碍科技进步,而且在专利是组合已知因素的情况下会剥夺先前发明的价值或者利用。"

美国最高法院指出,美国联邦巡回上诉法院继承了原美国海关和专利上诉法院创建的 TSM 判断准则,并在诸多案件的判决中予以应用。该判断准则本身的基本含义与美国最高法院在 Graham 一案判决中确立的判断原则并无矛盾,但是如果法院将一项普遍原则变成一种僵化的规则用来束缚创造性的判断,如同美国联邦巡回上诉法院所为,那就错了。

上诉法院分析方式的缺点主要体现在其适用 TSM 判断准则所反映出的对创造性判断的刻板概念上。在确定一项专利权利要求的主题是否具备创造性时,无论是专利权人的具体动机还是其宣称的目的都不起决定性作用,关键要看权利要求的客观范围。如果权利要求的保护范围延伸到显而易见的区域,它就不符合美国专利法第 103 条关于创造性的规定。一种可以证明专利权利要求请求保护的发明显而易见的途径是证明在做出发明时,请求保护的技术方案所要解决的技术问题是已知问题,而权利要求的保护范围囊括了解决该技术问题的显而易见的解决方案。

上诉法院分析方式的第一个错误在于认为法院和专利审查员应当只看专利权人试图解决的问题,而将最高法院提出的上述分析方法排除在外。上诉法院没有意识到促使专利权人作出发明的问题可能只是该专利所要求保护的发明所能解决的诸多问题中的一个。需要回答的问题不是该组合对专利权人来说是否显而易见,而是该组合对于本领域普通技术人员来说是否显而易见。按照正确的分析,在作出发明的时候,相关领域所知的以及专利文件提到的任何需求或者问题都能够为按照权利要求所述的方式将要素组合起来提供理由。

上诉法院分析方式的第二个错误在于其所做的一个假设,即试图解决某一技术问题的普通技术人员只会注意到现有技术中提及的那些用于解决相同问题的技术方案。具体到该案而言,对比文献1提到其首要目的是解决"等比问题",上诉法院据此得出结论,认为一个寻思如何在可调油门踏板机构上装设传感器的发明人没有理由去考虑将传感器装在对比文献1所披露的可调油门踏板机构上。然而常识告诉我们,已知技术可以具有超出其发明者所声称的首要目的的其他明显用途。在许多情况下,普通技术人员能够将多份专利的教导像智力拼块那样拼在一起。不论对比文献1声称的首要目的是什么,该文献都提供了一个具有固定枢轴位置的可调油门踏板的实例;而现有技术中满是指明固定枢轴位置是装设传感器的理想位置的专利文献。认为一个希望制造电控可调油门踏板的设计人员仅仅因为对比文献1声称的首要目的是解决"等比问题"就会对该对比文献视而不见的想法完全没有意义。普通技术人员同样是具有普通创造能力的人,而不是一个机器。

上诉法院的狭隘分析方式导致该法院得出第三个错误的结论,即只证明要素的组合方式是"明显可以去尝试的",还不足以证明专利权利要求保护的技术方案是显而易见的。当对某个问题的解决存在设计需求或者市场压力,并且现有技术中存在一些人们所知的或者可以预见的解决方案时,普通技术人员完全有理由在其掌握的技术知识中寻觅已知的可选方案。如果其结果仅仅带来了可以预期的成功,那它很可能就应当被认为不是一种创新,而是普通技术或者常识的产物。在这种情况下,"明显可以去尝试"的组合就是美国专利法第103条所说不具备创造性的组合。

美国最高法院指出,上诉法院从防止法院和专利审查员在创造性的判断上陷入"事后之明"的角度出发也得出了错误的结论。当然,判断者必须认识到事后之明会带来扭曲,因此对依赖于事后分析的论证必须小心谨慎。但是,限制判断者依靠常识进行判断的僵死规则既不为本法院的案例法所需要,也与之不相符合。

美国最高法院指出,该法院注意到上诉法院过去也曾经适用过比本案适用的更为宽泛的 TSM 概念。例如,上诉法院曾经指出,该法院提出的"建议"准则在实际应用中是相当灵活的,不仅允许而且需要考虑熟知知识和常识。上诉法院也曾经指出,该法院采用的创造性判断原则具有灵活性,因为普通技术人员组合已知技术的动机可能隐含于现有技术之中,不能僵死地要求现有技术中一定要有进行组合的明示教导。但是,这些判决的适用现在已经难于看到了,没有被用来防止上诉法院在审理本案时出现上述错误。上诉法院在今后的审判中如何使其分析方式更加符合本法院以前的判例和本案判决,这是需要上诉法院自己去考虑的问题。在此,本法院只需要指出上述根本性错误理解导致上诉法院在本案中适用了与我们的专利判例不相符合的判断准则。

2. 美国最高法院将其论述的判断原则适用于该案具体案情

美国最高法院同意一审法院对相关现有技术以及对所属领域普通技术人员水准的认定,认为只要运用其上面论述的创造性判断原则标准来审视权利要求 4,就会得出它不具备创造性的结论,因为所属领域的普通技术人员能够想到以权利要求 4 所述的方式将对比文献 1 披露的可调油门踏板机构与踏板位置传感器结合起来,并且能够看到由此带来的好处。

美国最高法院认为,当时的市场存在将传统机械式油门踏板转变成为电控油门踏板的强烈需求,而且当时已经存在的现有技术提供了很多实现这一发展的技术。上诉法院对此问题的考虑过于刻板,其判断方式无异于询问这样一个问题,即是否有一个油门踏板设计者曾经白纸黑字地写明既选择对比文献 1 披露的机械式可调油门踏板机构又选择类似于对比文献 5 所述的模块化传感器。地区法院虽然也询问了这个刻板的问题，但最终得出了正确的结论。美国最高法院认为，更为恰当的问题应当是：一个普通的油门踏板设计人员面对该领域的发展所产生的强烈需求，是否应当想到将对比文献 1 披露的可调油门踏板机构升级为带传感器的油门踏板机构所能带来的好处。

美国最高法院指出，在汽车设计领域中，如同在许多其他技术领域一样，多个零部件之间的相互配合意味着改变其中一个零部件往往需要对其余零部件也做出相应调整。技术的发展趋势清楚地告诉人们采用由电脑控制节气门的发动机将会占据统治地位。其结果是，设计者可以选择设计出一种全新的油门踏板，也可以改造业已存在的油门踏板机构，使之适用于新的汽车发动机[22]。该案被控侵权人选择了后一种途径，即改造其过去设计出的机械式可调油门踏板机构，加上传感器，结果导致被该案专利权人指控为侵犯其专利权的行为。

对于以对比文献 1 所述可调油门踏板机构为出发点的设计师来说，其面临的问题是在哪里安装传感器。与之相伴的法律问题是：将传感器固定安装在枢轴部位上对于该设计人员而言是否显而易见。对此，美国最高法院自己做了分析。对比文献 3 指出最好采用传感器来检测油门踏板的位置，而不是采用传感器来检测发动机节气门的开度位置。对比文献 6 提供的方案将传感器安装在上下移动的踏块上，结果导致传感器连线容易受到磨损的问题。从解决这一问题的角度出发，对比文献 4 指出最好不要将传感器安装在油门踏板机构的上下移

---

[22] 笔者认为，汽车被亿万民众所广泛使用，其油门踏板和刹车踏板的安装位置及其操作方式早已为他们所熟悉和习惯。设计出一种安装位置或操作方式不同的新式踏板，即使其性能更加优越，也难于获得好的市场效果，因为改变汽车驾驶方式对众多驾驶者来说是一件相当危险的事情，难于为人们所接受。所以，设计者采用后一种改进方式的可能性显然更大。美国最高法院的判决如果论述到这一点，可能更有说服力。

动的踏块上,而要将其安装油门踏板机构的支撑结构上,以防止传感器连线产生移动。从这一系列现有技术出发,设计者应当理解需要将传感器安装在油门踏板结构的不动部分上。要使传感器处于一个固定不动的位置,又能容易地检测到踏块的移动,最为显而易见的位置莫过于油门踏板的枢轴位置了。因此,设计者会跟从对比文献4提供的方案,将传感器安装在枢轴位置上,从而设计出一个被权利要求4覆盖的电控可调油门踏板。

就如同普通技术人员能够想到以对比文献1提供的可调油门踏板机构为基础,实现将其升级为适用于电脑控制的发动机节气门这一目标一样,普通技术人员同样能够想到以对比文献6提供的电控踏板机构为基础,对其进一步作出改进以避免连线磨损问题。跟随这样的思维步骤,一个设计人员可以从对比文献4那里学到如何设法避免传感器产生移动,这就会使他找到对比文献1,因为该文献公开了一个具有固定枢轴位置的可调油门踏板机构。换言之,美国最高法院认为普通技术人员沿着上述两条不同的思路能够殊途同归,都想到权利要求4所请求保护的技术方案。

美国最高法院指出,与一审法院的结论一致,该法院认为该案专利权人没有举出任何有助于证明权利要求4的技术方案具备创造性的辅助性因素。因此,该法院的结论是权利要求4不具备美国专利法第103条规定的创造性[23]。

最后,美国最高法院认为不需要回答在该案专利的审查过程中不曾考虑对比文献1是否导致该案专利不能适用美国专利法关于推定授权专利有效的规定这一问题,因为即使适用该推定,该案专利的权利要

---

[23] 美国最高法院的这种表述方式表明,该法院在取得商业成功是否可以认作具备创造性的辅助考虑因素方面没有采取美国联邦贸易委员会提出的建议,基本上还是维持了该法院1966年对Graham一案判决中提出的观点。

求4也依然不具备创造性。然而,美国最高法院认为有必要指出,这一推定所依据的基本法理,即专利权是美国专利局经过其审查员审查并认为合格之后才授予的,在本案的实际情况下已经大大受到减损[24]。

3. 美国最高法院的总结结论

美国最高法院在其判决的最后画龙点睛地指明了该判决所要表达的最为基本的观点:"我们通过对身边实际和可以感觉到的现实世界带来新事物而进行建设和创新,产生新事物的方式有所不同,有的依靠本能就能实现,有的通过简单逻辑推理就能实现,有的需要有非凡构思才能实现,有的甚至只有依赖天才才能实现。这些进步一旦成为人们公知的知识,就为进一步的创新奠定了一个新的开端。在正常的技术发展进程中,在更高水平的成就基础上不断取得进步是一件可以预料的事情,因此普通的创新不能成为根据专利法可以享有独占权的主题。如若不然,专利制度就将违背美国宪法的有关规定,窒息而不是促进有用技术的发展。这一认识导致美国最高法院在其早期对Hotchkiss一案的判决中确立了显而易见的主题不能授予专利权的原则,并在1952年将其写入美国专利法第103条之中。在适用该条所规定的创造性条件时,不能过于拘泥于某种判断准则或者模式,以至于不能为其立法初

---

[24] "We nevertheless think it appropriate to note that the rationale underlying the presumption—that the PTO, in its expertise, has approved the claim—seems much diminished here." 美国专利法第282条规定"专利权应当被推定为有效",而我国专利法中没有类似规定。美国最高法院这一论述实际上是以婉转方式对美国专利局提出的批评,其含义可以理解为:实行上述推定的前提条件是美国专利局确保其授予的专利权符合美国专利法规定的授权条件,就该案而言,美国专利局忽略了最为相关的现有技术,从而使施行其法律规定的有效推定变得几乎没有意义。另外,笔者还想指出的是,在最近举行的中国与澳大利亚双边自由贸易区谈判中,澳方极力主张在协议的知识产权部分中加入与美国专利法第282条相似的规定,其实质是想为授予专利权之后任何人质疑其有效性在法律上设置障碍。

衷服务。"

四、对我国知识产权制度建设中
一些问题的思考

随着我国知识产权制度的不断发展和世界经济贸易形势的深刻变化,一段时间以来,许多学者对知识产权制度本质属性和我国知识产权应当"强保护"还是"弱保护"的问题进行了探讨。

笔者认为,对知识的占有对国家和社会公众产生的影响远大于对一般有形财产的占有。在某些情况下,权利人对其知识产权的处置方式会对国家的发展以及公众的利益带来不利影响。例如,一项对环保产生重要作用的发明获得专利权后,如果专利权人自己不实施,也不允许他人实施,就可能损害国家和公众的利益。假如发生这样的情况,国家应当有权进行干预。在一般有形财产的情况下就不大可能有这样的必要。2002年9月英国知识产权委员会在《知识产权与发展政策的整合》的报告中指出:"不管对知识产权采用什么样的措辞,我们更倾向于将知识产权当作一种公共政策的工具,它将独占权授予个人或者单位应当完全是为了产生更大的公共利益。"这一看法在TRIPS协议中有所体现。该协议的序言部分在指明"承认知识产权为私权"之后,紧接着又指明"承认各国保护知识产权体系潜在的公共政策目标,包括发展和技术目标"。TRIPS协议总则部分的第7条和第8条(1)分别规定了如下的目标和原则:"知识产权的保护和执法应当有助于促进技术革新以及技术的转让和传播,有助于使技术知识的创作者和使用者相互受益并以增进社会和经济福利的方式,以及有助于权利和义务的平衡。各成员在制定或者修改其法律和规章时,可以采取必要措施,以保护公共健康和营养,以及在对其社会经济和技术发展至关重要的领域促进公共利益,但以这些措施符合本协议的规定为限。"TRIPS 协议对知识产权属性的定义以及所规定的上述目标和原则突显了知识产权的公共政策属性。

然而遗憾的是:在发达国家的操控下,TRIPS 协议充满了如何强化保护知识产权的各种规定,却几乎没有落实其目标和原则的具体举措。明确知识产权具有不同于一般有形财产的特点以及知识产权制度潜在的较强公共政策属性,有助于我们思考这样一个问题:在构建和完善知识产权制度的过程中,我们需要考虑哪些因素?

首先,知识产权法律法规的制定和有关政策的形成不应仅以知识产权权利人的感受、需求和利益作为决策出发点,还必须考虑广大公众的感受、需求和利益,因为"占有知识"比占有一般有形财产对公众产生的影响更大。在多数情况下,公众中的大多数人既非知识产权权利人,也非知识产权侵权人,但是一个国家的知识产权制度和有关政策与他们的利益息息相关。同时,也应当看到现实中也并不存在相对固定不变的"创造者"和"侵权者"的阵营或者阶层。一个人可能在某些特定期间内是知识产权权利人,享有权利;但是在更多的时候要承担尊重他人的知识产权并向其提供回报的义务;当他有意或者无意之中侵犯他人的知识产权时,也要承担法律规定的侵权责任。这种状况决定了知识产权制度的完善始终要以维护最广大民众的最大利益为根本出发点。

本文所介绍的美国对其专利政策的调整,是国外在制定知识产权政策时如何平衡知识产权权利人与公众之间利益的典型例子,为我们提供了有益的启示。美国的一些专利权人(特别是"专利怪物")会抱怨美国最高法院的判决对其不公,没有充分支持其维权主张。尽管"专利怪物"所拥有的专利技术不是它们自己创造出来的,而是在社会上收购来的,但是他们也可以争辩其行为是"为发明人讨回公道","为捍卫知识产权而斗争"。如果仅从维护专利权人利益的角度出发,就应当支持他们的维权行为。当美国最高法院认识到专利权过多过滥的现象以及"专利怪物"的行径导致美国众多实际从事科技研发和生产经营活动的企业和单位面临困境(无论在哪个国家,这些企业和单位都是支撑经济社会发展、保障民众生活条件的中坚力量),即使想尽办法也无法躲开专利侵权,进而影响美国整体的创新能力和竞争机制时,义无反顾地选择了使其政策天平朝有利于公众利益的方向倾斜的立场,这是"居庙堂之高,则忧其民"的体现。美国最高法院的抉择在笔者看来几乎是必然的,没有什么悬念,同时也符合美国最高法院早在1829年的一份判决中就阐明的立场,即"尽管公众有义务为发明创造者提供回报,但是必须公平对待和有效保护社会公众的权利和利益,绝不允许对个人的回报损害公众的利益"。[25]

　　应当如何制止网络侵权、盗版问题,也是平衡权利人与公众之间利益的典型例子。计算机技术、数字化技术和网络技术的迅猛发展极大地提高了广大公众获取各种信息和知识的范围、速度和能力。这是科学技术进步给人类带来巨大好处的突出范例。当然,作品的网上传播应当制定必要的知识产权保护规则以维护作者的合法利益,但是制定上述规则时应当明确这样的指导思想,即网络版权保护要与网络传播的特点相适应,要便于操作和实现,避免给广大公众利用互联网带来不合理、不必要的限制和障碍,尤其不要试图剥夺科技进步给民众带来的好处。应当认识到网络技术已经使各种文艺作品更为广泛的传播和普及成为不可阻挡的历史潮流,这一点不仅符合我国《著作权法》的立法宗旨,在绝大多数情况下也符合作者进行创作的初衷。然而,诸如微软之类的权利人依靠版权保护获取了巨大的经济利益,富可敌国,却没有

---

[25] Pennock v. Dialogue,(1829),27 U.S. 1,19.

任何让利于民的意愿,还极力推动进一步强化版权保护,将其延伸到终端用户,主张任何人只要在其个人计算机中下载并保存5件以上未经许可而上载的作品就应当追究其侵权责任。这种想法即使成为法律也会受到民众中相当多人的抵制,难于取得预期的效果。

知识产权权利人的利益与公众利益产生碰撞最为典型的例子,莫过于药品专利与公共健康之间的关系。2001年11月通过的《WTO多哈部长会议关于TRIPS协议和公共健康问题的宣言》确认各成员可以自由决定颁发强制许可的理由,并有权决定构成国家紧急状况或其他紧急情况的条件,可以认定公共健康危机构成国家紧急状况或者其他紧急情况,对发展中国家解决公共健康问题具有突出的重要意义[26]。近期,泰国政府先后对美国、法国制药公司的几种治疗艾滋病和心脏病的药品专利颁发了强制许可,在国际上引起了较大反响。美国贸易代表办公室今年4月发布了特别301报告,将泰国列入重点观察名单,使其成为2007年唯一新列入该名单的国家;然而泰国政府的举动不仅受到了泰国民众的高度赞扬和众多发展中国家的支持,在发达国家也赢得了许多赞同的声音。在这场较量中,泰国政府高举"人民的健康和生命应当优先于商业利益"的旗帜,赢得了无可置疑的道义优势。

其次,知识产权法律法规的制定和有关政策的形成还需要我们分析掌握我国知识产权权利人的组成状况。以专利为例,在巴黎公约的框架下,跨国申请并获得专利早已十分普遍。如今在绝大多数国家,外国申请人提交的专利申请在其受理的申请总量中都占相当比例,这实际上体现了一国创新成果与全球创新成果之间的关系。据统计,2006年我国国内申请人提交的发明专利申请占58.1%,国外申请人提交的

---

[26] 值得指出的是:就在多哈会议举行前夕,美国遭受了9·11袭击,迫切需要在反恐问题上得到国际社会的同情和支持,这是多哈宣言能够顺利通过的重要原因,否则其出台将会困难得多。

占 41.9%；从授权情况来看，国内申请人获得的发明专利占 43%，国外申请人获得的占 57%。应当指出，我国国内申请人提交的专利申请比例在发展中国家是相当高的，甚至高于美国[27]。但是，我们不能由此而盲目乐观。据统计，在我国受理的专利申请中，国内申请在数量上最占优势的领域是中药，占 98%；第二位是非酒饮料，占 96%；第三位是食品，占 90%；第四位是中文输入法，占 79%。国外专利在数量上最占优势的是无线传输，占 93%；第二位是移动通讯，占 91%；以下依次为电视系统占 90%，半导体占 85%，西药占 69%，计算机应用达 60%。由此可以看出，外国申请人的专利申请重点集中在高新技术领域，我国与之相比还有明显差距。这还只是从分布比例上看，如果从技术含量上看，即使是属于同一技术领域的专利申请，国内申请所涉及发明创造的技术水平从总体上看也明显地低于外国申请。

人们常说，在建立和完善知识产权制度方面，我国用 20 多年时间就走完了许多发达国家用几百年时间才走完的路。然而，我们不可能在这么短的时间内将我国 13 亿民众自觉尊重他人知识产权的意识提高到发达国家民众目前的水平，也不可能在这么短的时间内将我国众多企事业单位保护自己的知识产权、应对他人知识产权以及运用知识产权制度的娴熟程度提高到发达国家公司企业的水平。缩小这方面的差距只能靠一步一个脚印的踏实努力才能逐步实现，绝不可能一蹴而就。

基于我国目前在科技创新水平以及运用知识产权制度能力方面与发达国家之间尚存显著差距，在确定我国知识产权保护的水准和规则时，我们一方面必须充分顾及我国申请人的创新水平较低、运用知识产

---

[27] 在美国专利局 2004 年受理的专利申请中，外国申请人申请的占 46%；在同年授予的专利中，授予外国申请人的专利占 48%。

权制度维护其自身利益的能力较弱的事实；另一方面又必须充分考虑发达国家的申请人，特别是跨国公司的创新水平极高、运用知识产权制度维护其自身利益的能力超强的事实。TRIPS协议确定的基本原则，即国民待遇原则和最惠国待遇原则使我们既不可能在知识产权保护方面采用对内对外不同的标准，也不可能采取对不同国家不同的标准。美国调整其专利政策所针对的问题和弊端在我国或许还没有严重到美国那样的程度，但是随着外国在华申请获得专利数量的不断增大也必然会反映到我国来。如果我们不注意防范，仅从顾及我国知识产权权利人的能力和处境的角度出发，使我国知识产权法律和政策系统地向权利人倾斜，就可能导致在国外已经得到控制和限制的现象在我国不能得到相应控制的局面，从而产生对我国发展不利的结果。因此，合理平衡各方面的利益，使我国现行知识产权制度适合于我国目前所处的发展阶段，是我国立法者和政策制定者责无旁贷的历史使命。

再者，知识产权法律法规的制定和有关政策的形成还需要我们考虑国际形势的发展变化。上世纪80年代以来，经济全球化趋势日渐明显，对各国经济结构产生了重要影响。发达国家率先完成了产业结构的调整和经济增长方式的转变。不仅将日用产品之类的低端产业转移到发展中国家，而且将重工业、通讯设备、汽车及其配件、计算机部件及整机，甚至飞机部件组装等高端产业逐渐转移到中国这样的发展中国家。发达国家的人力资源在其制造业转移之后，则在更高的层次进行更富有创造性的工作，即新技术的研究开发，文化产业的拓展和营销模式、管理方式的创新，越来越以"生产知识"和"专职创新"作为一种新的产业和经济收入的主要来源。如果这些知识和创新成果任人自由使用，发达国家的这种知识经济形态就会归于失败。由此可以知道发达国家为什么越来越重视和强调知识产权保护。

TRIPS协议就是发达国家为了适应其经济结构的变化，更好地维护其利益而大力推动制定的,在全球范围内大大提高了知识产权保护的力度。但通过 WTO 成立以来的诸多事实,发展中国家逐渐认识到发达国家先前作出的开放市场、关税减让等承诺并没有兑现或者没有完全兑现,而发展中国家作出重大让步所达成的 TRIPS 协议却成为发达国家动辄就可以向其施加压力的"紧箍咒"。自上世纪 90 年代以来,我国在知识产权保护问题上受到了美欧日等发达国家持续不断施加的压力。我国加入 WTO 之后,这种压力还在进一步升级。在企业层面,外国企业感受到我国企业的强劲竞争,将强化知识产权保护视为维持其优势地位的生命线,采取各种举措挤压我国企业的创新空间,增加我国企业的创新成本。在国家层面,发达国家认为我国的迅速发展对其构成了潜在威胁,强化对知识产权特别是核心技术专利权的保护,已成为巩固和发展其自身优势,遏制我国发展的重要手段。

面对上述形势、环境和压力,我们必须认识到知识产权保护的力度绝非越强越好。在有效保护知识产权的同时,还必须充分研究和注意对知识产权效力的合理限制以及对滥用知识产权行为的必要控制。这是我们对知识产权制度本质特点和客观规律的认识有所提高深化的结果,应当说是一种进步。如果硬是要将为此已经采取或者即将采取的举措定性为"往回收",则可以理直气壮地指出这种"往回收"也是必要的。以美国当前在专利政策方面进行的调整为例,从"专利怪物"的角度来看可能认为有关调整举措是在"往回收",但是却得到了美国社会的广泛认同,在美国没有人指责这种调整是倡导在美国"吃大锅饭"。应当指出的是:美国在国内十分谨慎地调整权利人与社会公众之间的利益平衡,绝不一味强调加强知识产权的保护力度;在国际上对其他国家却始终强调强化知识产权保护,从来不讲利益平衡问题,两者形成了鲜明的对照。其实,美国上述两方面的立场也具有一致性,两者都有利于保持美国的优势地位,都符合美国自身利益最大化的根本目标。

还有一个新的动向值得我们高度关注。目前,发达国家仍继续不断地在 WIPO、WTO 等国际组织推动知识产权国际规则的进一步协调发展,以进一步提高知识产权的保护水准。然而,由于发展中国家的抗争,发达国家实现其目标遇到了越来越大的阻力。针对这种情况,以美国为首的发达国家开始转变策略,将 WTO 的一揽子谈判方式运用到双边自由贸易区协议(FTA)的谈判中,使知识产权保护与货物贸易、服务贸易紧密挂钩,将提供贸易优惠建立在发展中国家承诺接受新的更高的知识产权保护义务的条件之上。

一种观点认为,在 WTO 的框架下,其成员所订立 FTA 中的有关内容可以享受 WTO 最惠国待遇原则的例外,仅适用于 FTA 的双方。因此,在特定 FTA 中就知识产权保护问题作出的让步只是对 WTO 特定成员的让步,不会产生普遍约束作用。这种观点是不正确的,其原因在于:与货物贸易和服务贸易中采取一些具体措施不同,知识产权的效力和行使都必须由一个国家的法律法规予以明确规定。要实施超出某成员本国知识产权法律规定的有关承诺,该成员就需要修改其现行法律;而一旦修改法律,就必然导致 WTO 其他所有成员在该成员国内也能够无条件、无区别地享受本意仅给予 FTA 对方成员的所有利益、优惠、特权或者豁免。换言之,发达国家采用的策略是:第一,利用 FTA 谈判作为契机,将提供一定的货物贸易或者服务贸易优惠条件作为诱饵(实际上所谓"优惠"向来总是对等的,很难指望无条件地获得任何优惠),各个击破,迫使各发展中国家在知识产权保护方面作出超出 TRIPS 协议规定的让步;第二,利用 WTO 的最惠国待遇原则产生的扩散效应,使发展中国家在 FTA 中所作的让步适用于 WTO 的所有成员。这样就能为知识产权保护国际规则的进一步发展扫清障碍,实现发达国家目前通过知识产权国际规则的协商谈判所难以实现的目标。我们必须足够清醒地认识这种策略,多方位、多视角地权衡 FTA 的所有内容,认真研究、谨慎对待,避免在高度关注货物和服务贸易谈判的同时忽略知识产权议题的重要性,导致突破我国知识产权保护的底线,造成超越现有国际条约基础承担更高义务的事实。事实表明,接受过高知识产权保护标准对我国所造成的危害有可能是在货物贸易和服务贸易方面获得局部利益所无法弥补的。

有学者高度评价"两高"2004年出台的司法解释,认为这已经从理论上和实践上明确回答了应当"向前走"还是应当"往回收"的问题,代表了我国知识产权制度发展的正确方向。但是,学者在这里却有意回避了一个人所周知而又十分重要的事实,那就是该司法解释是在以美国为首的发达国家近年来持续不断地对我国施加压力,逼迫我国降低认定知识产权犯罪门槛的背景下出台的,并非我国主动所为。该司法解释明显降低了我国认定知识产权犯罪的门槛,但美国仍不满意,继续对我国施加压力,一再声称要就此问题诉至WTO,导致"两高"不得不于今年4月再次紧急出台进一步降低认定知识产权犯罪门槛的司法解释,结果同样未使美国满足。正如一些学者所指出的那样,美国主张的实际上是要我国在追究知识产权犯罪方面采取"零门槛"。美国为了谋取更大的利益,同时服务于其国内政治、舆论等各方面因素的需要,无视我国在完善知识产权制度方面付出的巨大努力和取得的显著成效,执意将中国的知识产权保护状况诉诸WTO,这表明美国已经认准了知识产权问题可以作为其随时打压中国的有效手段。面临这种态势,无论中国如何表明保护知识产权的决心,也无论中国如何采取强化知识产权保护的措施,都无法改变美国的既定策略。尽管为了有效制止假冒、盗版等恶性侵权行为,可能有必要加大对侵权人追究其刑事责任的力度,但这应当在一个国家的法律框架下依法实现。刑法是一个国家的根本大法之一,追究刑事责任尤其要依法而行。即使仅仅是对我国现行《刑法》有关规定作出澄清性解释也应十分慎重,要考虑我国的现实国情,要顾及与《刑法》对其他犯罪行为的规定之间的协调一致,特别要事先广泛听取社会各方面的意见;如果涉及对《刑法》有关规定的实质性改变,则必须由我国最高立法机关,即全国人大经过法定程序才能作出,否则将授人以柄,不利于维护我国法律的应有尊严。我们不妨想想,如果我国对美国刑法提出类似要求,是否能够指望为美国所采纳?

归纳起来,笔者认为对上述问题展开讨论是有意义的,能够提高我们对知识产权制度本质属性以及如何应对我们所面临的国际国内环境的认识。建立、健全我国的知识产权制度不仅是树立我国良好国际形象、扩大开放和改善投资环境的需要,更重要的是激励国内自主创新的需要。我国建立知识产权制度的根本目的,就是要激励和促进我国的自主创新能力。只有当我国真正成为一个创新型国家,在科学技术和文化艺术等方面,尤其在高新技术方面具有与发达国家相当的自主创新能力,能够源源不断地形成大批高质量的自主知识产权,实现与发达国家之间的互通有无和优势互补,才能真正摆脱受制于人的被动局面。检验我国知识产权法律和制度成功与否的基本标志,就是要看是否促进了上述目标的实现。如果一个国家不具有自主创新能力,则不论它如何模范地保护他人的知识产权也不可能成为一个强国,充其量在知识产权保护方面少承受点外部压力而已。

商标本质的结构功能分析

王太平[*]

从历史上看,科学研究,尤其是理论研究,在某种意义上就是提出、分析、论证和积累概念的过程[1]。尽管"任何一门科学在它系统化以前就长期通过经验的途径发展着,而不等到它的基本概念获得详尽无遗的定义",然而无疑"在建立一门科学的体系时,定义是处在最前面,作为前提而出现的[2]"。商标无疑是商标法理论重要的基石性概念,商标本质则是商标概念的核心,它决定了商标的法律地位以及人们对待商标的根本方法,影响甚至决定了商标权的内容、界限以及商标法的制度结构和商标法具体问题的处理。商标概念的不同理解会导致商标法具体问题迥然不同的处理结果,而在没有搞清商标基本概念的前提下所进行的学术争论也只能是"假辩论[3]"。至今关于商标、商标权等商标法基础概念的认识仍然存在着模糊,研究也仍然是薄弱的。如商标反向假冒行为的性质问题,自提出至今历十余年仍在被争论着,并没

---

[*] 王太平,湘潭大学法学院副教授、硕士研究生导师,中国人民大学民商法学博士。

〔1〕 张文显:《法哲学范畴研究》,中国政法大学出版社,2001年,第1页。

〔2〕 格·克劳斯著,金培文,康宏逵译,王德春校:《形式逻辑导论》,上海译文出版社,1981年,第230页。

〔3〕 刘春田:"商标与商标权辨析",《知识产权》1998年第1期;刘春田:"简论知识产权",载郑成思主编:《知识产权研究(第一卷)》,方正出版社,1996年,第45页。

有因2001年《商标法》修订的定性而解决。其根本原因就是商标反向假冒行为的性质是以对商标概念的正确理解为基础的,对商标概念理解的歧异导致了对商标反向假冒行为性质的截然不同的认识[4]。本文将采用结构功能主义方法来分析商标的本质,第一部分分析商标的经济功能,第二部分分析商标经济功能的发挥机理,第三部分以商标的经济功能及其发挥机理为基础得出对商标的本质的认识,最后说明一下商标本质分析的具体意义。

一、商标的经济功能

在商标法上,关于商标的功能,中外学者认识大同小异,或认为包括识别、品质保证、广告及竞争等功能[5],或认为包括表示商品来源或出处、表彰营业信誉、追踪商品来源、品质保证以及广告等功能[6],或认为包括表示商品出处、保证商品质量和广告等功能[7],或认为包括来源识别、保证和广告等功能[8],等等。本文认为,这种对商标功能的认识固然不错,然而却仅仅是一种表面化描述,并未触及商标本质。由于商标是市场交易的重要一环,因此要真正揭示商标功能就必须到经济生活中去,即分析商标的经济功能,不仅要探究商标的经济功能到底

---

[4] 张玉敏,王法强:"论商标反向假冒的性质——兼谈商标的使用权",《知识产权》2004年第1期;韦之,白洪娟:"反向假冒质疑",《知识产权》2004年第1期。

[5] 刘春田:《知识产权法》,北京大学出版社、高等教育出版社,2003年,第239—240页。

[6] 曾陈明汝:《商标法原理》,中国人民大学出版社,2003年,第10页。

[7] 江口俊夫著,魏启学译:《日本商标法解说》,专利文献出版社,1982年,第39—44页。

[8] Julius R. Lunsford, *Consumers and Trademarks: the Function of Trademarks in the Market Place*, 64 TMR 77–78.

是什么,更应该分析其功能发挥的机理。本文本部分分析商标的经济功能,下一部分将分析商标经济功能的发挥机理。

古典经济学认为,市场是万能的,信息是完全的,通过自利的自由竞争就可以实现社会资源的最优配置。然而现实中人们却发现,经济生活中常常存在着信息不完全的情况,信息不完全的主要表现形式之一就是信息不对称。所谓信息不对称指的是经济关系中一方知情另一方不知情,知情的一方会有利用信息优势行骗讨便宜的动机的一种现象。由于信息的不对称,自利竞争的市场不仅未必能带来高效率,而且还常常让大家陷入丧失交易利益的"囚徒困境"。在商品交易中,厂商和消费者之间关于商品的信息显然是不对称的,通常厂商掌握的关于商品的信息比消费者多。由于信息的不对称,厂商和消费者之间的商品交易存在着信息障碍。经济学研究表明,在信息沟通不畅存在信息不对称的情况下会产生逆向选择行为,导致混同均衡的结果。导致混同均衡的制度在经济学中被认为是没有效率的。相反,在信息沟通顺畅不存在信息不对称的情况下,人们就不会进行逆向选择,而进行正常的正向选择,最后会形成一种分离均衡的结果。经济学认为能够达到分离均衡的制度是较好的制度,是有效率的[9]。这里试举一例说明有无信息沟通时市场交易的结果。为分析方便,我们只以商品的质量水平一个指标和市场占有率相同的 A1、A2、A3、A4、A5 五种质量水平不同的同种商品为例加以分析。其中,A1 级商品质量水平最高,A5 级商品质量水平最低。与质量水平相适应,生产这五种质量水平不同的商品的生产成本无疑也会不同,商品质量水平越高,生产成本也越高,反之成本越低。

在没有有效的信息沟通的情况下,消费者并不知道那种商品是质

---

[9] 王则柯:"信息经济学的奠基人",《读书》2002 年第 1 期。

量水平最高的商品,也不知道那种商品是质量水平最低的商品。消费者只能凭运气来购买质量水平从 A1 级到 A5 级的商品,根据随机概率,消费者既不会只购买到质量水平为 A1 级的质量最高的商品,也不会只购买到质量水平为 A5 级的质量最低的商品,消费者将要购买到的商品的质量水平大体会相当于这五种商品质量的平均水平,即 A3 级商品的质量水平。为了减少购买风险追求自己效用的最大化,消费者最多只会按其最可能购买到的商品质量水平来出价,即出与 A3 级商品的质量水平相适应的价格,而绝不会出与 A1、A2 级商品的质量水平相适应的价格。也就是说,因为不知道其将要购买到的商品到底是质量水平最高的还是质量水平最低的,消费者将对质量水平最高的 A1 级商品和质量水平最低的 A5 级商品均按 A3 级商品来出价。既然如此,追求利润最大化的厂商为了降低生产成本就不会生产质量水平高于 A3 级商品的质量水平为 A1 级和 A2 级的商品,而只会生产质量水平为 A3、A4、A5 级的商品。因为 A1 和 A2 级的商品生产成本较高且无法卖到比 A3 级商品价格更高的价格。于是,A1 和 A2 级质量水平的商品就会退出市场,市场上就不会有 A1 和 A2 级质量水平的商品,从而市场上商品的平均质量水平便会降低到 A4 级,相应的,消费者的出价也会降低到 A4 级。于是,生产高于市场平均质量水平的 A3 级商品的厂商就不会继续生产 A3 商品,而只会生产 A4 或 A5 级质量水平的商品。……信息的不对称最终可能使得市场上的商品的质量水平越来越低。这种情况显然和我们平时的选择是不一样的,因为平时选择时人们一般是先选好的,把差的留下,而这种情况却相反,是把好的赶跑,而把差的留下来,所以叫做逆向选择,其导致的结果被称作混同均衡。因为市场力量强迫愿意生产和购买不同质量水平商品的厂商和消费者强制性地实现了均衡。

而在信息沟通顺畅不存在信息不对称的情况下,生产各级质量水平商品的厂商各自的商品质量水平的信息能够传递给消费者,从而消费者就能够区分市场上不同质量水平的商品,即消费者知道 A1 级商品的质量水平是最高的,而 A5 级商品的质量水平是最低的。出价高就能买到高质量的商品,出价低则只能买到低质量的商品。从而消费者就会按自己的意愿为高质量的 A1 级商品支付与 A1 级商品质量水平相适应的较高的价格,为次高质量的 A2 级商品支付与 A 级商品质量相适应的次高的价格,相应的,对 A3 级商品支付与 A3 级商品质量相适应的平均价格,……对质量最差的 A5 级商品支付与 A5 级商品质量相适应的最低的价格。于是,需要高质量商品的消费者取得高质量的商品同时也支付较高的价格,而需要较低质量商品的消费者取得质量较低的商品,同时也支付较低的价格。结果,各类消费者均取得了自己称心如意的商品,实现了其购买活动的效用最大化目标。同时由于高质量的商品能够以较高的价格来出售,那么就会有厂商愿意以较高的成本生产高质量的商品以满足消费者对高质量商品的需求。总体而言,生产各种质量商品的厂商也会达到其各自的利润最大化目标,而市场竞争的结果也必然会使生产各级质量水平商品的厂商均获得市场的平均利润率。于是,整个商品市场就达到了均衡。此时人们的选择和正常选择是一样的,不存在逆向选择问题,这种均衡在经济学上就叫做分离均衡。因为不同质量水平的商品卖出了不同的价格,并各自达到了均衡。

当然,任何市场都不可能完全没有信息沟通,同时永远也不可能是完全的信息沟通,因此,正常的市场交易的信息沟通状况大体会介于上述的两个极端情况的中间。由于分离均衡状态是有效率的,它显然是社会追求的目标。而要实现分离均衡就必须有某种有效的信息沟通手段使信息沟通顺畅,消除信息的不对称。因此有效的信息沟通就成为社会追求的直接目标,因为它使得市场交易较有效率,能促使厂商生产出丰富多样的商品,达到利润最大化目标,同时市场上商品种类的丰富也使消费者得到了最大的满足。

影响有效的信息沟通的因素有哪些呢?商标与有效的信息沟通又有何关系呢?显然,影响厂商与消费者之间的信息沟通状况的因素既包括所欲沟通的信息的种类,也包括信息沟通的方式。就所欲沟通的商品信息的种类来说,有些是能观察到的,如商品的形状、大小、色彩等,这些信息在交易之前就能通过商品本身把信息直接传递给消费者。不过由于这些商品特征一般很容易被他人模仿,因此厂商在这些方面不容易取得竞争优势,尤其是长期的竞争优势。由于工业社会的专业化分工和大规模生产方式的要求以及标准化的发展,商品之间在外形和规格方面的差别已经微乎其微。因此,这些可观察特征的信息不是厂商与消费者之间信息沟通所要解决的主要问题。商品的有些信息则是观察不到的,如商品的内在质量等,这些信息的沟通是比较困难的。显然,这些商品特征不容易模仿,厂商容易在商品的这些特征方面取得较长期的竞争优势。与此相适应,在消费者估价和消费决策中,商品的不可观察特征也许是商品总价值中的决定性的因素,消费者了解商品的不可观察特征对于其购买决策也是极其关键的。因此商品的不可观察特征的信息的沟通才是最重要的[10]。

厂商与消费者之间的信息沟通方式也是多种多样的。既可以直接通过商品本身传递商品的可观察特征的信息,也可以通过在产品包装上写明商品的质量特征,如成分、味道、使用期限等方式来分析性地传递商品的不可观察特征,还可以通过一些符号如商标、商业名称等来综合性地传递商品的不可观察特征的信息。经济学研究表明,在这些不

---

[10] Economides, *The Economics of Trademarks*, 78 Trademark Rep. 523, 526 – 531(1988).

同的信息沟通方式中,利用商标、商业名称等识别性商业标志是较好的选择。其原因在于商标这种传递信息的方式不是以一种分析或分离的形式如尺码指示、成分表等方式提供给消费者信息,而是以综合的形式即消费者通过一种有关商品的特征的特别组合的符号来识别的。与分析性的传递信息方式相比,它具有简明易识记的特点,更便于商品的不可观察特征的传递[11]。因为"商标的好处就像用人的名字来指称个人一样。所以,你可以说是'Geoffrey Stone'而不是'Geoffrey Miller',而不用说'芝加哥大学法学院主教宪法的 Geoffrey 而不是主教公司的 Geoffrey'。用经济学术语来说就是商标减少了'消费者的搜寻成本'"。因为"商标能够传达信息,这使得消费者可以对自己说:'我不用调查我将要购买的这个牌子的商品品质,因为商标是一种告诉我这个牌子的品质和我早些时候曾经满意的同一牌子的商品品质一样的一种简略的表达方法。'"[12]商标这种传递信息的方式便利和促进了消费者决策,同时创造了厂商生产具有合意质量的产品的积极性,尽管这些产品的质量在购买前是不可观察的。因为商标允许消费者在购买前在所有可观察特征方面看起来一样的商品之间进行区分,商标能够帮助消费者了解使用某种商标的商品的不可观察特征。同时商标也允许厂商根据商品的不可观察特征区分商品并且把这些不同的不可观察特征有效地传递给消费者[13]。因此,从经济学上来看,商标的经济功能是降低了消费者的搜寻成本,之所以如此,是因为它能将有关商品的信息尤其是不可观察特征的信息高效地从厂商"运载"到消费者,从而消除厂商与

---

[11] Economides, *The Economics of Trademarks*, 78 Trademark Rep. 523, 526 – 531(1988).

[12] William M. Landes and Richard A. Posner, *The Economics of Trademark Law*, 78 TMR 270, 271.

[13] Economides, The Economics of Trademarks, 78 TMR 533 – 534.

消费者之间关于商品不可观察特征的信息的不对称,是一种消除信息不对称的工具。商标的这种经济功能对于消费者的购买决策有着重要意义,同时更对维护市场秩序有着重要的作用。因为信息不对称的减少使得消费者的消费决策具有更充分的理由,同时也促使厂商正当经营并使厂商能够正当经营,生产具有多样性的商品。不仅如此,与直接通过商品本身传递商品信息相比,商标这种方式也具有更广的适用性。因为根据通信理论的研究,商标这种通信方式属于一种高级通信方式。

二、商标经济功能发挥的过程与机理——商标的通信理论

如上所述,商标的经济功能是消除关于商品的信息的不对称,它在经济生活中发挥着一种在厂商与消费者之间进行信息传递的功能,是一种信息传递工具。那么,商标这种消除信息不对称的功能具体是如何发挥的?其具体过程又如何呢?根据上文的分析,信息不对称表明信息不对称的双方所掌握的信息是不同的,其中一方比另一方掌握着更多的信息。而要消除信息不对称显然就需要使双方的信息相同,可取的办法之一就是把信息掌握较多的一方所掌握的信息传递给信息掌握较少的一方。而在市场交易中厂商所掌握的关于商品的信息显然是多于消费者的,而在市场竞争的压力下,为了能够有效地进行交易,厂商就必须将其商品的信息通过某种办法传递给消费者。因此在厂商与消费者之间就必然存在着一种信息传递系统,商标实际上就是厂商与消费者之间进行信息传递的系统即通信系统的一个组成部分。由于商标是厂商与消费者之间的通信系统的一个组成部分,那么通过对该通信系统进行分析就可以深入理解商标经济功能发挥的机理,有助于深入理解商标的本质。

通信理论表明,凡通信必涉及两种实体:发送信息的实体,叫信源;接受信息的实体,叫信宿。通信就是信源与信宿之间的一种特定的关联方式、系统现象或行为。实施通信活动的系统,叫通信系统。在最初级的情形下,信源与信宿作为不同的物质实体通过直接的碰撞而交换信息,无须中间环节,此时通信系统仅需信源与信宿两个构成要素。在大多数情形下,通信均是利用信号或符号进行的较高级通信活动,都不能由信源与信宿直接耦合而构成通信系统,必须有中间环节。因此,一般通信系统除了具有信源和信宿之外,还包括:(1)信道。是传送信息的通道,即载荷着信息的信号借以通行的物理设施或介质场。信道是联结信源与信宿的主要中介环节,不同物理性质的信号,需要不同物理性质的信道来传送。(2)编码与译码。信源与信道、信道与信宿都不能直接耦合,必须有中介环节。把信源与信道耦合起来的中介环节叫做编码器,把信道与信宿耦合起来的中介环节叫做译码器。首先信源发出的信息不能直接在信道中传送,需要经过编码器的适当变换才能传送,而经过编码的信息也并不能直接被信宿接收,还要经过译码器的译码才能接收。编码和译码是一切一般通信过程必须的操作手续,二者是两种互逆的操作。另外,任何通信均是在一定的环境下进行的。一般通信系统可以用下图加以表示:

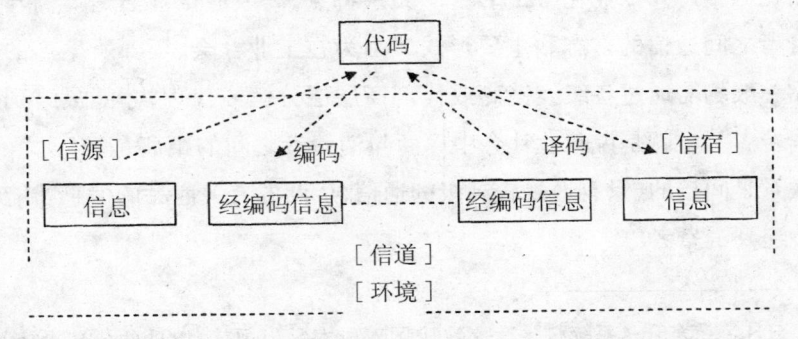

```
                        ┌──────┐
                        │ 代码 │
                        └──────┘
                       ↗  ↓  ↑  ↖
              ┌─────┐ 编码        译码 ┌─────┐
              │[信源]│                   │[信宿]│
              └─────┘                   └─────┘
              ┌──────┐  ┌──────────┐  ┌──────────┐  ┌──────┐
              │ 信息 │--│经编码信息│--│经编码信息│--│ 信息 │
              └──────┘  └──────────┘  └──────────┘  └──────┘
                              [信道]
                              [环境]
```

通信的基本要求是多快好省地传送信息,通过对信源的剩余度、信道的容量以及编码的逐步改进与权衡,就能够最大限度地达到。其中信源的剩余度是刻画信源特征的指标之一,是指在通信系统中,除了传送或恢复信息时所需要的信号之外,其余出现在信源、信道、信宿或系统其他部位的任何细节对完成通信任务是多余的,把它们除掉对实现通信目标没有实质性影响。概率分布愈均匀,剩余度愈小,通信效率愈高;信道容量是信道最大可能的通信速度,表示信道传送信息能力的极限;编码解决的问题是信源与信道之间在数量特性上的互相匹配,从而实现信源熵与信道容量之间的最佳配合。由于实际中信源和信宿的信号信码往往不是一一对应的,因此还需要适当的译码过程。同时,任何通信均有噪声,它是指通信系统中预定要传送的信号之外的一切其他信号。噪声有不同类型,就来源看有内噪声与外噪声,前者指由系统内部元件性能参数的无规则变化等因素产生的有害信号,而后者指从系统外部混入系统的无用信号。一般而言,外噪声可以设法避开或削弱,而内噪声原则上不可能消除。这就是通信的一般原理[14]。

厂商与消费者之间的通信显然仅是一般通信的一种,其通信的原理也大体相同。从实际情况来看,厂商和消费者之间的通信显然既包括初级通信,也包括较高级的通信。鉴于现代工业及后工业社会的社会化大生产和专业化分工的生产关系特点,高级通信显然是厂商与消费者之间通信的常态和主要形式。因为在工业社会,厂商所生产的商品一般均需通过各级经销商或代理商层层分销或代理,才能最终到达消费者。也就是说工业社会中厂商与消费者之间的距离是较"远"的,联系是间接的,只有通过较高级的通信,厂商的有关商品的信息才能够传递到消费者。

---

〔14〕 苗东升:《系统科学精要》,中国人民大学出版社,1998年,第249—257页。

在厂商与消费者之间的高级通信系统中,信源就是厂商,信宿就是消费者,信道则包括商标从厂商传送到消费者的各种渠道,如新闻媒体、厂商的营业推广活动等等,所用的代码(编码器和译码器)就是商标,编码就是厂商把商品信息附载在商标中即使用商标的过程,译码就是消费者通过商标来了解商品(信息)的过程。厂商与消费者之间的通信系统可以用下图来表示:

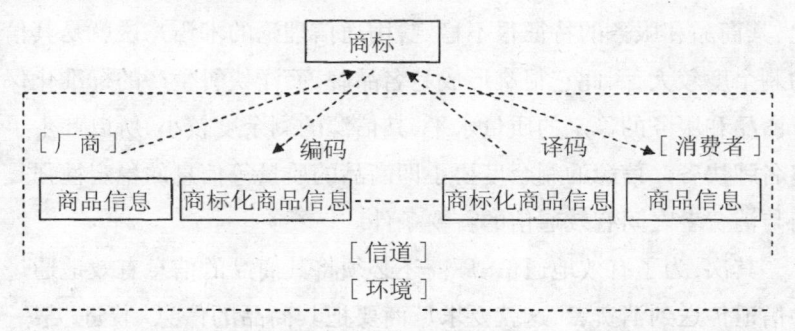

```
                          ┌──────┐
                          │ 商标 │
                          └──────┘
      ┌╌╌╌╌╌╌╌╌╌╌╌╌╌╌╌╌╌╌╌╌╌╌╌╌╌╌╌╌╌╌╌╌╌╌╌╌╌╌╌╌╌╌╌┐
      ┆                编码            译码           ┆
      ┆ [厂商]                                  [消费者] ┆
      ┆ ┌────────┐ ┌──────────────┐   ┌──────────────┐ ┌────────┐ ┆
      ┆ │商品信息│ │商标化商品信息│───│商标化商品信息│ │商品信息│ ┆
      ┆ └────────┘ └──────────────┘   └──────────────┘ └────────┘ ┆
      └╌╌╌╌╌╌╌╌╌╌╌╌╌╌╌╌╌╌╌╌╌╌╌╌╌╌╌╌╌╌╌╌╌╌╌╌╌╌╌╌╌╌╌┘
                          [信道]
      ─ ─ ─ ─ ─ ─ ─ ─ ─ ─[环境]─ ─ ─ ─ ─ ─ ─ ─ ─ ─
```

该图表明,和普通通信系统一样,首先信源即厂商发出的有关商品的信息无法直接在信道中传送,需要经过商标这种编码器的适当变换即变成商标化商品信息才能传送,而经过编码的有关商品的信息即商标化的商品信息也并不能直接被消费者即信宿接收,还要经过商标这种译码器的译码才能最终接收。当然,在包含商标在内的厂商和消费者之间的通信系统中,其编码过程和译码过程是非常简单的,因为这里的编码和译码只是通过商标即可,并不像其他通信如密码通信一样要具有非常复杂的密码规则。商标在这里所发挥的作用就是将商品信息有效地从厂商"搬运"到消费者。

厂商与消费者之间的通信的目标无疑是有效通信。根据通信理论,为了保证通信效率,首先必须保证通信系统信源的剩余度要小。在厂商与消费者之间的通信系统中,厂商是信源,其剩余度就是商品信息的稳定性,厂商的商品质量等信息越稳定,信源信息的概率分布就越均匀,信源的剩余度就越小,通信效率就越高。反之,则通信效率就越差。商品信息的稳定性即信源剩余度的大小是市场上有信誉不同的商标存在的主要原因。因此,为了创造一种信誉较高的商标,不仅需要较高的商品质量水平,同时商品的质量水平一定要保持稳定。这就是中式餐馆不像洋快餐那样容易形成驰名店的根本原因。因为总体而言,尽管中餐在色、香、味等方面比洋快餐占有上风,但是由于制作上的非标准化,其商品和服务的特征很不稳定,用通信理论的术语来说就是其信源的剩余度较大,因此它很难形成驰名品牌,而洋快餐生产的标准化保证了商品和服务的稳定的质量水平,其信源的剩余度较小,所以产生了许多名牌快餐。信源的剩余度要小即商品的质量等信息的稳定性强是厂商与消费者之间有效通信的首要条件。

其次,为了有效地通信,厂商还必须将其商品的信息有效地通过各种信道传送到消费者,这就要求厂商要把其商品的信息"装进"某一具有显著性的商标中[15],因为商品信息尤其是不可观察特征的信息,其本身是看不见、摸不着,难以通过信道来传送的,这就使得厂商不仅要使用商标,而且所使用的商标还必须具有显著性,这样它与信道的匹配性才会比较好,才能有效地通信。

第三,为了有效地通信,厂商不仅需要将其商品的信息通过具有显著性的商标传送到消费者,而且还必须确保消费者熟知其所使用的商标所代表的商品的信息,用通信理论的术语来讲就是确保信源与信宿在信号信码上的一致,即厂商和消费者均认为该商标标志代表该商品的信息。因为"如果想正确地达到传达的目的,构成讯息的符号和意义,就必须遵从使收讯者也能理解的共同规定,而不是由发讯者单方随意制定。这种规定就叫做'代码'。概括地说,'代码'包括传达时所用

---

[15] 这种"装进"过程实际上就是上述的通信系统中的编码过程。

的符号和意义,以及有关符号的结合方式的规定。发讯者参照'代码'把传达内容'符号化',使之成为讯息。讯息通过一些'线路'传送到收讯者处。收讯者再参照'代码''解译'接收到的讯息,重新构成传达内容[16]。"

　　与一般通信系统一样,厂商与消费者之间的通信同样有噪声,其噪声也分为内噪声与外噪声。这里的内噪声一般包括:商品信息的稳定性,如商品的稳定的质量水平的信息;信道本身的缺陷,如厂商选择的广告媒介和营销手段的有效性,如报纸的发行量、专业性、营业推广的效果等;商标标志本身的不确定性,如商标标志的歧义性,即商标标志除了能代表某种商品外,还有其他含义;商标标志不具有显著性,即它达不到心理学上感觉的差别阀限,从而使人无法认知这种标志。这些内噪声只能设法减少但无法消除。因为无论商品的质量水平多么稳定,也无法保证所有商品完全一致,即信源总有一定的剩余度,零剩余度是不可能的。信道的容量也不可能完全恰如其分,过小会影响通信的效率。编码和译码中也不可能没有剩余。如报纸的宣传不可能完全准确,商标不可能没有商品信息以外的其他含义。这里的外噪声是指外来的干扰。如其他相同或相似商标在同类、类似以及不同的商品或服务上的使用。外噪声是可以避开或削弱的,可以通过商标权的保护即禁止他人在同种商品或类似甚至不相类似商品上使用与注册商标相同或近似的商标来实现。

　　这就是商标的消除信息不对称的经济功能发挥的过程与机理。

---

〔16〕 池上嘉彦著,张晓云译:《符号学入门》,国际文化出版公司,1985年,第26页。这里的发讯者就是前述通信系统中的信源,受讯者就是信宿,代码就是编码器,符号化过程就是编码,解译就是译码,讯息就是编码后的信息,传达内容就是所欲传递的信息,下同。

三、商标的本质

上述的商标经济功能及其发挥过程与机理的分析表明,商标是厂商与消费者之间通信系统的重要环节,在其中起着传递商品信息的"代码"或编码器和译码器的作用。那么,商标何以能够承担起这种作用呢?本文认为,这是由商标的结构和本质决定的。

通信理论表明,商标之所以能够在厂商与消费者之间的通信系统中起到商品信息的"代码"或编码器和译码器的作用,其根本原因在于它的内在结构与本质,即商标是一种"某事物代表某事物"的关系,这使得商标能够以商标标志这种物理媒介的传送而传送它实际代表的事物即有关商品的信息[17]。根据我国《商标法》的规定,商标的物理媒介即商标标志,是"包括文字、图形、字母、数字、三维标志和颜色组合,以及上述要素的组合"的"可视性标志",而商标标志所实际代表的事物,则是有关商品的信息。根据符号学[18]的符号定义,商标本质上就是符号。因为在符号学中,尽管关于符号有多种定义,并没有一种被所有人接受的符号概念,不过无论是哪种符号定义,不论是按照"符号"的形式理解,还是按照"符号功能"的形式理解,在这里我们所看到的都是

---

[17] 需指出的是,商标中的商标标志所代表的商品信息并不是使用该商标的某一件具体商品的信息,而是厂商所提供的全部商品的信息,它既不单指某一件质量特别好的商品的信息,也不单指某一件质量特别差的商品的信息,而是消费者对该厂商提供的商品的信息的一个平均的认识。

[18] 符号学,顾名思义,是有关符号的科学。而随着人类认识的发展,符号的概念已不再限于人类语言活动的一些标志,它已经扩展到人文科学所有对象的社会——历史实践。神话、宗教、文学、艺术,等等,都被视为符号系统。可以说,符号学的发展又为这些人文学科的深入研究开辟了一种新的途径(参见:皮埃尔·吉罗著,怀宇译:《符号学概论》,四川人民出版社,1988年,译序)。符号学对于知识产权研究尤其是在考察知识产权客体时是非常有用的。

包含在"某事物代表某事物"的规定中的两个"某事物"之间的相互依存的关系。其中一个某事物可以被称作"符号形式"(或能指),另一个某事物可以被称作"符号内容"(或所指),而"符号"及"符号功能"的成立基础就是"符号形式"和"符号内容"两项之间的相互依存关系[19]。"按照索绪尔的解释,能指的是'声音形象',所指是声音形象所表达的概念[20]。"符号就是这两项即"符号形式"(或能指)与"符号内容"(或所指)的混合物。"符号是一种表示成分(能指)和一种被表示成分(所指)的混合物。表示成分(能指)方面组成了表达方面,而被表示成分(所指)方面则组成了内容方面"[21]。商标之所以能在厂商与消费者之间的通信系统中发挥"代码"或编码器和译码器的作用,正是由于商标的这种"某事物"代表"某事物"的结构与本质,即商标是由商标标志和商标标志所代表的商品信息构成的,是一种商标标志代表商品信息的结构或关系,是商标标志和商标标志所代表的商品信息的混合物和统一体。

商标本质的这种认识表明商标是由商标标志和商标标志所代表的有关商品的信息组成的,是这两个方面的混合物或统一体,缺乏这两个方面中的任何一个方面都不构成商标。因此美国著名商标法专家迈卡锡法官指出:商誉和它的商标记号之间之不可分离就像暹罗双胎一样至死不可分离[22]。我国《商标法》第五十一条规定的"注册商标的专

---

[19] 池上嘉彦著,张晓云译:《符号学入门》,国际文化出版公司,1985年,第45—46页。

[20] 皮埃尔·吉罗著,怀宇译:《符号学概论》,四川人民出版社,1988年,译序。

[21] 罗兰·巴特著,董学文、王葵译:《符号学美学》,辽宁人民出版社,1987年,第35页。

[22] J. Thomas McCarthy, *McCarthy on Trademarks and Unfair Competition*, 18:2 (4th ed. 2002).

用权,以核准注册的商标和核定使用的商品为限"就是从两个方面界定商标专用权的界限,即不仅要考虑商标标志,还要考虑商标标志所使用的商品。而在商标的这两个因素发生变化时,则分别需要办理相关的另行申请与重新申请手续[23]。

不过,尽管商标是由商标标志和商标标志所代表的商品信息两部分组成的,是商标标志和商标标志所代表的商品信息的混合物,然而商标标志和商标标志所代表的商品信息在商标中的意义和地位是不同的。在符号学的符号的能指和所指中,所指是符号的灵魂,没有所指就没有符号。因为符号是表现、传达思想、感情和信息的手段。而这必然意味着重要的是被表现、传达的思想、感情和信息,而符号作为表现、传达的"手段"虽然对我们有用,但若撇开这一表现、传达作用,就其自身来看,并没有特别的价值[24]。同样,在商标这种符号的商标标志和商标标志所代表的商品信息中,商标标志所代表的商品信息是商标的灵魂,没有商标标志所代表的商品信息就没有商标,商标在本质上是商标中所蕴涵的商品信息,本质上是一定的信息。因此,在美国铸钢厂诉罗伯逊案中,法院指出:"离开其所使用的商业,在一个商业标志中是没有财产权的。"[25]而就商标标志本身来说,如果与其意义和指示物相分离,那么商标标志就不配称享有"商标权"的"商标"。[26]

当然,符号学研究同样也表明,尽管在符号能指和所指中所指是符号的灵魂,但也不能忽视能指在符号中的地位。因为在符号能指与所指即符号形式与符号内容之间的"相互依存关系在心理上并不一定总

---

〔23〕 即《商标法》第二十一条和第二十二条规定的另行申请与重新申请。

〔24〕 池上嘉彦著,张晓云译:《符号学入门》,国际文化出版公司,1985年,第7—8页。

〔25〕 Am. Steel Foundries v. Robertson, 269 U. S. 372, 380 (1926).

〔26〕 Barton Beebe, *The Semiotic Analysis of Trademark Law*, 51 UCLA L. Rev. 650.

是对称的。在日常使用的语言中,'符号'一词的运用常常在事实上是指'符号形式'。这里,'符号形式'当然代表着'符号'整体。反之,用'符号内容'代表'符号'整体就困难了"。"这是由于在符号的两个侧面中,'符号形式'对我们来说,是可以以某种形式感觉到的对象,而'符号内容'则未必。由于符号形式属于符号'显眼的'侧面,所以它很容易与'符号'本身的存在联结起来,暗示'不显眼的'符号内容的存在。"或者说,"从'符号形式'是我们能够感知的对象这个意义上说,确实比符号的另一个侧面'符号内容'更能被感觉得到[27]。"而在商标中,尽管商标标志所代表的商品信息是商标的灵魂,然而却也不能忽视商标标志在商标中的地位,商标标志同样是商标的必要构成要素,离开了商标标志同样是没有商标的。商标标志在商标中的重要性表明,尽管商标在本质上是商标标志所代表的商品信息,是一种信息,然而它却不仅仅是商标标志所代表的商品信息,这种商品信息已经具备了一定的形式,从而成为一种知识[28]。因为知识是认识的结果,知识的内容是对客观事物的属性、特征、规律方面的反映,而客观事物的属性、特征、规律方面显然即是客观事物的信息方面,"观念认识这种精神生产的产品,就其内容来说,是来自外部客观世界的信息"。"认识作为主体观念地或理论地掌握客体的方式,本质上是一种对客体的信息的掌握。这种信息的掌握过程,也就是在主体的头脑中接收、获取(通过感觉器官)、加工处理和储存来自客体的信息的过程。通常我们讲认识

---

[27] 池上嘉彦著,张晓云译:《符号学入门》,国际文化出版公司,1985年,第46—48页。

[28] 常识和知识是有区别的,即"常识和科学知识之间的其他的一些差异基本上是科学知识的系统性的直接结果"(欧内斯特·内格尔著,徐向东译:《科学的结构——科学说明的逻辑问题》,上海译文出版社,2002年,第5页)。然而,如果不严格地说或者不再将知识看的那么"神圣"的话,常识应包含在知识之内,本文大体上就是不严格地看待二者关系。

是反映,其基本含义指的就是这样一种关于信息的掌握过程[29]。"同时,主体对客观世界的信息的观念性的掌握不是直接的,而是有中介的,这种中介有概念性思维中介和语言符号中介。也就是说,关于客观世界的本质、属性、规律等的信息首先是被单个人的思维活动认识的,然后还要通过概念性思维中介和语言符号中介才能成为社会通用的社会性认识,单个人也不可能不利用概念性思维中介和语言符号中介就能取得对客观世界的认识[30]。这就是说,尽管知识在本质上是一种信息,然而这种信息不是一种"裸露"的信息,而是具有一定的公共性形式即概念性思维中介和语言符号中介的信息,正是这种公共性形式才使得信息能够脱离客观事物和感受它的单个人的个人体验而成为知识。因为"公共性为知识之存在的必然条件"。"当'知识'不能被语言符号化,即不具有可传达性时,也就不可能具有累积性、可重复性,当然也就不可能被社会化、技术化,只能作为个体的一种心理体验而存在。"[31]此时这种"知识"还不能成为真正的知识。

四、商标本质分析的意义

本文对商标本质的这种分析有什么意义呢?本文认为,商标本质的分析不仅可以提供商标法的知识产权法地位的基本依据,也有助于商标法的许多具体问题的解决[32]。

---

[29] 夏甄陶:《认识的主——客体相关原理》,湖北教育出版社,1996年,第189页、第191—192页。

[30] 夏甄陶:《认识的主——客体相关原理》,湖北教育出版社,1996年,第163—234页。

[31] 王维国:《知识的公共性维度》,中国社会科学出版社,2003年,第164页。

[32] 本文对商标法具体问题仅举例说明,这里选取的是商标权的正确理解、商标侵权的实质以及商标反向假冒行为的性质。

(一)商标的本质与商标法的知识产权法地位

在知识产权法历史发展中,虽然人们认为在商标法和其他已经存在的知识产权法之间有许多共同点,但也有一些反对商标法作为知识产权法一部分的理由,认为商标法不应该包括在知识产权法中。第一个反对商标法作为知识产权法的一个种类的理由是在创造性上的争论。认为商标和专利、著作权不同,它没有创造性。这也是美国宪法没有授予国会在商标方面的立法权的原因[33]。因为在前现代知识产权法中[34],"精神劳动是前现代知识产权法最有影响的组织原则[35]",创造性被认为是知识产权的基本特征。而世界上最早的真正有关商标权保护的立法也不过是1857年法国的《关于以使用和不审查为内容的制造标志和商标的法律》[36],此时是前现代的知识产权思维方式处于支配地位的时期,人们要求商标具有创造性是合乎情理的,由于商标不具有创造性因而商标法被认为不能进入知识产权法。商标不被考虑在知识产权内的第二个理由是,著作权、专利和设计主要关注创造和财产的保护,商标则更多关注伪造和欺骗的行为,商标明显不是财产。因此商

---

[33] Brad Sherman and Lionel Bently, *The Making of Modern Intellectual Property Law*, *The British Experience*, 1760 – 1911, Cambridge University Press, 1999, 170 – 171.

[34] 现代与前现代知识产权法的时间界限被认为是1850年,前现代和现代知识产权法在法律的组织形式、对权利客体的认识、对客体的保护和被法律所采纳的方法等方面是不同的。参见 Brad Sherman and Lionel Bently, *The Making of Modern Intellectual Property Law*, *The British Experience*, 1760 – 1911, Cambridge University Press, 1999, 2 – 5。

[35] Brad Sherman and Lionel Bently, Ibid. , 173.

[36] 当然,最早的商标保护条文根据的是法国1793年的法令,1803年法国的《关于工厂、制造场和作坊的法律》也曾将假冒商标按照私自伪造文书处罚,但是人们认为真正有关商标权保护的立法则是1857年的法国法。参见曾陈明汝:《商标法原理》,中国人民大学出版社,2003年,第4页;刘春田:《知识产权法》,高等教育出版社,北京大学出版社,2003年,第249页。

标不在知识产权范围之内[37]。而在今天的我国,尽管刘春田先生认为知识产权客体为知识,但也没有对商标何以属于知识进行深入论证[38]。本文分析的商标的信息与知识本质显然使得第一个理由不再成立,因为创造性并不是知识产权的本质,使知识产权成为知识产权的是其客体这种知识、信息[39],因此商标本质的分析为商标进入知识产权法提供了正当性根据。而在今天,商标的财产价值更已无须证明,这也不成为商标法的知识产权法地位的障碍。因此,商标的信息和知识本质的分析提供了商标法的知识产权法地位的基本依据。

(二)商标的本质与商标权的正确理解

一般认为,商标权是指依法对商标进行支配的权利[40]。这似乎很

---

[37] Brad Sherman and Lionel Bently, Ibid., 171-172.

[38] 刘春田:"知识财产权解析",《中国社会科学》2003年第4期。

[39] 信息大概是目前关于知识产权客体的最为强有力的概括,它不仅为国际上权威的世界知识产权组织所主张,更为国内外很多权威学者所推崇。前者如世界知识产权组织所编的《知识产权纵横谈》中所主张的(参见世界知识产权组织:《知识产权纵横谈》,世界知识出版社,1992年,第4页),后者如美国知识产权法学家 Paul. Goldstein 先生的观点(Paul. Goldstein: *Copyright*, *patent*, *trademark and related state doctrines*: *cases and materials on the law of intellectual property*. Westbury, New York: The Foundation Press, Inc. 1990,1)、日本学者中山信弘先生的观点(参见中山信弘著,张玉瑞译:《多媒体与著作权》,专利文献出版社,1997年,第3页)以及我国学者郑成思先生的观点(参见郑成思:"信息、知识产权与中国知识产权战略若干问题",《法律适用》2004年第7期)。而知识则是知识产权客体的另一强有力的理论概括,当代西方学者(参见吴汉东:"财产权客体制度论——以无形财产权客体为主要研究对象",《法商研究》2000年第4期)和我国学者均有将知识产权客体概括为知识财产或知识的(参见刘春田:"知识财产权解析",《中国社会科学》2003年第4期。当然,刘春田先生称本文所称的知识产权客体为知识产权对象)。

[40] 当然,在我国这里的商标是注册商标,因为我国《商标法》并不正式保护未注册商标。

简单,然而,根据前文对商标概念的符号学分析,商标涉及商标标志、该商标标志所代表的商品的信息及二者的关系,还涉及商标标志所贴附的具体商品。那么"对商标进行支配"到底是对商标的什么方面进行支配?这种支配又是如何进行的?从前文对商标概念的符号学分析可以发现,商标是商标标志与该标志所代表的有关商品信息的统一体,商标的生成与演变是通过商标标志与具体的商品之间发生联系,即通过将商标标志贴附于具体商品上而进行的。尽管消费者在购买贴有商标标志的商品时根据的是其先前的购买经验所形成的对该商标的认识,然而在消费者使用其新购买的贴有商标标志的商品后,新购买的商品的质量、服务等特征的信息就会对消费者对该商标的认识产生影响,使消费者形成对该商标的新认识。因此,无论是商标的形成还是演变既离不开商标标志,也离不开商标标志所贴附于其上的商品,具体依赖于将商标标志贴附于具体商品。因此,商标权概念中的"对商标进行支配"的含义就应该是指对商标标志贴附于具体商品进行支配,或者说商标权就是商标权人将其商标标志贴附于其商品上的权利,当然,这也包含着排除他人将该商标标志贴附于该他人商品之上的权利。因此,这里的"对商标进行支配"既不能脱离商标标志,也不能脱离商品,是对商标标志与具体商品之间的联系的支配。无论是单独的商标标志还是单独的商标标志所使用的具体商品,均不在商标权人的支配控制之下[41]。

---

[41] 商标标志本身如果处于某民事主体的支配之下的话,也只能处于著作权人的支配之下,此时商标标志只是作品而不是商标;商品本身则只能处于其所有人的所有权的支配之下,与商标权人无关。

（三）商标的本质与商标侵权的实质

商标侵权显然就是对商标权的侵犯，即对商标权人的就其商标进行支配的不正当干涉，最典型的表现是我国《商标法》第五十二条规定的"未经商标注册人的许可，在同一种商品或者类似商品上使用与其注册商标相同或者近似的商标"。为什么这种行为构成对商标权的侵害？根据前文对商标概念的符号学分析就可以发现，根本原因就是这种行为增加了商标意义即商标所蕴涵的信息变化的可能性。因为如前所述，商标是不断被使用的，而随着商标的使用即商标标志不断地与具体商品的联系，商标的意义也在发生着变化，商标意义的这种变化与商品的质量、服务等特征的信息的稳定性有直接关系，商品有关质量、服务等特征信息的不稳定会导致商标意义的变化甚至消亡。同一厂商生产的商品的质量、服务等特征的信息尚无法绝对保持稳定，不同的厂商生产的商品就更难保证在商品的质量、服务等特征方面一致，而一般就侵犯商标权而言，侵权者并不是正常的厂商，其投机性要远高于正常的厂商，因此，为了追求超额利润，它通常只会生产质量差成本低的商品，然后借助商标权人的商标的良好商誉来销售。而消费者是不明就里的，认牌购物的结果是购买了假冒的商品，而对这种假冒商品的使用的结果便是降低了他对该商标的评价。久而久之，这种商标的原有意义即商誉就不再存在了。这就是商标侵权的实质及其结果。从这里对商标侵权实质的分析可以发现，和商标权中"对商标进行支配"的含义相同，商标侵权也涉及两个方面，即商标标志和商品。详言之，商标侵权就是对商标标志与商标标志所使用的商品之间的关系的干涉，离开了商标标志和商品均谈不上商标侵权。

(四)商标反向假冒行为的性质

根据对商标侵权实质的这种理解我们就可以分析我国商标法领域最具争议的问题之一的商标反向假冒行为的性质。在《商标法》修订之前,学界对该行为的性质大体上有三种认识:属于商标侵权行为[42];属于侵权行为或违法行为,然而不属于商标侵权行为[43];不属于侵权行为[44]。根据本文对商标、商标权及商标侵权的上述理解,商标反向假冒行为即便为侵权行为,也不属于商标侵权行为。因为无论是商标、商标权还是商标侵权均涉及两方面的要素,即商标标志与具体商品,尤其是商标标志属于商标这种符号的"显眼"部分,具有相对于商标标志所代表的商品信息的优先性,不通过它是无法侵犯商标权的。反向假冒行为由于已经将被反向假冒的商标标志除去了,并没有涉及被反向假冒人的商标标志,所使用的只是反向假冒行为人自己的商标标志,因此不构成商标侵权行为。至于是否构成不正当竞争行为或侵犯消费者权益的行为则要视具体情况具体分析,对于这种行为是否构成不正当竞争,正如金勇军先生所分析的那样,在"枫叶"案中,由于反向假冒行为只涉及了原告的 26 条西裤,尚不足以构成对原告商誉的接收,因此不构成不正当竞争行为。而只有在"被告故意将原告的西裤全部购

---

[42] 代表性论文如郑成思:"商标中的'创作性'与反向假冒",《知识产权》1996 年第 5 期。

[43] 代表性论文如刘春田:"商标与商标权辨析",《知识产权》1998 年第 1 期。

[44] 金勇军先生的观点大体属于这一类,当然其观点是建立在"枫叶"案的特定事实的基础上的。参见金勇军:"评'枫叶'诉'鳄鱼'不正当竞争案",《法学》1999 年第 12 期。在《商标法》修订之后,这种观点的论文参见韦之、白洪娟:"反向假冒质疑",《知识产权》2004 年第 1 期。

进,不让其进入市场,再加贴自己的商标销售",在这样的情况下,"有可能认定为无偿地占有了原告为创立其商业信誉和通过正当竞争占有市场而付出的劳动,也有可能认定为违反了诚实信用、公平竞争原则"[45],才构成不正当竞争。而至于是否构成侵犯消费者权益的行为,则与对商标功能的理解有关,由于这与被反向假冒者无关,本文不赘[46]。

---

[45] 金勇军:"评'枫叶'诉'鳄鱼'不正当竞争案",《法学》1999年第12期。
[46] 对反向假冒行为是否侵犯消费者权益请参见韦之、白洪娟:"反向假冒质疑",《知识产权》2004年第1期。

论 商 誉
——一个"关系利益"的契约分析

谢晓尧[*]

商誉是一个在理论和实践中都非常重要的法律问题。商誉的法律属性和地位究竟如何界定？理论上的歧见，立法、司法中的不一致非常之大。

在立法上，《建立世界知识产权组织公约》、《与贸易有关的知识产权协定》等国际条约并没有将商誉纳入知识产权的范畴[1]，在各国国内的知识产权立法体例中，也似乎难以发现将商誉与商标、商号并列为一种独立的知识产权形态的做法。即便如此，知识产权立法中始终有商誉挥之不去的影子[2]，晚近的一些立法也开始出现了对商誉的保护[3]。更为重要的是，知识产权之外的立法早已确立商誉的财产权地

---

[*] 中山大学法学院教授。

[1] 非但没有明文列举，即使按照《建立世界知识产权组织公约》的"兜底条款"："以及在工业、科学、文学或艺术领域内由于智力活动而产生的一切其他权利"，商誉也很难解释为知识产权，因为商誉并非因"智力活动"而产生。世界知识产权组织（WIPO）官方网站也将知识产权视为"智力创造"："Intellectual property refers to creations of the mind: inventions, literary and artistic works, and symbols, names, images, and designs used in commerce."这种界定为一些人否定商誉的知识产权属性提供了依据。

[2] 如驰名商标、商标的淡化、商业诋毁即隐含了商誉的影子，所谓"外在显著性"、"第二重含义"、"驰名"等"著名"等商标的描绘性词语，在笔者看来不外乎就是指商誉。

[3] 如 WIPO《关于反不正当竞争保护的示范规定》第 3 条即为"损害他人的

位,商誉与其他知识产权一样可以投资、转让和被许可[4]。在理论上,一种较为流行的观点是奉行知识产权的严格法定主义,主张知识产权的种类、权利的内容等必须由法律统一规定,任何人不得在法律之外创设知识产权,即使在知识产权之外存在适用传统民法和反不正当竞争法的可能性,但是保护的只是某种利益或优势,并不意味着享有特定的

商誉或名声(damaging another's goodwill or reputation)",并对"弱化商誉或名声(dilution of goodwill or reputation)"进行了界定。世界知识产权组织成员国大会通过的《关于在因特网上保护商标权以及各种标志的其他工业产权的规定的联合建议》第4条有关"恶意"的考量因素包括:"该标志的使用是否会不正当地利用或无理地损害受该项其他权利保护的该标志的显著特征或声誉。"国际局在有关《解释性说明》第4.05条中即解释:"该项提出了恶意的另一项内容,即:某标志的使用是为了利用受他人权利保护的标志所带有的商誉,或者为了损害其显著特征或声誉。但一种意图一般是很难证明的,因此采用了客观的表述。"

〔4〕 1982年以来,我国先后在与57个国家签订的关于鼓励和相互保护投资的双边协定中规定了"商誉"是一种有效的投资,关于商誉的表述不一,有一些协定将商誉作为知识产权的一种方式来规定,如:《中华人民共和国政府和大韩民国政府关于鼓励和相互保护投资协定》规定:"投资"一词,系指一国的投资者在另一方领土内,在进行投资时,依照另一国适用的法律和法规,用作投资的所有种类的财产,特别是,但不限于:"知识产权,包括著作权、商标权、专利权、工业设计、工艺流程、专有技术、商业秘密及商名,和商誉。"有些则将商誉与知识产权并列,如《中华人民共和国政府和巴巴多斯政府关于鼓励和相互保护投资协定》规定,投资包括但不限于"(四)知识产权、商誉、工艺流程和专有技术"。当然,我国对商誉投资的规定在立法上也显示出矛盾和不一致的地方,《企业会计制度》(2000年12月)将商誉视为无形资产加以规定,《事业单位国有资产管理暂行办法》(2006年5月)规定了加强专利权、商标权、著作权、土地使用权、非专利技术、商誉等无形资产的管理,防止无形资产流失。国家税务总局《关于以不动产或无形资产投资入股收取固定利润征收营业税问题的批复》(1997年9月)规定:"以商标权、专利权、非专利技术、著作权、商誉等投资入股,收取固定利润的,属于转让无形资产使用权的行为,应按'转让无形资产'税目征收营业税。"然而,《公司登记管理条例》(2005年12月修订)规定:"股东不得以劳务、信用、自然人姓名、商誉、特许经营权或者设定担保的财产等作价出资。"国家工商行政管理总局发布的《公司注册资本登记管理规定》也规定:"股东或者发起人不得以劳务、信用、自然人姓名、商誉、特许经营权或者设定担保的财产等作价出资。"

知识产权[5]。显然,按照法定主义的立场,目前尚没有任何知识产权法明确将商誉作为独立的知识产权形态来保护[6],商誉并不是知识产权的范畴。这或许是我国知识产权学界大量的教科书、专著和论文并不把商誉作为知识产权来对待(也极少研究)[7],至少是不能独立于商标来认识的一个原因吧。在司法实践中,外国法院将商誉作为无形的财产权来保护由来已久,在我国,将商誉赔偿作为一项独立的知识产权请求权提起诉讼的案件越来越多[8],人民法院在其他知识产权案件中也越来越将当事人的商誉损失作为一个考量的标准[9],对商誉的权利

---

[5] 参见郑胜利:《论知识产权法定主义》,《北大知识产权评论》(第2卷),法律出版社,2004年;李杨:《知识产权法定主义及其适用——兼与梁慧星、易继明教授商榷》,《法学研究》2006年第2期。

[6] 有一些学者援引《反不正当竞争法》第14条有关商业诋毁的规定,认为这是我国对商誉的保护(参见吴汉东:《论商誉权》,《中国法学》2001年第3期)。笔者认为值得斟酌,商业诋毁针对的商事主体有普适性,涉及的有关权益为所有竞争者平等享有和拥有,而不是为少数人所掌握和控制的"特权"。笔者认为商业诋毁侵犯的是一种信用权更为妥当,理由是:信用和信用权为一般商事主体所享有,并不一定是积极的评价,而是客观的一般性评价。有良好信用的企业遭受他人诋毁固然需要保护,一个信用较差的企业受到他人攻击,其权利仍然受到保护。这就将法律保护的范围扩大到整个市场平等的主体,而区别于商誉权和荣誉权,商誉权并非所有企业都享有。从立法实践看,德国、日本等国家明确将商业诋毁定义为对"信用"的损害,如日本《不正当竞争防止法》第2条规定:"陈述或散布损害有竞争关系的他人经营上的信用的虚假事实的行为。"WIPO《关于反不正当竞争保护的示范规定》第5条也明确将"诋毁"定义为损害信用(Discrediting)。

[7] 当然,我国也有学者对商誉的知识产权属性予以一定的重视并做出了富有见地的分析,如:梁上上:《论商誉和商誉权》,《法学研究》1993年第5期;郑成思:《知识产权论》有关"商誉评估"内容(法律出版社,1988年);张今:《知识产权新视野》,中国政法大学出版社,2000年。

[8] 如立白有限公司与爱迪斯公司不正当竞争纠纷案(参见广东省汕头中级人民法院[2000]汕中法知初字第1号民事判决书);富甲公司诉依维柯公司损害商业信誉纠纷案(江苏省高级人民法院[2000]苏知初字第2号民事判决书)等。

[9] 如最高人民法院《关于全国部分法院知识产权审判工作座谈会纪要》(1998年7月)即规定:"定额赔偿的幅度,可掌握在5000元至30万元之间,具体数额由人民法院根据被侵害的知识产权的类型、评估价值、侵权持续的时间、权利人因侵权所受到的商誉损害等因素在定额赔偿幅度内确定。"

属性予以了高度重视[10],在越来越多的案件中,将商誉作为知识产权形态来对待[11],一些法院甚至认识到,在一些商标或商号案件中,表面是商业符号的保护,实质是对商誉的保护问题[12]。

法律是一种实践理性,知识产权从来是一个历史的概念,权利的类型与表现形态是一个演变当中的开放体系,法定主义的程式应是有所节制的,商标如此[13],商业秘密也如此[14]。或许商誉亦然,需要一个

---

[10] 在有些案件中,法院将商誉视为一种名誉权,一种特殊的法人名誉权,如在金广物资公司诉亿特网华信息公司名誉权案中,法院认定原告以商誉为主要内容的名誉权受到了侵害,指出:"由于我国法律没有明文规定法人(尤其是企业法人)的信用权,所以当企业法人的诸如商业信誉(以诚信和实力获得的社会评价)等无形资产利益受到侵害时,从法人名誉权的角度予以保护,无论法理上还是实务中应是可行的。"(参见四川省广汉市人民法院[2001]广汉民初字第1225号民事判决书)而在阿博泰克公司与华育天地公司等商标权著作权企业名称权商誉权侵权案中,法院则认为:"被上诉人构成商誉侵权的上述主张并不符合《中华人民共和国民法通则》关于侵犯法人名誉权和荣誉权的规定。"(参见山东省高级人民法院[2006]鲁民三终字第1号民事判决书)

[11] 在商务印书馆国际有限公司诉南方出版社等一审中,法院即认为:"侵害知识产权人身权益致法人商誉受到的损害,属于财产损失。"(参见北京市朝阳区人民法院[2004]朝民初字第13002号民事判决书)在张华南诉长沙市海阔浴都等商标侵权纠纷案中,法院也认为:"商标是区别商品或服务不同来源和出处的标志。商标的价值与其赋含的商誉有密切联系,商誉越高,商标的价值就越大,知名度也越高,被他人以'搭便车'的形式侵权的可能性也就越大。商誉不是随着商标的申请、注册、核准等行为自然而然地产生的,它必须依靠商标权人的悉心经营、不断积累才能获得。"(参见湖南省长沙市中级人民法院[2005]长中民三初字第110号民事判决书)

[12] 在国民保险代理公司与国民人寿企业名称权不正当竞争案中,法院认定被告"以合法的外在形式利用国民保险代理公司的商誉而'搭便车'推销自己的保险"(参见北京市第一中级人民法院[2006]一中民初字第3986号民事判决书);在虎都中国服饰公司与广州虎都公司等商标不正当竞争案中,法院也认定,被告"企业名称是经过工商登记程序取得,但由于其取得之初即存在瑕疵,与虎都(中国)的商标权产生冲突,且该企业名称的使用会影响和损害虎都(中国)在先的良好商誉,在消费者中可能产生误购误认。因此,对该种侵权行为有必要加以禁止"。(参见山东省高级人民法院[2006]鲁民三终字第23号民事判决书)

[13] 商标的缘起非常古老,但却并非作为一种创造性成果以财产形式出现的,

面向未来的历史性眼光去对待。

　　影响不同类型知识产权的法律调节方式的因素很多,如历史环境、社会经济因素、知识产品自身的特点,等等。商誉在法律属性上是什么?商誉是知识产权吗?在笔者看来,这一问题还只是次序位的,在此之前,必须首先厘清商誉区别于其他无形资产的特质是什么,只有认识了商誉这一真实的社会与经济现象,方有可能谈论其立法调整及其法律属性问题。基于这一考虑,受制于篇幅的影响,本文不准备对商誉的知识产权属性进行分析,而企图从新制度经济学的角度解释商誉,以拓展对这一问题的认识。本文的一个基本基调是将商誉视为一种重大的"关系利益",它既非"智力活动"的产物,也非仅仅劳动者劳动创造的结晶,而是社会交易中经由各方共同建立与维系的友好关系;这种关系

以至在相当长的一段时间里,商标被排除在正统的以"创造性"为标准的知识产权之外。有学者指出,商标立法的目的是为了阻止对某一名称或者显著标识的违法使用,事实上是为了抵制弄虚作假和伪造行为,对公众构成误导,商标之所以能纳入知识产权的范畴更多的是知识产权法本身的变化,而不是商标上的变化,因为现代知识产权法不再直接涉及创造性,而是把无体财产作为一个本身自有其权利的对象(详细的分析参见[奥]布拉德·谢尔曼等著,金海军译:《现代知识产权法的演进:1760—1911英国的历程》,北京大学出版社,2006年,第197—205页,第233—237页)。我国台湾学者谢铭洋也指出,商标法的目的在于维持正当交易秩序,是针对"产业之正当秩序保障"而言,借此确保经济利益的实现,其保护的出发点与智力性成果有区别,商标作为商品的表彰,目的在于维护竞争秩序(谢铭洋:《智慧财产权之概念与法律体系》,《中国知识产权评论(第1卷)》,商务印书馆,2002年)。

〔14〕　在人类文明的进程中,尽管很早就有了商业秘密的保护及其司法实践,但除瑞典和我国台湾地区直接制定有商业秘密法外,大多数国家的知识产权法并未接纳商业秘密这一财产形态。TRIPs赋予商业秘密与专利、商标相同的财产权属性,使之真正成为知识产权的一个独立类别,这在国际条约中是第一次(对外贸易经济合作部国际经贸关系司等编译:《乌拉圭回合协议商用指南》,法律出版社,1996年,第276页)。但是,TRIPs只是对商业秘密的权利属性作了规定,并没有要求各成员将商业秘密作为一种财产形式来对待或处理,各成员国为履行TRIPs,并没有强制性义务对商业秘密专用权的实体财产制度作出规定(参见世界贸易组织秘书处编:《乌拉圭回合协议导读》,法律出版社,2000年,第301页)。但是,今天似乎没有人会相信商业秘密不是知识产权的看法。

不仅具有人格特征,更具有经济属性[15]。基于这一认识,笔者认为商誉并非一种绝对权,而是一种相对权,其权利的范围与边界受制于顾客的影响。在分析方法上,本文运用了新制度经济学的契约理论,因为在新制度经济学看来,交易的本质问题是契约问题,契约的核心和关键是治理问题,"任何问题都可以直接或间接地作为合同问题来看待[16]"。

一、商誉是什么?

(一)商誉的表现形态

1. 商誉的学科领域

不同的学科都具有相应的开放性,知识存在重叠和交汇之处。商誉的这一特征更为明显,长期以来,其含义和构成要素并无一致的看法,从其学科范围看,涉及经济学、社会学、管理学和法学等不同的学科知识(图1)。不同学科对商誉的研究各有侧重和特色,但是,也具有"家族相似性",这为多维度认识商誉提供了可能。

2. 商誉的替代性称谓

不同学科对商誉及其相关问题的研究,在具体的称呼和表达形式

---

[15] 传统民法理论将民事权利非此即彼地分为人格权和财产权。是否存在第三重状态,在人格商品化、物体人格化的现代进程中,是否存在一种复合结构?在笔者看来,答案应该是肯定的,如人物形象权、商誉权就是如此,在现代社会,许多权利实际上很难采取两分法。

[16] Oliver E. 威廉姆森著,段毅才译:《资本主义经济制度:论企业签约与市场签约》,商务印书馆,2002年,第64—65页。

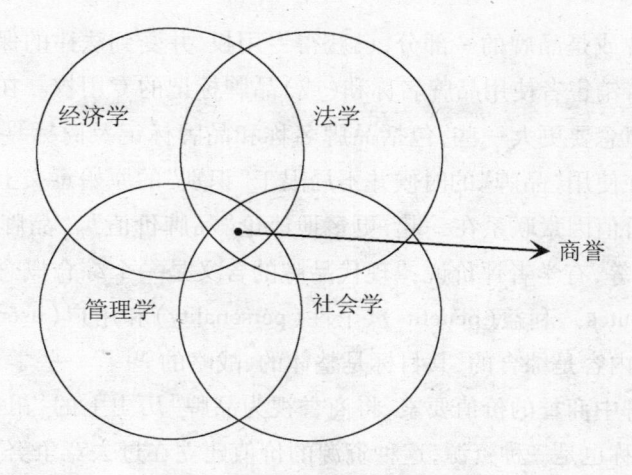

图 1　商誉所涉及的学科

上具有多样性,如品牌、声誉、信誉、知名商业符号(如驰名商标)等等,这些不同的称呼确实也内含着学科和问题的差异性[17],但是,这些不同的称谓不足以掩盖其"家族相似性",在许多情形下,它们具有内涵和外延上等同或重叠的特征。

(1)品牌

"品牌"往往与商标分不开,有人甚至将两者等同使用,视为从两个不同的角度看待一项事物的结果[18],美国市场营销协会将其定义为,"一个名称、术语、标记、符号或图案设计,或者是他们的不同组合。"科特勒持类似的定义,将品牌视为一种名称、名词、标记或设计,或者它们的组合运用,其目的是借以辨认某个销售者或某群销售者的产品或劳务,并使之同竞争对手的产品或劳务区别开来,他认为商标是

---

[17]　比如,会计学和法学即使使用了"商誉"这一概念,其内涵也是不完全相同。

[18]　让·诺尔·卡菲勒著,王建平等译:《战略性品牌管理》,商务印书馆,2000年。

一个品牌或是品牌的一部分,已获得专用权,并受到法律的保护,即商标保护着销售者使用品牌名称和(或)品牌标记的专用权。在他看来,品牌的概念要更大一些,包括品牌名称和品牌标记及商标[19]。但是,更多人在使用"品牌"的时候并不局限于"识别"的原始意义上,而是与一定的价值因素联系在一起,更多地谈论"品牌价值"、"品牌力"、"品牌扩展"等,有学者评价说:"现代品牌的含义是一个综合概念,包括特点(attributes)、利益(benefits)、个性(personality)和用户(user)等许多要素,其内容是综合的,其目标是整体的、战略的[20]。"一些学者直接揭示了品牌中商誉的价值要素,将商誉视为品牌"历史上的'祖先'"[21],"品牌名称也是一种资源,这种资源的价值建立在过去竞争努力的成功所产生的良好商誉基础上。[22]"在笔者看来,品牌=识别性符号+商誉。

(2)声誉(reputation)

声誉也可称为名誉、声望,其本意是一种好的"认知"(perception)和名声,这与商誉的本意是吻合的。早在1810年,英国的法官就将商誉视为"是企业给顾客们的商业信誉"[23]。在英国1901年的国内税收专员诉穆勒一案中,法院将商誉称之为"企业的良好名声、声誉和往来关系带来的惠益和优势"[24]。声誉的研究者多将声誉与组织联系在一起,将企业视为"声誉的载体"(bearer of reputation),Edey就指出,"商

---

[19] 菲利普·科特勒著,梅汝和译:《营销管理——分析、计划和控制》,上海人民出版社,1996年。

[20] 张永安等:《品牌延伸及其条件初探》,《暨南学报(哲学社会科学)》1998年第4期。

[21] 参见保罗·斯图伯特著,尹英等译:《品牌的力量》,中信出版社,2000年,第76页。

[22] 乔治·达伊著,牛海鹏等译:《市场驱动战略》,华夏出版社,2000年,第143页。

[23] 参见 Crutwell V. Lye 一案,转引自郑成思著:《知识产权论》,法律出版社,1998年,第39页。

[24] 转引自梁上上:《论商誉和商誉权》,《法学研究》1993年第5期。

誉的经济学含义是组织的代名词"[25]。

(3) 知名的商业符号(驰名商标、知名商号等)

商业符号最初只是源于决策者的符码编定,用于指称只有通过它们才可言说的某种东西。然而,符号在商业使用中获得"第二重含义"后,就成为企业信用和商业信誉的象征。因而,有学者将商标和商号视为"有特色的商业符号","信誉的形式"[26]。对知名商业符号的保护,不仅仅是对符号的保护,更是对隐含在符号背后的"第二重含义"——商誉的保护。"法院认定商誉是商标可受保护的特征,商标的财产利益也就扩大,对商标所有权的限制便大体消失了。"[27]

(4) 商誉与信任

商誉与信誉、信用和信任存在一定的差异[28],但是,在一定的情况下也可以交换使用。商誉是吸引顾客再次光顾的竞争优势,是一种好的口碑,存在于顾客的主观认识中,是一种基于信誉或者信任产生的吸引力,当顾客的再次惠顾是基于经营者的信誉或信用,或者说是出于对经营者的信任时,经营者的这种吸引力就是商誉。而信誉则通常指被

---

[25] H. C. Edey, Business valuation, Goodwill and the Super-Profit Method, *Studies in Accounting Theory*, Richard. Irwin, p. 201, 1962.

[26] 查尔斯·R. 麦克马尼斯著,陈宗胜等译:《不公平贸易行为概述》,中国社会科学出版社,1997 年,第 58 页。

[27] 阿瑟·R. 米勒等著,周林等译:《知识产权法概要》,中国社会科学出版社,1998 年,第 124 页。

[28] 有学者通过分析汉语字义,指出"信"的含义有二:一是与个人自身待人有关的,由"诚信"、"忠信"建立的"信用"等概念,二是与个人对待他人有关的信任。前一"信"是后一"信"产生之基础与原因,一个人可以通过实践"诚信"而具有好的"信用",从而获得别人的"信任"(参见杨中芳等:《中国人际信任的概念化:一个人际关系的观点》,《社会学研究》1999 年第 2 期)。商誉是一种崇高的信誉、高度的信任关系。在法律上,笔者认为应该区分一般商事人格权和特殊商事人格权,前者可以定义为信用权,是每一个商事主体与生俱来的权利,企业之间相互平等,而特殊商事人格权包括商誉和人物形象权等,是一种在经营过程中形成的具有资产价值的特殊权利,企业之间未必平等。

承认的方式,就具有商誉的经营者而言,信誉是指商誉作用于顾客意识的方式[29]。

基于上述的认识,本文将商誉与品牌、声誉、信誉、知名的商业符号等进行整合的统一研究(见图2),在一定情况下(重叠之处),出于论述的方便,将上述不同称谓视为可以替换的等同概念。

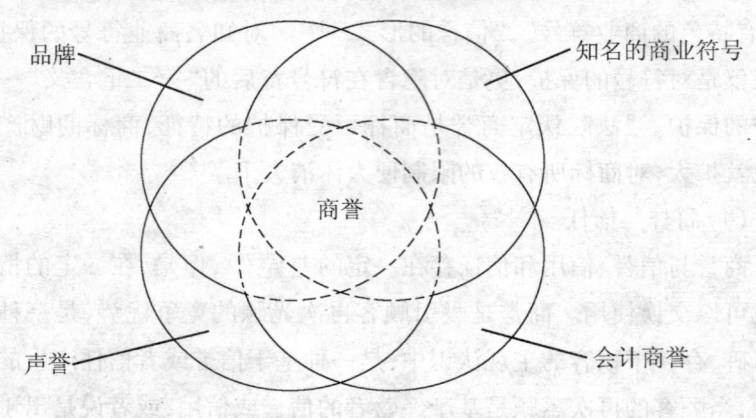

图 2 商誉的不同称谓

(二)商誉的一般界定

商誉被认为是最无形的东西,理论上的分歧较大。早在 1929 年,约翰·坎宁就指出,"会计师、会计理论家、经济学家、工程师和法律专家都试图对商誉的定义、性质以及计量进行界定。可以这么说,其结果是参与讨论的越激烈,得到的结论也就越不一致"[30]。

---

[29] John Drysdale & Michael Silverleaf, 1995. *Passing off: Law and Practice.* Butterworth's, 535.

[30] John B. Canning, 1929. *The Economics Of Accountancy.* The Ronald Press Company, New York, p. 38.

对商誉的界定,大致是从以下三方面入手的:(1)"结构—状态"。这一认识视角主要集中探讨商誉形成的社会互动关系,描述商誉生成的主体结构、博弈中的相互状态,将商誉视为一种企业与顾客之间的友好关系。(2)能力。从"能力"切入的学者则通常将商誉视为获得未来预期的可能性,其中,企业获得了获取未来超额利润的条件和资格,消费者则具有满足更多主观效用和降低决策成本的条件和可能。(3)资本形态。这一角度的观点将商誉视为一种实在的、受法律保护的资产,是一种与物质资本一样的资本形态,具有排他的效力和后果,可以投资和转让。

这些不同认识维度并非彼此独立、毫无相关,而是具有逻辑和内容上的关联性,是同一问题的不同表现方面。概括三种不同的认识维度,可将商誉表述为:商誉是企业与顾客在交往中形成的友好关系(结构—状态),这种友好关系具有获得未来利益的可预期性(能力),这种能获取未来收益的关系具有资产价值(财产资源)。下面,笔者拟对有关文献作一个粗略的回顾和梳理。

1. 结构维度:商誉是企业与顾客之间的友好关系

在法学界,商誉被定义为经营者与顾客之间业已形成的友好关系和极度信任。康芒斯指出,商誉是从私人商业交易的习惯法中产生出来的,是从每一个人所享有的共同的自由竞争中产生的,它以公平交易为基础。商誉区别于特许权,特许权来自外部的专断权力,是一种额外的恩典,在特许权的情况下,顾客无法选择,或者选择付出的费用过于昂贵,是一种"障碍价值"。而商誉是一种"亲善价值",他基于顾客的自愿和信任,存在选择的可能而不会增加额外的费用。商誉意味着不增加额外费用的情况下选择的自由,是自由的"副产品"。[31] 麦克马尼斯将商誉作为一种"关系利益"来对待,认为"关系"是一种受保护的无形财产,有两种不同的情形:一是存在于纯粹未来的贸易关系的寻求当中,二是存在于业已成功建立起来的关系的稳固程度和抵御其他商业企业企图分化的过程中。在前一种情形中表现为经营者有权利用其现有的信用、声誉发展新的客户,在后一种情形中表现为经营者有权维护基于其信用、声誉已发展起来的客户,"无论现行商业企业是否将特殊贸易关系简化为可执行的契约,其贸易关系,包括公共关系,都组成一种有价值的商业资产——'商誉'。"[32]

在会计学中,商誉被视为一种"印象"价值或者"关系"价值,其特点是侧重于主观价值的考量,即人们对企业的印象有好坏不同的评价,将良好的企业形象视为企业获取超额收益的一个重要因素。20世纪20年代初,杨汝梅(众先)先生在著名的《商誉和其他无形财产》中在采取超额收益论的同时,论述了"顾客之阶级"、"顾客之故旧关系","消费者阶级不同,足以构成一种商誉之原也。""必能使顾客间发生一种信仰及赞赏之心……此种观念,实为最初发生商誉观念之基础。"显然,杨先生采用了好感论[33]。

品牌学理论将品牌视为企业与消费者之间的一种互动关系。"品牌代表一种关系,是人际交往的交叉点。"[34] 品牌被视为一种"关系"

---

[31] 参见约翰·R.康芒斯著,寿免成译:《资本主义的法律基础》,商务印书馆,2003年,第247—248、344页。

[32] 查尔斯·R.麦克马尼斯著,陈宗胜等译:《不公平贸易行为概述》,中国社会科学出版社,1997年,第18页。

[33] 参见杨时展主编:《中华会计思想宝库(第1辑)》,中国财政经济出版社,1992年。

[34] 让·诺尔·卡菲勒著,王建平等译:《战略性品牌管理》,商务印书馆,2000年,第106页。

是因为：从交易连续流的角度看，纯交易（一次性交易）方式并不能形成真正意义上的关系，"在纯交易中，没有品牌。"[35]当产品本身不能维系顾客关系时，厂商就"发展出'品牌'以作为维系顾客关系的化身"[36]。20世纪90年代以来，品牌忠诚成为西方营销学的热门话题，学者们认为，品牌忠诚具有现在的价值和潜在的将来价值，能使企业获取更多的利润，因为良好口碑的传播、忠诚的顾客能保证一个稳定的有价值的顾客群。如有学者区分"品牌资产"与"品牌形象"，将品牌资产界定为由品牌及品牌所固有的产品或服务所能带来的现金流，是由品牌形象所驱动的。消费者购买行为根本上是由消费者对品牌的看法即品牌的形象所决定的[37]。

2. 能力维度：商誉是带来未来超额经济利益的东西

法学界从未来利益的角度界定商誉由来已久。根据西蒙的研究结果，法学领域的商誉概念是以一个古老的英国案例为基础而建立起来的，法官认为商誉是"顾客回到原有购货地点的可能性"。这一界定暗示商誉是一种未记录的资产。后来，Cardozo法官拓展了商誉概念：顾客出于喜欢某商品品牌或除了地理位置以外的其他原因而回到同一购货地点或公司的倾向。西蒙在引用数个法庭案例后得出的结论是：法庭上的商誉是指"一家公司在连续经营过程中获得的每一种可能的优

---

[35] 本·恩尼斯等编，郑琦等译：《营销学经典》，东北财经大学出版社，2000年，第124页。
[36] 麦可·梅尔德伦等著，楼永坚译：《营销诡计：45个最重要的营销概念》，内蒙古人民出版社，1999年，第28页。
[37] 黄胜兵，卢泰宏：《品牌的阴阳二重性——品牌形象的市场研究方法》，《南开管理评论》2000年第2期。

势","持续经营价值"(going value)构成了公司商誉的组成部分"[38]。麦克马尼斯认为"商誉通常被定义为对未来惠顾的预期,有法院认为,商誉使明天的生意不光靠机遇"[39]。劳森认为,"商誉是一种极为特殊的财产,它是一种享有业已确定了的商业联系的所有好处的权利,即使某一营业单位已经变换了主人,但业已习惯与该营业单位打交道的顾客还可以继续与其交往。"[40]

品牌学家也有类似的界定。美国营销科学院认为品牌权益是"品牌的顾客、渠道成员、母公司等对于品牌的联想和行为,这些联想和行为使产品可以获得比在没有品牌名称条件下更多的销售额和利润,同时赋予品牌超越竞争者强大、持久和差别化的竞争优势"。Farquhar为品牌权益归纳的概括性定义是"与没有品牌的产品相比,品牌给产品带来的超越其使用价值的附加价值或附加利益"。[41]

社会学家在谈论社会资本时也已经暗含着同样的意味。声誉是一种社会资本,是社会关系网、合作、信任的代名词。声誉是能带来额外价值的价值,是一种能够在组织中合作的"好名声",这种"好名声"在关系网中是公共知识,为其他行为主体所认同,能够为行为主体带来工作的机会、低的交易成本、吸引到新的客户等[42]。福山在谈到社会资本的功能时指出,社会资本的功能在于降低交易成本,这些成本与契

---

[38] Sideny I. Simon, Court Decisions Concerning Goodwill, The Accounting Review, vol. 31, p. 272, April 1956.

[39] 查尔斯·R. 麦克马尼斯著,陈宗胜等译:《不公平贸易行为概述》,中国社会科学出版社,1997年,第18页。

[40] F. H. 劳森等著,施天涛等译:《财产法》,中国大百科全书出版社,1998年,第31页。

[41] Farquhar, P. H., Managing Brand Equity, *Marketing Research*, 1989, (30): 24 33.

[42] 唐翌:《社会网络特性对社会资本价值实现的影响》,《经济科学》2003年第3期。

约、等级等诸如此类的正式协调机制存在着密切的关系,虽然没有社会资本也可能协调,但往往会增加额外的协调成本,如监督、协商、诉讼及执行,因为没有契约能对所有的有可能发生的附带事件加以详细规定,"相反,大部分契约都预设了一些商誉(goodwill)的存在,这些商誉可以防止订约者利用契约中无法预见的契约。"[43]

综合上述分析,笔者认为,商誉与未来交易和预期联系在一起。企业一旦为顾客认可,产生良好评价和"口碑",得到好的名气和声望,就能建立一种互信的友好"关系"。这一极具亲和力的"老伙计"式的"关系"可视为一个有组织的市场,会产生巨大的排他性,从而拥有稳定而广泛的市场份额,也就具有了获得未来利润的能力。商誉可以定义为一种现实的、能获取未来经济利益的"好感价值"。获得了顾客的好感后,企业可以减少产品的推销成本和顾客的动员成本,降低了交易成本,从而为获取超额利润创造了条件。

3. 资产维度:商誉是一种无形财产

在法学界,商誉是一种重要财产权,这一认识源远流长,早在1743年,吉布雷特与里德的诉讼案件中,审判长哈德威克勋爵第一次将"商誉"这一概念写进了判决书,将其确认为财产的一种形式,他指出:"我们无法明确地规定财产的各种性质,尽管如此,它还是可以送给继承人的……如果这一家商号是一个生意兴隆的商号,那么,他就必须解决所谓的商号的商誉价值问题。"

在会计学界,19世纪末开始,商誉就写进企业会计账簿,纳入了"经由数字管理"的范围,作为资产形态接受着"全景敞视塔"式的监

---

[43] 法兰西斯·福山:《公民社会与发展》,载曹荣湘选编:《走出囚徒困境——社会资本与制度分析》,上海三联书店,2002年。

控。尽管围绕商誉展开的激烈争论一直没有停止过[44]，但是，将商誉作为一种独立的资产形态来对待，并无过多的争议[45]。在会计实务中，各国会计准则均将商誉作为资产来对待和处理，美国财务会计准则委员会认为，尽管商誉并不能单独出售，会因缺少可交换性而可能会造成确认和计量上的困难，但是不能否认商誉能够带来未来经济利益，商誉同样可以满足可计量性的确认标准，因而商誉基本满足资产的定义[46]。其2001年6月通过的《企业合并》和《商誉和无形资产》规定，商誉以购买成本超过所取得资产和所承担债务金额的净额之差额来计量。这实际上是把整个资产分成若干组成部分，在取得的各项可辨认的净资产被记录之后，剩下的部分就称为"商誉"，商誉实际上是对资产属性识别之后"被剩下的东西"。在实践中，企业发生并购活动，被并购企业的净资产要以公允价值来反映，合并价格与公允价值的差额要确认为商誉[47]。

---

[44] "会计学界争议最大，讨论时间最持久，至今仍有意见分歧，恐怕莫过于'商誉'。"（葛家澍：《当前财务会计的几个问题》，《会计研究》1996年第1期）阎红玉的博士论文开篇即坦称，"综观中外各国有关商誉的理论著述和实践经验可以发现，从来没有一个会计问题像商誉这样困扰各界人士，也从来没有一个会计问题像商誉这样引起众多人士的注意。"（《商誉会计》，中国经济出版社，1999年，第1页）

[45] J. Arnold, Goodwill: A Problem That Will Not Go Away, *Accountancy*, 1992(6).

[46] 美国《财务会计准则委员会第6号概念说明：财务报表要素》规定，资产通常具有三个主要特征：（1）它能带来可能的未来利益，这种可能的未来利益是指具有单独或与其他资产相结合产生未来净现金流入的能力；（2）一个特定的主体能获得这种利益且能控制其他人的获取；（3）导致该主体对利益的获取权利或控制的交易或其他事项已经发生。

[47] 这种界定尽管保证了商誉的计算性，但是也引来了许多批判，宽泛的定义并没有解释清楚商誉的性质，也没有厘定"被剩下的东西"内不同资产的属性，极易把商誉理解为"购买佣金"，即购买者净资产账面价值之外额外付出佣金。因为，被确认为商誉价值的"差额"包括了商誉以外的因素。在实际中构成商誉"差额"的可能性因素很多，如：取得者确认的净资产的市场价值超过账面价值的部分；

声誉理论将声誉视为一种资产,一种与物质资产和金融资产相类似的资产。该理论将声誉与顾客的重复交易联系在一起,企业未能履行合约时,就丧失一部分顾客,这时企业声誉的价值就等于未来交易的损失减去背信合约所得到的短期收益。声誉被视为企业长期生存的无形资本,"企业是声誉承担者"。

社会学家将商誉视为社会资本来对待。自 20 世纪 70 年代法国学者布迪厄提出社会资本以来,出现了资源说(布迪厄)、能力说(波茨、伯特)、资源要素说(科尔曼、普特南)等等,共同之处在于,都将社会资本与金融资本、物质资本、人力资本一起纳入了资本形态的范围。斯蒂格利茨指出:"社会资本包括隐含知识(tacit knowledge)、网络的集合、声誉的累积以及组织资本,在组织理论的语境下,它可以被看做是处理道德陷阱和动机问题的方法。"[48] 他指出:"一个企业的市场价值超出其物质资产和附着于企业的人力资本相当大的数额。会计人员称这种资本为'商誉'。但是我认为,它与我们许多人想到的社会资本具有极近的类似性。"他概括的社会资本的本质,其特征之一是,社会资本既是声誉的累积,也是选择声誉的方法。Dzinkowski 将企业的非实物资源分为人力资源、关系资源和结构资源,其中关系资源包括标识、顾客

获取者没有确认的其他净资产的市场价值;被取得者现存的已影响企业经营的资产的市场价值;取得者和被取得者企业联合的聚合能量和净资产的市场价值;取得者付款的过高估计;取得者多付或少付的价值。显然,这些因素中有些不能满足资产的确定性标准,估算本身就带有一定的主观成分,有些乃是基于单个有形资产、可辨认无形资产价值或者企业的整体价值估算的复杂性,估算误差所致。有些由于难于确认公允资产的价值而将账面资产的增值作为剩余价值纳入了商誉。有些顾客好感实际上在可辨认资产中已经入账,专有技术、专利权、商标权等。此外,企业购并是讨价还价的结果,因而在一定程度上包括了谈判技巧的人为因素,也包含市场炒作因素。因此,从测量手段上和最终后果看,许多并非属于"商誉"的内容,都在"商誉"账户中核算和揭示。这样,商誉实际上变成了一个大杂烩。

〔48〕 J. 斯蒂格利茨:《正式和非正式的制度》,载曹荣湘选编:《走出囚徒困境——社会资本与制度分析》,上海三联书店,2002 年。

组合、顾客的忠诚、商业伙伴关系和特许权许可关系。[49]

在品牌学的研究中,品牌通常被作为一种顾客资产(customer equity)来对待。Keller 提出了基于顾客的品牌权益(customer based brand equity)概念,认为品牌之所以对企业和经销商有价值,根本原因在于品牌对于顾客有价值。基于顾客的品牌权益是指因顾客的品牌知识导致的对品牌营销的差别化效应,顾客拥有的品牌知识是建立品牌权益的关键。[50] 在我国,也有学者认为,企业的利润是顾客带来的,顾客权益是否得到保障是财务权益实现的前提,品牌权益的核心实质上是顾客权益。[51] 综合上述文献,商誉是一种特殊的财产形态,不同的学科均将商誉作为一种资产形态来对待,社会学家将其视为社会资本,法学家将其视为无形财产,经济学家将其视为人力资本等等(见图3)。

(三)商誉的契约属性

1. 前人对商誉契约属性的一般揭示

将商誉视为一种契约,作为一种特殊的契约形态来对待,由来已久。前人对商誉的契约属性的揭示主要是从三方面进行的。

第一,将商誉视为一种与契约或者承诺相关的"等价物"。

契约的本意是"允诺"和"合意",不同学科的商誉理论也将商誉作

---

[49] Dzinkowski R., the Measurement and Management of Intellectual Capital: An Introduction. *Management Accounting*, 2000, (2): 32 – 36.

[50] Keller, K. L., Conceptualizing Measuring and Managing Customer-based Brand Equity, *Journal of marketing* 57 (1993): 1 22; Building Customer-based Brand Equity, *Marketing Management* 32 (2001): 15 19.

[51] 白长虹:《基于顾客感知价值的服务企业品牌管理》,《外国经济与管理》2002 年第 2 期。

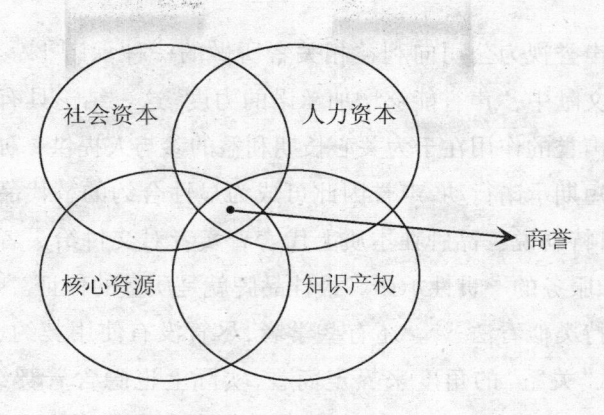

图3 商誉研究的资产类别

为契约或者契约的替代概念来对待。有人将商誉视为与顾客达成一致,代表了拥有者与消费者之间的"协议"[52],也有人将其视为企业—消费者之间的一个"因果循环"[53]。康芒斯认为:商誉是好感,是一种交互的关系,但并不等于爱情、同情和忠诚,而是"意志的会合",是"两个相反意愿结合的证明",是一种不断进行选择的有价值的权利,商誉意味着"一种现在可以计算、资本化和流通市场的未来预期收入",保卫商誉是指保护从事原来已经参加的业务或原来已经在做的工作的个人权利,也就是继续营业或者继续工作的权利。[54] 还有学者将该权利视为基此信誉所可能发生之期待(probable expectancies)[55]。张维迎也将信誉理解为为了获得交易的长远利益而自觉遵守合约的承诺。声

---

[52] 保罗·斯图伯特著,尹英等译:《品牌的力量》,中信出版社,2000年,第12页。

[53] 查克·佩蒂斯著,成良译:《创建技术品牌》,上海人民出版社,2000年,第15页。

[54] 约翰·R.康芒斯著,寿免成译:《资本主义的法律基础》,商务印书馆,2003年,第347页。

[55] 参见曾陈明汝:《专利商标法选论》,台湾三民书局,1977年,第78页。

誉理论将声誉视为公司向利益相关者所做的一种承诺[56]。在标准的声誉博弈文献中,"声誉能够增加承诺的力度"这一结论具有理论基石的地位。声誉的作用在于为关心长期利益的参与人提供一种隐性激励以保证其短期承诺行动,声誉因此可成为显性合约的替代品。在品牌理论中,科特勒说:"品牌在本质上代表着卖者对交付给买者的产品特征、利益和服务的一贯性承诺。最佳品牌就是质量的保证。"[57]我国一些学者也持类似看法[58]。还有些学者,尽管没有使用契约、承诺的概念,但是从"关系"的角度来界定商誉,实际上也隐含着契约的因素。梅尔德伦认为,当产品本身不能维系顾客关系时,厂商就"发展出'品牌'以作为维系顾客关系的化身"[59]。Blackston 将品牌关系比作人际关系,指出品牌与消费者之间通过互动可以形成亲密、持久、稳定的关系[60]。

第二,在司法实践和管理活动中,商誉被作为一种特殊的契约形态来保护。

在法律实践中,早在 1803 年,英国法官艾尔顿勋爵将商誉划分为地点的商誉、个人的商誉和企业的商誉,商誉通常是指地点的商誉,所谓地点的商誉"无非是指顾客仍旧光顾老地方的一种或然性"。这种

---

[56] 张维迎:《法律制度的信誉基础》,《经济研究》2001 年第 1 期。

[57] Philip Kotle 著,罗锐韧等主编:《市场营销管理》,中国人民大学出版社,1997 年,第 78 页。

[58] 如:崔鑫将品牌视为企业与顾客之间的一种感情联络,企业对消费者的长期承诺(崔鑫:《品牌竞争与社会资本关系研究》,《管理科学文摘》2003 年第 9 期)。康微则认为,品牌是企业与消费者之间的契约,树立品牌是为了保持企业与顾客稳定的交易关系,着眼于未来的合作(康微:《品牌与诚信》,《中国青年政治学院学报》2002 年第 1 期)。

[59] 麦可·梅尔德伦等著,楼永坚译:《营销诡计:45 个最重要的营销概念》,内蒙古人民出版社,1999 年,第 28 页。

[60] Blackston, M., Observations: building equity by managing the brand's relationships, *Journal of Advertising Research*, 32, (1992):101 – 105.

对地点商誉的强调发生在商业资本的初期,以零售为特征、以土地作为主要资本形态的阶段,旨在保护权利人确立起来的营业场所的竞争优势。随着工业革命的进行、商业的发展,商誉不再依赖营业的地理位置,但是,强调"回头客"的再次"惠顾"却成了商誉的基本内核。西蒙在援引了数个法庭案例后得出的结论是:法学领域的商誉概念是以一个古老的英国案例为基础而建立起来的,当初是指顾客回到原有购货地点的可能性,后来,法官拓展了商誉概念,商誉涵盖顾客出于喜欢某品牌或地理位置以外的其他原因而回到同一购货地点或公司的倾向。法庭上的商誉是指"一家公司在连续经营过程中获得的每一种可能的优势","持续经营价值"是公司商誉的组成部分。[61] 这种未来交易的观点一直延续到现在,在司法过程中,受法律保护的"关系利益"既包括现有的交易,也包括有可能的"未来交易"——"未来惠顾的预期"[62]。

第三,商誉是市场与企业之间的特殊形态的中间层契约。

契约是市场与企业的逻辑起点和最为基本的分析工具,市场和企业是不同契约形态的两个极端。为解决市场个别契约和层级的组织契约内在的无效益性,新制度经济学对介于两者之间的中间形态高度重视,企图发掘新的契约形态和制度替代,展现市场与企业之间中间模糊地带的真实面目,揭示支撑这一领域的契约构造。介于市场和企业之间的关系性经济活动是关系契约生长和发展的最肥沃的土壤,在此当中,中介组织、外包、长期契约、战略同盟、网络、特许权经营等,多样性

---

[61] Sideny I. Simon, Court Decisions Concerning Goodwill, *The Accounting Review*, vol. 31, p. 272, April 1956.

[62] 查尔斯·R. 麦克马尼斯著,陈宗胜等译:《不公平贸易行为概述》,中国社会科学出版社,1997年,第18页。此外,在企业管理活动中,企业家们也通常把商誉作为一个承诺来对待和治理。如:宝马集团董事长庞克先生就指出,"品牌是一种承诺。这种承诺,必须在任何时间,任何地点,任何产品上兑现。"

的组织形态纳入了新制度经济学的研究视野。商誉成为中间组织和混合型的关系契约,被一些学者纳入到契约的分析视野之中。

哈特利用不完全合同的产权理论分析非人力资本,将企业的名称或商誉与专利、客户名单和契约视为非人力资产中的"软资产",他特别强调:将这种理论扩展到专利、客户名单或档案的情形相对简单,但要扩展至包括诸如合约、企业名称或声誉之类的资产就不那么容易了。"要解释为什么企业名称或声誉具有价值,需要更为复杂的分析——也许是动态的分析。这是进一步研究的一个颇具诱惑力的课题。""我仍然相信声誉对组织形式影响的一般问题是一个饶有吸引力的问题。"[63]

显然,新制度经济学家将商誉(品牌)纳入到了中间形态的分析视野,注意到了其契约特性、治理结构与单纯的市场交易契约和层级组织的不相同性。

2. 商誉与契约的契合

契约是一个饱含深厚历史底蕴和广泛文化内涵的概念,在宗教神学、社会政治、道德哲学、社会学和经济学意义上各有侧重,各不相同。[64] 前面文献的分析表明:商誉包含着对未来交易的"期待"和"惠顾",具有规划未来行动并确保其有效性的规范特征,已经获得了契约的制度特征。在司法实践和理论研究中,人们也经常使用"默契"、"期待"、"未来的惠顾"、"承诺"等契约的替代词语和等价词来表达商誉的

---

[63] O. 哈特著,费方域译:《企业、合同与财务结构》,上海三联书店,1995 年,第 80 页,第 85 页之注释 1。

[64] 这方面的论述非常之多,可以参见迈克尔·莱斯诺夫等著,刘训练等译:《社会契约论》,江苏人民出版社,2005 年,第 9—20 页;何怀宏:《契约伦理与社会正义》,中国人民大学出版社,1993 年,第 12 页;易宪容:《现代合约经济学导论》,中国社会科学出版社,1997 年,第 13 页。

内涵。在笔者看来,商誉与契约的关系是"一币两面",现有对商誉认识的三个维度,都同样可以从契约角度得以解释。

其一,契约与商誉结构属性的契合。

契约的本源和基础是社会[65],契约嵌入社会合作的网络中,是作为人类交往、厘定行为边界的社会工具出现的,一经出现,又成为维系人与人的社会关系最基本的纽结,成为社会交往的典型形态。与契约一样,商誉嵌入社会网络之中的,是分工交易和社会合作的产物,根植于共同的"社会"母体当中。恩尼斯即指出,品牌被视为一种"关系"是因为,从交易连续流的角度看,纯交易(一次性交易)方式并不能形成真正意义上的关系,"在纯交易中,没有品牌。"[66]卡菲勒认为"品牌代表一种关系,是人际交往的交叉点"[67]。商誉的友好关系表明了交易的长期性、重复性,交易双方的相互依赖和合作程度,这种"关系品质"是通过契约来达致的,表征着契约维系交易的广度和深度,以及互惠性期待的满足程度。在一定意义上,商誉作为好的口碑、评价,是源于对过往契约缔结和履行经验知识的历时"记忆"和追述,同时,也是对未来有可能的契约的现时"提示"。

其二,契约与商誉能力属性的契合。

契约的基本功能在于保障交易中的合理预期,确保私人目标的有

---

[65] 从词源上考证,契约在英文中称为"Contract",法文称为"Contract"或"Pacte",德文称为"Vertrag"或"Kontrakt",这些西方语种共同的渊源均可追溯到拉丁文"Contractus"。而"Contractus"由"Con"和"tractus"组成,"Con"由"Cum"转化而来,有"共同"的含义,"tractus"有"交易"的意义,合同的本意为"共相交易"。契约是基于人类分工与交换产生的,"共同"反映着人际关系的相互依赖性,而"交易"反映了人类行为的目的性,其源头来自个人需要的满足。

[66] 本·恩尼斯等编,郑琦等译:《营销学经典》,东北财经大学出版社,2000年,第124页。

[67] 让·诺尔·卡菲勒著,王建平等译:《战略性品牌管理》,商务印书馆,2000年,第106页。

效性。[68] 由于交易建立在合意和互惠的基础上,运用契约上的自由与约束的互换,能获取一种有效制约他人的能力,而拥有这种能力则足以实现资源从低价值向高价值的过渡。权利是交易性的,社会成员的能力、资源控制的水平,在很大程度上取决于他运用契约的水平和能力,即能否有效通过限制自己的自由来换取支配他人的自由,从而实现自己整体自由和利益的增加。商誉一方面被界定为"允诺"、"诺言",表明一种履约的义务和责任,受约束的必要性;另一方面,商誉又同时被界定为"获取未来超额经济利润的能力",显然,这是从未来预期的确切性和可兑现性而言的,表明了经济预期的可计算性。为什么从强化企业的约束、义务和责任出发,反倒能增强企业未来获利的能力?这只能从维持交易关系的契约基石中寻找答案。商誉是建立在互惠性交易中的,企业通过做出和履行对顾客的承诺,换取了更多的顾客惠顾,赢得了更多的交易机会,同时也能低成本维护和实施契约,从而保障了长远的赢利能力。在这一意义上,与其说是商誉带来了企业的未来超额利润,还毋宁说是企业摄取了互惠合作的成果,低成本地缔结、维持和实施了契约。商誉只不过是社会合作过程中一系列契约的"副产品",是对过往契约关系进行评价、反思,在记忆中形成的一种心理"影像"。

其三,契约与商誉财产属性的契合。

契约与产权的关系密切。产权并非物理学上"物"的概念,用以表

---

[68] 不管是"允诺"还是"诺言",契约的表达形式多样,都包含着履行的必要性,契约本身意味着约束。从词源上看,作为西语原名的拉丁词"Contractus",为动词"Contrahere"的被动态过去分词,"Contrahere"由"con"和"trahere"构成,"trahere"表示"拉紧","共同拉紧"后演变为"限制"、"约束"。"Contractus"意思有二:一是"合同"、"契约",二是"收缩"、"拉紧"(参见徐国栋:《新人文主义的民法哲学——人的发现与张扬》(中山大学法律系演讲稿))。在拉丁语中最早表示契约的名词为"耐克先"(也有人称为"耐克逊")(nexi),其本意是指一种用铜片和衡具的交易,后演化为"一个契约合意下的人们由一个强有力的约束或连锁联结在一起"(梅因著,沈景一译:《古代法》,商务印书馆,1996年,第177—178页)。

明资源的存续状态。产权乃是公共选择的结果,是社会交往过程中形成的以资源分配为内容的人与人的关系,被视为划定所有人和其他人就某一资源的行为疆界和活动准则的社会工具。德姆塞茨将产权视为一种社会工具,其重要性在于事实上它们能帮助一个人形成与其他人进行交易时的合理预期[69]。菲吕博腾认为产权是人们之间关于相互认可的关系,它是一系列用来确定每个人相对于稀缺资源使用时的地位的经济和社会关系[70]。斯密德认为,权利是一种手段,社会依此控制和协调人类的相互依赖性,解决人们的利益分配问题[71]。在其中,契约乃是厘定产权的基本工具,契约决定着产权的初始界定,以此为基础,契约又是产权的实现手段,通过产权的转让、变更和再配置,契约促进着产权的变迁。商誉是一种特殊形态的无形资产,属于"关系资产"的范畴,资产状况取决于关系品质的情况,其对契约的依赖更为明显。商誉的认知程度,实际上是契约当事人覆盖面、参与范围问题;商誉的存续时间和扩张能力,实际上是契约的时间长度和效力问题;商誉的满意度和忠诚度,实际上是信赖利益的保障和预期的有效性问题;商誉的赢利能力,是一个低成本缔结和履行契约问题;商誉的资产价值实际上是契约债权的转化能力问题。因此,可以将契约视为"关系资产"的一种表达形态。派普斯就认为,"各方订立有约束力的契约的权利是财产权利一个明确的属性。在绝大多数财产不是由有形物品而是由信用

---

[69] 哈罗德·德姆塞茨著,段毅才等译:《所有权、控制与企业》,经济科学出版社,1999年,第129页。

[70] E. G. 菲吕博腾:《产权与经济理论:近期文献的一个综述》,载R. 科斯等著:《财产权利与制度变迁》,三联出版社,1994年,第204页。

[71] A. 爱伦·斯密德著,黄祖辉译:《财产权力和公共选择》,上海三联书店,1999年,第6页。

和其他无形资产组成的现代工业社会中,情况尤为如此。"[72]

(四)商誉的制度特征

1. 商誉生成于"友好关系"之中

人际社会始终存在着一个内外有别的"差序格局",格兰诺维特从四个维度来测量关系的强弱:互动的频率、情感强度、亲密关系和互惠交换,把关系区分为强关系和弱关系[73]。不同的关系质量,决定了交往中的当事人所能摄取的资本是不一样的,进而决定着契约的选择有所不同。人们对于自己不熟悉的人,自然不会寄予确定性的希望,期待某种有根据性的结果出现,在契约的选择上,会倾向于即时性、一次性的现货交易,通常要求书面条款、面面俱到。而在有友好关系的"熟人社会"中,由于信息对称、发现概率和查处概率高,加上关系中的"人格"担保,契约条款会更为简略而趋于隐性化,时间更为长久,履行更多地表现为一种"自觉"行为。商誉是在当事人恒久而强劲的"关系"基础上形成的,本质上是一种极具权威性的名声。

但是,这并非意味着,商誉契约生成其间的"友好关系"和高度信任是自始存在,绝非外部赋予的结果。这可以从以下两方面来理解:

第一,商誉契约是社会交往过程中,利益关系人追求私人目标、安排个人事物的产物,它建立在互惠的基础上,属于私人契约的范畴,经济自由、意思自治、平等互利等私法理念和原则在此同样适用。商誉不是来自外部权威的恩赐与特权,也非强制的产物,也不可能通过计划的

---

[72] 理查德·派普斯著,蒋琳琦译:《财产论》,经济科学出版社,2003年,第307页。

[73] 格兰诺维特:《弱关系的力量》,《国外社会学》1998年第2期。

方式来精心设计和安排。契约缔结的方式、过程,契约的内容、形式和结构,契约的实施和履行,是当事人利益相互性和调适性的结果。任何人都不具备创制完备合同的能力,正如任何人无法先验地安排人际关系的精细结构一样,商誉必须从社会的互动联系中去揭示。

第二,商誉作为一种结果,意味着友好关系和极度信任,其产生却根植于不友好、不信任,是关系改善的结果,它体现了交涉各方长期投资的努力。现代市场经济以跨越时空的非人情交易为典型特征。由于不存在一个既定的人情网络,人们面临不同的选择,契约自由意味着人们选择交易对象的自由。受制于专业分工、知识分层、阅历禀赋,信息不对称是一种常态,投机主义和"敲竹杠"时有发生。信息不对称表现出来的不信任,迫切需要一套处理风险和信息的制度。关系的改善和信任的培育是一套有效协调人际关系的制度安排。信任的建立是一个功利与伦理双重价值的追求过程,同时,其最终建立又要以双重价值的共同实现为归依。一方面,信用的建立首先是一个投资的过程,只有当名声、声誉与物质利益、经济利润联系在一起,甚至视为等价物,企业可从信用的享受中获得投资的补偿,实实在在地感受到"自利"的成果,才能真正鼓励企业去建立和维护信用。另一方面,将交易置于和平、理性、公正的基础上,以强化行为自律、提升自身实力去赢得顾客,以互惠和信任为基础进行交换,是一个相互受益的过程。

2. 商誉旨在增进未来预期

在没有商誉的交易中,个别契约是当事人之间就既定事项的"意思表达"和"合意",交易事项事前确定,交易对象明确,缔约的过程是双方讨价还价、谋求利益均衡的磋商过程。这种缔约忽略了过往交易的底色"铺垫",也缺乏"未来"愿景的烘托,将契约从企业持续的缔约活动中截取为一个孤立无援的历史碎片,着眼于个别契约的当下利益和现时履行,倾向于"一手交钱,一手交货"的一锤子买卖,交易一次性结算。这种交易契约不具有时间、空间、人员上的扩张能力,交易是在纯粹意义上进行的,除了物品的交换和物化效用的满足外,当事人之间不存在其他关系,不会产生关系亲密的改进;由于缺乏经验的累积和知识的传承,这种契约安排也不会"外溢"更多的期待和"安排未来交换"的知识,缺乏面向未来的意识和能力,上次交易在下次相同的交易中全然不起任何作用,每次交易都是一个孤立的事件,必须另起炉灶,推翻重来。

与个别契约不同,商誉具有一种特有的"未来意识"和扩张能力,能保障双方预期的有效性。首先,从商誉生成的理性基础看,企业是以持续性经营活动为特征的"经济人",契约的设计不应当仅仅局限于当下的利害得失,更应以严格核算为基础追求长期的经济利益。商誉在资产形态上是一种未来超额利润,维持其存在的契约形态,理应成为全面规划未来预期的交易手段,具有关于未来"合意"的性质。其次,从参与范围看,商誉契约的参与主体也突破了严格的"一对一"的封闭系统,主体关系不再拘泥于狭小的约定范围,商誉的利益关系人相互依存、相互影响、共同博弈,由于各方都进行了"关系"的专用性投资,形成了广泛的"共生"局面,更为密切的依赖性决定了商誉不仅仅是一方独享、产权绝对排他的财产,而是需要双方共同治理的契约结构。第三,从契约作用的时间长度和交易范围看,商誉内含的友好关系不仅仅为当下契约的未来预期提供了保障,至为重要的是,它对未来的交易产生了合理的"期待"。正如麦克尼尔指出的,持续的契约关系的存在造成了这样一种期待:未来的交换将会发生,并通过现存关系的动力以部分可预见的模式发生。期待昭示着一种"未来的交易",是契约的隐喻,这就意味着,原来单个的、无序的交易之间具有了衔接性、延续性和连贯性,获得了时间序列上长远发展的能力。商誉能在现时的交易中产生"溢出"的"外部性"效应,具有面向未来的能力,对未来的交易发生影响。作为一种知识累积和信任结晶,商誉具有保障未来可预期的功能,它能把有关将来有可能交易的事务"提示"于当前,实现未来经济生活的"现时化"。因此,商誉契约隐含着未来期权意义上的交易,是一种未来行为现时化规划的契约形态(见图4)。

```
              ↑一次交易
              |
    失信      |    信用              信用
过去的交易 ──→ 现时的交易 ──────→ 未来的交易
    └─────────────商誉─────────────┘
```

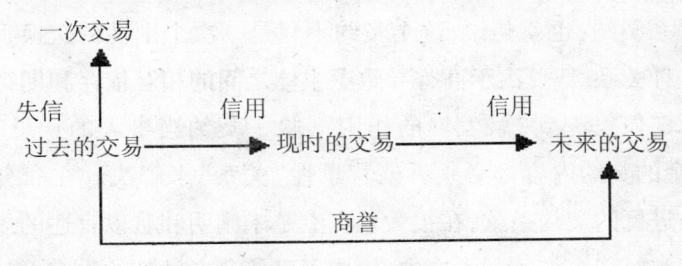

图 4 商誉是指向未来的交易

3. 商誉是一种默契,以填补"剩余条款"为内容

个别契约强调意思表达和利益诉求的"物化"后果,权利义务的确定以书面"承诺"为要件,契约文本以"白纸黑字"的显性条款为技术手段,借助于文字表达的确切性来保障,将显性条款假设为全面安排和维持交易的全部内容;显性条款还具有第三方可验证和可强制执行的特点,足以有效抑制机会主义发生。

商誉是一种默契,契约缔结与治理的出发点并非解决当事人之间的显明条款,而是在不完全的契约世界中如何去填补显性条款遗留下来的"缝隙",即"剩余条款"问题。商誉一经生成,其契约内容得到扩张,承诺仅仅构成了全部契约义务的一部分,甚至不是更为关键的部分,非承诺的因素日渐融入合同的内容当中。在社会经济实践中,处于持续交易关系中的当事人一般会"故留空白",将悬而未决或者难以预期的事项,留待今后根据商业需要再做随机应变的调节。在存在商誉的场合,交易绝非仅仅是物品上的,契约的预期也非仅仅是物化效用的满足,交易在不同层面上同时展开,既有物质财富上可以计量和显形化的契约内容,也有着"口味"上的主观内容,难以通过条款来载明和核实。麦克尼尔指出:"每一个契约,即使是这种理论上的交易,除了物品的交换外,都交涉到关系。因此,每一个契约必然地在部分意义上是一个关系契约,也就是说,这个契约不只是一次个别性的交换,而是交涉到种种关系。"[74]由于商誉导致了主体之间的相互依存和期待,书面性的承诺仅仅起到"触发性的作用",除了契约当事人的意思表示之外,其余的契约内容都必须诉诸背景性"关系"来解决。在商誉中,维系交易进行的契约条款,在很大程度上是未阐明和难以言述的规范,隐含于人类经济交往的行为之中,构成了已然存在的契约内容,但是却难以直接通过语言来表达和进行条款化的编撰,其确切的内容通常只有在长时间的实践中才能获得。这种条款存在于相互交涉的共同认识之中,是基于特定关系形成的"默会知识",也即"默契"。它附着于特定的交易,具有天然的"黏度",专属于特定的群体、场合或者行业。在表达形式上,商誉契约更多地借助于隐性条款来补充和表达,这些隐性条款存于人的内心世界、价值观念和行为交往中。由于缺乏显明化的编码,隐性条款的确切内容要求助信赖、默契和习惯来揭示和阐明,在实施上主要通过自我实施来完成。

4. 商誉是一种特殊形态的关系契约

科斯以降的企业理论从交易成本出发,用契约的分析方法,将企业组织还原为一组契约,企业通过替代市场,使市场交易的个别契约让位

---

[74] 麦克尼尔著,雷喜宁等译:《新社会契约论》,中国政法大学出版社,2004年,第10页。

于层级合约的长期交易,价格机制的协调让位于企业家的权威指挥,赢得了组织优势。

事实上,企业不仅仅是生产产品的组织,当要素市场的交易成本过高时,企业可以通过一体化来将生产要素内部化,交易成本的差异会导致不同契约形态的替代,企业就会取代市场。对此,主流制度经济学家有非常多的精辟解说。同时,企业也是一个销售产品的组织,企业必须对其以卖者的身份进入产品市场和以买者的身份进入要素市场实现有效的均衡。但是,当销售市场交易成本过大时,在许多情况下,是不可能通过将顾客内部化的方式解决交易成本过高的问题的,原因在于,股东之间的异质性越强,组织成本就越高,集"生产者—消费者"于一体的合作社在理论上可行,却是管理成本异常高昂、具有很大局限性的一种组织形态。因此,组织对市场的替代还只是解决了众多交易成本中的一部分,靠组织取代价格机制并不能完全解决由于外部交易过大导致的交易成本。从另一个角度说,企业在替代市场(要素)的同时也"制造"了市场(产品),替代的市场越多,成本节省带来的效益越大,就越有利于规模经济和范围经济的发展[75],而由此带来的对外部商品市场的依赖就必须越高。企业取代市场只是对生产和管理进行了投资,却没有解释其如何对经销领域进行投资。而这一问题不解决,就会出现一个"瓶颈",不足以产生钱德勒所说的现代企业。

企业始终是通过市场来实现其经营目标的,市场是企业产生的逻辑起点和最终归属。事实上,当市场面临高的交易成本时,有些问题可以通过诸如建立良好的交易关系,以非一体化契约的方式来低成本地

---

[75] 钱德勒指出:"规模经济和范围经济是与在这些单位内部有效益地使用设施和技能密切地联系在一起的。"(小艾尔弗雷德·D.钱德勒著,张逸人等译:《企业规模经济与范围经济:工业资本主义的原动力》,中国社会科学出版社,1999年,第19页。)

解决,而未必总是需要通过创制企业以一体化的方式来解决。由于组织成本和生产成本只是企业全面经济核算中的一部分,企业的成功既可以取决于低成本地替代了市场,也可以取决于其低成本地创造和维持了市场。

那么,企业如何去创造市场,降低市场运行的交易成本呢?商誉契约因其缔结和实施的低成本优势,作为个别契约的有效替代被提了出来。(1)商誉简化了交易过程,减少了缔约中的搜寻、学习、核实和谈判成本,降低了不确定性因素,具有缔约上的成本优势。(2)商誉契约具有时间、空间和人员的扩张能力,能实现契约的规模经济和范围经济。未来意识使契约具有规范未来交易、确保稳定的潜在市场的可能性;商誉契约将频繁而分散的、一次性的个别契约组织化、集中化,有利于实现缔约的规模经济;商誉契约是经验与习惯的产物,能发挥知识的外部性效益,通过特许经营,实现缔约的范围经济。(3)商誉契约中,当事人之间的利益休戚与共,交易行为制度化和惯常化,面对复杂的经济生活,隐性条款能发挥巨大的"剩余调节"功能,以自我履行的方式得以实施,降低了履约中的度量、监督和实施成本,有利于克服和减少履约中的机会主义。

古典和新古典主义将契约作为孤立的、与社会绝缘的意思表示,强调其个别性、即时性、显形化的特点。麦克尼尔对此提出了振聋发聩的批评:"我们像吸食海洛因上瘾一样地只注意到个别性交易"[76],并对现代契约理论进行革命性改造,提出了关系契约的概念。威廉姆森批评了将合同视为单个的、互不相干的合同的做法,他援用了麦克尼尔的古典契约、新古典契约和关系契约的三分法,认为不同的缔约活动必须

---

[76] 麦克尼尔著,雷喜宁等译:《新社会契约论》,中国政法大学出版社,2004年,第1页。

与不同的治理结构相匹配。斯科特也指出,在不完全契约的现实环境中,个别契约的交易成本过大时,当事人会选择替代机制来克服,使契约倾向于更加"关系性"(relational),关系性契约不是去安排详尽的协议条款,而是尝试建立能够在未来确定交易条款的过程[77]。

当市场交易在一种"陌生人"的社会网络中开展,借此摄取社会资源、赢得交易机会时,具有较大的风险和不确定性,交易成本高。"市场失灵"使企业具有将其活动"内部化"的动机,将交易建立在团体成员稳定的联系基础上,凭借稳定、巩固的关系网络获得机会、配置资源。商誉是个别契约的一种有效替代,这一关系契约之所以能具有成本优势,是因为这一形态的契约导致了市场(顾客)群体的长期化、结构化、组织化和有序化,获得了某些稳定、有序的结构,出现了一个将消费者"内化"为要素的"准企业",或者说,网络。这样,商誉绝不仅仅是一种静态的、僵死的"资产",它是一种活生生的"关系",是一种需要治理的"结构",支撑这种结构的契约形态,既具有市场自由选择和价格调节的属性,同时,也具有长期、稳定、服从某种"权威"控制(习惯)的组织属性。商誉理应作为一种关系契约来对待。

二、商誉缘何可信?

商誉缘何可信?原因在于:它建立在经济理性的精心计算之上,是企业和消费者专用性投资的结果,是长期合作博弈的产物,并通过知识的切换和编码获得了信息上的优势。

---

[77] 斯科特·E. 马斯腾编著,陈海威等译:《契约和组织案例研究》,中国人民大学出版社,2005年,第15页。

（一）精心的计算：商誉的经济理性

好的名声与口碑仅仅是一种道义上的价值判断吗？回答是否定的。正如张军教授所指出的[78]：人是否可以信赖并不是一个事先假定的常量，而是一个函数，当且仅当被人依赖是有利可图时，一个人是可信赖的，当且仅当诚实比不诚实更合算时，一个人会是诚实的。从这个角度出发，合作诚意与其说是一个人性的问题，不如说是一个成本问题。商誉的出现与经济理性这一基础性问题分不开。

1. 远见与互惠

理性的经济人追求自身效用的最大化，声誉必须具有确切的、可预见的利益时才会被追求，在双方不存在一定的"关系"存量作依托的情况下，企业愿意冒风险去进行关系专用性投资吗？

这就有必要引出"远见"的概念。道金斯的分析表明，即使人的生命基因是自私的，却也不失其远见的一面：人类独特的特性之一是有预期的意识，自私的基因是不会预期的，它们是无意识、盲目的复制者[79]。威廉姆森将理性分为强理性、半强理性和弱理性，强理性与完备契约相结合，弱理性与有限理性和短视行为相结合，而半强理性与有些理性和"有远见的缔约"相结合。交易成本经济学是一种半强理性的构造，人们有能力学习、有能力预见、感知风险，并在合约关系中考虑到各种风险，从而有能力设计出各种敏感的制度，因此，"有限但又刻

---

[78] 张军：《合作团队的经济学：一个文献综述》，上海财经大学出版社，1999年，第46—47页。

[79] 参见理查德·道金斯著，卢允中等译：《自私的基因》，吉林人民出版社，1998年，第252—253页。

意的理性被解释成了不完全但深谋远虑的缔约"。他指出,"合约的不完全并不意味着缺乏远见",相反,当事人会去考虑将危险纳入契约,设计各种备选的缔约方案,如通过提供抵押品、进行互惠来平衡风险、设计事先保障措施等[80]。林登伯格认为[81]:由于存在有限理性概念,长期的、复杂的契约不可能是完整的契约,但只要引入"远见"这一概念,交易双方就可以事先解决契约的不完整性。在他看来,有限理性本身并不是问题,如果远见发挥作用,机会主义只会对长期不被缔约各方看好的契约产生不利影响;同样,由于远见的存在,人们对契约长期营利性的预测很少会出错。远见就是指预见未来的诱惑,并做出适当安排以避免自身受到疑惑的能力,远见不是短视的对立物,而是短视的承认,有远见的缔约也就是在认识到短视倾向基础上的缔约行为。因此,处理短视时,最重要的工具不是缔约,而是对缔约各方的培训,使其有可能获得长期报酬,这种培训的成果就是所谓的自我修养或自我控制资本,缔约中的机会主义影响越大,处理短视的技能(即自我控制资本)就越重要。

契约的本质是交易和互惠,通过出让个人的自由来换取他人受约束的自由,以遵守合约及实现他人预期作为对他人遵守合约及满足自己预期的奖励。有远见的缔约最重要的一个制度安排就是建立互惠机制,将契约的订立与履行通过各方的利益平衡来维系。互惠性行为方式无疑是一种具有重要意义的经验现象,他们属于我们已知社会实践

---

[80] Oliver E. 威廉姆森著,王健等译:《治理机制》,中国社会科学出版社,2001年,第9、34、164页。

[81] 希格沃特·M. 林登伯格:《短期流行、社会认可及雇佣关系的管理》,载约翰·克劳奈维根编:《交易成本经济学及其超越》,朱舟等译,上海财经大学出版社,2002年。

的根本和理所当然的"基本配置",处于解释社会秩序的中心位置[82]。

首先,互惠意味着"礼物的交换"。波斯纳认为,礼物赠与是把现金转化为声誉的一个重要的方式,声誉是人们对于一个人的贴现率和其他与合作者相关的品质的看法,对于维系和促进良好商誉来说,每个礼物都是一项投资。礼物在两重意义上是昂贵的:必须支付金钱或者花费努力获得礼物;为了确定受赠人的爱好而做出努力,因此,礼物/赠与也就是信号,它们是为人所见的、成本高昂的、浪费资源的行动[83]。古尔德纳指出:"互惠规则是一个和乱伦禁忌同等普遍而重要的文化因素。"[84]可见,互惠行为是人类根深蒂固的本性,自己得到礼物或帮助,一定会以某种形式加以报答。商誉的形成过程可以理解为一种互惠性的"礼物的交换"过程,双方通过互惠性"礼物"的信号显示,关系得到沟通和理解,消费者通过接受企业的免费或低价培训、低价渗透、以"搜寻商品"推动"经验商品"、产品升级补偿等礼物,增进了自身的福利,企业通过接受消费者的信赖、忠诚,获得了长期的契约。

其次,互惠不仅仅是一种"礼物的交换",也意味着互惠的抵押和牵制。在远古时代人们就通过人质交换来"捆住对方的手脚",为守信提供激励,当抵押只是由一方提供时,抵押增加了来自接受抵押一方的机会主义风险[85]。威廉姆森指出,防范这种风险的办法就是把缔约关系从单边交易扩展到双边交易,从而使互惠的交易成为可能:互惠性使一种单边供给关系转换为一种双边供给关系。因此,互惠也意味着选

---

[82] 米歇尔·鲍曼著,肖君等译:《道德的市场》,中国社会科学出版社出版,2003年,第140—141页。

[83] 埃里克·波斯纳著,沈明译:《法律与社会规范》,中国政法大学出版社,2004年,第71页。

[84] 阎云翔:《礼物的流动》,上海人民出版社,2000年。

[85] Oliver E. 威廉姆森著,王健等译:《治理机制》,中国社会科学出版社,2001年,第153页。

择自由的交换和限制,其退出是存在障碍的。[86]

2. 有保障的信任

信任是人文社会科学中使用频率最高的词语之一,也是社会资本最为核心的概念之一。从宗教哲学的语义上,它具有无条件、非理性和不能算计的意义;在立法层面上,它是难以阐述的、外在于正式制度而又对其起着补充的非正式规范。信任有着深刻的经济因素,在制度经济学家看来,人际关系具有多样性,存在亲疏有别的"差序格局",契约的不完备性会产生机会主义,但是,这并不意味着在陌生人的社会中无法产生信任。信任恰好是人类面临不信任的现实环境,通过采取投资、防范措施产生的,市场交易中不存在没有投资保障的廉价信任,也不存在通过创造争取而不能获得的信任。信任的可能性为解决契约不完全下的机会主义提供了激励。

当代企业理论的诸多流派,如科斯的企业替代市场、威廉姆森的专用性投资与一体化以及德姆塞茨的团队理论,都是以不信任作为逻辑起点来寻求制度的选择和设计的,交易成本和机会主义的假设前提本身就隐含着不完全合同是建立在信任缺乏或是不信任基础上。利瓦伊指出:理论分析的出发点应当是不信任,或至少应当是缺乏信任,"恰

---

[86] 金德伯格认为,当一方进行了大量的初始投资,其投资的价值取决于交易关系的持久性,平衡风险的制度要求必须培养双方的依赖性,"合同双方常常发觉至少割断其中一方的通路——使它更难离开这一关系(或离开成本更高)——符合双方利益。例如:为保护 X 对关系的依赖性,对方会设法使 Y 的退出成本很高。或者,如果 A 对 B 的不顺从行为施加成本,A 对 B 施展权力的能力就会增加;并且通过终止关系使 B 的成本提高,这种威胁就有了可信性。关系交易理论分析的中心是交易各方为什么要设置退出障碍以及可以用于这一目的的大量制度机制。"见维克托·金德伯格:《关系交易:经济学和复杂合同》,载路易斯·普特曼等编,孙经纬译:《企业的经济性质》,上海财经大学出版社,2000 年。

当的防范可以产生好的邻居"[87]。不信任并不总是一个问题,它事实上可能是允许我们合作和交易的那些制度的根源,不信任可能会诱发积极的自我防范措施,它要求通过信号去建立可信赖性,强化学习监督和赢得信赖的投资水平。因此,信任缺乏和不信任尽管在短时期内会提高交易成本,但也许仍旧是有生产率的,原因在于,它们都可能刺激制度的创新,为建立长期信赖关系的更加坚实和有效的基础,在长期内降低成本,并能最终催生信任的副产品。而如果没有这些制度安排,某些很有生产率的交易和合作方式也许根本就不会发生。努德海文提出了信任的分裂内核模型(split-core model),将"信任"区分为"品质信任"和"情境信任"。他认为,假定每个人都绝对可信当然是很幼稚的,信任度与成本密切相关:一个可信的人愿意履行承诺,但这并非意味着他会不惜代价地履行承诺,即便是最可信赖的人也会存在些微机会主义行为倾向;信任也与保障措施相关,"在具体交易关系中似乎必不可少的保障措施就成了资产专用性和信任的函数"。努德海文看到了基于"文明的自利"而形成的"声誉"的重要,将声誉视为"品质信任的功能等价物或替代物",认为精于算计的行动者为了树立能使他人信任自己的声誉,将认真履行其承诺。但是,他同时也告诫:"声誉仅仅为信任提供了一个相当脆弱的基础,首先总是存在'金色机会(golden opportunity)':机会的疑惑大到使人无法抗拒;其次,总是存在一些做法可以欺骗其他交易者而又不会严重损害自己的声誉。"[88]威廉姆森将信任分为算计性的信任、个人的信任和制度的信任,他指出:"交易成

---

[87] 参见玛格丽特·利瓦伊:《恰当仿佛促成好邻居关系:对信任、信任缺乏和不信任的交易成本分析方法》,载科斯、诺思等编著,刘刚等译:《制度、契约与组织——从新制度经济学角度的透视》,经济科学出版社,2003年。

[88] 尼尔斯·G.努德海文:《交易成本经济学中的机会主义和信任》,载约翰·克劳奈维根编,朱舟等译:《交易成本经济学及其超越》,上海财经大学出版社,2002年。

本经济学提到的是有无合约保障条款,而不是有无信任。我认为,用'信任'这个术语来描述那种已为其设计出支持更为有效的有成本效益的保障措施的商业交易,充其量是多余的,并且有可能产生误导。精心算计的信任,是一个术语上的矛盾。"威廉姆森援引了格兰诺维特的一句话:"精心安排各种可信的承诺,也就是(通过使用债券、抵押、信息披露规则、专门化的争端解决机制等)创造信任功能的替代品。"[89]

归纳上述关于信任的论述,笔者认为,新制度经济学所说"可信承诺"、"信任"、"声誉(商誉)"都是一个非常实际的观念,它们不会平白无故地出现,不是社会额外的馈赠。礼物从来是交易性的。信任的范围和程度,商誉的可信性,在很大程度上是契约上采取的防范措施和保障措施所决定的。换而言之,在信任与交易之间的关系上,信任不是先时性、前置性的,也不是共时性的,而是历时性的,它建立在成本—效益计算的基础上,保障措施构成了信任的基本、重要的成本约束。商誉能有效地维持,不是基于它是一种值得信任的口碑,而是因为这一制度内含了抵制机会主义的有效措施。在市场交易的领域,尤其是在隐性契约的履行中,无保障即无信任,无保障即无商誉。

强调商誉关系中信任的"计算性"因素,有利于我们对商誉保持应有的谨慎,放弃一种想当然的天真想法,认为商誉是极高的信任,可以托付终身而无须防范。事实上,机会主义是企业的本性,由于存在未来的更大利益,商誉在一定程度上可以遏止机会主义的出现,但却不足以消除。机会主义的恣意及其表达方式在很大程度上是与消费者的保障手段和防范程度相关的。

---

[89] Oliver E. 威廉姆森著,王健等译:《治理机制》,中国社会科学出版社,2001年,第309—344页。

(二)商誉的生成:专用性投资

商誉的形成是企业和消费者互相进行专用性投资的过程,参与各方借此获得了双向、自动控制对方的能力,任何一方做出有损于对方利益的行为时,对方可以通过施加成本加以报复。正是这种"人质"机制,成就了承诺的可信性。

1. 企业的专用性投资

由于契约的不完备性,许多不能形诸于文字的隐性条款将会得不到法律强制力的执行,如何使顾客相信企业未来的履约承诺是可信的?这主要取决于企业能否通过专用性投资来表明其履约能力,传递履行可信承诺的意愿。一个较好的做法是,企业必须首先做出牺牲或者投资,让消费者看得见,将承诺"物化"为一种"沉没资产(sunk asset)",将无形的承诺"固化"为一种有形的保障手段。布瓦索认为,声誉的建立实际上是一个先前熟悉的问题,它反映了相互关系的"投资"[90]。伊顿等人分析了沉没资产在可信的承诺中的地位,指出:"如果要以资本作为承诺的工具,很清楚它必须在某种程度上具有产品专用性(product-specificity);否则,过去对资本的投资是完全可以撤回的,就没有牵住自己。"[91] 周惠中将声誉视为一种特殊的资本,其建立的模型将声誉划分为两个动态的时期:一是投资阶段,二是获取报酬阶段。只要交易关系是持续的,第一期购买到优质产品的顾客,第二期依然会继续购

---

[90] 马克斯·H. 布瓦索著,寅通译:《空间:认识组织、制度和文化的一种框架》,上海译文出版社,2000年,第214页。

[91] Eton, B. C. and Lipsey, R. G., *Capital, commitment, and equilibrium*, Bell Journal of Economics, 12:593 – 604,1981.

买,而第一期出售劣质产品的企业就再也没有顾客了。优质产品在初期所造成的损失是投资,可以通过声誉形成之后未来的收益来弥补,而劣质产品没有未来,是补不回来的。[92]张维迎认为,信誉的核心机制在于,当事人为了合作带来的长远利益,愿意抵挡欺骗带来的一次性眼前好处的诱惑[93]。

商誉专用性的投资涉及企业活动的全过程,包括企业产品和服务的全方位要素[94],从商誉的动态经营看,包括两方面:(1)商誉的初始开发费用。随着市场竞争程度的加剧,产品寿命周期大大缩短,广告费用日益高涨,商誉的开发费用高昂,风险巨大。专家估算,在美国开发一个品牌的费用大约在5000万到1亿美元之间,并且未必能够成功。据统计,在20世纪70年代至80年代推出的新产品中,获得成功的仅占20%,有30%—35%的新产品因为不被消费者接受或费用过高而失败。根据伊普的匡算,1919年至1998年,可口可乐公司公司品牌建设方面的开支高达780亿美元。美国埃克森标准石油公司前称为美孚石油公司,为取得一个"震惊全球"的效应,成立了专家委员会,组织10个调查组,花了3年时间,最终定名为"埃克森",光是一个企业的命名耗资就达1亿美元之巨。(2)商誉的维护费用。商誉形成后还得不断维护,从生命周期的角度而言,任何产品都会经历投入期、成长期、成熟期和衰退期4个阶段,品牌也是如此,理论上也可能经历导入期、知晓期、知名期、衰退期,但是,品牌是建立在产品更新周期基础上的,产品

---

[92] 参见周惠中:《略谈伪劣商品和打假——不对称信息理论的应用》,载汤敏等主编:《现代经济学前沿专题(第三集)》,商务印书馆,1999年。

[93] 张维迎:《法律制度的信誉基础》,《经济研究》2001年第1期。

[94] 如:市场定位、驰名商标、工业设计、专利发明、新产品开发、技术进步、信息网络、市场调查、公关策略、广告创作、CI策略、新闻宣传、价格策略、销售观念、营销改革、战略联盟、质量管理、作业管理、人力资源、企业财务管理、企业文化、资产评估、扩张兼并、海外战略等等。

的不断升级、换代累积可以提升品牌价值,这就要求必须不断顺应产品的变化、消费者的偏好进行新的调整和维护。通过对消费者的调查发现,消费者同时固守几个特定的品牌,这几种品牌的转换成本是比较低的。

通过上述投资之所以能产生可信的承诺,原因在于:(1)专用性投资本身就是一种信号的显示机制,能将不同履约能力的企业区分开来,因此,它实际上向顾客传递了企业履约承诺。(2)专用性投资向顾客表明了一种履约的现实能力,专用性投资使企业存在可占用性准租金,对企业行为产生约束,这种约束作用使企业行为具有可置信性,企业一旦发生机会主义行为,就会因专用性投资遭受的损失而承担机会成本,原因在于:商誉的退出成本高昂,割断了退路。商誉是一种异质化的关系资源,与特定的主体具有不可分性,难以模仿与复制,顾客的个性化要求也较高。当企业为他的顾客提供异质化而非标准化的声誉投资时,相关的资源就具备了一定专用性,继续用作原有的用途,会因每一次交易中分担相应固定性费用而减少交易成本;否则,关系资源一旦脱离特定的顾客后就失去价值,使企业的退出成本很高,从而形成了厂商对特定顾客的依赖性。(3)荣誉感在原始和远古社会的地位就非常重要,在缺乏正式制度的场合中,它增加了报复的可能性,成为维持社会秩序的重要工具,当企业与消费者之间主要是隐性契约的场合,商誉发挥着同样的功能。专用性投资形成的商誉由于是与企业不可分割的人格权,具有难以转移和逃匿的显性特征,同时,这种资产又是一种"好感价值",消费者具有天然的评价权,拥有一种双向和自动控制对方的能力,能有效地加以报复。这样,商誉的形成等于为顾客提供了一种"人质"抵押,增加了承担责任的责任资产。也就是说,专用性资产产生"捆绑"效应,企业与其创造的资产之间,"跑得了和尚跑不了庙"。高的履约责任资产增加了"高水平努力"承诺的可信度,使机会主义在很大程度上得以抑制。梅纳尔认为,可信的承诺特别适合将交易各方置于风险中的交易,因为它们包含专用投资,并且处于一个条件变化会为机会主义行为大开方便之门的环境中,同时更换合作者的代价将是昂贵的。[95] (4)商誉还不仅是一种抵押的责任资产,更是获取未来利润的资本,企业存在机会主义行为时,会很快丧失顾客,失去赢利能力[96]。

2. 消费者的专用性投资

企业投资商誉将自己设为"人质",在很大程度是相信投资的结果同样能"绑架"顾客,将其虏为"人质"。易言之,在顾客有可能提供反抵押的情况下,企业的先期投资才是有保障的,才会有足够的激励促进企业专用性投资。在商业交往中,经营者给顾客的优待或好处是一把"双刃剑":表面是企业给予优惠,实际上是企业的一个"投资"过程,企业借此来锁定消费者,培养消费者对自己的忠诚,以提高客户的退出成本,主要方法如:免费或低价培训、低价渗透、以"搜寻商品"推动"经验商品"(著名的麦当劳快餐店就是依赖可观察的清洁的环境卫生来达到向顾客传递其食品"卫生"概念的[97])、产品升级补偿、以旧换新、提高顾客的转向成本等等。企业通过投资,引发客户的好感,培育客户的

---

[95] 克劳德·梅纳尔:《执行程序和治理结构》,载科斯、诺思等编,刘刚等译:《制度、契约与组织——从新制度经济学角度的透视》,经济科学出版社,2003年。

[96] 如,在2005年春食品行业爆发的"苏丹红"事件中,肯德基5种产品牵扯进去而被停售,据估算,肯德基在我国有1200家店,在这次事件中仅仅4天时间至少损失2600万元。《四天至少赔掉2600万 肯德基涉红损失惨重》,http://beijing.qianlong.com/3825/2005/03/20/1860@2558850.htm,2008年1月14日访问。

[97] [美]乔治·里茨尔著,顾建光译:《社会的麦当劳化——对变化中的当代社会生活特征的研究》,上海译文出版社,1999年,第22页。该书一个饶有兴趣的结论是:"麦当劳取得成功是因为它为消费者、工人以及经理人员提供了效率、可计算性、可预测性和控制。"(第16页)

感情,顾客在不知不觉中同样进行了专用性投入,进而被"俘虏"。

消费者之所以会被俘虏为"人质",原因在于,消费需要投入时间、精力、感情,会形成习惯和偏好,产生信赖和忠诚,摆脱不了路径依赖的约束。当然,这并不是说,消费者会对企业从一而终、忠贞不贰。而只是说,由于转换成本的存在,这种自由的"赎取"费用高昂,足以阻止顾客"另寻新欢",纵然存在感情上的某些裂痕,也会"将就"、"凑合着过"。克莱姆佩罗引入"客户的转化成本",指出:消费者从一个卖者转换到另一个卖者时要承担一定的成本,转化成本之所以出现,是因为消费者在当前的购买和过去的投资之间想兼而有之,许多消费者转换到新供应商的成本与厂商服务新客户的成本是对应的。[98] 客户的转化成本主要类型包括:(1)需要与现有的投资兼顾;(2)换一个交易商的交易成本;(3)学会使用新的品牌的成本;(4)对相互竞争的品牌的质量没有把握;(5)折扣券和类似的玩意;(6)转换心理成本或非经济的品牌忠诚。

笔者认为,现有认识资本的贬值、新的学习成本和风险、固有的认知偏差等构成了消费者的转换成本。原因在于:机会成本也是一个重要的分析变量,机会成本并不等于货币成本,除了包括购买使用的货币,还包括花费的时间、精力等,是消费者购买的全部实际成本。消费者购买某产品或忠诚某企业就会被迫放弃其他的机会,损失了其他机会价值和时间价值,购买和忠诚的时间越长,机会成本就越高、损失的时间价值就越大。顾客对企业的信任投入了金钱、时间、精力等,付出了情感,时间越长,专用性投资越大,转移购买的成本也越高,一旦退出交易,过去付出的成本将无法收回。而与新企业打交道意味着新的决

---

[98] Klemperer, Paul, The Competitiveness of Markets with Switching Costs, *Rand Journal of Economics*. Spring 1987.

策和交易,需要付出新的搜寻成本和学习费用,却不一定能保证搜寻到更好的结果,新的企业同样存在机会主义,回避风险需要花费成本。在认知问题上,路径依赖是基本的决策模式,顾客通常并不是简单地对某一情况做出直接反应,而是凭借过去的经历做出反应。对于与自己无交往经验的企业,需要重新去体验和调查。这种对"社会证据"自发依赖的倾向,强化了消费者不愿轻易尝试新企业的认知逻辑。罗伯特·查尔狄尼将其描述为"一致性原则":"一种近乎强迫性的愿望使自己的行为与以前保持一致(并且看上去也是一致的)。"一旦人们做出了选择或者决定了自己的立场,他们的行为方式就倾向于证实自己的选择。因此,一旦顾客对某一产品投入了沉淀成本,或者仅仅因为已经决定和某一卖主做生意,他们就会感到一种内在的压力,迫使他们坚持自己的选择,即使付出的代价超过了有形的转换成本[99]。

(三)交易频率与"鉴古知今"

契约的可信性是通过时间和利益博弈来锤炼的,这与交易的时间长度和交易频率相关。

---

[99] 参见阿玛尔·毕海德著,魏如山等译:《新企业的起源与演进》,中国人民大学出版社,2004年,第79页。消费者锁定是常有的事,典型的例子如:经常使用的微软word软件,也许还有更好的软件可供选择,但是多年来,由于我们已经熟悉掌握了word的全部技巧,便会非常不情愿放弃它而使用其他产品。有学者从"网络效应"来解释,即网络的范围越大,我们需要加入网络的可能性就越大。再如,键盘上的首行六个字母命名QWERTY键盘最早是由雷明顿缝纫机器公司设计的,当初这种配置的设计是为了减慢打字者的速度,因为早期的打字机总是卡住,这种低效设计本来属于历史偶然事件,但是,雷明顿缝纫机器公司设计生产了许多打字机,最终被这种配置"锁定"了。原因在于,这种打字机越多,习惯这种设计的人就越多,而愿意使用其他设计的打字机的人就越少,使用这种打字机的打字员越多,想当打字员的学会使用这种配置的打字机就越重要。

1. 交易频率与合作博弈

契约当事人之间的关系品质与交易的次数和频率相关。威廉姆森将频率、资产专用性和不确定性并列为刻画交易的三大关键维度。[100] 梅纳德认为,交易频率是厂商采用何种治理结构的预测指标,它抑制人们的机会主义倾向。[101] 频率的交易会使交易者更熟悉交易的标的物和环境,这将减少观察方面的问题,进而减少交易的不确定性,内部不确定性与交易频率负相关,而与交易中资产专用性程度正相关。企业是以持续性经营活动为特征的经济人,将分散的资源聚合起来在一个有序的、可预见的环境中运用,为交易的重复博弈提供了一种社会合作框架。经验表明,企业的持续时间与交易的特性有密切联系,投资专用性越强,关系的持续性越是重要,契约的持续时间也越长,因此,"持续时间看上去是合作者之间的信号承诺"[102]。这就决定了,在通常情况下,企业不会"打一枪换一个地方",而具有与顾客长期交易的"天性",因为,一次性的交易转换成本太高,并不符合其利益。

博弈论告诉我们,在一次性交易的"囚徒困境"中,企业通常会做出有损消费者利益的行为。经济学的声誉模型证明,在厂商与顾客的博弈中,只要博弈的重复次数足够多,只要厂商有可能冒险提供优质服务,而顾客有可能冒险支付高价,哪怕可能性很小,就可以保证(优质,

---

[100] Oliver E. 威廉姆森著,王健等译:《治理机制》,中国社会科学出版社,2001年,第32页。

[101] 克劳德·梅纳德:《黑箱内部:层级组织的各种形式》,载约翰·克劳奈维根编,朱舟等译:《交易成本经济学及其超越》,上海财经大学出版社,2002年。

[102] 克莱因:《契约与激励:契约条款在确保履约中的作用》,载科斯等著,李风圣译:《契约经济学》,经济科学出版社,1999年,第192页;克劳德·梅纳尔:《执行程序和治理结构》,载科斯、诺思等著,刘刚等译:《制度、契约与组织——从新制度经济学角度的透视》,经济科学出版社,2003年。

高价)的最优均衡出现。博弈之所以导致合作,避免背叛和违约的原因在于:(1)时间可以检验"真面目",为各方当事人的决策提供了较为全面的信息基础。企业与顾客之间存在多次博弈而不是一次性交易时,顾客就可以在多次博弈中观察企业所显示出来的私人信息,并将这些信息作为下一次博弈进行的条件。而企业也会将一次性"机会主义"行为所得与未来预期收益进行比较,如果能从未来的收益中获益,他就会遵守目前的协议,保证现行契约的履行。维兹塞克提出了"鉴古知今原则(extrapolation principle)",即:看一个人的过去,就能预知其将来。这种推导是一种自稳系统(self-stabilizing),是最有效地降低信息生产成本的一种机制,因为它看一个人的过去,就能相当有把握而又无须多花费代价地预知将来[103]。(2)消费者信息不对称的局面可以随着知识的积累、经验的传播而缓解,违约的发现概率加大,发现范围扩大,隐匿行为的成本越来越高;同时,重复博弈建立在"长期关系"基础上,运用保护性策略来惩罚背叛者变得可信和可行。(3)后面将要论述,合作博弈会导致声誉或者说商誉的出现,而这一优质关系资产的出现为合作提供了一种"人质"抵押,因为企业一旦背叛,就会声誉扫地,失去未来长期受益的机会,从而进一步强化合作关系,为重复博弈提供激励,使"合作—声誉—合作"处于一个良性循环之中。(4)随着交易的不断展开,双方关系日趋紧密,消费者会产生对企业的忠诚和信赖,这种"好感价值"是顾客关系专用化的结果,消费者不仅关注现时的利益和实物效用的最大化,而且会期待未来的收益,即从事长期交易活动的顾客拥有低的贴现率,由于关注那些在合作失败情况下失去的未来收益,通常会更倾向于合作,更可能遵守过去的交易习惯。(5)合

---

[103] Oliver E. 威廉姆森著,段毅才等译:《资本主义经济制度:论企业签约与市场签约》,商务印书馆,2002年,第362—363页。

作博弈还能产生一种时间价值。通常的观点认为,合作的时间越长,交易的频率越大,单次交易的时间费用就越低廉,因为长期的"熟人交易"使双方之间形成了默契,默会知识减少了搜寻、认知、谈判和履行时间。时间的节省与双方的机会成本紧密联系在一起,用在交易中的时间价值就是在那段时间内错过了机会的成本或价值,节省的时间价值是双方从中获得的收益。

重视商誉的时间属性和创造过程的长度,有利于我们认识其生成的机理。商誉的时间属性表明一种交易合作、利益互动、关系验证的时间长度,也表明利益形成的时间难度。

2. 信息甄别与默会知识

商誉是时间和专用性投资的一个函数,隐含着信息甄别问题。

通过建立标准的声誉模型,经济学家认为,在多阶段博弈中,参与人试图在早期获得一种声誉,以区分"坏人"与"好人",或其他类型。通常认为,长期经营者是对未来回报做出更高估价的人,由于有未来收益的激励,他会事前担负其拓展关系专用性的巨大的、可观察的成本,通过生产高品质的产品和做出可信的承诺来显示自己,以信号的方式将自己与机会主义区分开来,而机会主义者不会也负担不起高昂的信号传递费用。显然,一个追求长远利益的人会通过投资未来选择与机会主义完全不同的战略,即使消费者不具有企业的具体知识,也能从不同企业的行为和效果中将不同企业的类型区分开来,即所谓的"分裂均衡"(separating equilibrium)。长远经营的企业才能获得足够高的未来收益以弥补成本;而短期目标的企业未来回报的贴现价值并不足以弥补其初始投资。基于此,波斯纳认为,任何成本高昂的行动都可以是信号,也就是一种建立或者保有个人声誉的机制,声誉是对他人过往行动的一种推论,是关于他人对于合作品质的观念。[104] 重复博弈具有"鉴古知今原则"的"未来昭示"能力,维持了人们对未来预期的有效性,这种对未来持续关系的期待,维系了顾客的信任,形成了好的口碑,所谓"酒香不怕巷子深"、"老伙计",既隐含着经验对未来的规范力,也隐含着声誉基础上的关系质量。

声誉成为信息的显示、甄别和搜寻机制,能有效限制信息扭曲,增加交易的透明度,降低交易成本。阿克洛夫教授在《"柠檬"[105]市场:质量、不确定性与市场机制》中指出:卖方比买方拥有更多的信息,消费者不完全了解所购买产品是一种普遍的现象。此时,面对不同质量的产品,消费者只能依据平均质量支付价格,其结果是最高质量的产品首先被次高质量的产品逐出市场,高质量产品被低质量产品淘汰出局,依次下去,最后市场上只剩下最低质量的产品,直至市场消失为止。"柠檬"原理表明,严重的信息不对称会限制市场功能的发挥,导致交易的低效率。解决上述"柠檬"问题的方法有多种,但是,都与声誉的建立密不可分,建立声誉是一个信息披露的过程,也是消费者据此声誉选择商品的过程。按照索尔曼的理解,信誉降低交易成本主要表现在两个方面:第一,信誉是个人与其环境达到一致的一种工具,它以"说真话"的形式出现,从而减少了信息搜集、信号显示、信息甄别、合约签订从而达成"合作"的信息费用与谈判费用。第二,信誉是保证合约实施的一种工具,它以"做实事"的形式出现,从而减少了合约实施的履约成本和行为监督的考核成本。

在契约的缔结中,商誉是长期交易中信息甄别所衍生的"副产

---

[104] 埃里克·波斯纳著,沈明译:《法律与社会规范》,中国政法大学出版社,2004年,第35页。

[105] "柠檬"是美国口语中对"缺陷车"、"二手车"的称呼,后成为经济学家对次品或劣质品的比喻说法。

品"。信任、名声、口碑起初是作为一种信号机制来使用的,这种知识具有外溢性,其传播成本低,可以通过记忆的方式来储存,学习成本和运用成本低。企业的通常做法是,通过投资形成口碑,传递合作和信赖的信号,产生外溢性知识;通过外溢性知识增加消费者的认识资本、减少学习成本的自我负担,进而形成对企业的知识依赖;然后,利用消费者的知识依赖,建立长期合作、赢得对方的未来回报。声誉的"溢出"效应常常会超越交易范围而对范围之外的个体产生影响,具有超越时间、空间和人员的特点,既记录了企业过往的行动,又能对企业未来的行为产生影响。

由于声誉产生"溢出效益",企业便有了不断将其内部化追求未来利润而持续经营的动机。企业的先期投资可以视为对消费者的一个知识培训,消费者的购买行为既是知识的运用,也是企业对投资的回收。因此,声誉被视为企业出现和长寿的原因所在,与企业的组织生命联系在一起。当以自然人作为声誉的载体时,由于人的生命有限性和人格特征不可取代性,声誉的价值是有限的并随着生命的丧失而丧失[106],这就使得自然人声誉无法转让、继承和累积。企业则不同,其生命不受自然人生命节律的限制,在理论上可以是恒久的甚至达到无限,声誉可以作为无形资产加以积累;同时,组织的人格具有物质性而非严格的精神特征,可以转让,实现其最优的市场价值。

---

[106] 关于个人是否具有商誉的问题,在法律上备受争议。随着真实人物与虚构角色的人格要素被广泛地用作商业化利用,近年来,个人商誉被称之为"商品化权(merchandising rights)"受到很大重视。其主要依据是,著名人物的肖像、姓名、嗓音、扮相等是社会生活中具有"显著性"特征标识性符号,具有"联想价值",将其用于广告时,能将名人的人格魅力和声威与商品"捆绑"在一起。消费者爱屋及乌,会将对名人的信赖转嫁到其推销的商品,实现人物"形象价值"到"商业价值"、"经济利益"的转化。物化的符号能吸收名人的人格价值,获得独立存在的价值。(详细的分析可参见谢晓尧:《商品化权:人格符号的利益扩展与衡平》,《法商研究》2005年第3期)

(四)商誉的表达

商誉若是可信的,必定具有与其匹配的表达方式,以便在一个信息不对称社会环境中,能高效率地解决繁杂的信息处理问题,降低契约中搜寻和学习成本。

1. 知识的简化和切换

在无限理性的世界里,人们具有完备的知识,商品质量能够无成本地度量和索价,也就无所谓信息切换和权利匹配的问题。在有限理性的世界中,人脑尽管是神奇的,但是其处理信息的能力始终是有限的,人毕竟不能如同计算机一样对契约有关的信息收集、质量度量、风险评估等进行认知、排序、逻辑和计算。不同契约的商品都有不同的量化指标、质量维度和考核标准,如:一台电视机涉及成百上千的质量问题,既包括各个零部件组成上的潜在质量,也包括运用中确切性能和效果。高信息成本的存在意味着难以将价格与质量相匹配,这一问题若不能得到有效的缓解,就会加剧契约的不完备性,妨碍交易的展开。

为了有效缓解契约双方信息不对称的局限,就产生了信息传播的必要,那么,谁来承担这种信息成本呢?显然,这与契约所涉的商品属性相关联。经济学家区分了"搜寻商品"与"经验商品"。所谓"搜寻商品",就是客户能够通过检查确定其质量的商品,如服装可通过视觉或触觉检查而确定其品质,这类商品通常不需要建立品牌。所谓"经验产品",就是客户必须在消费产品之后才能确定其质量的产品,如食品,一般不能通过视觉或触觉检查而确定产品品质,更多地依赖企业及其品牌的知名度来加以选择,建立品牌对"经验商品"就具有更大的价值。显然,对于"搜寻商品",由于购买者能轻易地发现其质量,由买方承当信息搜寻成本会更为低廉；而对于"经验产品"，由于企业具有信息优势和规模扩散的优势，企业只要花费极少的费用就能减少客户为获得同一信息而需要的数倍甚至几十倍的费用，因此，由发现和提供信息成本低的一方承担信息费用具有经济上的合理性。

信息披露事关交易的有效展开。企业若不能有效展示自己独特的信息，就无法向顾客提供甄别信号，难以在交易中获得主动地位；顾客不具备充分的信息，也不会轻易做出交易决策。如何使企业能够充分地披露信息，顾客充分地获得决策信息？詹森和麦克林提出了信息权利与决策权利相匹配的问题。在他们看来，有两条途径使知识和决策权相匹配：一是将知识转移给具有决策权的人；二是将决策权转移给具有知识的人。[107] 在市场体制中，当那些拥有决策权的人花费资源以寻求知识时，或者，当拥有知识的人购买决策权时，决策权和知识的匹配便发生了。具体到交易中，有关产品的细节性知识，涉及产品的质量、性能，这些知识如果不为消费者所掌握，掌握产品购买决策权的人由于不具备相匹配的知识而拒绝购买。

但是，即便是企业愿意将"经验产品"的相关契约性知识转让给顾客，在不完备知识的约束下，直接度量一种商品或服务的质量属性会导致过度度量，引发高昂的学习费用和传送费用，危及交易的展开。为此，必须降低知识的度量成本，简化决策程序，减少对产品和企业考核的指标和范围，对信息进行排序、汇总和归类，形成容易收集、分析和传送的新的知识形态，以节省脑力。那么，如何降低契约中的知识需求和学习费用，实现知识的简化和转化？

第一，将技术性强的专用知识简化为一般性知识，将分散、单个的

---

[107] 米切尔·C.詹森等：《专门知识、一般知识和组织结构》，载科斯等著，李风圣译：《契约经济学》，经济科学出版社，1999年，第312—313页。

零散知识进行归整和加总,转化为综合性知识。詹森和麦克林指出:知识转化作为有效的转换,不仅仅是交流信息,而应是接受者充分了解信息,"越是专门知识,知识的转换越难;越是一般知识,知识转换的成本越低。"[108]商标、商号、广告等商业符号可以视为一种转化契约性知识的制度替代,企业借助符号用简化的形式,传递了最必需的信号,在不需要专门知识、无须具体了解企业庞杂的质料组合的情况下,无论哪个国家,哪个市场,说哪种语言的顾客都能通过符号辨认自己所需要的企业和产品。

第二,将交易的具体经验转化为一种交易习惯和日常做法。习惯是过往成功经验的结晶,是先人累积的知识,也是一种与文化环境相联系的"直觉性的知识",即知道如何行事的知识,它支配着人们日常的行为方式,心理学家指出,人们的实际决定很少是通过某种正式而精确的演绎推理方式做出的,更为一般的方式是瞬间的直觉。习惯简化了人类行动的细节,而不用审慎算计他的每一步行动,就能实现未来的预期。对于经验产品,简化知识的最佳方法还不仅仅是建立商业符号的问题,而是建立某种购买直觉和联想力,是单个经验的制度化。商誉就是这么一种知识替代,商誉在很大程度上是一种制度性的知识经验,一种契约习惯,这就是为什么存在商业符号的情况下,企业仍然去发掘符号背后的"第二重含义"的原因。

2. 商标与商誉:从符号到意义

商誉是在长期的博弈中经过企业专用性投资产生的一种"好感"或者说"印象"价值。如果这种评价仅仅保留在人们的认知领域和大

---

[108] 米切尔·C.詹森等:《专门知识、一般知识和组织结构》,载科斯等著,李风圣译:《契约经济学》,经济科学出版社,1999年,第313—314页。

脑当中，就面临一个问题：若投资者自己都不能有效控制，其产权就不能得到切实保障，也无从形成有效的激励。另外，这种认知知识是需要不断累积才能体现其增殖价值的，如果缺乏物化的形态来"附着"，仅凭人们口耳相传是难以"保值"的。

商誉必须通过一定的方式来承载，这一承载体就是商业符号，符号是商誉的"黏结物（glue）"。一般而言，企业要建立一个商誉或者说品牌的管理模型包含两方面的内容：首先要有企业的身份识别符号，这是客观的、物化的"硬件"设施；其次才是形成"口碑"、"好感"等价值系统，即"软件"设施，这种软件需要硬件来承载，是一种身份符号的心理映象。

符号是负载或传播信息的基元，最初只是源于决策者的符码编定，用于指称只有通过它们才可言说的某种东西，通过信息编码减少了表达方式的繁琐和形式的复杂性，用十分简化的形式来传递最为必需的信号，其初始的，也是唯一的功能只在于区分和识别，界定产品的来源，避免不同企业及其产品的混同和误认，并不具有象征意义。信息体系一旦被客观化、有形化地建立起来，众多的经验信息转化为一种符号形式，就能增进人们的理解，即便他们不拥有过多的知识，也不直接接触企业及其产品，但只要与事物的符号发生联系就行。作为企业及其产品（或服务）的表征，实际上是企业的一种显示信号和甄别信号。德国哲学家卡西尔认为，人与动物最大的区别在于，人能借助符号表达生活，故此，人是"符号"的动物，"符号化的思维和符号化的行为是人类生活中最富于代表性的特征"[109]。随着"符号社会"的兴起，个人的特

---

[109] 恩思特·卡西尔著,甘阳译：《人论》,上海译文出版社,1985年,第35页。

质与诉求也越来越表现在符号术语中[110]。

符号能够吸收"意义",在购买者交易行为的不断"言说"过程中,企业特质的长期积淀、商誉的形成会造就符号的价值系统,获得符号的"第二重含义"。一定的商标表征着某一特定的商品,一定的商号代表着特定的企业,但一旦吸收特定的意义,具有"第二重含义"后,符号就成为表达意义的一种语言,而不仅仅是识别的工具。企业利用其声望、公信力在其与购买者之间铺设了一条直接的路径,企业凭其商誉引导着购买力,而不再是利用商标和商号区分不同的产品和企业。如驰名商标、知名的商标、企业名称,所承载的意义和内涵,已超出了通过它们才可言说的某种信息,象征着产品质量和商业信誉。比如,"奔驰"、"沃尔沃"、"本田"、"别克"、"桑塔纳"等商标,尽管在能指上都是汽车,但它们的所指意义发生了巨大的变化,在不同的购物场合,他们代表了不同的购车意义:如,在中国,"奔驰"成了尊贵的象征,"沃尔沃"是安全的表现,"本田"表征着中产阶级。符号实现了通过其自身对另一物的指代,人们能利用符号的各种明示意来承载它的隐含意进而实现符号的转换。因而,有学者将这种蕴涵着商誉的商标和商号视为"有特色的商业符号","信誉的形式"[111];也有学者形象地称之为"品牌"。在法律上,往往使用"知名的"、"众所周知的"、"广为熟知的"、"驰名的"、"著名的"商标或商号来表达。

商誉是一种信息体系,是在对各种信息素材进行整合、抽象基础上

---

[110] 符号生活使个人生活过于制度化、机械化和组织化,人类主体性日渐衰微和疏离,最具个人情感因素的个体特征被消解了,以至有人揶揄道,在符号形式的消费中,"迎宾小姐、广告女郎把额外赠品、把通过制度化微笑来为社会关系上点润滑油当作现世使命"。([法]让·波德里亚:《消费社会》,刘成富、罗志刚译,南京大学出版社,2000年,第180页)

[111] 查尔斯·R.麦克马尼斯著,陈宗胜等译:《不公平贸易行为概述》,中国社会科学出版社,1997年,第58页。

所衍生的"意义",它减少决策中的知识复杂性,以最为简略的方式深入顾客的知识储存中,使意义与其代表的广泛信息之间建立牢固的联系,减少了搜寻功能,在日常的应用中能进行半自动化的或无意识的"砌块"处理,而不用考虑具体、庞杂的信息素材。有学者形象地以象棋大师与新手为例说明这一问题[112]:与有商誉的企业交往,如同脑袋里有着规则所允许的无数可能移动的方式,即存在经过数年实践的知识汇总,棋盘的任何一种棋子的布局可以立即变成和脑袋里的某种方式相匹配的"块",并做出相应的解释。而与一个没有名气的企业交往,如同一个新手,因缺少可资运用的对局方式的汇总,不能进行"块"处理,只好审视数据,必须艰苦地一点点建立对特定棋子布局的理解。林登伯格认为,在社会认可中,以往的经验非常重要,但是最重要的还是关系信号,通过特别合作来发出倾向信号,关系信号可以被识别出来,相应地,也会以社会认可的方式得到回报。在社会网络中,一方的行为被用来交换社会认可,另一方做出相应行为得到的也是社会认可。[113] 从这一意义上,商誉就是一种相互认可的关系的信号。

综上所述,商誉契约通过符号与意义的简略方式表达了复杂的契约信息和内容,对于顾客来说,降低了缔约成本,提供了更为明确的契约保障形式;对于企业来说,这种编码和抽象"降低了把潜在可用的知识转化为知识资产的成本",在信息经济中赢得了竞争优势,企业能借助商誉这一"杠杆"发生跨越法人边界的知识流动,扩大组织影响的范

---

〔112〕 马克斯·H. 布瓦索著,王寅通译:《信息空间:认识组织、制度和文化的一种框架》,上海译文出版社,2000 年,第 244 页。另外,也有人将作者 Max H. Boisot 翻译为马克斯·H. 博伊索特。

〔113〕 希格沃特·M. 林登伯格:《短期流行、社会认可及雇佣关系的管理》,载约翰·克劳奈维根编,朱舟等译:《交易成本经济学及其超越》,上海财经大学出版社,2002 年。

围,扩充企业的知识基础[114]。

三、商誉为何能获取未来利润？

威廉姆森认为:在不完全的合同世界中,保护合约不被侵害的一种替代方法是扩展合约关系,扩展合约关系的一个方法就是设计一种互相依赖关系,契约的扩展本质上是契约能力的扩充问题,它体现了契约调节社会关系、确保未来预期、降低交易成本、保障赢利的有效性。商誉的生成既是契约关系拓展的结果,也是契约能力进一步扩张的起点,企业获得了更为广泛而稳定的顾客市场,有了获取未来超额利润的能力。[115]

(一)价值构成:从客观要素到认知要素

按照通常的看法,企业是商品质量的创造者,顾客则是质量以及物用价值的被动接受者,在契约中,顾客是一个质量上的"他者",没有任何的发言权。将商品质量视为是契约的唯一内容,并采取一种客观、物化的验证标准时,契约当然是显性、能诉诸文字来表达的,发生纠纷后也能由第三方来验证和强制执行,因为执行合同内容不外乎是在执行一种已经"标准化"的质量要求。然而,现实生活果真如此的话,企业为什么还需要追求商誉？为什么不能由质量标准来替代商誉？通过全面的质量控制、标准化、严格市场准入,似乎同样能保障契约内容的履

---

[114] 马克斯·H.博伊索特,张群群等译:《知识资产:在信息经济中赢得竞争优势》,上海世纪出版集团出版,2005年,第18、192页。
[115] Oliver E.威廉姆森著,王健等译:《治理机制》,中国社会科学出版社,2001年,第149—150页。

行,却无法取代商誉,原因是什么?

显然,商誉要高质量的产品和服务来维系,高品质的产品构成了基础和前提。但是,有了高质量的产品和服务是否就意味着商誉?这两者之间并不能画等号。在交易过程中甚至不能简单地把"质量"等同于产品本身的客观质量。直接影响购买决策的是消费者所认知的"质量"。认知心理学的研究表明:人们在大多数情况下会凭知觉行动,直接影响人们行为的因素,不是客观的事物,而是被人们"认识"了的或"感知"了的事物。消费者追求的是效用最大化,包括健康、安全、审美、心理、个人偏好等,商品的质量不仅仅是其物理性能的有用性。菲利普·科特勒区分了"性能质量"和"适用质量"两个概念,前者是单纯以产品中包含的工程技术水平来衡量的质量;后者则指与消费者需求相一致的质量。他认为,"质量一定是由顾客所理解的","真正重要的是市场导致质量,而不是工程导致质量"。如果仅仅从技术上追求所谓高质量,有可能形成超过"适用质量"的"性能质量",导致成本上升,这实际上是一种浪费[116]。按照他的说法,对于一些技术上相对成熟的产品来说,通过提高工程质量来获得竞争优势的余地并不大,重要的是如何赢得消费者的主观质量。因此,商誉不仅仅是一个客观价值,如"产品的质量如何",还是一个认知价值,如"高质量的产品",更是一个主观上的情感价值,如"我喜欢"。

如前所述,商誉是企业和顾客双方共同进行的关系专用性投资的产物(如图5):一方面,商誉的价值来自企业的生产投资,与生产成本和产品(服务)质量等客观因素有着必然的联系,企业创造了商誉的客观价值;另一方面,商誉的价值来自人们的"印象"和"好感",与其生产

---

[116] 菲利普·科特勒著,梅汝和译:《营销管理——分析、计划和控制》,上海人民出版社,1996年。

成本并无必然联系,是对客观质量主观认知的结果,顾客创造了商誉的主观价值。

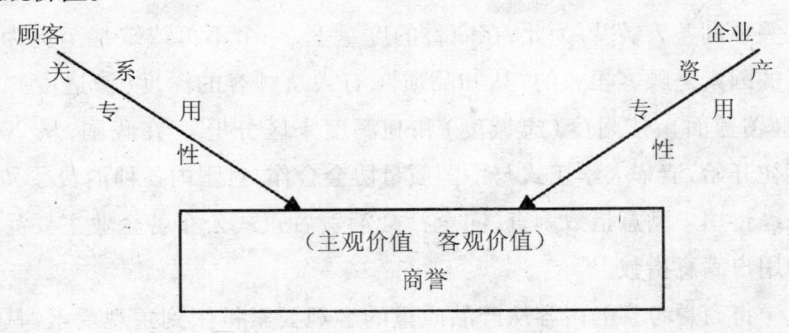

```
顾客                                    企业
   关系                                 资产
      专用                           专用
         性                       性
            ↘                   ↙
         ┌─────────────────────────┐
         │   (主观价值  客观价值)    │
         │         商誉              │
         └─────────────────────────┘
```

图 5　商誉价值的创造

从商誉的客观要素来看,商誉来自企业自身的特质,是企业及其产品品质的写照,来自企业先期的专用性投资。在商誉的度量时,重要的内容就是从企业的内在品质去界定和测度商誉。对这些品质,表述不一,如美国财务会计准则委员会将其总结为优秀的管理队伍、出众的销售经理和组织、有效的广告、秘密的制造工艺、良好的劳资关系等15个因素。

在价值评估上,商誉的价值主要取决于"实物形态"上的"附着价值",商誉是社会认同和赋予的,是一种"社会评价"或"商业形象",它来自顾客的满意和忠诚状况,是顾客"关系投资"的结果,可以视为一种顾客资源。著名品牌问题专家科特勒提出了基于顾客的品牌权益(customer based brand equity)概念,认为品牌之所以对企业和经销商有价值,根本原因在于品牌对顾客有价值。而品牌对于顾客是否有价值,只有通过顾客来感知。商誉不仅仅是自身实力的增强和显示,还内含着顾客对这种实力因素的感受和认知,凝聚着顾客的综合印象与整体评价,离开顾客就无所谓商誉。商誉的决定权属于社会公众,正如有学者指出的："真正的品牌其实是存在于关系利益人的内心和想法中的。换言之，即使公司拥有品牌名称和商标的所有权，品牌的真正拥有者却是关系利益人。"[117]为此，在商誉的度量上，一个不可或缺甚至更为重要的因素是顾客投入的"认知品质"，有人从顾客的深度（渗透度）、广度（覆盖面）、依附度（忠诚度）和利润度来区分[118]。在我国，从2003年初开始，清华大学正式与中国质量协会合作，对国内各种消费品和服务进行用户满意指数调查，向全社会消费者正式公布各企业主要品牌的用户满意指数。[119]

将商誉考察的内容从产品质量的客观要素扩张到主观要素，具有十分重要的意义：在产品质量既定的情况下，商誉增加了商品的附加价值，这是企业能获取超额利润的关键。由于商誉的主观价值是顾客创造的，构成了商誉不可或缺的内容，顾客不仅仅是质量的被动的接受者，而且是契约中相互交涉的一方，经营者必须考虑顾客的各种主观需要和满足，从而使许多难以在契约中通过显性条款来阐明的有关情感、爱好、安抚等内容得以履行。易言之，将商誉质量范围从实物标准扩大到主观要素，对商誉的实施同样具有意义。后面将论述，商誉是靠自我履行来实施的，当商品的价值因素全部为企业垄断时，信息不对称会导

---

〔117〕 汤姆·邓肯等著，廖宜怡译：《品牌至尊——利用整合营销创造终极价值》，华夏出版社，2000年，第11页。

〔118〕 维娜·艾莉著：《知识的进化》，刘民慧等译，珠海出版社，1999年，第67页。商誉的测度标准多样，如：二因素论，Blackston通过大量品牌分析归纳出成功的品牌关系都具有两个因素：信任和满意。指标论，南非Markinor市场研究公司将品牌关系由知名度、信任度、忠诚度3个指标汇总而成。六要素论，Fournier提出品牌关系质量包括爱与激情、自我联结、相互依赖、个人承诺、亲密感情、品牌的伴侣品质。卢泰宏等人提出了广义品牌关系的五维结构模型，即由承诺/相关度、归属/关注度、熟悉/了解度、信任/尊重度、联想/再认度5个部分组成（周志民、卢泰宏：《广义品牌关系结构研究》，《中国工业经济》2004年第1期）。

〔119〕 其测评变量包括：品牌形象、感知价值、用户满意度、顾客忠诚等。

致经营者的机会主义行径,将商品的质量扩大到主观要素时,顾客的评价和好感可以影响到经营者的努力。顾客有了"话事权",能增强其谈判能力,当企业"偷懒"时就会面临顾客的负面评价,导致资产的贬值。这样,双方互为依赖,来自主观价值的压力能促使契约自我履行。

(二)交易范围:从显性条款到隐性条款

契约就其表达方式和存在形态而言,不外乎两种:要么是显性的,要么是隐性的。显性契约在经验生活中已经阐明,借助语言文字"有形"地表达,获得了确定的权利、义务和责任内容,具有可观察、测度的特性,容易获取、识别和储存,在纠纷发生时,具有直接适用性和外在的可强制执行性。隐性契约隐含于交易行为中,但却没有通过语言文字来客观化的内容,是有形条款的"剩余条款"。之所以出现这种"剩余",既有不完全合同的原因所致,如有限理性难以将行为内容准确地做出预料,即使预料到了,也难以形诸文字;也有"故留空白"的缘故[120]。克莱因指出,试图在契约中"写明"所有偶发事件的真实特性的成本是很高的。[121] 因此,大多数契约故意搁置无法说明的和法院不能强制执行的许多实际问题。原因在于:对于一些未来性事件,事后的阐述和缔约成本反而较低,而要对这些潜在的偶发性事件提前做出反应,

---

[120] 事实上,在社会经济实践中,处于继续性伙伴关系中的当事人一般都将许多契约条款悬而不决,留待今后根据商业需要再随机应变。正如威斯康辛大学教授怀特佛德(William C. Whitford)在评论麦克尼尔对于契约法学的贡献时指出的那样,"与其将一切进行一次性处理,不如把重要的条款委诸交涉、同时容许以多种方式进行履行并依次达成合意,这样更有利于当事人。"(转引自季卫东:《关系契约论的启示(代译序)》,载[美]麦克尼尔著:《新社会契约论》,雷喜宁等译,中国政法大学出版社,1994年)

[121] 克莱因:《契约与激励:契约条款在确保履约中的作用》,载科斯等著,李风胜译:《契约经济学》,经济科学出版社,1999年。

所引发的谈判成本和机会成本则异常高昂。在这个签约过程中，并不是试图将所有可能发生的一切事件都预先写明，交易者愿意使用不完全契约，直到未来的情况出现以前，允许他们去等待，再更经济地决定他们该做什么。经济生活的变动不居，让现时的契约去全面规划未来的行动，会卖力不讨好的事，自己捆住了手脚，由于这种隐性契约内容没有定型化、结构化、编码化，具有动态性、连续性和开放性特征，在不完备的契约世界中它获得了更大的适用性和变通性。

更重要的，契约、法律等行为规范在许多情形下，并非人类智力主观创造的产物，未来预期的有效性并不全然取决于一个精心策划的行动方案，契约的约束力往往并非来源于条款的完备性，而是来自双方的博弈互动、依赖和"关系"品质。因此，当双方的关系足以达到一种默契时，契约条款是多此一举的，隐性契约具有效益上的合理性。隐性契约建立在互惠基础上，人际关系存在某种程度的相互依赖和合理期待。这种"唇亡齿寒"的"共生"局面，足以导致相互之间的某种默契，寄予对方的期待即使没有见诸文字，但双方都是默认执行的。这种隐性的默契与信任也是双方专用性投资的结果。

商誉是企业在长期经营中，消费者产生的"酒香不怕巷子深"的特别情感，一种极具亲和力的"老伙计"关系，可以定义为好的评价和"口碑"，权威的或崇高的声誉或名声，其本质的特征是：商誉是企业与顾客之间已经形成的"默契"。显然，商誉具有典型的隐性契约特征。其一，是基于特定关系形成的"默会知识"，简化了交易中的细节性知识，它附着于特定的社会关系，具有天然的"黏度"，根深蒂固，是一种经验知识，运用成本极低。这种默会知识的具体内容包含了顾客对企业合理的期待，即基于企业的地位、声威，顾客有权期望得到和应该得到的承诺，这种期待是建立在消费者与企业的长期交往习惯、诚实守信基础上的主观感知。通常，企业的声誉越高、商誉价值越大、交往时间越长，消费者的满意度、信任度和忠诚度就越高,隐性契约在整个契约中所占权重就越大,消费者的期望也越高。这种契约的使用与个人的观念、洞察力和经验等联系在一起,不需要过多的专门知识,因此,交往中的人即使不知道相互之间行为的确切内容,也能凭直觉行事。其二,资产专用性的投资,加大了契约的可信程度,信任在很大程度上可以取代合同文体成为克服机会主义的有效工具。契约的目的在于维护交易的可预期性和安全性,如果说显性契约通过诉诸文字来保障其确切性,应对交易中的不确定性、机会主义,那么,商誉则是建立在长久的交往过程中,以双方的友好关系、相互的信任为依托,通过信任、默契来维持的。商誉隐含于交易双方的品质关系中,与企业的价值观念、交易习惯和社会信任相联系。其三,商誉契约是一种复合性契约,一方面是商品和货币的交易,另一方面也包括了"隐含的交易",即情感和满足的交易(图6)。有学者认为,商誉具有归属和亲切的心理安抚作用,认识一个品牌,或被某一个品牌视为贵宾,都可增进顾客对自我的肯定,花钱购买一个知名且受到欢迎的品牌,对于某些顾客来说,等于沾了这个品牌的光[122]。"品牌就好比是消费者感到迷惑、害怕和怀疑时使人安心的一种依靠"[123]。而这些情感和满足属于人的主观领域难以描述、度量和验证,无法通过文字来表达,也无法求助于法院来强制执行。但是,它却实实在在地构成完整合同条款的一部分。而这些非显明性和难以验证的条款,其确切的内容通常只有在长时间的交涉中才能具体获得,它主要依靠信任和互惠来维持经济生活与未来生活的一致性,使交易具有对称性和可预期性。

---

[122] 汤姆·邓肯等著,廖宜怡译:《品牌至尊——利用整合营销创造终极价值》,华夏出版社,2000年,第55页。

[123] 查克·佩蒂斯著,成良译:《创建技术品牌》,上海人民出版社,2000年,第5页。

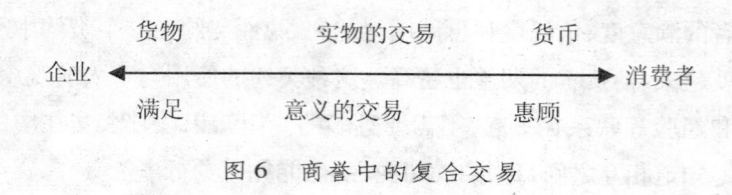

```
              货物            实物的交易         货币
企业    ◄─────────────────────────────────────────►  消费者
              满足            意义的交易         惠顾
```

图 6　商誉中的复合交易

（三）时间维度：从现时性到未来性

古典契约理论的典型形态是个别性契约，它建立在"完备"的假设基础上，一方面，它用一种"现时化"的契约来统筹安排未来全方面的事务，将交易中一切未来事务置于当前如同处理现在事务一样。另一方面，这种被"现时化"处理过的未来交易，与社会经济是绝缘的，时间上的连贯特征无关紧要，也不存在任何外部性，现行的缔约和履行不会对当事人未来交易的内容、方式、成本产生任何影响。显然，个别契约存在众多的疏漏，其中，个别契约缺乏未来意识，不具有时间和空间上的扩张能力，所有交易都是"一手交钱，一手交货"的一锤子买卖，一次性结算，不同交易之间缺乏时间和关系的衔接性。知识不具有传承的特点，上次交易的伙伴、交易中的经验、形成的默契和做法，在下次相同的交易中全然不起任何作用，每次交易都是一个孤立的事件，全部另起炉灶，推翻重来。交易是在纯粹意义上进行的，除了物品的单纯交换外，当事人之间不存在其他关系，既没有关系亲密、合作上的改进，也没有经验上的累积，更没有彼此的期待和"安排未来交换"的可能。

在长期契约中如何更有效地保障未来预期的有效性？必须使契约不仅满足即时的、瞬间的、孤立的交易，更要使其成为指向未来的交易，确立构筑未来关系的影响力，使当下的契约知识和关系资源能持续地加以运用。缔约知识的一个基本特征是，初期的加工生产成本高、风险大，一旦形成，利用这些资产的边际成本却很低，甚至等于零，因为过去为获得这些知识已经支付了成本。知识资产作为中间产品具有扩散性和外部性,供给极富弹性,具有极大的剩余生产能力,可以在不同地点同时满足相同的使用。由于签约所形成的社会关系也具有类似的功能,熟人社会中所签订的契约,由于引入了"关系"和信用的变量作为抵押,通常缔约和履约的成本都较低。因此,现时的交易有可能使陌生人交易转化为熟人交易,从具体知识的运用转化为一般经验的运用,一种现时实物形态上的互换演变为期权的交易。正如柯武刚等人指出的,"关系性契约所面对的缔约当事人带有知识问题;这种契约会向协议的双方提供某些可靠的结构和信任。但是,他们要靠制度来节约信息成本和实现灵活调整。在如何应付未遇见到和未作规定的情景上,恰当的规则会定出程序。这样,交易成本得到限制,而契约伙伴可以相信,在他们发生冲突时,他们未来关系中的具体细节将是条理清晰的。"[124]

现时的交易会产生"溢出"效应,对未来的交易发生影响。商誉是一种典型的面向未来交易的长期契约,作为一种知识累积和信任结晶,商誉具有保障未来可预期的功能,它能把将来有可能交易的事务"提示"于当前,实现未来经济生活的"现时化"。因此,我们可以将商誉视为当下个别交易合同中所附加签订的面向未来的一组期权合约,双方均为未来的契约设定了担保,企业提供了额外的消费者效用,而消费者投入了信赖和期待。商誉契约应当区别于市场契约,它通过许诺"未来的交易",获得了签约上的规模经济,实现了签约过程的内部化,避免了个别签约带来的成本。

商誉能超越现时性成为指向未来的持续性合同,是由其交易属性

---

[124] 柯武刚等著,韩朝华译:《制度经济学:社会秩序与公共政策》,商务印书馆,2000年,第234页。

和投资成本决定的。从前一个因素看,交易属性是契约形式选择的基础,而交易属性与商品属性密切相关,前面已经谈到在商誉发生作用的场合,存在一个复合契约,既是商品的交易,也是意义(礼物)的交易,其本质都是权利的转移。作为商品的有形物品的交易,可以一次性让渡所有权,但是作为声誉价值和好感价值只有持续发挥作用才能完全真正享有他的所有权。由于双方都进行了关系专用性的投资,无论是企业还是消费者都不能通过一次交易获得完整的所有权,而取决于未来时空中连续的交易分期、分阶段获得所有权。

从后一个因素看,长期合同具有不完备性,产品价格和数量的度量成本太高会使谈判无法进行下去,先期约定长期契约是一种浪费,因此,尽管企业先行进行了专用性投资,却难以要求消费者再次光顾。更为重要的是,如果先行签订书面的长期协议来全面规定未来行为,消费者就极有可能反过来被企业"敲竹杠",企业会通过涨价、推销质量不合格产品、降低服务质量来损害消费者利益。克莱因将敲竹杠分为两种类型,一是交易双方乘机利用契约的不完备性改变其预期的行为,二是交易当事人通过法院强制执行一种不正确的契约条款来改变其预期行为。在第二种情况下,契约实际上变成了一种通道,用于解决一个特殊的"敲竹杠"问题的契约条款,实际上会产生一个新的更大的"敲竹杠"问题。因此,他认为,一种隐含的、无法写明的、具有弹性的契约,会使契约选择成本便宜,在这种关系中,违背隐含契约的交易者只能丧失已投入的交易者专用投资的价值[125]。在这一意义上,商誉作为一种不可强制执行的隐形契约会更为效益。相反,写明了的契约条款随着时间和环境的变化会引发更大的、潜在的敲竹杠的可能性。

---

[125] 克莱因:《契约与激励:契约条款在确保履约中的作用》,载科斯等著,李风圣译:《契约经济学》,经济科学出版社,1999年,第192页。

（四）交易的"纪律化"：从经验到习惯

商誉是一种制度化了的关系利益，在其生成过程中，隐性契约获得了习惯的规范效力。早在1901年英国的国内税收专员诉穆勒一案中，法院便将商誉称为"形成习惯的吸引人的力量"[126]。经验和学者们的研究均表明：消费者许多时候重复选择某一品牌并非出于真心喜爱，更非品牌忠诚，只是一种习惯，品牌试用则是中断这种习惯的主要力量。广告的刺激、朋友的推荐会使消费者对某品牌做出第一次试购，由于难以对品牌做出准确评价，并且品牌之间具有高度同质性，因而再次购买很难说就是品牌忠诚，而只能被看做一种惯性。因为品牌忠诚往往是建立在对品牌高度满意的基础上，包括感情上的满足和生理上的满足，还不能仅仅以重复购买次数作为衡量指标。品牌忠诚必须要有深厚的品牌习惯为基础和起点，所谓"日久生情"[127]。

为什么隐性契约在长期的使用中会日益固化为一种习惯？隐性契约与习惯都是一种自生自发的内在规则，目的都在于使人们的行为纪律化和条理化，将交易导向一个可以合理预期的行为轨道，克服投机主义的恣意之举。习惯源于单个的直接经验，经验经由他人验证后，经过反复传诵、验证和纠错，会演化为可以共享的社会记忆。记忆是"自来的"副产品，传播成本低，它会向其他越来越多的参与者"殖民"，由分散的社会评价逐渐整合成集体理性，获得一致性的价值结构而成为共同知识。因此，习惯可以定义为以往经验在现行生活中的延伸和扩张，是过往的记述、习得的经验和契约的累积。在信用的建立过程中，消费

---

[126] 转引自梁上上：《论商誉和商誉权》，《法学研究》1993年第5期。
[127] 陈峻松：《论品牌习惯与品牌试用》，《华东经济管理》1998年第6期。

者对企业信用的认知是一种"适应性进化"的关系,在相互的交涉中,经营者不断传递显示自身品质的信息,潜意识地向公众灌输一种"好感价值"。消费者在直接使用或者口耳相传中会慢慢地熟悉,形成零散的个人评价和交易经验。单个的经验经过时间的验证会获得社会的公认,这种好的口碑可以将分散的记忆融合成"族群经验",以至于不知不觉地深入到人们的情感深处,"通过对遥远的参照物的利用将体验变为符号形式"[128],在一切有可能的场合,能激活人们心中的某种情感,成为控制需求、决定购买取向的思想习惯。隐性契约内容一旦获得稳定的内容,就会使日常交易例行化、习惯化。

隐性契约一旦获得习惯的效力,就获得了指引未来行为的可预见性和可计算性。已经验证的经验表明,消费者的购买行为在很大程度上受到由产品的品牌所提供的先验知识的影响,不同的品牌在消费心目中存在着形象上的差异,影响着消费者的选择和购买行为。习惯降低了契约的协调和执行成本,使之成为一种低廉的社会组织与动员方式。因为,习惯培养人们一种习以为常的生活方式,对交易做出标准化、准自动化的反映,行为方式已演化为"脑"中的记忆,为产生这种记忆所需付出的代价,已经由原先的经验行为可度量的成本所承担了,人们已经为之付出了学习成本。弗雷德里克·莱希赫尔通过对12个服务行业的研究表明,顾客保持率每提高5%,顾客净现值增加35%至95%。吸引一个新顾客所付成本是保持一个老顾客花费的4—6倍。顾客维系成本就是企业用来加强或维持、延长现有顾客忠诚的支出。顾客维系成本比顾客开发成本低得多!特别是顾客越"老",其维系成本越低。同时,习惯一旦形成又会产生一种制度惯性,形成"路径依

---

[128] 马克斯·H.布瓦索著,王寅通译:《信息空间:认识组织、制度和文化的一种框架》,上海译文出版社,2000年,第147页。

赖"的行为惯性,产生了顾客的"锁定效应",因为习惯的改变意味着学习成本和不确定性。企业通常以消费者的培训、宣传的方式来培养消费者的消费习惯,借此增加顾客的转换成本,将其锁定。

新制度经济学家在讨论企业对市场的替代时,无不认为企业的组织效益来自于内部权威的配置,一体化的管理有效解决了不完全契约中的机会主义。他们也主张,不同的契约形态需要与不同的治理方式相匹配,其中,中间层组织或者说关系契约倾向采取双边治理。那么,这种双边治理为什么会有效益,又如何保障其是一种有效益的治理方式呢?学界较少对此做深入研究,在笔者看来,中间层关系契约是基于双方的关系而维持长远的交易关系,契约当事人之间的默契、共有的习惯和共同的价值观,是维持这种契约高效益的原因所在。

(五)交易网络:成员的"部落化"

梅因在有一个著名的论断:"所有进步社会的运动,到此处为止,是一个'从身份到契约'的运动。"[129] 当然,梅因的论断有其特有的历史语境和内涵。如果套用一下梅因的名言来说明关系契约的特征的话,关系契约已经具有越来越强烈的人格身份性特征,出现了"从身份到契约"的逆转。

在个别契约中,"竞争市场的本质是它的非个人的特征"[130],价格是决定人际关系的唯一事实,交易是非人格化和匿名化的,交易只在乎

---

[129] 梅因分析了古代法到现代法发展过程,指出,罗马法的发展史就是不断地以个人本位代替古代家族本位的历史,摆脱家族权威的束缚而树立个人权利、走向权利平等的历史。梅因的"从身份到契约"大体上是这么一种过渡。参见梅因著,沈景一译:《古代法》,商务印书馆,1996年,第97页。

[130] 米尔顿·弗里德曼著,张瑞玉译:《资本主义与自由》,商务印书馆,1986年,第115页。

价格而不在乎你是谁。由于强调了个别性和现时性,依赖百分之百的同意和百分之百的计划,个别契约将当事人的主体身份和履约能力虚拟为平等的、同质的、价格与身份全然无关的理想状态,"强化个别性要求忽略交易当事人的身份,以防关系悄悄潜入。"[131] 威廉姆森也指出了个别契约忽略身份的缺陷,认为:古典式合同法的特点在于,它试图鼓励人们把合同拆细并强调其当前状况,其中当前状况是指写明此时此刻的情况,并使人明白或相信目前的状况。[132] 在此过程中,交易双方的身份是否明确无关紧要,这一条非常符合经济学那种理想的交易市场,交易双方进行的都是标准化的交易,交易双方身份确定与否也不会影响交换的条款,由于推出交易重新选择交易对象是无成本的,使得交易双方无须查明对方就能成交。

如果说个别契约对解释市场交易还有合理性的话,对关系契约则失去了解释力。在关系契约中,交易已经"嵌入"到特定的网络或者说关系之中,"交易双方签署的合同只部分依靠于法律体系,部分则嵌入于人格化的关系体系之中。"[133] 威廉姆森根据不同的投资特点(资产专用性)和交易频率给出了不同的与之相匹配的治理方式,随着资产专用性的不断加强,市场契约要让位于双边协定,而后又随之被统一的合同(内部组织)所取代。这种市场向中间形态过渡,再进入企业的过程,实际上是一个从非人格化交易日渐演变为人格化交易的过程,我们可以用下图来表示(图7):

商誉契约是一种典型的具有身份关系的人格化契约。商誉是长期

---

[131] 麦克尼尔著,雷喜宁等译:《新社会契约论》,中国政法大学出版社,2004年,第55页。

[132] Oliver E. 威廉姆森著,段毅才等译:《资本主义经济制度:论企业签约与市场签约》,商务印书馆,2002年,第100—104页。

[133] 刘世定:《嵌入性与关系合同》,《社会学研究》1999年第4期。

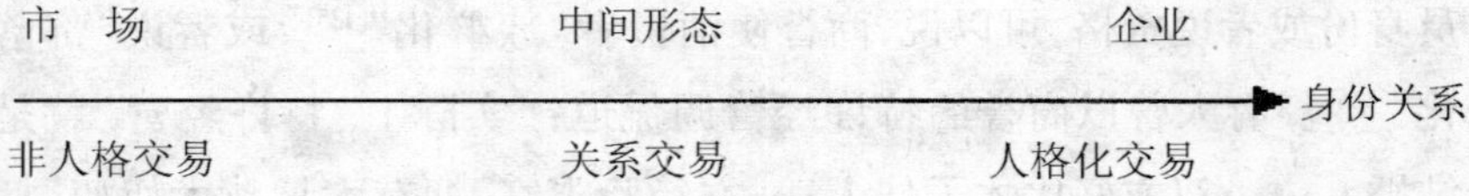

```
市    场              中间形态                    企业
─────────────────────────────────────────────▶ 身份关系
非人格交易            关系交易              人格化交易
```

图 7 交易形态与身份关系

商业交往中信誉沉淀而成,是一种"关系"品质的表征[134]。当商誉被"指数化",能实现"数目字"管理时,市场交易中的非人格化交易就有可能出现逆转,价格机制在一定程度上让位于信赖价值,人与人之间的信任就会转化为一种"人格"信任:我不在乎价格如何,而只在乎你是谁。因为,人格系统能有效保护未来生活的可合理预期性,人与人之间繁杂的关系被有效地简化,按照身份特征进行交易,信息的收集、处理成本低,决策简便,容易计算,更具确定性。这种对特定"人格"身份的交易,具有明确的指向性,是基于身份基础的"人合关系",而非基于价格基础的"资合关系"。在现代社会,随着产品的多样化、知识的专门化,人们越来越缺乏对多元化的信息进行整合、评估并换算成价格的能力,或者说换算的成本过高,根据符号交易成为一种简化交易程序的有力工具。而商誉提供了这么一种人格标志符号,使流动着的外部市场的陌生人交易,转化为一种"老伙计"和"回头客"之间的熟人交易。如果说,家族企业中存在一种"亲属关系的信赖",在其他企业中也存在一种"虚拟亲属关系的信赖",顾客与企业之间经年形成的友好关系,使交易关系纪律化和组织化,以信任为纽带将交易成员内化为团体成

---

[134] 有学者提供了这一方面的实证例子:对可口可乐的品牌认知并非来自成千上万的广告,相反,它来自消费者数十年喝可口可乐的经验,一种新的可乐需要与其抗衡,要花费数十年的时间逐渐积累共同经验。要复制同样的结果必须重复前人走过的路,这样一来,就延长了模仿进程,进而保护了先行者的优势(参见大卫·J.科利斯等著,王永贵等译:《公司战略:企业的资源与范围》,东北财经大学出版社,2000 年,第 37 页)。

员身份或者说资格,可以说,商誉使消费者"族群化"[135],或者说"部落化"[136]。有人曾以商誉的特许经营调侃道:"实际上'特许经营'就是结婚。……双方好比才子佳人;一方经验丰富,拥有大量技术妈妈,拥有行之有效的制度;另一方是处女,人们预期'她'此前从未涉足商界。他们交换的誓言也和你与妻子结婚时互致的誓言几乎一样。"[137]

商誉将顾客"部落化"的过程也是人身的"控制"过程。李新春教授注意到了控制与信任之间的可以相互替代关系:廉价而高效的控制的存在使得企业不必依赖信任;而当信任存在时,企业可降低因设置控制机制而带来的成本和复杂性;如果契约难以实施,则即使在简单交易情况下企业也不得不构建人格化的信任关系来维持这一交易。但是,任何社会中的企业关系必然同时包含了控制与信任,两者作为网络化协作基础都不是单独起充分作用的[138]。按照笔者的理解,商誉"部落化"的过程,既是一个人格控制的过程,也是一个高度信任的形成过程。

将消费者部落化能获得巨大的成本优势。市场交易的本质是一种外部化的人际关系网络,以这种方式摄取社会资源、赢得交易机会,具有较大的风险和不确定性,交易成本高。而在大多数情况下,契约的异质化又决定了不可能将消费者内化为企业的一部分,通过商誉来维系

---

[135] 参见华克·史密斯等著,姜静绘译:《时代行销——消费者世纪大调查》,三联出版社,2000年,第2—5页。

[136] 有学者指出广告的功能在于使消费者重新"部落化"。参见波德里亚著,刘成富等译:《消费社会》,南京大学出版社,2000年,第134页。

[137] Ken Coomer:"Three Recurrent and Acute Problems in Franchising", In C. Vaughn, ed., franchising Today, Lynbrook, N. Y., Famsworth Publishing Company, Inc.,1970.(转引自[美]埃里克·波斯纳:《法律与社会规范》,沈明译,中国政法大学出版社,2004年,第229页。)

[138] 金高波、李新春:《网络组织中的信任与控制及其在中国转型期的表现》,《学术研究》2001年第12期。

企业外部交易市场,凭借其成员"身份"获得机会、组织配置资源,能将签约关系"资格化"或者说成员化,赢得了客户上的规模经济。在契约的签约、协调、监督和履行上也获得了成本的优势。对于消费者来说,特定成员资格的获得更能增进未来生活的稳定性,降低了选择中的决策成本,也能更有效益地制约经营者,因为,在紧密的关系中,信息的传播成本更低,由于发现概率是消费行为的附随品,发现概率的提高会加强对机会主义行为的查处概率,而商誉的人质抵押又为消费者的责任追究提供了责任资产。

商誉隐含着一种身份价值。商誉的经济价值主要以关系来度量,商誉一旦不能专属于某一特定的人,人格身份上的唯一指向性受到破坏,就会稀释产权,降低商誉的许可价值和竞争价值。对商誉的保护,在一定意义上就是维护人格的特定性,防止成员身份的混淆和淡化,可以为证的是,"阿司匹林"、"玻璃纸"、"热水瓶"等原来都是声誉卓著的商标,随着后来无休止的滥用,其特定的身份特征没有受到维护,已丧失其商标功能,退化为商品通用名称,不再具有商业价值。

四、"无需法律的秩序":商誉的治理

(一)关系的治理:双边自我实施

契约的实施机制是现代契约理论的重要领域。由于契约是不完全的,事后谈判不可避免。事后谈判本身并不是问题,关键在于事后谈判的成本,一般认为,不同属性的契约都有与其最低成本相匹配的治理方式。契约的实施是契约治理的重要内容,不同的契约形态需要不同的治理模式,也都需要不同的实施机制来匹配。契约可供实施的方式大

致有三：司法执行、组织内执行和市场执行[139]，不同的方式对应着不同的契约性质（如表8）。

表8 契约形态及其实施方式

契约性质		规范性质	典型形态	典型治理方式	典型的实施方式	自治程度
个别契约		成文法	买卖契约	法官裁决	第三方实施	高
关系契约	混合契约	双边规范	商誉	双方治理	双边实施	中
	组织契约	自制法	章程	命令	单方实施	低

商誉属于长期契约，其中一些条款可以通过书面方式来表达，为有可能发生的纠纷提供证据和可强制执行的内容。但是绝大多数偶然的事件难以甚至是无法低成本地在合同中加以规定，企图付诸第三方执行，缔约成本、实施成本极高。这种契约由于涉及相互交往中的默契、习惯和个人偏好，契约的异质性也决定了组织成本过于昂贵，难以通过一体化以权威命令的方式实施。因此，商誉采取什么样的实施机制，取决于其性质，第三方实施和一体化实施是非效益的，不足为取。

商誉契约实施是靠市场的力量达成的，主要依仗双方的自我实施，原因在于：人类的经济行为虽然源于私利的动机，但权利的认同与尊重，个人行为的克制与约束也具有"交换"或交易的社会化特征。保持个人行为的"合宜性"在很大程度上是为了避免他人的报复，任何追求自利的人为谋求自身福利的最大化，必须要对完全自私的行为做出某种克制和约束，转而尊重他人以换取他人对自己利益的同等尊重和认同。否则，任何一方的抵赖、毁约和投机主义，都会招致他人同样的报复和反抗，"以牙还牙"的结果是"负和效应"。因此，当交易持续进行

---

[139] 格雷高里·K.道：《厂商的权威关系：研究综述与展望》，载约翰·克劳奈维根编，朱舟等译：《交易成本经济学及其超越》，上海财经大学出版社，2002年。

时,缔约双方都会相互握有一种双向的自动控制(hold over)对方的能力[140],这种双边治理的平衡机制协调着关系。

包括商誉在内的混合型关系契约适合于双边关系的治理,是由关系契约自身的属性决定的。(1)从契约履行的范围和质量看,关系质量的一个最大特点是,它区别于商品物理属性的客观性、唯一性和验证性,属于人的主观范畴,受个人偏好、文化观念等因素的影响,这种主观价值的测度是多元的。[141] 主观偏好属于个人人力资源的一部分,只能激励而不能压榨,只能自愿而不能强制,契约履行的质量和程度在很大程度取决于双方的合作和自愿程度。(2)关系契约通常都进行了专用性投资,存在自我履行的"压迫"机制。关系契约之所以会维持,正如婚姻关系一样是出于惧怕破裂,企业出于资产贬值和未来利益的考虑,会放弃一些机会主义行为,自动实施契约。

自我实施主要依靠日常习惯、合作诚意和信誉来执行契约,不需要外界力量的直接参与。其方法是通过守约方对违约方施加成本影响,激励对方做出守约的行为,否则,通过终止交易等行为来影响违约方的未来收益。经济学文献特别强调关系契约的双边自我实施,即使是双方的争端具有法律上的可诉性,能够提交法院解决,而实际上并不具有

---

[140] 柯武刚等著,韩朝华译:《制度经济学:社会秩序与公共政策》,商务印书馆,2000年,第242—243页。

[141] 埃里克森指出,一个主观体系允许每个受到影响的人都根据自己的偏好来判断某结果对其福利的影响(效用)。某些社会控制体系恒常地回应主观评价体系。第一控制和第二控制都只能读懂他自己的心思,也只能适用他自己的主观偏好。相比之下,第三方控制者不可能阅读其他人的心思,他们就一定总是依赖对不同后果之价值的比较粗略的客观测度。在实践中法律制定者以及其他第三方控制者在给商品和服务估价时经常要找到市场的价格。市场价格必定是对价值的粗糙测度,对于交易的物品和服务来说,价格的许诺是精确显示边际的购销双方的主观偏好,但是有可能误现了边际内的购销双方的主观偏好(罗伯特·埃里克森著,苏力译:《无需法律的秩序——邻人如何解决纠纷》,中国政法大学出版社,2003年,第209页)。

事实上的可诉性,而是通过相互的调适性行为,借助于市场自身的消化功能来解决,通常不使用司法的外部强制执行手段。契约的自我履行机制在经济学中比其法律强制履行机制受到了更多的关注,这与经济学重视契约自由、重视市场机制作用的传统有关。契约(协议)自我执行机制的研究,长期以来就受到了经济学家们的关注,"信誉"被视为是确保契约绩效的私人手段,契约的双边自我实施可以有效降低契约履行中的协调成本和谈判成本。

(二)可信的威胁

商誉的履行为什么是有效的?斯科特认为声誉作为约束机会主义行为的约束机制,其有效性取决于四个最重要的因素[142]:(1)未来合作的价值;(2)察觉机会主义行为的难易程度;(3)察觉机会主义行为之后采取应对措施所花费的时间;(4)潜在的交易伙伴观察到并将对方的机会主义行为公之于众的能力。当声誉机制不能有效阻止机会主义的时候,当事人转而签订契约并求助于法庭的力量来治理的可能性更大。即使所有的条件都很有利,声誉机制也仍然需要制度的支持才能完全发挥作用。张军认为,每一方遵守或者违背协议取决于他们对欺骗对方获得眼前利益与遵守协议带来的预期利益的对比,让双方执行协议的是未来预期收益的损失而不是过去积累起来的信誉,卖方依赖过去的经历积累起来了"信誉",但这并不保证卖方不欺骗买方,如果认为信誉的存在会防止欺骗,就与我们有关"经济理性"的假定有悖

---

[142] 斯科特·E. 马斯腾编著,陈海威等译:《契约和组织案例研究》,中国人民大学出版社,2005年,第16页。

了。[143]

通常认为,经济人在守约与违约的选择上,主要取决于不同行为成本和收益之间的差异。当未来的赔偿与其预期的利益相等时,加害人"损人不利己",违约并不合算,除非有着强烈的风险偏好,否则,理性的当事人不会轻易违约,而会选择守约。在这里,预期的损失构成了当事人利益算计的价格约束。但是,当个人违约大于他将同样的时间及资源用于履行合同所带来的效用时,违约方的行为是"损人利己"的,行为人有可能倾向于选择侵权。对于可自我执行契约来说,一方是否违反契约条款的规定取决于缔约方的"个人计算",违反契约的收益是否大于或小于由于被另一方发现自己的违约行为从而终止契约所带来的未来收益的贴现值。故只要违约的现期收益大于终止契约带来的远期连续收益的贴现值,该缔约方就会选择违约。契约实施成本的算计也包括自己有被对方采取有效控制的可能性。在陌生人的交易中,通行的做法是及时的现货交易,"一手交钱,一手交货";在缺乏资信的场合,为了谋求对对方的控制,通常要求提供实物抵押和局外人的担保,抵押物的功能在于提供了控制对方的可能,所谓"跑得了和尚,跑不了庙"。局外人的担保引发的责任则提供了一种"人质"。不管是实物还是"人质",其功能都在于增强履约人的"责任资产",以保障守约方在违约发生时控制对方的可能性。克莱因认为,契约条款可以通过两种基本的方式来实现,一是直接完备契约,二是通过改变交易者之间的私人履约资本,改变从事"敲竹杠"的未来成本。他指出,当较高的个人资本存在时,为什么契约条款很少被使用,它说明了与契约条款相联系的成本。对交易施加者的个人惩罚越小,在契约中被完全明晰的东西

---

[143] 张军:《合作团队的经济学:一个文献综述》,上海财经大学出版社,1999年,第51页。

就越多。在私人履约资本比较少的情况下,所写明的契约将是比较"厚"的一叠纸,交易者试图明确较多的履约要素以备更多的不测之需;在私人履约资本比较强的情况下,契约将是很"薄"的一叠,签订契约的交易者只是规定契约的必要部分,甚至可能是建立在口头约定和握手的基础上[144]。

显然,商誉契约得以履行的最大动因在于,消费者具有极大的报复能力,这构成了对经营者履约的可信的威胁。

第一,从消费者有可能施加的成本来看。

在长期交易中,只要企业不是"打一枪换一个地方",就无法回避未来再次与消费者交往,这样,企业与消费者的持续交易,使消费者获得了通过自助行为制裁企业的能力。重复的囚徒博弈的最大特点是,每一局博弈中报酬表的结构使每个博弈者都有能力令对方博弈者的境况更好(或更糟),在最后一局除外的其他各局中,时刻都有未来受报复的前景。因此,重复博弈会导致合作而非背叛[145]。

商誉违约的发现概率高,商誉的社会监督无处不在,为有可能的查处行为和私人惩罚创造了条件。商誉查处概率高、查处成本低。顾客施加制裁的低成本、高效益产生了有效支配对方的激励。通常认为,商誉是一种认识资本,这种资本的价值来自顾客的评价和好感,属于主观认知的范畴,顾客在事实上和法律上对商誉拥有控制权。在重复博弈中,一个人的行动可以影响到他人未来的选择。在长期契约中,契约的履行具有可观察性和可验证性特征,人们能从当下的履约状况中了解

---

[144] 克莱因:《契约与激励:契约条款在确保履约中的作用》,载科斯等著,李风胜译:《契约经济学》,经济科学出版社,1999年,第201页。

[145] 当关系是持续性的时候,如果一个特定的受制裁者因诱惑受到未来在行动上更为合作,那么规范的实施者就会获得更多的个人收益(罗伯特·埃里克森著,苏力译:《无需法律的秩序——邻人如何解决纠纷》,中国政法大学出版社,2003年,第218—219页)。

到其未来的状况,进而决定自己的行为方式。顾客的评价属于信息的传播,其最大特点是传播成本低,导致了其复制和再生产的能力却特别强,一个消费者对企业及其产品的认知往往是从某个具体的、局部的最初信息入手的,此即"首因效应"。这种认知也是感性的,新近发生的事件或最新的认知往往又影响消费者新的评价,产生"近因效应"。错误感知的消费者还会将信息口耳相传,作为"经验"再扩散到其亲朋好友,进而又会出现"连动效应",形成信息流的全面扩展。同时,信息一旦形成,其清理和更新成本非常高,已经发生传播开的信息,具有较强的社会记忆和广泛的扩散,由此产生心理定势或刻板印象。由于企业与消费者进行着多阶段的博弈,上一阶段的声誉评价往往影响下一阶段及以后阶段的效用,现阶段的良好声誉意味着未来阶段有较高的效用,而现阶段声誉一旦被稀释,企业的资产价值就有贬值的危险。

商誉的责任资产大,惩罚容易落到实处。消费者最常见的报复就是"以牙还牙",中断交易。由于企业进行专用性投资向消费者提供了"人质",企业履行违约责任的资产巨大,消费者通过信息扩散和联合抵制,会使企业的商誉资产岌岌可危。

第二,从企业的现实损失看。

商誉若要自我实施,在很大程度上是基于违约后果的严重性。这种损失是多方面的:(1)专用性投资的预期利益。关系营销理论在工业品市场中的研究成果表明,顾客信任是建立稳固的顾客关系和持久市场份额的关键要素[146]。由于企业进行了专用性投资,消费者通过退出市场,终止交易,可以影响到对方的未来预期。在给定交易者专用性投资无法收回的情况下,终止交易关系的威胁意味着一种潜在的资本

---

[146] Urban,G. L. ,Sultan,F. ,Quails:Placing at the Center of your Internet Strategy. Sloan Management Review,2000,(42):39-49.

损失,这等于从专用性投资那里得到贴现值,这种终止交易关系的未来损失构成了专用性投资当时预期利益的一部分。因此,商誉的持有人关注未来的收益,其机会主义行为能被及时观察到,并足以影响到未来的收益时,商誉的关系契约的自我实施就成为可能。(2)交易成本的增加。商誉受损,负面信息的传播扩散,导致了消费者新的学习、识别和选择成本,一方面,导致了消费者的分流,选择别的企业,导致声誉资产价值的贬值;另一方面,即使是保留下来的顾客,由于过往的教训和经验,也会变得更为细致和小心,防范措施增加,潜在的交易对手和正在进行的贸易伙伴更不愿意用交易者的口头承诺或者更为简略的方式来签订合同,而力求面面俱到,详细具体,违背默认契约(implicit contract)声誉效应导致了在未来做生意时的成本的增加。(3)商誉的挽回成本巨大。商誉与社会文化因素息息相关,散失声誉不仅仅改变了人们的评价,也在于散失了"合群能力",而有可能从关系网络中消失。更重要的是,散失商誉的企业等于失去了自己在市场交易中的通行证,散失参与有利可图的合作关系的机会,若要想重新获得,必须进行的再投资是非常之大的。"散失声誉之所以可能是非常严重的损害,也是因为总的来说,一旦失去声誉要想再获得的机会很渺茫,产生的损害可能会成为不可逆转的损害。因为散失'好'的声望并不意味着将来'不再'拥有声望,而是拥有'不好'的声望。然而,要失去好的声望很容易,但要将不好的声望转变成好的声望则很难。"[147]

(三)商誉的自我实施机制

在商誉关系中,顾客可以通过私人执法的方式,利用市场力量将违

---

[147] 米歇尔·鲍曼著,肖君等译:《道德的市场》,中国社会科学出版社出版,2003年,第402—403页。

约的成本施加给对方,形成可信的威胁,从而促进不完备契约的自我履行。这是一种有节制的自助体系,处于某种持续关系中的人可以用这一战略来诱使该关系中的另一方予以合作。克莱因指出,私人惩罚的重要性,在于它能把资本成本强加在企图"敲竹杠"的交易者身上,它界定了可以被叫做契约关系的自我履行的范围。[148] 在自我履行的范围内,每一个交易者敲竹杠的潜在收益都低于个人惩罚所致的损失,这样就没有人试图进行"敲竹杠",交易者都知道他们每一个人从其他当事人敲竹杠中得到的收益都比其损失要小得多。在一定意义上,私人惩罚的有效性直接决定着关系契约的可履行性,人们越来越重视自助行为,即私人执法的重要性。

埃里克森将行为规则分为五种,不同的实施方式分别为:(1)自我制裁;(2)个人自助;(3)替代自助(来自朋友、亲属、流言以及其他第二方和第三方自助);(4)组织执法;(5)国家执法。[149] 赫希曼在《退出、呼吁与忠诚———对企业、组织和国家衰退的回应》中指出,面对企业组织的衰减(deterioration)和"松弛"(slack),消费者有两种选择:一是退出(exit),二是呼吁(voice)。[150] 退出是一种克服衰减的重要恢复机制,主要是指消费者为维护自身的福利地位,通过启动市场力量来促使企业做出反应以扭转颓势,为消费者提供质优价廉的产品或服务,表现为某些消费者不再购买企业的产品或某些会员退出组织,由于消费者存在退出的可能,因而,不管退出是否真的发生,对企业潜在的机会主义行为形成了一种威慑功能。呼吁是政治范畴,是民主的具体表现形

---

[148] 克莱因:《契约与激励:契约条款在确保履约中的作用》,载科斯等著:《契约经济学》,经济科学出版社,1999年,第195页。

[149] 罗伯特·埃里克森著,苏力译:《无需法律的秩序——邻人如何解决纠纷》,中国政法大学出版社,2003年,第154—159页。

[150] 阿尔伯特·O.赫希曼著,卢昌崇译:《退出、呼吁与忠诚——对企业、组织和国家衰退的回应》,经济科学出版社,2001年,第4—5页。

式,是指消费者或者会员为修正企业或组织的惯例、政策或产出所做的种种尝试或努力,以"抗议的形式表达不满的情绪",当企业或组织的产品或服务难以令人满意时,任何试图改变这种状况而不是逃逸的措施,都符合呼吁的基本定义。这种"呼吁"既可能是个人的投诉,也可能是为克服人微言轻而采取团体诉求(interest articulation)的方式。

1. 呼吁

呼吁指顾客对产品或服务的不满、责难和抱怨。它意味着经营者提供的产品或服务没达到消费者的期望,也表示顾客对经营者仍有期待,希望能修复。据美国学者的调查研究,一位不满意的顾客会把他的抱怨转述给8—10个人,如果推延到事后解决,只有70%的回头顾客,将有30%的顾客流失率,如果对顾客的投诉没有正确的处理,将有91%的顾客流失率。多数中国消费者信任"口碑传播信息"。零点调查公司对中国10个城市的4800多位居民进行的调查显示,口碑传播是被中国消费者经常使用且深得信任的信息渠道,有39.5%的受访者经常和别人交流"购买及使用商品的经验";在商品的购买过程中担当重要角色的35岁以下女性相互交流的比例更高;有60%以上的调查者认为口碑传播是最可信任的信息来源,在购买商品时,消费者表示更乐于听朋友的介绍。经常交流"购买及使用商品经验"的消费者除了会相互"介绍购物场所"、"购物经验"、"推荐品牌"等之外,也会传播"产品中失败的经验和不好的感受",而且传播频率达27.5%。[151]

(1)投诉

投诉是最典型的自我实施方式,方式多样,可以是直接向企业反映

---

[151] 程芯兰:《管理的启示:消费者认为口碑传播最可信任》,http://www.ccw.com.cn/htm/work/news/01_9_7_16.asp,2008年1月15日访问。

情况、抱怨、提议等,进行口头和书面的信息沟通和交流,也可以是直接要求更换、重修等权利主张。投诉旨在诱发一种压力机制,迫使对方履行不完全合同,既可以向企业直接进行,也可以向消费者协会、行业协会或者政府机构进行。在实践中,投诉是最主要的自我救济方式,这主要是由于投诉的谈判成本最低,也不破坏双方的关系,能协商解决问题,还维持了未来的良好关系,在有商誉的企业中这一方法更为常见。

投诉对企业知识的创造起到了极为重要的作用,企业若能妥善处理,对商誉的形成更为有利。格兰诺维特从认识时间长短、情感的紧密程度、亲密性(相互倾诉的内容)及互惠性服务的内容等方面,分析了弱关系和强关系。强关系需要长时间的培养和较高的互动频率;弱关系的来源可能是朋友的朋友、社会的公共渠道,也可能是正式组织中的联系及工作环境的联系。他的实证研究表明:由于弱关系没有较高的互动的频率,它较少受到关系网络的约束和限制,易于使行动者保持其独立性,有利于企业的知识创造活动的独特性的形成,避免人云亦云的盲从。[152] 一般认为,弱关系更有利于企业改进现有的学习,运用创造知识。

投诉和顾客的挑剔联系在一起,挑剔型客户既有助于维持厂商的竞争优势,更是创造竞争优势的动力。波特的研究表明,客户的态度对企业乃至国家的竞争力具有关键性的意义。假如本土客户对产品、服务的要求或挑剔程度在国际上数一数二,连带会激发该国企业的竞争优势,因为只要能满足这些难缠的客户,企业就能满足其他国家客户的需要。内行而挑剔的客户是本国厂商追求高质量、完美的产品造型和精致服务的压力来源。以日本为例,日本的消费者会因为产品的一个小瑕疵而拒买,这种挑剔的态度,使日本企业在生产产品时必须注意到

---

[152] [美]格兰诺维特:《弱关系的力量》,《国外社会学》1998年第2期。

"精美好用",同时注意有完善的售后服务。和其他国家相比,日本的消费者是易变的,他们对产品质量的兴趣更大于对品牌的忠诚度[153]。

(2)流言与言论市场

议论、流言、传播也是呼吁的一种方式。一项研究发现,在一家企业的客户中,有高达96%的人遇到问题时都不投诉。但是他们至少会告诉其他10人,也即,每接待一个投诉者,就存在着24个不满意但却不投诉的顾客[154]。流言在性质上虽然也是一种信息的交换行为,但是其服务和作用的对象则是契约的"局外人",具有信息扩散与传播的目的。流言以及由此导致的言论市场,既可以是朋友、同事小圈子之间的议论、抱怨和经验交流,也可以是媒体的披露、社会的广泛谈论。

流言和言论市场对契约的履行具有重要意义。一般认为,声誉的积累是以当事人过去的行为记录和履约历史情况(如诚实、诚信情况)为基础的,一个不好的声誉记录将导致缔约当事人获取未来持续的交易十分困难,流言的功能在于形成一种历史记录和社会记忆。埃里克森指出,在社会生活中,人们必定会为自己的声誉担心,因为这些历史信息可以为他人分享。如果一个人在上一局与某些特定对手的博弈中背叛过,他就一定会担心其他人了解这一点。关系紧密的社会群体事实上一般都有两类关系的交叉网络,某个网络在密切程度上和持续性上也许都有着变化。这些网络的存在以多种方式对非正式控制有所贡献。首先,这些交叉关系有助于成员维系一种散布流言飞语的网络,以此来散布关于某个特定成员在过去某个特定社会互动中行为如何的信

---

[153] 迈克尔·波特著,李明轩等译:《国家竞争优势》,华夏出版社,2002年,第84、85、391页。

[154] 转引自舒兆平、刘静艳:《顾客资产与投诉管理的关系研究》,《学术研究》2003年第10期。

息。其次,这些互通情报也有助于成员分享有关先前相互同意的经济和社会交换的信息,并因此发展他们需要用来估量各种规范福利之趋向的客观评价体系。在关系紧密的社会中成员实际上靠流言飞语分享了大量的信息。[155]

　　流言和言论市场的功能在于:市场信息的通畅传递有利于声誉的扩散,增加声誉机制的制裁范围;良好的市场环境能提高人们对未来的收益预期,也就增加了违约者的预期成本;市场机制有助于契约人积累其"履约资本",增强其市场力量。此外,流言作为言论自由的一部分,在一定范围和程度上予以保护既具有经济意义,还具有宪政意义上商业言论自由的价值。思想市场理论认为,真理来自一个思想的自由市场,对真理的最佳检验便是使思想在竞争中被接受,决定思想"真理性"的就是思想市场。市场经济应当是一个个体意志得以充分尊重和全面表达、信息得以全面传递的自由体制,商业言论是自由市场的一部分,过多的言论限制会妨碍经济决策,阻碍信息传播,威胁市场的流通性。消费者福利与言论自由之间有关联,这种信息不仅牵涉到经济资源的配置,还对自由经济的决策具有价值。或许正是西方国家的言论自由才使得消费者的意见得到更大程度的表达,才足以形成一种压迫机制,企业的机会主义行为会得到更大程度的收敛[156]。

---

[155] 罗伯特·埃里克森著,苏力译:《无需法律的秩序——邻人如何解决纠纷》,中国政法大学出版社,2003年,第221页。

[156] 在我国,作为自助行为的言论表达日趋多样化。2002年,在武汉市,一消费者购买的"奔驰"牌汽车出现质量问题,购买者在多次通过传真、电话等方式请求奔驰公司解决问题未果的情况下,以砸车的行为表达了"一名中国消费者对奔驰公司不负责任态度的一种抗议"。(《奔驰被砸,消费者如何正确维权》,http://auto.sohu.com/feature/315/,2008年1月15日访问)2004年,一消费者购买的"宝马"牌轿车,先后出现11项电脑故障,该消费者在京、浙两地经销商和指定维修点均不答应退车、又没有将车修好的情况下,车主用3头毛驴拉"宝马"去投诉。(《经销商拒退故障进口车 车主上演驴拉宝马》,http://news.sina.com.cn/s/2004-08-30/02313528156s.shtml,2008年1月25日访问)

(3) 替代与结盟

呼吁可以由受害的关系人自己进行，也可以表现为他人或者团体的代理进行。"消费者"具有很大的多样性和差异性，并非"平均人"和"齐人"：有的是拥有足够对抗能力的智者，他们足以实施自我保护；有的执迷不悟，是真正的弱者和愚者，知识的匮乏使他们不可能意识到自己是一个受害人；有的属于能从履约的困境中翻然醒悟，成为权利行使的"觉悟者"。消费者权利处于一个连带的关系当中，但是他们同时都是与生俱来的机会主义者和利己主义者。这种情况下，除非受到足够的利益激励，关系契约的实施很大程度要取决于一位乐善好施的第三方作为"公共斗士"（champion of the public）来实施替代自助，代表其类属显示消费者的隐性契约中的权利所在和利益诉求，最典型的例子就是"王海打假"。发挥消费者之间的相互替代，一个基本功能在于提高隐性契约违约的发现概率、检举概率和惩罚范围，有利于克服个别消费者发现和惩罚违约的"差错"。

由于一个人时间、精力、财富、知识的有限性，私人实施的履约资本总是有限的，关系契约在一定意义上不是一个个别合同，具有公共物品的属性，依靠个人行为的违约责任追究极有可能产生"搭便车"现象，集体行动的逻辑会使违约行为处于个人利益算计的"自我履约半径"之外。这种情况下，消费者有可能开始选择团结和结盟，意图采取联合行为。这种结盟既可以是临时性的集会、串联、联合抗议、集体示威，也可以是有组织性的各种行动小组、消费者协会、歌迷会、俱乐部等。

2. 退出

退出或者退出的威胁是商誉契约自我实施的有效措施。退出意味着解除与企业的关系，可以视为针锋相对地惩罚对方。退出之所以有效,在于退出能有效地为对方施加"退出成本",实现博弈双方的均衡。当经营者遵守协议的未来期望收益大于违反协议的当前收益时,解除契约退出交易是最有效的,也正是由于经营者对长远利益的考量,退出的威胁通常可以有效制止经营者的机会主义行为。因此,在大多数情况下,只要双方交易的时间足够长,经营者存在一个预期利益,顾客退出的压力就能促使契约的自我执行。

顾客退出施加给经营者的成本是多方面的,如交易关系终止造成的具有专用性资本投资的损失、信誉贬值的损失等等,这些"退出成本"实际上是一种未来资本的现值。通过退出或者退出的威胁,迫使经营者降低对背叛行为收益的估量,奖励合作,诱导经营者不违反隐性契约。只要这一资本现值大于交易对手采取机会主义行为所能获得的资本的现值,机会主义行为就不会发生。但是,如果把退出仅仅理解为解除合同,不再发生购买关系则是不全面的。商誉企业给消费者的信任越大,消费者的预期就越高,因经营者违反隐性契约导致预期利益的损失就越大,在预期利益无法得到满足的情况下,消费者多会通过宣泄来"填平"行为预期与现实之间的落差。因此,对商誉契约关系的退出通常是"宣告"性的,通常以结盟的方式进行。

3. 忠诚为什么如此重要

呼吁与退出两种机制各有利弊,却又不可或缺。在赫希曼看来,理想做法是将市场性的力量与非市场性的力量结合,使退出与呼吁按照一定的次序交替适用,呼吁机制作用于前,退出机制作用于后,在功能上有效发挥相互之间的互补性和替代性。呼吁要以退出作为威胁时才会最大地发挥它的效力,没有呼吁的退出往往无助于企业的恢复;随着退出几率的下降,呼吁的作用将不断增强,但退出十分自由时,呼吁的作用又往往被忽视了。对一个具体的企业和组织及其绩效衰减而言,经常是:要么是退出居于主导地位,要么是呼吁居于主导地位。不管是退出还是呼吁,消费者或会员都会在不断地强化其中一种方式的同时忽略对另一种方式的使用。因此,有效的修复机制应是退出与呼吁的组合。[157]

如何才能使消费者在退出之前选择呼吁呢?这就要提高呼吁的意愿和效率,降低呼吁的成本。赫希曼提出了"忠诚"(loyalty)的概念[158],这是"退出"与"呼吁"抉择过程中的一个关键概念。他认为对企业或组织的忠诚具有延缓退出的功效,由于"退出"对企业最具威胁性,面对消费者或成员的呼吁,企业就有必要尽快做出回应。在退出与呼吁组合及其交互作用的过程中,忠诚扮演着一个不可或缺的角色。某一产品的质量虽然已经下降,一部分消费者之所以并未选择退出,是出于"忠诚"而不肯放弃。据自己过往的消费经历,深信该产品的质量能够好起来,"忠诚"意味着消费者虽然对某企业的产品或服务不满意,但并不寻求其他企业的产品或服务加以替代,不会"移情别恋"。在退出之门"洞开"而呼吁机制难以发挥作用的时候,"忠诚"却能够降低"退出"的可能性,能够激活"呼吁",使衰减而有望恢复的组织不至于因为无障碍的退出而过早夭折。

维持顾客的忠诚对经营者是最有利的。有学者统计了"顾客忠诚"的财务价值:顾客背叛率若下降5%,利润则至少会增加25%;吸引一个新顾客要比保证一个老顾客多花至少4倍的费用。[159] 顾客的抱怨并不可怕,可怕的是不能有效地化解抱怨。美国著名的消费者调查

---

[157] 阿尔伯特·O.赫希曼著,卢昌崇译:《退出、呼吁与忠诚——对企业、组织和国家衰退的回应》,经济科学出版社,2001年,第128页以下。

[158] 阿尔伯特·O.赫希曼著,卢昌崇译:《退出、呼吁与忠诚——对企业、组织和国家衰退的回应》,经济科学出版社,2001年,第82页。

[159] 《以顾客为中心的营销策略》,http://www.3158.com/news/20071025/15/092686153.shtml,2008年1月14日访问。

公司 TRAP 公司有关"消费者抱怨处理"的调查结果表明:对顾客抱怨的正确处理可以增加顾客的忠诚度,对于所购买的产品或服务持不满态度的顾客,提出抱怨但却对经营者处理抱怨的结果感到满意的顾客,其忠诚度要比那些感到不满意但却未采取任何行动的人好得多。调查结果显示,在可能损失的 1—5 美元的低额购买中,提出抱怨但却对经营者的处理感到满意的人,其再度购买比例达到 70%。而那些感到不满意却也没采取任何行动的人,其再度购买的比例只有 36.8%。而当可能损失在 100 美元以上时,提出抱怨但却对经营者的处理感到满意的人,再度购买率可达 54.3%,但那些感到不满意却也没采取任何行动的人再度购买率却只有 9.5%[160]。客户的忠诚度不仅仅表现为重复购买的行为,还包含了对一个企业所持有的积极的态度,以及这种态度可能为企业带来的优势:营销成本降低,持续的利润,提高单位顾客的收入贡献。顾客的花费随时间的延长有增加的趋势,接受溢价,降低经营成本,增加推荐。忠诚的顾客通常会通过口碑推荐,为企业带来新的客源并树立企业的品牌形象。

五、简短的结语

本文的研究表明:商誉本质上是一种"关系利益",是商人追求私人目标的产物,在恒久而良好的"关系"上形成;商誉意味着顾客再次光顾的或然性,内含了"回头客"合理预期,是一种"未来交易",商誉特有的"未来意识"能保障双方面对未来的有效性,产生合理而有保障的"期待"。

---

[160] 转引自刘金晓:《企业与顾客抱怨处理》,http://www.51cmc.com/article/CRM/200402/20040211132200864757_5.shtml,2008 年 1 月 15 日访问。

商誉是一个可信的契约,它建立在经济理性的精心计算之上,在有效的市场竞争中,重复博弈能激励经营者和消费者进行专用性投资,企业投资形成了客观价值,消费者投资形成了商誉的主观价值,专用性投资是一个抵押的过程,体现了当事人履行契约的能力和决心。契约双方在自我锁定的同时也锁定对方,使退出交易存在巨大的成本,从而有利于克服机会主义的行径,促使契约的自我履行。商誉通过知识的切换和编码获得了信息上的优势,并与企业本身的存续联系在一起,获得了长远的生命力。商誉作为一种可信的承诺,保障了当事人的合理预期,使经济与社会具有确切性、可预见性和可计算性。

商誉的生成可以视为契约关系拓展的结果,这一拓展使企业具有了获得未来超额利润的能力,表现在:在内容上,将客观要素扩张到了认知要素;在形式上,从显性条款扩张到更多运用隐性条款;在效力上,从规范现时性交易扩张到未来的交易;在交易频数上,从个别交易扩张到习惯交易;从交易的人员范围看,从个体交易扩张到了群体的"部落化"交易。商誉一旦获得习惯的制度特征,既是描述性的——表彰了过往交易的良好记录;也是规范性的——决定了未来"路径依赖"的走向,正是如此,按照商誉契约进行交易,能使双方获得面向未来的确定性,由于习惯是记忆性的,交易费用得到大幅降低,克服和缓解了现代社会信息不对称带来的种种困惑和担忧。

在一个不完全合同的现实社会中,显性契约具有可验证性和强制执行性,隐性契约具有降低交易成本的优势,隐性契约主要靠习惯、价值观来约束,商誉是一种典型的隐性契约,比显性契约更容易被违反,契约的履行主要在于建立隐性契约自动实施机制。商誉是一种双边治理的自动实施机制,主要依靠顾客的"呼吁—退出"方式,来形成一个强大的履约威胁。

在我国,自20世纪90年代开始,"品牌热"不断升温,"发展信用经济"、"加强品牌建设"、"保护著名商标(字号)"、"培育企业商誉"、"品牌就是生命"、"搞一个品牌,活一方经济"等,是时下政府大力推行的经济战略和企业热衷的经营策略。轰轰烈烈的"造牌"运动,不胜枚举的品牌名目,其实极具"家族相似性":不同形态的名牌都借助一定的商业符号如商号、商标等来表达,但是,符号只不过是信息的"黏结物(glue)",一种信誉的表达形式和载体。更为重要的是,符号背后隐含着"第二重含义",意味着友好关系、印象价值、声誉、知名度、名气,即本文所指的商誉。从这一角度出发,本文的一些问题不仅仅是一个理论问题,而且有着十分重要的现实意义[161]。

---

[161] 对于商誉在中国现实中的困境限于本文篇幅没有展开,可参见谢晓尧:《"中国名牌":一个商誉文本的契约反思》,载《洪范评论》第8辑,中国法制出版社,2007年。

传统知识、遗传资源保护的
根据和知识产权制度

田村善之[*]著

李扬[**]译

一、传统知识

(一)为什么要保护传统知识

传统知识[1]和遗传资源的保护,在围绕知识产权法制度的国际政

---

[*] 日本北海道大学法学研究科教授。
[**] 华中科技大学法学院教授。
〔1〕 关于传统知识的含义,目前尚未有一致意见。在本文中,传统知识泛指民族所传承的文化表现和有关生物资源活用方法的所有知识。具体来讲,包括民谣、民间传说和故事、民间工艺品,以及有关农业、医学、药学等方面的知识。参见Yo:《伝統的知識と知的所有権》,《AIPPI》第44卷第11期第48页(1999年)。青柳由香:《伝統的知識・遺伝資源・フォークロア》,载石川明主编:《国際経済法と地域協力》,信山社2004年,第133—136页。青柳由香:《伝統的知識等に関する国際機構・地域のアプローチの検討-法的保護の視点-》,《慶應法学》2006年第6期,第93—95页。

本文中的传统知识,除了包含民间文学艺术作品外,还包括遗传资源的一部分。尤其是,即便属于有关自然资源的遗传信息,如果成了传承民族生活知识的一部分,在本文当中也放在传统知识的标题下进行考察。由此,本文在积极讨论

治领域中已经成了一个热门话题,并且由来已久[2]。将传统知识和遗

遗传资源的时候,遗传知识并不包括属于传统知识的部分(当然,在消极的意义上,在提及使用包含遗传资源的传统知识概念的有关条约或者文献的情况下,另当别论)。之所以要这样从狭义上特定化遗传资源,是因为它尽管属于是否形成了特定民族内确定文化的一部分的问题,但从理论上看,还是属于法的处理方式不同的问题。在现实中,虽然很多遗传资源属于传统知识,但是在提倡遗传资源保护的时候,以主权作为根据对遗传资源主张权利的也不少,而这和遗传资源是否属于传统知识并没有什么关系。这样的话,即使在设定了遗传资源的问题下从理论上探讨其保护的根据,也应当和传统知识分开作为考察对象,以防止讨论的含混不清,这是非常重要的。

此外,遗传资源一般在这样的意义上使用,即遗传资源属于包含遗传信息的生物资源的总称。也就是说,遗传资源不包括矿物资源,本文也采取这样的观点。由于遗传资源可以自己增殖,虽然对其生存领域内的生物可以主张主权,但由于携带到国外还存在继续利用的可能性,因此原产国都会提出特别保护的计划,这一点和矿物资源是根本不同的。(参见大澤麻衣子:《伝統的知識の保護と知的財産に関する一考察－遺伝資源及び伝統的知識の保全から活用の時代へ－》,2002年知的財産研究所編:《特許庁委託平成13年度工業所有権研究推進事業報告書》第23頁。大澤麻衣子:《知的財産としての伝統的知識の保護－国際的の展望と課題－》,《知財研フォーラム》2002年第50期,第30頁)同时为了防止问题扩大化,按照一般的用法,遗传资源不包括人类的遗传信息。

〔2〕 高倉成男:《知的財産法制と国際政策》,有斐閣2001年,第339—356頁。山名美加:《知的財産権と先住民の知識》,《現代思想》第30巻第11期(2002年)。大澤麻衣子:《伝統的知識の保護と知的財産権に係る国際的な取り組み》,《企業と法創造》第1巻第2期(2004年)。关于先住民族的各种国际人权标准等的历史的介绍,参见常本照樹:《先住民族の文化と知的財産の国際的保障》,《知的財産法政策学研究》第8期(2005年)。

更详细的资料,可参见高倉成男:《国際知的財産法制を動かすグローバリズムと環境倫理》,《AIPPI》第44巻第7期(1998年),《環境技術と知的財産をめぐる国際交渉の論点と展望》,《知財管理》第48巻第9期(1998年),《貿易と環境の知的財産の側面》,《21世紀における知的財産の展望》(知的財産研究所10周年記念・雄松堂2000年),《生物資源と知的財産》,《知財管理》第52巻第3期(2002年),ヴァンダナ・シヴァ:《生物多様性の保護か,生命の収奪か,グローバリズムと知的財産権》,奥田暁子訳,明石書店(2005年)。关于民间文学艺术作品的保护,请参见増山周:《"伝承知識(Traditional Knowledge)"と知的所有権》,《特技懇》第212期(2000年)。

关于各国的法律制度,参见山名美加:《UPOVと生物多様性条約(CBD)－インドにおける『育成者の権利』和『農民の権利をめぐる考察－》,《阪大法学》第49巻第3期、第4期(1999年)。Surinder Kaur Verma:《生物学的資源及び遺伝資

传资源的保护包括在现有知识产权制度中存在一定难度,这一点学界也达成了一定的共识[3]。但是,关于为什么必须保护传统知识和遗传资源(或者说是否从一开始就没有保护的必要)？这一个原理性问题尚未形成定论。本文试图检讨与此相关的若干原理。

1. 以历史榨取作为根据的考察方法

关于传统知识的保护问题,很多人都将其等同于"先住民"传统知识的保护问题。而且,如果将遗传资源考虑进去的话,还有人将其作为发达国家和发展中国家之间南北问题的一个方面进行讨论[4]。最为典型的例子就是有学者批判说,没有经过许可利用先住民族的传统知识和发展中国家的遗传资源并且获得特许权等知识产权的生物海盗行为,只不过是发达国家继历史上榨取发展中国家之后的第二次殖民地

源の取得並びにその保護：インドの場合》,《AIPPI》第46卷第4期(2001年)。ホルヘ・カブレラ・メダグリーア:《遺伝資源へのアクセス,伝統的知識の保護及び知的所有権：コスタリカの経験から学んだ教訓》,小高壽一译,《AIPPI》第46卷第4期(2001年)。青柳由香:《伝統的知識等に関する国際機構・地域のアプローチの検討－法的保護の視点－》,《慶應法学》2006年第6期,第116—124页(解説EUの立場)。

[3] 参见大澤麻衣子:《伝統的知識の保護と知的財産に関する一考察－遺伝資源及び伝統的知識の保全から活用の時代へ－》,2002年知的財産研究所编:《特許庁委託平成13年度工業所有権研究推進事業報告書》,第25—41页。青柳由香:《伝統的知識・遺伝資源・フォークロア》,载石川明主编:《国際経済法と地域協力》,信山社2004年,第148—157页。

[4] 但是,也有学者认为,发达国家也存在先住民,发展中国家中也有国家存在生物多样性匮乏问题,因此,传统知识和遗传资源的保护问题不仅仅是一个南北问题,也是北北问题、南南问题,更多的则应当是拥有先住民的国家的国内问题。参见大澤麻衣子:《伝統的知識の保護と知的財産に関する一考察－遺伝資源及び伝統的知識の保全から活用の時代へ－》,2002年知的財産研究所编:《特許庁委託平成13年度工業所有権研究推進事業報告書》第2页。大澤麻衣子:《知的財産としての伝統的知識の保護－国際的展望と課題－》,《知財研フォーラム》2002年第50期,第29—30页。大澤麻衣子:《生物多様性条約と知的財産権－環境と開発のリンクがもたらした弊害と課題》,《国際問題》第510期,第57页(2002年)。

活动[5]。因此,传统知识的保护问题,不但成了先住民族和后发民族之间的民族对立问题,而且成了发达国家和发展中国家之间的国家对立问题。

但是,民族之间的对立、发展中国家和发达国家之间的对立,属于民族和国家等共同体之间的关系。另一方面,传统知识和遗传资源的保护如果作为和现有知识产权类似的私权加以保护的话,也和现有知识产权制度一样,处理的只不过是私人与私人之间的关系。在这种情况下,能够成为传统知识和遗传资源的权利人就应当是所有人,而不限于先住民,或者是发展中国家的国民。与此相对应,站在侵权的角度看,侵权者也应当是所有人,而不限于发达国家的国民。在此产生了根本上的不一致。若要以过去民族和国家之间存在历史榨取的事实这个角度出发,考虑对个人权利和行为产生影响,原本就需要一个理论架构。此外,先住民族问题以国内民族之间的问题为主的情况下,国内和国际之间的解决方法也会有所差别。

由上可以得出结论,以先住民族的保护和过去历史榨取的事实作为根据,肯定传统知识等保护的考查方法,撇开其政治意义不谈,单从法律观点来看,不得不说其为一套不完整的理论。

2. 以文化冲突作为根据的思考方法

以回避文化冲突作为根据,肯定对传统知识的利用应当进行一定制约的必要性的思考方法,相对来说是一种比较有说服力的论述[6]。

---

[5] ヴァンダナ・シヴァ:《生物多様性の保護か,生命の収奪か,グローバリズムと知的財産権》,奥田暁子译,明石書店2005年。

[6] 青柳由香:《伝統的知識等に関する法整備への先住民及び地域共同体の参加について》,《知的財産法政策学研究》第8期,第102—103页、第110—111页(2005年)。关于文化多元主义,参见:W.キムリッカ(千葉眞=岡崎晴輝):《新版現代政治論》,日本経済評論社2005年,第475—540页。

以先住民族的传统知识而言,对其利用的一般倾向是,权利不是归属个人而是归属某个集团[7],只有在特定仪式上才能进行利用,只有神灵治疗者等少部分人才能进行传承,或是只有王族、神职人员(巫师、巫婆等)等才能决定其利用[8],且其规制并不存在经过一定期间后归于消灭这样的观念。

在先住民知识归属某个集团的情况下(亦即第一个特质),其特点在于对传统知识的利用采取共同体主义的规制方式,这与将知识产权作为私权从个人主义角度进行把握的现有知识产权制度之间存在根本差异[9]。

在没有时间限制的情况下(第二个特质),传统知识的保护与对权利设定了一定期限的现有知识产权法制度也不一致。一般来说,知识产权存续期间的设计,目的在于促进知识财产的利用和后来者的创作,(在进步的名义下)推进文化的发展变化,并且这种变化应当以个别主

---

[7] 青柳由香:《伝統的知識・遺伝資源・フォークロア》,载石川明主编:《国際経済法と地域協力》,信山社2004年,第156—157页。常本照樹:《先住民族の文化と知的財産の国際的保障》,《知的財産法政策学研究》第8期第16—17页(2005年)。

[8] 大澤麻衣子:《伝統的知識の保護と知的財産に関する一考察-遺伝資源及び伝統的知識の保全から活用の時代へ-》,2002年知的財産研究所編:《特許庁委託平成13年度工業所有権研究推進事業報告書》,第9页。青柳由香:《伝統的知識・遺伝資源・フォークロア》,载石川明主编:《国際経済法と地域協力》,信山社2004年,第138—139页。青柳由香:《伝統的知識等に関する国際機構・地域のアプローチの検討-法的保護の視点-》,《慶應法学》2006年第6期,第93,99页。常本照樹:《先住民族の文化と知的財産の国際的保障》,《知的財産法政策学研究》第8期,第16—17页(2005年)。

[9] 青柳由香:《伝統的知識・遺伝資源・フォークロア》,载石川明主编:《国際経済法と地域協力》,信山社2004年,第157页。青柳由香:《伝統的知識等に関する国際機構・地域のアプローチの検討-法的保護の視点-》,《慶應法学》2006年第6期,第99—100页。常本照樹:《先住民族の文化と知的財産の国際的保障》,《知的財産法政策学研究》第8期,第17页(2005年)。吉田邦彦:《アイヌ民族の民法問題(下)》《ジュリスト》第1303期,第61页(2005年)。

体的竞争研究开发为前提[10]。与此相对,对传统知识的利用之所以没有设定存续期间,虽然未必能够否定追求变化的因素,但其着眼点并不在单个主体之间的竞争,而是集团管理下应当完成的共同体主义的文化的保存[11]。可见,是否设计存续期间,涉及上述两种文化的冲突。

比如,现有知识产权法站在其所立足的文化的角度,设定存续期间,其后准许自由利用传统知识的话,管理传统知识的共同体文化就会遭受损害。因此,为了防止现有知识产权所保护的文化单方面的优越性,采取一定形式制约对传统知识的利用是有必要的。传统知识应当受到保护的根据,应当可以诉求于回避这种文化冲突的视角。

话虽如此,回避文化冲突,找到让双方共存的方案并不是那么简单的事情。让管理传统知识的文化优先,永远制约对传统知识的利用,现有知识产权法所提倡之文化就会受到损害。确实,必须戒除现有知识产权的文化优越于传统知识的文化的想法。但是,基于同样的道理,也没有理由让传统知识的文化优越于现有知识产权法文化。因而有必要采取对等原则调整两者之间的关系。

比如,传统知识保护的根据可以求助于民族自决权乃至自己决定

---

[10] 高仓成男:《知的财产法制と国际政策》,有斐阁 2001 年,第 348 页。这种倾向和作为知识产权保护根据的激励论关系密切。激励论认为,知识产权的保护目的在于促进知识产权的创作、促进向知识产权普及的投资。长谷川晃:《"竞争的繁荣"と知的财产法原理》,《知的财产法政策学研究》第 3 期(2004 年),第 24、30 页。

[11] 关于传统知识在传承过程中的变化,参见大澤麻衣子:《伝統的知識の保護と知的財産に関する一考察－遺伝資源及び伝統的知識の保全から活用の時代へ－》,2002 年知的财产研究所编:《特許庁委託平成 13 年度工業所有権研究推進事業報告書》,第 4—5 页。青柳由香:《伝統的知識・遺伝資源・フォークロア》,载石川明主编:《国際経済法と地域協力》,信山社 2004 年,第 138 页。常本照樹:《先住民族の文化と知的財産の国際的保障》,《知的財産法政策学研究》第 8 期,第 16—17 页(2005 年)。

权[12]。在存在异质文化的情况下,之所以不允许特定文化存在单方面的优越性,其意义在于,必须保障民族自己决定权的想法确实包含了一定的道理。但是,按照上述观点,贯彻特定民族的自己决定权时,在与其他民族或者个人的自己决定权发生冲突的情况下,仅从自己决定权出发来解决问题就会变得困难。这就是为什么有必要对文化冲突及其调整有所认识的原因[13]。

关于传统知识的保护,在提出回避文化冲突的观点的情况下,不管是从"先住民"的传统知识还是"先住民族"[14]的传统知识进行把握,都不得不进行一定的修正。文化圈冲突成为问题的前提是必须存在确定的文化圈。在此意涵下,着眼于"民族"的思考方法可谓深中肯綮。但是,该民族应该不需是"先"住民族。"先"住民族只不过表明存在确定的文化圈而已。关于这一点,在将历史榨取作为根据的情况下,虽并不需要存在确定的文化圈,但是相反的,有必要存在历史榨取的事实,所以很多情况下"先"住民的事实都可以成为其佐证。但是,如前所述,并不能将历史榨取的事实作为传统知识保护的根据。下面将从回避文化冲突的观点出发检讨调整的方法。为了叙述的方便,虽然使用"先住民族"等概念,但要提醒读者注意的是,这里并不以"先"住民族

---

[12] 常本照樹:《先住民族の文化と知的財産の国際的保障》,《知的財産法政策学研究》第 8 期,第 19—20 页(2005 年)。青柳由香:《伝統的知識・遺伝資源・フォークロア》,载石川明主编:《国際経済法と地域協力》,信山社 2004 年,第 145 页。

[13] 基于同样的道理,提倡人格权方法并借以说明传统知识保护的必要性的观点也是恰当的。高倉成男:《知的財産法制と国際政策》,有斐閣 2001 年,第 348—351 页。

[14] 关于先住民和先住民族定义的困难性,参见青柳由香:《伝統的知識・遺伝資源・フォークロア》,载石川明主编:《国際経済法と地域協力》,信山社 2004 年,第 135—147 页。此外,"先住民"和"先住民族"的用语,虽然从自决权有无的角度可以进行区分使用,但本文为了方便,没有进行区分,而是互换使用。

作为一个指标。

(二)调整的手法

1. 民族利用自己传统知识而遭遇问题的情形

管理传统知识的先住民族等以外的人能够获得特许权等知识产权时将会带来问题[15]。尤其会造成这样一种结果:如果阻止对和现有知识产权所立足的动态文化异质的静态文化的先住民族的传统知识进行利用,动态文化对静态文化单方面的优越性就会得到承认,而这是必须避免的。民族自身利用其固有的传统知识如果受到妨碍的话,前述的民族自己决定权就会受到侵害。

但是,即使按照现有的法制,某种程度上,先住民族对传统知识利用的自由也可以得到保护。

以专利权为例,传统知识如果成为公知技术,则可以丧失新颖性为由拒绝授予其特许权。申请特许权的发明属实,且该申请对传统知识没有进行任何形式的改变,则为冒认申请,但申请人从一开始就没有获得特许权的权利。此外,先住民族也可能通过先使用来进行抗辩。

但是,完全按照现有的专利法解决的话并不尽如人意。不但存在

---

[15] 实际例子,参见青柳由香:《伝統的知識・遺伝資源・フォークロア》,载石川明主編:《国際経済法と地域協力》,信山社2004年,第139—143页。ヴァンダナ・シヴァ:《生物多様性の保護か,生命の収奪か,グローバリズムと知的財産権》,奥田暁子译,明石書店2005年シヴァ,第63—85页。高倉成男:《貿易と環境の知的財産的側面》,载《21世紀における知的財産の展望》,知的財産研究所10周年記念・2000年・雄松堂出版,第274页。髙林龍、増田由希子:《特許法のハーモナイゼーションをめぐる一視点－遺伝資源および伝統的知識の知的財産としての保護》,《L&T》第16期,第47页(2002年)。

证明冒认困难的情形,而且如果不是冒认申请而是独自发明的话,在实体法上也无法否认申请人获得专利权的权利。此外,关于新颖性的丧失,有的国家的专利法要求国外公知必须在刊行物上记载。而传统知识中很大一部分都是通过语言进行传承的,在这种情况下,使申请专利权的发明丧失新颖性就存在困难[16]。再者,有的国家并不承认一般性的先使用抗辩。

话虽如此,知识产权一般采用属地主义原则[17],若采此见解,则与先住民族等所利用的传统知识的地域没有关系的外国专利权并不会妨碍传统知识的利用。这样的话,在多数情况下,传统知识的利用问题就属于先住民族居住地的国内法问题。当然,少数民族的保护问题也不在少数,故将其委托给各国国内的民主立法,也不能立即断定就是好的选择。而且,国家之间必须受 TRIPS 协议等的束缚。但是,为了避免文化的冲突,在承认继续利用先住民族传统知识必要性的情况下,条约也应当考虑上述观点来进行解释。

2. 民族之外的人利用传统知识而遭遇问题的情形

管理传统知识的民族以外的人利用传统知识遭遇到问题的情况下,调整会变得更加困难。从回避文化冲突的视点出发,可以分以下两种情形进行探讨。

---

[16] 青柳由香:《伝統的知識・遺伝資源・フォークロア》,载石川明主编:《国際経済法と地域協力》,信山社 2004 年,第 157 页。根据避免文化冲突的观点,保护没有文字的文化是非常必要的。但这并不必然导致丧失新颖性而否定获得特许权的结论。即使否定在某个民族没有打算利用传统知识的国家获得特许权,该民族也应当存在继续利用传统知识的可能性。

[17] 关于属地主义的含义和根据,存在各种理论,在此不涉及。参见田村善之:《職務発明に関する抵触法上の課題》,《知的財産法政策学研究》第 5 期,第 2—6 页(2005 年)。

(1) 民族文化规范要求传统知识具有排他性的情形

比如,禁止在宗教仪式等特定目的之外使用传统知识,传统知识的使用者限于特定的人,否则必须经过长老的许可[18]。在这种情况下,违反条件或者没有履行所规定的手续利用传统知识的行为,就会构成侵害民族文化规范的行为。

但是,话虽如此,如果以此为理由,根本不允许民族之外的人利用相关传统知识的话,也可能与其他文化圈的规范发生冲突。特别是在现有知识产权制度下有关知识产权因保护期限届满而进入公共领域时,问题将变得更加尖锐[19]。

这就是文化冲突的问题[20]。比如,关于保护期,就是以不变为特征的文化和以变化为特征的文化的对立问题。从防止某一方优越的观点来看,我们不能完全认同公共领域,但也不能说先住民族等的保护是一个不证自明的道理。

有人主张在允许利用的前提下将利益分配给先住民族作为解决方案,原本从防止排他性规范受到侵害和回避文化冲突的观点来看,这不

---

[18] 参见大澤麻衣子:《伝統的知識の保護と知的財産に関する一考察－遺伝資源及び伝統的知識の保全から活用の時代へ－》,2002年知的財産研究所編:《特許庁委託平成13年度工業所有権研究推進事業報告書》第34页。青柳由香:《伝統的知識・遺伝資源・フォークロア》,載石川明主編:《国際経済法と地域協力》,信山社2004年,第138—139页。

[19] 当然,要注意的是,即使按照现有的知识产权法制度,商标和著作者的人格利益等,也没有因为存续期间届满而一律不再给予保护。比如,改变属于传统知识的图案并加以利用时,就不会产生文化冲突的问题。青柳由香:《伝統的知識・遺伝資源・フォークロア》,載石川明主編:《国際経済法と地域協力》,信山社2004年,第139—140页、第148—149页。

[20] 但是,要注意排他性的意味。管理传统知识的民族如果对民族居住地内的人以及本民族的人利用传统知识不存在排他性规范的话,尽管允许民族居住地外的人以及非本民族的人利用传统知识,也不会侵害民族的文化规范。只限于对民族居住地外的人以及非本民族的人要求排他性的规范导致的问题已经明显化。

是一个好的解决之道[21]。

但如实体法解决存在困难,就必须仰赖程序正义[22]。具体来说,可以通过缔结国际条约等方式进行调整[23]。而且在这种情况下,不以民主主义的价值目标作为前提是必要的。在国际协商情况下,让国内往往成为少数民族的先住民族参与是非常必要的[24]。此外,由长老和神职人员等决定的文化也是文化的一环,既然以回避文化冲突(包含程序正义)作为调整的根据,那么在如何代表先住民族等问题上,就不能强制推行民主主义的多数表决原理。

(2)民族不存在排他性规范的情形

---

〔21〕 比如,将民族固有的具有宗教意味的服装、图案、音乐等进行商品化,就意味着将不能放入市场的知识和文化上能够理解的知识之间的交换,由于这种交换可能和文化破坏密切相关,即使分配给先住民族以利益也是无济于事。吉田邦彦:《アイヌ民族の民法問題(下)》,《ジュリスト》第1303期,第57—58页(2005年)。按照《生物多样性公约》,虽然从先住民族的角度看,存在接触限制和利益分配框架,但其实质只不过是在持续开发的名义下加速对传统知识的榨取罢了。参见常本照樹:《先住民族の文化と知的財産の国際的な保障》,《知的財産法政策学研究》第8期(2005年)。但是,按照下面的论述,谋图程序正义的结果,如果能够达成利益分配的协议,似乎并没有关系。

〔22〕 青柳由香:《伝統的知識等に関する法整備への先住民及び地域共同体の参加について》,《知的財産法政策学研究》第8期,第105—106页。

〔23〕 比如,独立于现有知识产权法的特别权利制度以及各种提案。大澤麻衣子:《伝統的知識の保護と知的財産に関する一考察－遺伝資源及び伝統的知識の保全から活用の時代へ－》,2002年知的財産研究所编:《特許庁委託平成13年度工業所有権研究推進事業報告書》,第45—49页。大澤麻衣子:《伝統的知識の保護と知的財産権に係る国際的な取り組み》,《企業と法創造》第1卷第2期,第114—119页(2004年)。青柳由香:《伝統的知識をめぐる問題の状況》,《企業と法創造》第1卷第2期,第105—106页(2004年)。青柳由香:《伝統的知識等に関する国際機構・地域のアプローチの検討－法的保護の視点－》,《慶應法学》2006年第6期,第101—110页。青柳由香:《太平洋共同体における地域的フレームワーク及びモデル法による伝統的知識・文化的表現の保護の取組み》,《企業と法創造》第1卷第5期(2005年)。

〔24〕 详细论述参见青柳由香:《伝統的知識等に関する法整備への先住民及び地域共同体の参加について》,《知的財産法政策学研究》第8期。

从一开始在先住民族内部对传统知识的利用就不存在规范的情况下,也就不存在文化规范冲突。虽然不存在文化冲突,但并不意味着就不需要寻求解决的办法,在这种情况下,应当考虑与文化冲突不同的原理[25]。

比如,很明显地,对于先住民族或者少数民族的保护可能会成为问题的所在。按照这个脉络,历史榨取论等还是有一定道理的。利益分配论也应当说是一个很有希望的解决方案。为了让历史上被榨取的少数民族在文化和经济方面可以得到保护,在构筑振兴少数民族文化措施的时候,作为其中的一个方面,也应当考虑将利用民间文学艺术作品等产生的收益归还给少数民族的方案[26]。但是,在这种情况下,重要的是,不能导出和这种所谓的历史文脉没有关系的解决方案。以历史

---

[25] 但是,也存在不能这样简单下结论的事例。比如,先住民族由于依靠输出属于传统知识的植物而维持生计,但在输入国已经有人利用传统知识获得特许权的情况下,输出就会变得困难。(大澤麻衣子:《伝統的知識の保護と知的財産に関する一考察－遺伝資源及び伝統的知識の保全から活用の時代へ－》,2002年知的財産研究所编:《特許庁委託平成13年度工業所有権研究推進事業報告書》第41页。青柳由香:《伝統的知識・遺伝資源・フォークロア》,载石川明主编:《国際経済法と地域協力》,信山社2004年,第164—165页)由于存在特许权,属于传统知识的生物资源的消费就会变得十分麻烦。其导致的结果是,生物资源的价格会迅速猛涨,并进一步导致其枯竭。从这里可以清楚地看出,即使先住民族内不存在关于利用传统知识的排他性规范,但由于在先住民族外部可以取得特许权,先住民族的生活会受到重大影响。但是,在这些事例当中,先住民族并非不能享受关于传统知识的静的文化,原因在于可以同输入国以现有知识产权制度为前提的动的文化进行交流,难以通过以文化冲突作为理由建立独自的规范论,因此比较可取的方式应该是通过发明的定义和新颖性的解释等现有知识产权制度作为解决问题的方向。但是,有学者指出,由于特许无效需要付出成本,因此对于大量的生物海盗行为,这也不是有效的方法。ヴァンダナ・シヴァ:《生物多様性の保護か,生命の収奪か,グローバリズムと知的財産権》,奥田曉子译,明石书店2005年,第79页。

[26] 关于爱奴民族的实际例子,参见吉田邦彦:《アイヌ民族の民法問題(下)》《ジュリスト》第1303期,第59—60页(2005年)。

榨取作为根据,给予少数民族的传统知识类似知识产权的特殊保护在国内法上虽有可能,但对于国际条约所承认的专利权和著作权,认同少数民族享有特殊抗辩的原理无法成立。

另一方面,有人提倡,关于生物资源的传统知识,站在更高的层次上看,为了维持与生态系统共存的文化,保存生物多样性,必须阻止加速生物资源榨取和枯竭的西方知识产权,特别是专利权(以及1991年UPOV改正条约中被强化了的植物新品种权)的获取[27]。当然,为了实现这个目的,阻止获得专利权是否就足够了呢？还是有必要承认农民在与自然共存的同时所培育出的集体的创造力、这种共同体的知识产权也成为一个新的知识产权？对此从根本上进行检讨是先决要件。

二、遗传资源

基于生存于某国领域内的遗传资源做出的发明,能否让主权国以外的人,特别是外国国民获得特许权,是一个值得研究的问题[28]。

但是,同传统知识没有关系,且亦不因遗传资源长期被特定民族管理就成立某种文化规范,因此对其利用从文化冲突的角度很难导出相关制约原理。由于不是民族固有的问题,因此也难以作为先住民族和少数民族的保护问题进行把握。遗传资源的保护应当从不同于传统知识的其他角度进行检讨。

---

[27] ヴァンダナ・シヴァ:《生物多様性の保護か,生命の収奪か,グローバリズムと知的財産権》,奥田暁子译,明石書店2005年。

[28] 遗传资源和申请特许权的发明之间的关系如何,问题主要集中在仅仅分离出本来就存在于自然界的物质是否能够评价为应当授予特许权的发明。知识创作的有无虽然关涉特许权正当化的原理(田村善之:《知的財産法》(第4版),有斐閣2006年,第178—179页),但由于不是遗传资源的特有问题,因此本文不加以检讨。

《生物多样性公约》[29]中业已确立的利益分配方针是非常重要的[30]。尽管迄今为止讴歌经济发展但加速了环境破坏的是发达国家，但该条约所推进的保全生物多样性，在谋求保全遗传资源丰富的发展中国家之遗传资源的同时，在一定情况下也要求经济的发展做出某种程度的牺牲，以此为代价，去获取遗传资源中产生的利益分配，这不仅

---

〔29〕 参见茶園成樹:《生物多様性条約と知的財産権》,《日本工業所有権法学会年報》第 22 期(1999 年)。高倉成男:《環境技術と知的財産をめぐる国際交渉の論点と展望》,《知財管理》第 48 卷,第 9 期,第 1453—1456 頁(1998 年)。高倉成男:《貿易と環境の知的財産の側面》,《21 世紀における知的財産の展望》第 263—276 頁,知的財産研究所 10 周年記念・2000 年・雄松堂出版。高倉成男:《生物資源と知的財産》,《知財管理》第 52 卷,第 3 期,第 309—313 頁(2002 年)。高倉成男:《生物多様性条約の技術移転条項の解釈》,《知財管理》第 52 卷第 4 期(2002 年)。大澤麻衣子:《生物多様性条約と知的財産権－環境と開発のリンクがもたらした弊害と課題》《国際問題》第 510 期(2002 年)。田上麻衣子:《CBD/Akw:Konガイドラインについて》,《知的財産法政策学研究》第 10 期(2006 年)。田上麻衣子:《生物多様性条約(CBD)とTRIPS協定の整合性をめぐって》,《知的財産法政策学研究》第 12 期(2006 年)。青柳由香:《伝統的知識・遺伝資源・フォークロア》,載石川明主編:《国際経済法と地域協力》,信山社 2004 年,第 163—168 頁。青柳由香:《伝統的知識等に関する国際機構・地域のアプローチの検討－法的保護の視点－》,《慶應法学》2006 年第 6 期第 110—116 頁。青柳由香、田上麻衣子訳:《(資料) Akw:Kon 任意ガイドライン》,《知的財作法政策学研究》第 10 期(2006 年)。山名美加:《UPOVと生物多様性条約(CBD)－インドにおける"育成者の権利"と『農民の権利』をめぐる考察－》,《阪大法》第 49 卷第 3、4 期(1999 年)。堂本暁子:《生物多様性》,岩波書店 1995 年,第 72—168 頁。ヴァンダナ・シヴァ:《生物多様性の危機 精神のモノカルチャー》,戸田清、鶴田由紀訳,明石書店 2003 年,第 167—177 頁。中川淳司、佐野稔:《先端技術と知的財産権》,日科技連 1997 年,第 124—149 頁。

〔30〕 《生物多様性公约》第 15 条第 7 项规定,从遗传资源利用中获得利益的国家,对于遗传资源提供国,应当就利益的分配制订立法、行政和政策上的措施,并且利益的分配应当在协商的条件下进行(也可参见第 19 条第 2 项)。这些规定,不但沿袭了资源榨取的历史逻辑,而且考虑了资源拥有国的主权,与关于先住民族传统知识利益分配的第 8 条(j)的规定完全不同。青柳由香:《伝統的知識・遺伝資源・フォークロア》,載石川明主編:《国際経済法と地域協力》,信山社 2004 年,第 166 頁。

仅是一个政治上的请愿，同时从衡平的观点来说也是非常必要的[31]。

不仅在缔约国层次上，即使在获得遗传资源的企业层次上，也已经开始采用这样的手法调整遗传资源的获得，即就遗传资源的获取事先与有权限的当局或者先住民族等签订契约或者协定，规定具体的利益分配方法，以防止纠纷的发生。为了获得遗传资源，必须侵入遗传资源所生息的土地，在这种情况下，为了防止土地所有权或者主权性权利的侵害，应当取得所有权人或者主权者的事先同意[32]。

但在未经同意的情况下，若有侵害所有权或者主权性权利的情形时，则另当别论，专利权的获取是否会受到妨碍，是另一个层次的问题。如果把它作为对于所有权侵害救济的效果究竟允许到达何种地步这个立法技术问题的话，那么只要国际条约中没有规定限制，则是各国国内

---

[31] 高倉成男：《貿易と環境の知的財産的側面》，《21世紀における知的財産の展望》，知的財産研究所10周年紀念，雄松堂2000年第255頁。大澤麻衣子：《伝統的知識の保護と知的財産に関する一考察－遺伝資源及び伝統的知識の保全から活用の時代へ－》，2002年知的財産研究所編：《特許庁委託平成13年度工業所有権研究推進事業報告書》第24頁。大澤麻衣子：《生物多様性条約と知的財産権－環境と開発のリンクがもたらした弊害と課題》，《国際問題》第510期，第57頁（2002年）。シヴァ（奥田曉子訳）《生物多様性の保護か、生命の収奪か、グローバリズムと知的財産権》，明石書店2005年，第115—116頁。

[32] 顺便指出，有人主张，按照《生物多样性公约》第15条第1项的规定，各国对本国内的天然资源拥有主权，获得遗传资源的机会属于遗传资源存在国的政府，并且应当遵守其国内法。所谓"天然资源"，原来有人主张属于"人类共同遗产"（大澤麻衣子：《伝統的知識の保護と知的財産に関する一考察－遺伝資源及び伝統的知識の保全から活用の時代へ－》，2002年知的財産研究所編：《特許庁委託平成13年度工業所有権研究推進事業報告書》第54—57頁），但现在已经发生了改变。尽管如此，还是有人主张"人类共同关心的事项"应当得到承认（大澤麻衣子：《伝統的知識の保護と知的財産に関する一考察－遺伝資源及び伝統的知識の保全から活用の時代へ－》，2002年知的財産研究所編：《特許庁委託平成13年度工業所有権研究推進事業報告書》第54頁。中川淳司、佐野稔：《先端技術と知的財産権》，日科技連1997年第143頁）。也可参见《生物多样性公约》第15条第5项，该条要求在取得遗传资源时，必须经过遗传资源提供国的同意。

法决定的问题。在抑制新颖性存在问题的发明、冒认等错误授权的同时,为了探求不存在利益分配等契约此种未经许可使用等情形,利用遗传资源做出的发明在进行专利申请的情况下,要求申请者公布遗传资源的出所、出示合法接触遗传资源的证明等制度设计[33],是非常合理的。从国际政治问题的角度看,也应当说这是一个必须通过国际条约解决的课题。

三、代结论

本文指出,在知识产权制度所立足的动态文化和管理传统知识的民族的静态文化相冲突的情况下,有必要调整二者的关系,并从这个角度探讨了传统知识的保护问题。但同时指出,要从这个角度推导出关于遗传资源利用的制约原理是困难的。

本文立足于采用作为知识产权法制度积极根据的激励论的观察方法[34]。就像有的学者已经指出的那样,激励论以"竞争的繁荣论"来达到更加发达的社会作为前提,但因国际社会的成熟度存在差别,因此作为理论基础用来讨论传统知识和遗传资源的保护并不特别恰当[35]。

---

[33] 有人主张,公开出所等制度不仅应适用于遗传资源,为了保护传统知识,也应当灵活应用该制度。主张积极导入的,参见 BRAD SHERMAN(才原慶道訳):《遺伝資源へのアクセスと利用の規制:知的財産法とバイオディスカバリー》,《知的財産法政策学研究》第 8 期(2005 年)。主张批判性检讨的,参见:田上麻衣子:《遺伝資源及び伝統的知識の出所開示に関する一考察》,《知的財産法政策学研究》第 8 期。青柳由香:《伝統的知識・遺伝資源・フォークロア》,载石川明主编:《国際経済法と地域協力》,信山社 2004 年,第 168—169 页。

[34] 关于自然权利论主张,参见田村善之:《知的財産法》(第 4 版),有斐閣 2006 年,第 7—21 页。

[35] Peter Drahos, A PHILOSOPHY OF INTELLECTUAL PROPERTY, p. 171 – 197(1996). Peter Drahos 在该书中提倡信息正义。長谷川晃:《"競争の繁栄"と知的財産法原理》,《知的財産法政策学研究》第 3 期(2004 年)第 24、30 页。

本文接受这一观点,因此试图描绘这样一个蓝图:以传统知识的保护问题[36]作为题材,如果导入回避不同文化规范冲突的原理,即使不舍弃激励理论去提出规范的决定论,也能够推导出一定的解决方案。诚然,以自然权利决定论作为知识产权保护制度的依据进行思考的话,虽然可能带来完全不同的原理,但这不是本文所擅长之处。再者,就像前文已经指出的,关于生物资源的传统知识,为了对抗专利权所导致的生物资源的枯竭现象,保护生态系统,应当立足于更加宏大的视野的深入探讨也是本文所尚未达成的。无论如何,为了从理论上解决传统知识的保护问题,指出这种原理性的思考方法是不可或缺的,这才是本文所要做出的结论。

---

[36] 長谷川晃:《"競争的繁栄"と知的財産法原理》,《知的財産法政策学研究》第 3 期(2004 年)第 30 页。

知识产权的最新状况[*]

大卫·维沃[**]著
李雨峰[***]译

一

我想谈谈知识产权的最新状况,即,知识产权今天看起来像什么样子,它面临哪些困难。我先对使用的概念进行界定,毕竟,知识产权作为一个用语并不是自我界定的(self-defining)。事实上,这一术语仅在二三十年内才成为日常生活中的英文单词。就法律事件而言,二三十年就是一眨眼的工夫。即使现在,美国在该领域最主要的判例集还称为《美国专利季刊》,尽管专利案件仅是其中的一部分。在英国,这样的判例集编纂的比美国早得多。英国知识产权方面的判例集在专利局的领导下于1884年创建,也称专利判例集。稍晚一些,判例集扩大了题目(指由前面的专利判例集改为后面的较长的题目),以适用其较大的范围,变成了《专利、商标、设计及其他案件判例集》。这一神秘的其

---

[*] 根据2000年5月17日作者在牛津大学法学院 Gulbenkian Lecture Theatre 的就职演讲而成。
[**] 牛津大学知识产权和信息技术法陆特斯(Reuters)教授,牛津知识产权研究中心主任,牛津圣彼得学院教授研究员(Professorial Fellow)。
[***] 法学博士,西南政法大学教授,牛津大学访问学者。

他案例——不敢说它们的名字——包括很多：与商业秘密、不公开信息以及称为版权的更大范围有关的内容。[1] 非常有趣的是，1966年新建的一种判例集，采用了《舰队街专利判例集》的名字，它最终在英联邦和欧洲被命名为《舰队街工业产权判例集》（缩写为"F. S. R."）[2]，直到20世纪70年代，《欧洲知识产权评论》才开始在牛津出版；随后，在80年代，《知识产权杂志》和《知识产权判例集》分别在澳大利亚和加拿大创建。

那么，知识产权是什么呢？需要指出的是，即使在今天，在这个名字下也没有一个统一的法律内容。这一术语其实是一套各不相同的权利的方便称谓——在英联邦包括一些制定法、普通法和衡平法——它们具有一些共同特征，它们在不同的期间内保护人类心智的某些产物，反对别人以各种不同的方式加以利用。保护的共同目的，是鼓励那些希望创作、投资或者利用这些产物的人付诸实践，特别是在如果没有这种保护的利益，他人就不进行上述活动或者很少进行这种活动的时候。

在这些权利中，大家最熟悉、发挥作用最大的就是专利、版权和商标，但还有一些边缘性的权利：设计、数据库、半导体布图设计、植物新品种权、基于商业秘密和不公开信息的权利，以及其他各种各样的防止和制止不正当竞争行为的权利。

即使那些知识非常渊博的人，也对知识产权的构成非常迷惑。例如，在讨论版权时，有人把它当成了专利；反之亦然。（同时）知识产权也进入了人们的闲谈之中，如，森林是老虎的专利（或者更不关心地说，是商标或者版权），高尔夫球的专利。这样随意宽泛的使用会产生

---

[1] 当Sweet & Maxwell有限公司接手专利判例集和新闻判例集时，Fleet Street Reports, R. P. C. 的题名太长，改成了其他判例集。

[2] 建筑开发商认为"工业产权须涉及建筑开发和划分区域"，他们开始订阅该判例集，这种行为可以理解。

一些影响。结果,在 1996 年亚特兰大夏季奥运会期间,一些法律杂志的文章开始讨论运动过程能否获得专利:不是新的高尔夫棒和球的专利,而是甩动高尔夫球棒的姿势可否获得专利。[3] 当知识产权律师走进绿地评估球杆的每一次甩动,并把那些接近专利法范围的球员置于法律进程时,很多高尔夫游戏获得了新生。但,激活运动项目疲软的办法最好还是到知识产权领域以外去寻找。

那么,哪些权利应当属于知识产权,知识产权真正的范围应当是什么呢?

首先是专利。它保护那些新颖的、非显而易见的和有实用性的发明。第一部英国专利制定法,即 1624 年垄断法,称这些发明为新产品(new manners of manufacture)。该法规定,为了鼓励英国引进新行业或者新发明,国王有权授予 14 年的垄断权。目前发明专利的国际标准为 21 年,在此期间,任何人不能利用该发明,即使是那些不知道已经存在这些发明或者专利而独立开发出来的人(有时几乎是同时开发出来的)也是如此。近年来,专利不仅授予了机械产品和方法,也授予了新物质、计算机产品和基因工程产品(我们立刻会想到多莉这个克隆羊)。

其次是版权法。它可以追溯到 18 世纪,甚至更早——英国早期出版社的习惯。版权最初保护的是书,然后范围扩大,包括新法和法庭做出的感人的法律解释的汇编(combination)、艺术、戏剧和音乐。在 20 世纪,它几乎保护以任何方式撰写、绘制或者表达的东西以防止他人的复制:从最复杂的需要数月的强化劳动和上百万投资的计算机程序,到孩童的乱画之物和匆忙完成的家庭备忘录。和专利不同,版权只阻止

---

[3] Kunstadt et al., "Are Sports Moves Next in IP Law?" 1996 National L. J. (May 20), c1; Phelops, "Can Copyright Move in Mysterious Ways?" [1996] Copyright World (Issue 63), 17.

他人复制、非独立的创作,尽管复制(经常)被扩大解释。(除此之外)版权还阻止诸如公共表演、广播,有时甚至是出租的行为。版权的保护期很长。在1710年,其最长保护期为28年(14年,可续展另一个14年),今天,它有可能自动保护(无须续展)一个世纪。欧洲和美国现在的保护期都为作者终生加死后70年。《伯尔尼公约》(巴黎文本)确定的共同标准为作者终生加死后50年。这个范围更广的甚至全球性的标准落后了吗?

再次是商标。甚至在中世纪存在行会制度时,商人的标志就受到保护。但是现代商标法实际上是工业革命的产物。它最初阻止的只是欺诈性的模仿,但是很快,进入19世纪后,它禁止的是无过错的混淆(innocent confusion),在20世纪,甚至开始禁止一些非混淆行为。例如,当在家具上看到著名的ROLEX标准时,几乎没有人会认为Rolex公司进军家具领域(尽管在这个公司产品横向、多元化频繁发生的时代是有可能的),但是,Rolex公司有可能阻止这样的由第三方实施的非混淆行为。商标法比以前更愿意承认,公司在控制与它们的商标有关的形象(imagery)方面,以及阻止他人损害或者淡化这种联系方面存在一种利益。通过注册和定期续展,商标的保护期实际上是无限的,至少和它们的使用期限或者获得市场认知的期限一样长。即使没有注册,那些表明商业来源的标志也可以获得概括性法律(the general law)的保护,以阻止那些引起混淆甚至商标淡化的有意或者无意的使用行为。

另外,还有一些附属性的新权利,它们填补了知识产权领域中专利、版权和商标之间的一些被认识到的空隙。因此,在英国,各种各样的制定法和条例授予下列权利:

· 表演者,50年;

· 通过检验和注册的新树木或者植物品种,25—35年;

· 新产品或者半导体芯片的设计者,最多15年,以及通过检验或者注册的其他产品设计,最多25年;

· 数据库的开发者,15年(但是,如果在时间和金钱方面进行了实质投资,保持了数据库的更新,这个15年是周而复始的,实际上就成了永久性的)。

除此之外,法庭还运用概括性法律规范阻止不正当竞争行为——大陆法系国家比普通法系国家更倾向进行扩张解释;在外观设计、小发明、表演、电影、广播和录音唱片等领域,像欧盟、世界知识产权组织和世界贸易组织这样的地区或者国际组织还致力于进一步提出知识产权扩张的方案。

从历史的视角来看,这种令人困惑的权利结构表现出一些这样的共同特征:

(1)知识产权在日常生活中变得日趋重要。如果没有知识产权部、知识产权合伙人或者至少是称为"知识产权"的标志或者门牌,几乎没有法律公司可以自称是重量级的。如果没有知识产权课程,几乎没有法学院、商学院或者经济学院可以自称是严肃认真的。传媒、娱乐、计算机或者医药业——或许还包括大量的网络公司,如果它们的知识产权或者以此为基础的业务不被计算在内,其资产负债表就几乎没有价值。当然,最近(2000年)微软股票市场的波动几乎与其固定资产的起伏没有关系,而与微软在被判决(声称上诉)改正其所谓的滥用垄断之后有可能用于维持市场份额的知识产权战略的预期关系密切。

(2)知识产权的范围这些年来大幅度扩大。专利引出了植物品种权,版权引出了表演者、外观设计和数据库的权利;外观设计衍生了半导体拓扑图的权利;商标孕育了互联网上的域名权。循环诞生以致无穷。

这种生产性行为在具体的知识产权制度领域也有所体现。版权的保护范围势不可挡地从书籍扩大到草稿、字体或者咕哝声（squawk）*。这种大幅度扩大保护对象的现象也发生在商标和专利法领域。在英国，直到20世纪80年代仅有某几类商标可以获得注册，而今，几乎一切区别性的符号都可以注册了：服务或者商品标志、文字、标签、设计、声音甚至气味。葡萄酒的某种特殊香气也可以作为商标予以注册，尽管除了文风"有点吹嘘，有点老土"的葡萄酒说明书之外，可能还要附上必要的详细文字说明。

就专利而言，当法庭判决什么构成了一种可获专利的"新产品"时，它也出现上述的扩张。不仅是新产品，新方法也很快纳入了专利对象的范畴——只要它产生某种适于销售的产品，但最初的这个限制现在已经不见了。为了使专利方法有效，法庭还把它们扩大到最终产品。因此，一种制造精制食盐的新方法就会使本国的专利人有权禁止他人进口或者销售使用此方法在国外制造的食盐，即使食盐本身明显的没有可专利性，而且这种方法生产的食盐和其他方法生产的食盐没有区别。1973年《欧洲专利公约》及其实施条例（在英国是1977年专利法）和《知识产权协议》中的专利条款把这些稳固的趋势与1994年的世界贸易组织协定联系在一起。

（3）知识产权变得更为强化，并包揽一切。这样，版权法从18世纪谨慎地控制未经授权的书籍的印刷，到现在严格地控制部分印刷、接着是控制某种精细的模仿，接着在20世纪呈几何扩张。在某个方向只要迈出合乎逻辑的一步，接着是出现强化这些权利的第二步、第三步。

以复制的概念为例。在19世纪，完全的"逐字复制"才被认为是"复制"。翻译并不是复制，就像哈丽雅特·比彻·斯托告诉我们的那

---

* 按照作者的解释，squawk也用于指人拙劣的歌唱和一些鸟类令人厌倦的鸣叫。无论如何，即使没有原创性，这些鸟类鸣叫的唱片也可以受到版权保护。——译者注

样——19世纪中叶,她请求法庭禁止其小说《汤姆叔叔的小屋》德文版的出版。法庭驳回了她的请求。法官认为,任何人把这两本书放在一起,就会立刻发现德文版一点儿也不像英文版,因此不是复制。[4] 同样,当一幅绘画作品的版权所有人控诉他人未经其授权在伦敦对他的作品进行活人造型表演时,英国的法庭无动于衷。活人造型不是对绘画的复制:试着把它挂在墙上看看?[5]

所有这些现在都推翻了。自20世纪初开始,法律和法庭的解释发生了变化,它们坚持认为,没有原始作品版权所有人的许可,不能进行任何翻译,无论翻译的质量好坏;不能进行活人造型表演。法律并没有要求现代的穆索尔斯基在其着手对今天的《图画展览会》——这种作品无疑没有旋律——进行谱曲时要获得艺术家的同意。然而,重要的是,在现代的版权理论中,给作曲家施加一个请求同意的义务,或者让艺术家在作品的公共表演或者广播中获得一点份额的版税,这样的要求没有一点不合逻辑。最近,美国法庭采用了大容量的版权概念(无论它是否被正式阐述为包括"改编"或者"演绎")。在美国法庭看来,在电脑中使用任何程序或者进入因特网网站都涉及复制,并且因此都处于程序或者网站版权所有人的控制范围之内。即使是临时复制,或者仅是由于技术原因的复制——如,浏览网站;即使在退出程序或者网站时,自动删除了复制件,也都属于复制的范畴。[6] 要保持协调的话,英联邦和欧洲(包括英国)法庭也可能会这么做。

同样,在专利法上,法院在解释专利时开始超越字面含义而直抵语

---

[4] Stowe v. Thomas 23 Fed. Cas. 201 (1853). 也见拙文,"Translation and Copyright: A Canadian Focus"(1994),16 E. I. P. R. 159。

[5] Hanfstaengl v. Empire Palace [1894] 2 Ch. 1 (C. A.), affirmed sub nom. Hanfstaengl v. Baines & Co. [1895] A. C. 20 (H. L.).

[6] E. g., MAI Systems Corp. v. Peak Computer Inc 991 F. 2d 511 (1993).

言的可被洞见的目的,就像它们解释制定法一样。因此,自20世纪80年代(如果不是在此之前的话),人们开始接受对权利要求书的这样解释:一个垂直延伸的承重结构包括了斜度为8度的结构。判决此案的法院贵族院——指出,任何阅读权利要求书的业内理性施工人员都会认为"垂直"包括了这样的倾斜度。[7] 当然,理性的施工人员和克拉彭公共马车上的理性人一样,是个想象的创造物。很多概念可能都要落实到现实生活中的施工人员,他们要花时间阅读正被争论的权利要求书——由198个单词和2个逗号组成的单句。但是,理性并不存在于他们之中。尽管如此,法院判决最有趣的部分在于,这种解释的进路保留了下来。按照这种解释,意大利的比萨斜塔就同样可能被理性地重命名为比萨直塔。[8]

(4)知识产权变得国际化了。在19世纪中叶以前,知识产权只对某一个别地区有益,并且只保护一个国家的国民:想想狄更斯19世纪在没有版权制度的美国的遭遇。但是,自19世纪末以来,通过了有关版权保护的多边国际公约,它迫使参加国对其他成员国的国民提供国民待遇,并规定了最低保护标准。随着每个条约的一次次修订,最低保护标准越来越高。(同时)更多的国家被说服加入国际条约。最近或许也是最重要的条约,是1994年世界贸易组织下辖的《知识产权协议》,它在世界范围内确立了高标准的知识产权保护,并在程序上把漠视世贸组织规则的国家置于特别法庭(即所谓的贸易小组)面前,并进行经济制裁。当贸易小组确定存在知识产权争端时,重要的解决方案

---

[7] *Catnic Components Ltd v Hill & Smith Ltd* [1982] R. P. C. 183 (H. L.).
[8] *Catnic* (*ibid.*). 前注所引之"卡特案"的判旨已经隐含在那些处理专利案件的专家报告中了。卡特案更值得那些为建筑商、设计师、测量员的过失行为提供保险的保险公司好好研究。如果你因为一幢倾斜误差为8度的楼房被当作水平的楼房予以交付而提起诉讼的话,那么这一诉讼很有可能会被"卡特"掉,理由就是:"别大惊小怪,它是水平的,上议院已经这么说过了。"

就是修改被诉诸制裁一方的国内的知识产权法。

当欧盟认为不同的法律会为国内市场的通畅带来障碍并着力统一知识产权法时,其职能部门理所当然地加快了修改知识产权法的进程。随着成员国发现它们各自的知识产权政策差异越来越小,这种统一立法的动机也逐渐被证明是复杂的,而且存在相当的争议。欧盟的知识产权政策实际上已经变成了其成员国的知识产权政策。

二

现在,让我转向一组事件,它们暗示了现在知识产权法所面临的困难,我们可以称之为知识产权的智识危机(intellectual crisis)。

至少对那些不关心新闻的人来说,2000年5月10日星期天是一个非常普通的日子。在那一天,印度的人口增到了或者将要达到10亿,尽管(可以理解)没有人可以确信何时该表示鸣炮祝贺(英国人对人口增长的一种认识,认为人口增长是好事)。英国部队要涉足世界上的另一个至今仍然动荡的地区。约翰·麦肯三世(John McCain III)勉强承认小乔治·布什为美国总统。欧元在汇率上麻烦不断,从宝马公司收购罗孚汽车公司的购买者正在嘀咕是否多付了钱。

2000年5月10日对知识产权这个小圈子也平淡无奇。回想起来,有四个事件逐渐被认为把握了时代的精神,即使在这些事件的枝节载入档案之后。第一条新闻是找到了一周前释放"我爱你"病毒的那个人,这种病毒将全世界的计算机置于瘫痪状态。嫌疑人是菲律宾的一个电脑黑客,他要写关于用别人的密码自由进入因特网的程序的论文,被他的导师拒绝了。之后,他退了学。嫌疑人通过他的律师承认,传播病毒固然完全是他的错,但他想让闻讯而来的记者们知道他对知识产权的看法:"因特网应该用于教育目的,因此,它应当是免费的

(free)。"记者们报道了他的话。[9]

那天发生的另一件与此完全无关的事件强调了这种观点的普遍性。《纽约时报》报道了一个名为 Freenet 的计算机程序的有效性。这种程序把文档进行加密,使用户可以在因特网上匿名地进行交流。其开发者白天在伦敦一家小型的电子商务公司供职。他开发的这个软件始于他在爱丁堡大学当学生时的一项研究。[10]在报道中,他说,"如果这件事能够成功,我认为,二十年到四十年之后,人们将接受'拥有信息犹如拥有黄金或不动产'这一观念,就如同如今我们对待巫师祷告时要焚烧纸钱一样。"[11]

这个程序设计员对那些试图阻止数字数据自由流通的版权所有人提出一些建议。"对那些公司,我说两个字,"他说:"放弃。"事实上,他还有两句话,"那些公司绝不会停止这种做法。他们正试图堵塞将要决堤的大坝的几个小孔。"[12]

凑巧的是,在那些防止大坝决堤的人中,有一个人,就在那天,在大西洋彼岸忙于在因特网的采访中表达他的观点。重量级乐队金属乐队(Metallica)起诉一个网站的服务商,他允许用户下载像 Freenet 那样的程序,以便使他们能不加密地交换文档。那个程序被称为纳普斯特(Napster),其用户经常交换音乐文件——即以 MP3 的压缩格式将唱片储存在硬盘中,并且在纳普斯特网站的目录中查找他们想要的音乐。

---

[9] Sharon Buan,"Philippine Dropout Says May Have Sent 'Love Bug'",Reuters News Service,Manila,May 11,2000.

[10] 这里并不探讨爱丁堡大学本身能否声称它享有程序的版权。牛津大学 2000 年通过的知识产权的新规则可能允许牛津大学对一名实施了类似行为的牛津学生提起那样一个诉讼。

[11] 这段引言如果没有隐喻或许会更容易理解一些。

[12] John Markoff,"The Concept of Copyright Fights for Internet Survival",New York Times electronic version,May 10,2000.

金属乐队瞄准了纳普斯特,证据是有30万人用了这个程序,未经授权交换了金属乐队的作品。金属乐队声称纳普斯特积极鼓励了其他用户侵权,是间接侵权人。金属乐队一并起诉了三所大学,后者的服务器也被用于交换纳普斯特文件。耶鲁和印第安纳这两所大学无疑乐于减少纳普斯特引起的网络堵塞——这种堵塞影响了大学服务器上更正当的内容,如行政性工作备忘录的运行,他们开始阻止学生进入纳普斯特网站,在诉讼中获得撤诉。第三所大学——南加利福尼亚大学,继续允许学生进入纳普斯特网站,这些学生不只是为了欣赏音乐,还作为高等教育的一部分讨论金属乐队音乐中的细节。

其间,纳普斯特在第一轮诉讼中失利。2000年5月2日,联邦法院不愿草草了案。尽管法院远没有讨论案件的是非曲直,纳普斯特的问题似乎是双重的。首先,程序和网站的目的是鼓励用户在未经任何版权所有人同意并不支付任何版税的前提下复制并向他人传播电子复制件。版权的第一戒律是:"未经版权所有人的事先同意,你不能复制。"将原创作品拷进电脑的第一人和将该复制件拷进电脑的第二人都违反了这个规则。其次,纳普斯特本身并没有从事任何复制,但它可能通过向他人提供可复制音乐的目录和提供复制的手段积极鼓励了他人进行复制。一旦版权持有人向它通报有关他人复制的情况,它不能声称在版权侵权中是无辜的。从法律角度看,纳普斯特或许无须检查把它归档的每个侵害版权的文件清除掉。但是,一旦它从权利人那里获得通报,它至少就必须采取行动以防止侵权。另一个办法是,它可以事先与版权所有人联系请求免除版税——事后,针对6月份美国唱片业提起的一起类似诉讼,纳普斯特似乎承认了这一做法。

认识到自己迫在眉睫的困境,纳普斯特在5月10日关闭了30万个(侵权用户)的账户,以应对那些来自金属乐队粉丝们日益高涨的批评。那天晚些时候,金属乐队的共同创办人试图在ABC新闻栏目中对金属乐队的这一做法进行解释。他如是说：

"人们想当然地认为，他们有权从因特网上自由地获得音乐、文学、艺术和其他作品，原因是他们可以接触这些东西。如果接下来的这几年里，上述看法不予改变，那将是非常非常危险的。这有可能完全失控，它会窒息商业和创造性的机构，并完全颠倒人们与这些机构之间的关系。"[13]

一个人无须摩尼教式地理解由圣杯的传播者——Freenet程序员和金属乐队成员给知识产权带来的智识危机。智识危机并不新鲜，也不是最近才有。它存在了几个世纪，至少在印刷业给人们思想的流传带来革命时就存在了。当新技术产生了新的习惯而蚕食了人们之前的惯习和思想模式时，这种危机就会定期地回到人们的视野。

数字技术只是知识产权持续性危机的最近表现而已。尽管商业部门和政府花大力气强化版权制度——加强版权所有人对电子行为的控制，调整版权规则以实现其目标，削减公共领域的范围，但技术本身却质疑了这些努力的可行性。别忘了，像传统上认为的那样，版权建立在有体的原创性作品的最初生产上，那时，这一生产要么体现为复制件的大量交易或者表演上，要么体现为广播上。权利人通常能够很快、容易地(尽管有时存在成本)发现未经授权进入这个市场的行为，并通过民事或者刑事制裁可以制止这种侵入。毕竟，传统上认为，版权的前提是原初作品的最初生产必须借助于有形的介质。之后，作品要么通过复制件的大众营销、公共表演，要么通过广播得以利用。但是，当现有作品经授权或者未经授权被数字化时，或者当只以数字格式出现的新作品被获得时，版权制度对此无法应对，它无法处理无形的电子信息流

---

[13] "Metallica Co-Founder Lars Ulrich Speaks Out about Napster Copyright Infringement Lawsuit on Webcast, May 10, 2000 (Business Wire), viewed on Reuters News 2000 service.

通。发现侵权和执法变得困难,有时甚至是不可能的;(之前)表现在书本中的权利实际上被忽视了。接触电子格式的音乐、艺术、文学或者材料给了用户随意修改这些作品或者数据的能力。他们几乎可以无限地进行复制,可以发送给世界上任何地方的人(这些人也有同样的能力)。一旦拥有了这样的能力,人们不可避免地就会利用它。在这个世界上,任何接受电子信息的人都有可能是再创作或再发行者。一个作品或者信息的最初生产者能够从其投资中实际收回利益的唯一途径就是靠伦理共识、加密术、点击合同(click-on contracts)以及良好的市场营销途径(例如,提供诸如消费者希望获得的帮助热线和定期升级)。[14]

即使在数字技术兴起之前,这些问题就已经凸显了。(事实上)知识产权在解释其正当性时一直存有困难。从法律上看,权利所有人对其作品的利用和发行方式进行控制应该走多远?怎么才能满足"他们"的"创作"?应当在什么时候对这些创作授权,把权利授予谁?这些问题强化了知识产权制度原有的不和谐。

让我们看一下下面这些非常随意的例子。

为什么,一方面,对孩童的乱涂乱画,不仅在其长大最终到死这段时间而且还在其死后七十年内,都给予其有力地获得版权保护,以禁止他人为任何目的在任何介质上进行复制?另一方面,却对一个在投入市场前花费了几百万英镑的用于救生的新发明仅保护二十年,实际上更短?鼓励孩子创作比挽救生命更值钱吗?

为什么有些权利在世界范围内自动产生和认可,而有些权利要经过一个国家或者地区当局的批准才能产生,而且自产生时起仅在批准

---

[14] 这段话出自 David Vaver, *Intellectual Property: Copyright, Patents, Trademarks* (1997), pp. 274–275.

的地区有效?

如果没有保护,或者保护力度较小,法律现在强力保护的对象就不能创作出来——对此,我们确定吗? 用句浅显的话说,如果我的作品仅保护十年,甚至根本不保护,我的论文写得更少或者质量更差吗? 有的法官认为,他们的司法意见应当在版权的保护范围之内。那种认为如果没有版权保护法官们就会停止撰写司法意见或者降低其质量的看法有无道理呢? 至少,在这个问题上,我们有比较好的客观证据,美国的法庭意见并不受版权保护。美国法庭每天的司法意见汗牛充栋——它们并不比给予其版权保护更少、更短、质量更差。这有力地证明,至少在一种情况下知识产权与激励并没有关系。(因此)一个有诱惑力的问题是:有多少类似的情况?

最近,英国上诉法院判决,一家出版了监控录像照片的报社侵害了监控胶卷的版权。[15] 如果根本不给予这些胶片版权保护,我们认为监控录像的使用量会下降吗? 或许,胶卷应当通过隐私来保护。但是,如果是这样的话,不该直接通过隐私来保护而非要间接地、不确定性地通过版权来保护吗?

假设,我向一个医学研究者提供了我身体组织的一个样本。她从中提取了用于治疗癌症的基因并获得了专利。按照现行法的规定,我可能就没有权利共享专利或者从其使用中获得使用费,原因在于我没有发明什么。[16] 但是,没有我参与,这种治疗方法根本就不会发现,或者发现得没有这么快。我连分享专利的道德上的权利都没有吗? 知识产权法对那些小发明都授予了权利,为什么对此却置之不理呢? 如果该组织的提供者是一个发展中国家偏僻村庄的农民,而研究人员是发

---

[15] *Hyde Park Residence Ltd v. Yelland* [2000] E. C. D. R. 275 (C. A.).

[16] *Moore v. Regents of the University of California* 793 p. 2d 479 (Cal. S. C. 1990).

达国家医药实验室的生物采样者,上述质疑就映射出南北国家地理政治学的意义。发展中国家抱怨,国际知识产权制度是发达国家追逐自己利益的产物。它通过《知识产权协议》和《世界贸易组织协定》强加给世界上的其他国家,丝毫不考虑发展中国家对基因资源和传统知识的利益。这些资源掌握在发展中国家手中,被认为是人类的共同遗产。但是,当它们被提取、处理、重新包装之后,就变成了西方世界的知识财产。

三

让我们转向"知识产权"这个概念。(看看)在什么意义上,知识产权是"智力"的?* 我们只在最不起眼的层面上探讨一个与自动监视器有关的问题。当然,安装一个摄像头并置入录像带并不比从一个人的体内提取组织更智力。几乎不花费更多的智力就可以完成一封三个句子的商业书信,很早以前,英国法认定这样的书信是原创性作品。[17] 无疑,在某种意义上,这封书信的构思和形式凝结了某个人的智慧。但这种程度的创作几乎不能为其获得一个多世纪的保护提供正当性。

专利也是如此。很多发明的确包含了发明人的智力活动,一些突破性的发明甚至是天才的显现。但很多发明只是对现有产品或者方法的一般改进。专利局每个月都堆满了成千上万的申请。它们所能做的只是,驳回那些明显的不具备专利性的发明;让竞争对手在专利审查委

---

* 英文中"intellectual property"译成汉语为"知识产权"。事实上,intellectual 的含义为智识的、智慧的。在这个意义上,"intellectual property"译为"智慧财产权"更为合适。这句话的原文为 In what sense is intellectual property "intellectual"?(译注)

[17] *Tett Brothers Ltd v. Drake & Gorham Ltd* [1928 – 1935] MacG. Cop. Cas. 492.

员会或者法院面前对那些真正构成市场障碍的专利提出异议。结果是,很多专利并未引起争议,原因在于它们的许可费很低,没有人愿意花好几万英镑试图推翻它们。

知识产权中的"产权"这个词同样存在问题。规范性的理由——新事物是从人人可得的原材料中创作的,这证明了授予财产权的正当性——只是问题的一个方面。这个谁耕种谁收获的非常形象的格言——由于来源于《圣经》而更加有说服力——或许在农业社会能很好地发挥作用,但在智识社会不一定很好。如果我创作了一个新的椅子设计,这个格言并不能提供我应当从中收获的那种权利的逻辑命题。我该阻止模仿者还是独立的创作者呢?无论他们从我这里借用什么成果,我都只能获得赔偿吗?(反之,我的成果是踩在别人的肩膀上发明的,我不该向该设计的前辈支付点什么吗?)我对财产权该享有五年、一个世纪还是永久呢?是在世界上的任何地方享有权利还是仅限于我的国家或者我所在的地区呢?是不要求任何形式,还是要求注册,或者在我的椅子上标明符号以在我的权利要求范围之内做出通知呢?或者,我只应当从良好椅子设计者协会那里得一笔奖金呢?

当然,可能会有人反对这种论辩,他们认为知识产权只是在隐喻的意义上使用的,隐喻不该驱赶法律,也不该驱赶政策。我承认如此。但是我们会发现,在国际范围内,物化(reification)的过程——把知识财产视为一个物,并从其物体属性推演出原则——已经在这一代律师和立法者中牢固地确立下来,致使知识产权变成了它现在这个样子。[18] 联合国负责知识产权事宜的机构自称世界知识产权组织。知识产权的国际框架现在已经在 TRIPS 协定中确定下来,而 IP 就是知识产权的简

---

[18] To similar effect, Fisher, "The Growth of Intellectual Property: A History of the Ownership of Ideas in the United States" (1999), < http://eon.law.harvard.edu/property/history.html >.

写。知识产权这个术语贯穿了那个协定的始终。

知识产权的物化在为其他不同种类的领域确立各种各样的分析框架时有其优势。但是,它也产生了不确定性。因此:

(1)把权利当作财产导致立法机构以一种特殊的方式建构知识产权法,而裁判者也以同样的方式解释它们。法律授予那些被称为所有人的人就非常广泛的对象享有广泛的权利:例如,在一定时间内对发明的权利。这一领域称为所有人的财产。这种广泛权利的任何限制——例如,不符合发明条件的那些对象,被视为权利的除外。之后,授予的财产权被扩张解释,而限制则被狭义解释。

在欧洲专利法上,这种评级机制非常明显。1973年《欧洲专利公约》第52条和53条因为政策原因排除了一些对象的可专利性,这些对象包括发现、科学理论、商业方案、计算机程序、各种治疗人类和动物疾病的外科或理疗方法、违背公共政策的发明的利用,等等。

目前有一种解释认为,对使用了该种方法的对象不授予专利,与对没使用那些方法的对象授予专利,是同等重要的。按照这种进路,关于专利申请是否只是针对"发现"而非真正的"发明"这一争论,即,是否只是针对发现了某物的自然秩序,而非对该自然秩序的人为改变,可通过驳回该申请而予以解决。但,这种情况并没有发生。相反,这一进路宽泛地解释了什么是可专利的,而对什么是不可专利的进行了狭义解释。[19] 换句话说,当有疑问时,(法官等)创造或者强化了财产权,而不是否认或者拒绝了财产权。

(2)一旦制定法或者条例授予了知识产权,物化也给了立法机构很有力的不对任何知识产权进行剥夺的理由。如果权利是财产,以任

---

[19] 例见 *Bristol-Myers Squibb Co v. Baker Norton Pharmaceuticals Inc* [1999] R. P. C. 253 at 274。该判决由加拿大上诉法院于2000年5月23日做出,欧洲遵循并采纳了这种做法。

何方式对它们进行剥夺看起来就像国家征用——如果不对权利财产持有人进行补偿,这种国家征用不仅是不合法的,也是不道德的。

请注意这里的令人奇怪的不对的均衡假设。它假设公众没有免于受他人知识产权控制的权利,因此,阻止了他们之前自由接触知识财产的权利,或者现在要求他们付费之后才能接触。而公众没有从他们的东西中获得任何财产权。因此,对于增加或减少知识产权的相对合理性,财产权这一术语使前者占了上风。

(3)无论何时,当对知识产权与其他权利进行平衡的时候,财产权这一术语都可以介入。假设艺术品被戏仿了,受到影响的权利持有人起诉模仿者侵权。由于英国版权法——它像世界上其他国家的版权法,并没有规定任何具体的模仿抗辩理由,模仿者必须承认侵权。但是,模仿者可以抗辩,他在行驶自己的基本人权,即他的表达自由的权利,这项权利按照1950年《欧洲人权公约》第10条和很多其他国家的宪法都可以得到保护。可以说,这里存在两项同等重要的权利的冲突。为鼓励这两种权利所促进的各种形式的创造力,必须在它们之间达成合理的平衡。

但是,把版权当作财产权,这种平衡就发生了变化。(原因在于)我们现在的这项起码的自由与财产权存在着冲突。或许,平衡还没有开始就被这种(将版权作为财产权的)重构推翻了,但不要打赌哪方会赢。

加拿大的一个判例生动地说明了这个问题。在劳工争议中,工会在发放的小册上讽刺性地使用了米其林(Michelin)轮胎公司 Michelin Man 的图案,米其林公司起诉工会侵害了其版权。工会的抗辩理由是,它在行使自己的表达自由,该权利由《加拿大权利和自由宪章》保障。法庭驳回了它的这一抗辩。言论自由并没有授权任何人践踏财产权

(这里是版权)。[20]工会能够发现某种说明自己没有侵权的理由。这种理由或许不怎么有效,这无关紧要。在法庭上,宪法保护的权利——表达自由被加拿大宪法中甚至根本没有提及的一项权利,即财产权打败了。诉诸《欧洲人权宪章》第10条与此的进路相同。它当然是不确定的。

(4)最后,用于解释制定法的"宽授权、窄除外"(broad grant, narrow exception)规则在他人游说立法者通过新型的知识产权时也非常明显。与增加一种例外或者拓宽既有的例外制度相比,拓宽既有的权利、减少知识产权授权中的例外情况证明起来要容易得多。毕竟,拓宽权利可以通过一些格言获得合理性,比如,"没有人应当不劳而获"、"值得复制的看起来就是值得保护的"等等。这些格言的吸引力使它们的反面内容相形见绌,如"每个人都应当不劳而获"、"看起来值得复制的就应当被复制"等等。没有知识产权的保护就没有创新的努力或者创新的努力很少,这种假设几乎没有可靠的实证数据的支持。一般情况下,证据以另一种形式存在,因为对新权利的探求通常发生在某个行业已经耕种并且收获了很多果实之后;以及发生在它们意识到缺乏知识产权保护或者知识产权保护很薄弱之后。通常而言证据证明的是相反的情况,因为对于新的(知识产权)保护的诉求是在某个产业已经耕作并获益良多之后才提出的,那时他们意识到(对其成果)还缺乏知识产权保护,或者知识产权保护太少了。

无论如何,拓宽权利、缩窄或者减少例外情况这种做法在世界范围内都是如此。1980年,美国最高法院判决对人们开发的用于清除海洋油污的食油性细菌授予专利权。法院指出,细菌符合国会所说的"太

---

[20] *Michelin v. CAW Canada* (1996) 71 C. P. R. (3d) 348. 更详细的讨论,参见 Spence, "Intellectual Property and the Problem of Parody" (1998) 114 L. Q. R. 594.

阳之下的任何人造物"这个术语的条件,是专利法的客体,这个术语必然包括有生命的形式。[21]这个术语已经变成了美国法院和专利局的新的战斗口号。(新的规则)推翻了先前法院认定的例外,允许对新的转基因生命形式(不仅是细菌,还有多细胞生命形式包括老鼠和更大的动物)、计算机程序以及商业方法(到目前为止只适用于由计算机程序实施的商业方法)授予专利。但是,按照经验,这些限制肯定会消失,因为"太阳下的任何人造物"必然包括"人实施的最佳商业方法"(如果不是老鼠实施的最佳商业方法),而无论是以怎样的方式实施的。

同时,欧洲与其他地区也致力于这种迎头赶上的竞赛。它们害怕自己的知识产权法的保护程度如果比不上(如果不是超过)美国的话,它们就会以某种方式落伍。[22] 于是,尽管计算机程序似乎足以通过版权法获得保护,尽管提供累积20年的保护阻碍了与专利程序实质上类似的程序的独立发展这一事实尚未得以证实,欧盟仍着手草拟一个指令,允许对计算机程序授予专利。

四

我得出三点结论。

首先,需要对知识产权的上述发展趋势做点什么。知识产权最近的扩张表明,与其说它是一种激励我们所追求的创新的手段,毋宁说它变成了目的本身。无论如何,在整个社会出现了由现在的知识产权保护水平所推动的创新活动,而且这些创新活动还广泛存在。因此,对应

---

〔21〕 *Diamond v. Chakrabarty* 447 U.S. 303 (1980).

〔22〕 See, e.g., UNICE Benchmarking Report 2000, *Stimulating Creativity and Innovation in Europe* (Brussels, 2000) which explicitly uses the United States as a major example of desirable intellectual property policy and practice, *passim*.

否重构既有的知识产权保护这个问题几乎无人问津。如果把知识产权看成一种补贴——整个社会主动提供给某个部门的经济利益,以酬谢它给整个社会带来的更大利益——那么,几乎无人质疑需要对知识产权进行不断的检讨,以确保它能很好地发挥作用。认为知识产权总体上带来的社会利益远远超过了知识产权总体上的成本,这还不够。和其他形式的补贴一样,这种补贴内的每个元素都需要进行检讨,以查看它们是否超过了最佳水平(要有所区分)。对知识产权制度进行系统检讨的强有力的理由肯定存在的。

其次,不能把知识产权作为绝对的价值。一如我在其他地方所说的,"下列权利是与知识产权至少同等重要的权利:人们自由模仿他人的权利,自由工作、竞争、对话和书写的权利,丰富公共文化的权利。知识产权与这些价值(反之亦然)的协调方式随着时间的流逝发生了很大的变化,而且它们将继续在各个国家和法律制度之间存在差异。这些协调基于社会和经济理由而发生,自然法并没有预先注定它们的命运。应当在哪里确定详细的界限?这个问题当然不能由诸如'知识产权是财产权'这样的循序解释来回答。"[23]

迫切需要提供更强有力的知识产权保护,这意味着其他价值将受到压制,以及向竞争体制的转变。在该体制下,创业者犹如罗伯特·彭斯(Robert Burns)的那只名鼠,一个"颤颤抖抖、惊慌失措的小动物"——担心自己的经营计划"百密一疏",除非自己身着法律授予的盔甲,方足以抵挡模仿和竞争的双重进攻。[24]

但是,企业的情况与彭斯的老鼠和农夫还存在两点重要的不同。

---

[23] David Vaver, *Intellectual Property: Copyright, Patents, Trade-marks* (1997), pp. 5–6.

[24] Robert Burns, *To a Mouse On Turning Her up in Her Nest with the Plough*, November 1785.

老鼠的恐慌只是农夫意外犁翻它的巢穴引起的一个孤立的皮外伤;相比之下,企业的情感状态看起来却是全身性的:永久性地害怕敌人、怀疑朋友[25]。现代的企业要求一种"全部收获没有例外"的权利,而彭斯的农夫并不坚持收割他耕种的一切:"我满足于剩下的东西,从不思念他人拿走的那些。"农夫并不嫉妒老鼠偶尔以他的谷穗为晚餐,因为,留给他的还有很多。

这是今天企业的一个教训。拥有权利并不意味着,一直、彻底地行使它就是好主意。或许,审慎至为重要。

最后,知识产权制度若要继续存在,它必须获得公众的尊重。要尊重,就必须熟悉;要熟悉,就必须理解;而要获得人们的理解,知识产权制度就必须保持一致,并且要有说服力。现在,有人呼吁必须对公众进行很好的知识产权教育。自然,这种呼吁是任何教育者的福音。但是,我们必须准备接受这样的事实:受教育的公众有权要求知识产权制度比现在这个样子更为一致,更具说服力。如果满足不了这样的要求,那么,对知识产权的更多认识不会获得更多公众的尊重,反而会引起他们的嘲笑、漠视和回避。或许,这是那些想教育公众的人要教他们自己的第一堂课。

---

[25] Alexander Pope, *Epistle to Dr Arbuthnot*, 1. 206.